Compilation of Deeds of Cultural Exchange
Contribution Award Winners

“文化交流贡献奖”获得者
事迹汇编

Written and Compiled by
Department of Personnel, Ministry of Culture
Bureau for External Cultural Relations

文化部人事司
文化部外联局 编著

故 宫 出 版 社
The Forbidden City Publishing House

图书在版编目（CIP）数据

“文化交流贡献奖”获得者事迹汇编 / 文化部人事司，文化部外联局编著 . — 北京：故宫出版社，2017.1

ISBN 978-7-5134-0970-4

Ⅰ. ① 文… Ⅱ. ① 文… ② 文… Ⅲ. ① 中外关系—文化交流—文化工作者—先进事迹—世界 Ⅳ. ① K815.41

中国版本图书馆 CIP 数据核字（2017）第 017994 号

“文化交流贡献奖”获得者事迹汇编

文化部人事司 文化部外联局 编著

出 版 人：王亚民

责任编辑：刘 峰 方 妍

装帧设计：王 梓 梅 子

出版发行：故宫出版社

地址：北京市东城区景山前街4号 邮编：100009

电话：010-85007808 010-85007816 传真：010-65129479

网址：www.culturefc.cn

邮箱：ggcb@culturefc.cn

制版印刷：北京方嘉彩色印刷有限责任公司

开 本：889毫米×1194毫米 1/16

印 张：27

版 次：2017年1月第1版

2017年1月第1次印刷

印 数：1～3000册

书 号：978-7-5134-0970-4

定 价：86.00元

目 录

Contents

前言

中华人民共和国成立后，特别是实行对外开放以来，国际上和中国港澳台地区的各界友好人士，为中国对外文化交流事业作出了突出贡献。他们或长期从事政府间及民间文化交流活动，或投身于对中国文物的保护、研究、交流、查询和归还工作，或致力于翻译中国优秀文学作品，或捐助巨额财物、具有相当高价值的文化珍品等支持中国文化艺术事业的发展。他们的友好举动，促进了中国文化艺术事业的繁荣和发展，为中华民族优秀文化走向国际舞台架设了友谊桥梁。为更好地适应对外开放的新形势、新任务和新要求，弘扬中华民族优秀传统文化，推动中华优秀文化艺术产品走向世界，积极参与国际交流与合作，更为了铭记那些热心中国对外文化交流事业并作出突出贡献的外国和中国港澳台地区友好人士，鼓励更多的国际友人投身于中国对外文化交流事业，中华人民共和国文化部于1996年决定设立“文化交流贡献奖”，在国际范围内表彰奖励那些对中国对外文化交流事业作出突出贡献的友好人士及文化机构。截至目前，已授予50名国际友好人士及3个知名文化机构以“文化交流贡献奖”。

由中国文化部设立和颁发的“文化交流贡献奖”是向外国和中国港澳台地区为中国对外文化交流事业作出突出重大贡献的友好人士或文化机构颁发的政府最高奖，代表了特殊的荣誉，对促进中外文化交流事业深入发展，推动中国文化走出去参与世界文化发展，提高中国文化世界影响力都有着重要的意义和作用。“文化交流贡献奖”从设立颁发到现在已有20载，在国际上产生了广泛影响，知名度和权威性不断提高。这一文化类政府最高奖项的设立和颁发，突出了获奖者们在中外文化交流事业中所做的重要工作和杰出成就，表达了中国政府对他们的感谢、鼓励和期望。事实证明，“文化交流贡献奖”在中国对外文化交流事业中已经起到并将继续起到重要的促进作用。

有鉴于此，为在更大范围内介绍和宣传这些获奖者及文化机构，中国文化部有关部门组织工作团队进行了长时间、多渠道的资料收集，在此基础上将部分“文化交流贡献奖”获得者事迹先行汇编成册。

据了解，截至目前，“文化交流贡献奖”获

得者中已有数人相继故去，这就使得《“文化交流贡献奖”获得者事迹汇编》的编撰出版工作更具有紧迫性。因此，将“文化交流贡献奖”获得者们的感人事迹加以汇编出版，还有着一种极为特殊的纪念意义，表达了中国政府和中国人民发自内心地对所有“文化交流贡献奖”获得者们的崇敬之情。

最后，谨以此书献给那些为中国对外文化交流事业作出突出贡献的国际和中国港澳台地区友好人士及有关文化机构。

Foreword

Since the founding of the People's Republic of China, especially the reform and opening-up, China's international cultural exchange has been supported by friends of all social sectors from other countries, Hong Kong SAR, Macau SAR and Taiwan region. Their outstanding contributions, including promoting inter-government and interpersonal cultural dialogues between China and the world, dedicating to the protection, research, exchange, tracing and return of Chinese cultural properties, translating China's outstanding literature classics, and making generous donations of funds and high-value cultural treasures to support cultural and art development of China, have built bridges for the best of Chinese culture to reach the world, and injected vigor and momentum into the progressive culture and arts of China.

In keeping with the new situations and trends ushered in by its opening-up, China has made active efforts to celebrate its brilliant cultural traditions, encourage the best of its culture and arts to go global, and engage in dynamic international cultural interflow and cooperation. To step up the opening-up and create a favorable environment for such efforts, and with a sincere heart to honor the friendly figures from other countries and Hong Kong SAR, Macau SAR and Taiwan region whose dedication contributed significantly to the vitality of China's international cultural exchange and invite more international interest and support, the Ministry of Culture of China initiated the "Outstanding Contribution Award for Cultural Exchange" in 1996 to give recognition and commendation to friendly individuals and prestigious institutions across the globe. So far, it has been awarded to 50 individuals and 3 institutions.

The "Outstanding Contribution Award for Cultural Exchange", initiated and presented by the Ministry of Culture of China as a special honor to friendly individuals and institutions and the highest-level government award of its kind, has played a significant role in stepping up China's international cultural exchange, strengthening the international presence, profile, competitiveness and influence of Chinese culture overseas, and we are confident that this Award will continue to bring more positive energy into the above-mentioned causes. For 20 years, it has gained extensive recognition, popularity and prominence across the globe as an official commendation to the awardees for their great work and outstanding achievements in promoting cultural exchange between China and the world, and a gesture of sincere gratitude and acknowledgment from the Chinese government.

Therefore, in order to introduce those prestigious awardees to the widest possible audience, a working team of the Ministry of Culture of China has conducted a long-term project to document the biographies and stories of the awardees collected from all channels, which led to the publication of this book as a collection of part of the documentations.

What makes the publication of this book a more pressing

matter is that during all these years, several of our past awardees have passed away. It reminds us that we must also publish such stories in their honor to extend the most heartfelt salutation to all our awardees on behalf of the Chinese government and Chinese people.

We would like to dedicate this book to all our trustworthy friends and cultural institutions from other countries, Hong Kong SAR, Macau SAR and Taiwan region of China that have made significant contributions to China's international cultural exchange.

池田大作

日本

池田大作，1928年1月2日生于日本东京都。毕业于富士短期大学经济系。曾任创价学会第三任会长（1960年－1979年），现任创价学会名誉会长（1979年－）、国际创价学会（SGI）会长（1975年－）。池田是佛教哲学家、教育家、作家、诗人。身为佛教团体国际创价学会会长，池田致力于和平、文化、教育事业，并为此创设了多所研究机构、文化团体和教育学府。战争岁月中的经历，使池田下定了追求和平的决心。长年来，池田与世界各地许多有识之士、领导人进行对谈，共同寻求解决全球问题的对策，通过著书广泛探讨与和平、人类处境相关的种种课题。池田已撰写著作1304本，其中一部分被翻译成40多种语言，内容针对整个人类及个人所面临的种种课题，提出以佛法人道主义为基调的见解或解决方案。截止2011年11月18日，池田已获世界319所高等学府的名誉学位。

池田大作创办的各种机构

1962年，东洋哲学研究所；1963年，民主音乐协会；1968年，创价初中、创价高中；1971年，创价大学；1973年，关西创价初中、创价高中；1975年，国际创价学会；1976年，札幌创价幼儿园；1978年，东京创价小学；1982年，关西创价小学；1983年，东京富士美术馆；1985年，创价女子短期大学；1991年，雨果文学纪念馆；1992年，香港创价幼儿园；1993年，新加坡创价幼儿园；1994年，马来西亚创价幼儿园；1996年，户田纪念国际和平研究所；2001年，美国创价大学、巴西创价幼儿园；2003年，巴西创价小学；2008年，韩国幸福幼儿园。

池田大作

池田大作，1928 年 1 月 2 日に日本東京都生まれ。富士短期大学（現・東京富士大学短期大学部）経済部卒業後、創価学会第三代会長（1960-1979）、現·創価学会名誉会長（1979-）、SGI（創価学会インタナショナル）会長（1975-）。池田氏は仏法者、教育者、作家、詩人でもある。仏教団体創価学会インタナショナル会長として、彼は平和、文化、教育事業に注力し、そのために多数の研究機関、文化団体と教育学府を開設した。戦争を経験した彼は、平和を追求することに決めた。

長い間、池田さんは世界各地の有識者、指導者と会談を進め、共にグローバル的な問題の対策を探し求める。池田さんは本や講演により、平和、人類環境に関する問題を検討し続けている。池田さんは既に 1304 冊の本を出版し、その一部は 40 種類以上の言葉に翻訳された。内容といえば、全人類と個人が直面している様々な課題に対して、仏法の人間主義を基本としての見解及び解決方案を提出した。2011 年 11 月 18 日まで、池田さんは世界中の 319 高等学府の名誉職名を獲得した。

池田大作が創立した各機関

1962 年，東洋哲学研究所；1963 年，民主音楽協会；1968 年，創価中学校、創価高校；1971 年，創価大学;1973 年，関西創価中学校、創価高校；1975 年，創価学会インタナショナル；1976 年，札幌創価幼稚園；1978 年，东京創価小学；1982 年，関西創価小学；1983 年，東京富士美術館;1985 年，創価女子短期大学;1991 年，ユーゴー文学記念館；1992 年，香港創価幼稚園；1993 年，シンガポール創価幼稚園;1994 年，マレーシア創価幼稚園;1996 年，戸田記念国際平和研究所;2001 年，アメリカ創価大学、ブラジル創価幼稚園；2003 年，ブラジル創価小学；2008 年，韓国幸福幼稚園。

Daisaku Ikeda

Daisaku Ikeda was born in Tokyo on January 2, 1928, and graduated from the Department of Economics of Tokyo Fuji University Junior College. He has served as the third President of the Soka Gakkai (1960-1979), currently as the Honorary President of the Soka Gakkai (1979-), and the President of Soka Gakkai International (SGI) (1975-). He is a Buddhist philosopher, an educator, a writer, and a poet. As the President of the Buddhist organization SGI, he commits himself to peace, culture, and education, and for this purpose, he has founded many research institutions, cultural organizations and educational institutions. Owing to the experience of the war, he resolved to pursue peace.

Over the years, Daisaku Ikeda has communicated with many far-sighted personages and leaders around the world to jointly seek the solutions to global problems. Through writing books and setting up a theory, he widely discussed the topics related to peace and human environment. He has written 1,304 books, some of which have been translated into 40 languages, aiming at a variety of topics faced by the entire human race and individuals, and he proposed the insights and solutions with the keynote of Dharma humanism. As of November 18, 2011, Daisaku Ikeda has gained the honorary titles from 319 institutions of higher education around the world.

The institutions founded by Daisaku Ikeda

1962, Institute of Oriental Philosophy; 1963, Min-On Concert Association; 1968, Soka Junior High School, Soka Senior High School; 1971, Soka University; 1973, Kansai Soka Junior High School, Kansai Soka Senior High School; 1975, Soka Gakkai International ; 1976, Sapporo Soka Kindergarten; 1978, Tokyo Soka Elementary School; 1982, Kansai Soka Elementary School; 1983, Tokyo Fuji Art Museum; 1985, Soka Women's College; 1991, Hugo Literary Memorial Hall; 1992, Hong Kong Soka Kindergarten; 1993, Singapore Soka Kindergarten; 1994, Malaysia Soka Kindergarten; 1996, Toda Institute for Global Peace and Policy Research; 2001, Soka University of America, Brazil Soka Kindergarten; 2003, Brazil Soka Elementary School; 2008, Happiness Kindergarten in South Korea.

文化交流的金桥永远辉煌

池田大作　创价学会名誉会长

文化是生命大地上盛开的花。

文化是人性至为璀璨的光华。

文化是战胜所有野蛮的灵魂胜利乐曲。

文化是跨越一切差别的心心相连的和平之路。

中华文化促进会高占祥主席和我在杂志上进行对谈，主题是《联结地球的文化力》，他的话令我难忘。

“文化交流不单促进人类的文化发展，也增进各国民众之间的友谊，有助于人类的和平与进步。”

我本人就是以这一信念致力于和贵国以及世界的文化交流。

以前10次访问中国，重重烙印了黄金般的相会交流。

第一次访华是1974年5月至6月。当时日本还没有直飞航班，从香港罗湖站跨铁桥进入深圳，乘火车到广州。

在广州站下车，见到四位妇女坐在候车室的长椅上谈笑。

那种温馨的气氛令人羡慕，我和妻子走到旁边打招呼：“你们好，我们是为了和中国友好，从日本来的。”

她们愣了一下，但马上笑容满面，说“欢迎，欢迎你们来中国。”

交流，首先是和人相见，交谈，然后播上友情与信赖的种子，所有人都是这样的。我切实感受这一点，在人民的大地上继续有意义的旅程。

招待的各项活动中，有人民大会堂会见要人、访问北京大学等教育机构，还参观了北京的少年宫。

扎黄色发带的少女瞪圆了眼睛问：“叔叔为什么来中国呢？”

我当即回答：“来见你呀！”

这是毫不虚假的真情。

曾四度拜会的大文豪巴金先生说过：“伟大的观点常常来自民众。”我完全赞同。

1980年4月，第5次访华，也有如此温馨的相会。那是在恍如仙境的风景如画的桂林。

等船下漓江的时候在附近散步，遇见两个少女。

“我们是卖药的。”

少女快活地说。我笑着问：

“有没有能让人聪明的药？”

她们马上回答：

“有啊，刚卖完了。”

聪明的对答引起一片爽朗的笑声。急中生智，幽默感，让我们夫妇感叹中国不愧为文化与历史的大国。

已经过去了30年，心里还一直难忘。卖药少女们也应该到了贤妻良母的年龄，在生气勃勃地发挥她们的智慧吧。遥祝她们人生幸福。

正像遣隋使、遣唐使往来所象征的那样，日本从贵国学到的学问多得难以估计。佛教也是在贵国体系化，流传到日本。文化的大恩太深了。报恩之念从未离开过我的心底。

“要世世代代友好下去”，这是1974年12月5日无限尊敬的周恩来总理托付给年轻30岁的我的大愿。也是为付诸实现，我深下决心，不止于政治、经济层面的交流，也要不断地积累年轻一代能互相学习、互相理解、互相启发的文化、教育交流。

我们创价大学迎接最初从中国来的六名公费留学生是会见总理的第二年春天。

《论语》有云：“君子以文会友，以友辅仁。”

文化联结人，薰发其善性。中国脉脉搏动的尚文风气不就是在混乱的地球社会建构和谐的重要规范吗？

“为生活在21世纪的青年们开辟文化交流之路”，强烈地共同怀抱这一思想的是周恩来总理无二的战友邓颖超夫人。

我多次和邓颖超夫人像亲人一样畅聚，她也曾欣喜地观看我和妻子带去的创价大学种植的“周樱”“周夫妇樱”烂漫开花的照片。

第7次访华（1990年5月）之际，再度在中南海的住居招待我。初夏熏风中挥手依依惜别的情景恍如昨日。

两天后，东方歌舞团在北京市天桥剧场为我访华团专场演出，也是令我难忘的一夜。

这是中国艺术节基金会主办的演出，内容包括中国各地、各时代的舞蹈、歌曲和乐器演奏，还唱了日本民歌等，呈现了洋溢友好真情的舞台。文化交流真髓的盛大演出使来自日本友好交流团的二百多人心潮澎湃，感动不已。演出结束后，我和中国艺术节基金会英若诚主席一同走上舞台，向每一位演员表示感谢，紧紧握手。

“艺术”是实现“和平”的伟大力量，是人生至高的“胜利之舞”。为完成“艺术”而流淌的汗水就是为了人类和平与文化的汗水——我大声说出这个想法，并邀请歌舞团访日演出。

第二年，即1991年实现了这一提议。由我创办的民主音乐协会邀请，东方歌舞团首次来日本公演。从大阪开始，北到北海道，直到在南方的冲绳闭幕，一个半月在日本主要城市演出了41场。

1993年再次来日公演，每场最后都演出创作歌舞《樱花缘》，激动人心。令我高兴的是，这是根据我赠给邓颖超夫人的诗《樱花缘》改编的。歌舞由东方歌舞团和民主音乐协会合作，两国共同编排，仿佛是文化交流的理想的大花朵盛开。

“花落花开／月缺月圆／世事风云多变幻／樱花因缘倍生艳／友好万代传／年年岁岁花满枝／亿万民众齐景仰／人民的总理人民颂／人民的慈母人民爱／我亦衷心颂高德／友谊樱花万年长。”

正如倾注了千秋万代友好之愿望的这首诗，被誉为“东方幻想（Oriental fantasy）”的东方歌舞团，以他们的精湛演技为庆祝邦交正常化二十周年锦上添花。

说到花，今年适值辛亥革命一百年，与当时的革命领袖孙中山先生有缘的“孙文莲”，每当夏季就在日本到处开放。

排除霸道，追求王道文化的就是孙中山先生。据说，1918 年访问日本的孙中山先生为报答友谊，给日本的好友提笔书写了“至诚感神”，并且把四颗莲子装进了贺仪袋子里相赠。

孙中山先生的心意是——自古中国把莲花尊为“君子之花”。日本和中国必须像并蒂莲一样永远友好。定要让这花灿烂怒放。莲子开花时，中国革命成功，东方和平定必到来。

然而，野蛮的日本侵略推迟了和平花开。战后过去 15 年，著名的大贺一郎博士终于使之开花，赞颂孙中山先生的遗德，命名为“孙文莲”。

后来“孙文莲”移植各地，我创立的关西创价学园也种植了。凝视盛夏绽放的大朵莲花，学生们驰思先人的和平与友好之心。

民主音乐协会在我首次访华的翌年（1975 年）邀请北京艺术团访日演出，此后举办了“丝绸之路音乐之旅系列”等许多公演。邀请中国艺术家的总数为 42 团，公演 1700 场，观众多达 255 万人次。

我创办的东京富士美术馆也举办了“中国敦煌展”（1985 年）、“北京故宫博物院名宝展”（1995 年）等，致力于文化交流。

为纪念明年日中邦交正常化四十周年，现于日本各地举办的“地上的天宫——北京故宫博物院展”也大获好评。

此次展览即将开幕的今年 3 月发生了东日本大震灾，那时很多中国朋友给予了强有力的支援，再次表示衷心的感谢。

受大震灾影响，很多海外来日本美术馆的展出接连取消或中止，但“故宫展”毅然决断，并借出了为数众多的国宝级文物。

博物院领导甚至对我们说：“我们双方的合作与信赖丝毫不动，反而越遇到困难越牢固。”

上次的“北京故宫博物院名宝展”也是在阪神淡路大震灾之年举办。每当日本遭遇困境，文化使节就送来鼓励，这份真心令人感激不尽。

2008 年举办的“大三国志展”从历史、文学、美术综合展示“三国志”世界，好像在中国也没有先例，大获好评。在日本展出后，又在中国举行了“回乡展”。当时出展的博物馆、美术馆，中国方面有三十多馆，日本方面也超过二十馆。这是通过古代的“三国志”世界，希望现代两国友好之心相通，而得以实现、成功的展览。

“我坚信，日本和中国的历史性文化、社会纽带才是最重要的。”20世纪著名英国史学家汤因比博士在和我的对谈中这样断言。

博士探究历史本质的透彻慧眼看清中国今日的大发展，告诉我们，中国和日本两国介于文化加强纽带，对于东亚的繁荣以及世界和平最重要。

中国和日本从两千年的远古一直持续交流。

《论语》云：“以德报德。”

无论时代怎么激荡，和因缘深恩厚的中国朋友们诚恳笃实地贯彻心连心的交流，这是日本应该走的正确轨道。

我自初次访华就把这条往来之路叫做“金桥”。我曾对共有这颗交流之心的创价大学学生说：

“佛法说‘生老病死’相当于‘金银铜铁’。在这一意义上，‘金’是‘生’，是活到底的灿烂生命。因此，年轻的你们要自己架设、渡过这座‘金桥’，继续踏踏实实地前进。希望三十年，五十年，有很多人架设、巩固和渡过‘金桥’。”

可以说，文化交流的“金桥”是永续的，是永远未完成的。因为它历经岁月，在具有友好之心的人民、青年的往来之中，会越来越生机勃勃，越发金光璀璨地延续发展下去。

所以，我决心培养怀抱同样志向的青年，让文化交流的“金桥”永远辉煌。

我相信，这就是对文化大恩的中国的报恩之路。

我无比坚信，“根深叶茂，源远流长”，我们诚恳踏实的努力，正是两国永远和平友好的根和源。

文化交流の金橋は永遠に輝く

池田大作　創価学会名誉会長

文化は命の土地に咲いている花でもある。

文化は人間の最高な光輪でもある。

文化は一切の乱暴的な魂を打ち負かす楽章でもある。

文化は一切の差別を乗り越え、以心伝心の平和な道でもある。

雑誌を通して私は中華文化促進会の高占祥主席と『地球をつなげる文化力』というテーマについて筆談したことがあります。彼の話は今でも忘れられません。

「文化交流は人類の文化発展を促進するだけではなく、各国の民衆の友誼も増進し、人類の平和と進歩にも役立ちます」。

私自身はこの信念を持って貴国及び世界との文化交流に努めています。

昔、私は中国を10回訪問したことがあります。毎回の交流はゴールドのような深いイメージが残してくれました。

初めての訪中は1974年5月から6月まで、当時日本から直行便がないため、香港の羅湖駅から鉄橋を歩いて深センへ入り、そこから汽車に乗って広州に着きました。

広州駅で降りた後、四人の女性は待合室のベンチに座って楽しく話し合っていたのを見かけました。その暖かい雰囲気が羨ましかったです。私は妻と彼女たちに向かって「こんにちは。我々は中国との友好のために日本から来たんです。」と挨拶しました。

彼女たちは驚いたが、すぐ笑顔で「よくいらっしゃいました！ ようこそ中国へ」と言いました。

交流は、まず人と会って、交流することです。人間平等に基づき、友情と信頼の種を撒くことを、私もしみじみと深く感じました。それで、中国人民の土地で私は有意義な旅を続けます。

我々を招待するスケジュールには、人民大会堂で指導者に会見することもあり、北京大学などの教育機関を訪問することもあり、北京の少年宮を見学することもあります。

黄色いヘアバンドを巻いた少女は目を丸くしながら「おじさんはどうして中国を訪問に来

たんですか？」と聞きました。私はすぐ「あなたに会いに来たんです。」と答えました。これは嘘ではなく、本当の気持ちです。

私は大文豪巴金を四回訪問したことがあります。「偉い観念はいつも民衆から生まれる」と彼は言いました。私は大賛成です。

1980年4月、私は5回目中国に訪問した時にも同じような暖かい出会いがありました。それは仙境のような景色がいい桂林です。我々は漓江遊覧船を待ちながら、近くに散歩した時に二人の少女に出会いました。「私たちは薬を売るものです」と少女が明るく言いました。

私は笑いながら「人の頭をよくさせる薬がありますか」と聞きました。

彼女たちは「ありますけど、売り切れました」とすぐ答えました。

賢い応答でみんなは笑いました。とっさの際によい考えが浮かんで、ユーモアの極まりで、我々夫婦はさすが文化史の大国だと感嘆しました。

既に30年過ぎましたが、今でも忘れられません。薬売りの少女たちはもう結婚し、子供を産んだでしょう。元気で自分の知恵を発揮して、いい生活を過ごしているでしょう。幸せになるよう祈っています。

遣隋使、遣唐使の往来が示しているように、日本は貴国から数えられないほど多くの学問を学習しました。仏教も貴国に体系化されてから日本に伝わった。文化の極大な恩恵は今でも頭に深く刻んでいます。恩返しの考えは一瞬たりとも忘れたことがありません。

「代々友好するよう」は私がたいへん尊敬している周恩来総理から頼まれた大きな願いです。1974年12月5日、彼は30歳年下の私に会見してくださいました。私はその願いを実現するために、政治・経済の交流にとどまらず、経験を蓄積し続け、若い世代にお互いに学習させ、理解させ、啓発させることで、文化、教育分野の交流も進めようと決心しました。

周総理が会見してくださった翌年の春、創価大学は中国から第一陣の六人の公費留学生を迎えました。

『論語』には「君子は文を以て友と会し、友を以て仁を輔く」という文があります。文化は人を繋げ、その善性を引き出すものです。中国の右文の風潮こそ、混乱な地球社会に調和を構築する大事な規範ではないでしょうか？

「21世紀を生きる若者たちに文化交流の道を開拓する」という理念を同じように持っているのは周恩来総理の親友と戦友である鄧穎超夫人です。

私は鄧穎超夫人と家族のように数回話し合ったり、集まったりしたことがあります。鄧穎超夫人も私と妻が持っていった満開の「周桜」、

「周夫婦桜」の写真を楽しくご覧になりました。その写真は創価大学に植えた桜からのものです。

1990年5月、7回目の訪問の際、鄧穎超夫人は再び住んでいた中南海で我々を招待してくださいました。初夏のそよ風に手を振りながら別れを惜しむ光景はまるで昨日のことのように感じます。

二日後、東方歌舞団は北京市天橋劇場で我々訪中団に今も忘れられない特別公演をしてくださいました。中国芸術節基金会が主催したその演出は、中国各地、各時代の舞踊、歌及び楽器演奏を含め、日本民謡まで見せてくださいました。舞台に友好な感情が溢れています。文化交流の誠の盛大な演出を見ていた日本友好交流団の200以上の人々は血潮が沸き立って、感動してやまなかったのです。演出が終わったあと、私は中国芸術節基金会主席の英若誠氏と一緒に舞台にあがり、俳優たちに感謝の気持ちを表ししっかり握手しました。

「芸術」は「平和」を実現するための偉大な力で、人生の最高な「勝利の踊り」です。「芸術」を完成させるために流した汗は人間平和のために流した文化の汗だと私は大きな声でこの考えを言い出しました。そして、歌舞団を招待して日本で演出していただきました。

翌年、即ち1991年私のアドバイスが実現しました。私が創立した民主音楽協会は東方歌舞団を招待して日本に公演していただきました。大阪を始めとして、北海道から沖縄まで、一ヶ月半にわたって日本の主要都市に41回公演しました。

1993年東方歌舞団は再び日本へ公演に来ました。毎回公演の最後に独創の歌舞である『桜花縁』を上演、たいへん人の心を沸き立たせました。嬉しいことに、それは私が鄧穎超夫人に贈った詩『桜花縁』により改編され、東方歌舞団と民主音楽協会で共同し、両国が一緒にリハーサルした結果であります。まるで文化交流に咲いていた理想な花のようなものです。

時は去り　時は巡り
現（うつ）し世に　移ろいあれど
縁の桜は　輝き増して
友好の　万代なるを　語り継げり
我も称えん
心の庭に　友誼の桜は　永遠なり

代々友好を期待するその詩が言う通り、「東方の幻想(Oriental fantasy)」と褒めたたえられた東方歌舞団は素晴らしい演技で国交正常化二十周年を祝うために錦上花を添えました。

花というと、今年はちょうど辛亥革命百周年にあたって、当時の革命指導者である孫中山氏と縁がある「孫文蓮」は毎年夏になると、日本の至るところで咲きます。

覇道を排除し、王道文化を追求するのは孫中山氏です。1918 年、孫中山氏が日本を訪問した際、恩返しするために日本の親友に「至誠感神」と揮毫し、蓮の実を四つ封筒に入れて贈ったといわれています。

孫中山氏の気持ち——昔から中国は蓮を「君子の花」と崇めています。日本と中国は同じ茎に2つの花が咲くハスのように永遠に、代々友好しなければなりません。ぜひその花を咲かせます。ハスの花が咲いたら、中国革命は必ず成功し、東方の平和も来ます。

しかし、日本による野蛮な侵略戦争のせいで、平和の花はなかなか咲きませんでした。戦後 15 年、有名な大賀一郎博士はようやく咲かせました。孫中山氏の遺徳を記念するために、「孫文蓮」と名づけました。

その後、「孫文蓮」は各地に移植され、私が創立した関西創価学園にも植えられました。夏に咲いている蓮をみると、学生たちは先人の平和と友好の願いに対してきっと憧れるのではないでしょうか。

1975 年、私が初めて中国を訪問した翌年、民主音楽協会は北京芸術団を招待して日本に公演していただきました。それから、「シルクロード音楽の旅」シリーズなどの公演を開催しました。招きに応じて来日して公演していた中国芸術家の社団は合計 42 個で、1700 回公演し、観衆は 255 万人の多きに達しました。

私が創立した東京富士美術館も文化交流に力を入れています。「中国敦煌展(1985 年)」「北京故宮博物館珍品展(1995 年)」などを開催しました。

来年の日中国交正常化四十周年を記念するために、現在日本各地に開催されている「地上の天宮　北京・故宮博物館展」も好評を博しました。

今年 3 月、今回の展示会はまもなく開幕会する時に、日本は東日本大震災に遭いました。当時、多くの中国友人が支えていただいき、心より御礼申し上げます。

大震災の影響を受け、海外から日本の美術館での展覧会は次々と延期、或いは中止することになってしまいましたが、「故宮展」は依然として予定通りに行いました。そして、多数の国宝クラスの文物を展示してくださいました。

故宮博物館の指導者は「我々の協力と信頼はいささかの動揺するどころか、逆に困難に遭えば遭うほど固くなります」とおっしゃいました。

前回の「北京故宮博物館珍品展」も阪神・淡路大震災の年に行われました。日本が苦境に陥ることに、文化使節は励ましてくださいます。その真心に対して、心から感謝しております。

2008 年開催した「大三国志展」は歴史、文化、美術などから「三国志」を展示しました。これは世界にも中国にも先例がないみたいで、好評を博しました。日本で展示された後、また中国で「帰郷展」を行いました。当時、中国側は30以上の博物館、美術館は出展したに対して、日本側は20を超えました。それは古代の「三国志」を通して両国の以心伝心な友好を実現させ、大成功な展覧でした。

「日本と中国の歴史文化といえば、社会団結こそ一番大事だと信じている」と20世紀イギリス有名な歴史学者のトインビー博士は私との会談で断言しました。

博士は慧眼で歴史の本質を細かく深く見抜き、中国の今日の成長を予測しました。彼は中日両国が文化交流を強化すれば、東アジアの繁栄と世界の平和にとって極めて重要だと教えたいでしょう。また、中国と日本は昔から二千年の交流歴史を持っています。

『論語』には「徳をもって徳に報いる」というものがあります。時代がどのように激動しても、誠意を持って縁が深い中国友人たちと心の交流を貫くことは、日本が歩くべき正確な道だと思います。

私は初めて中国を訪問してから、この往来の道を「金橋」だと呼びます。私は同じように交流の心を持つ創価大学の学生たちにこう言いました。「仏法には生老病死が金銀銅鉄に相当するという話があります。そういう意味で、「金」は「生」で、輝かしい命です。それで、若い諸君は自分自身で「金橋」を架設し、乗り越え、堅実に前進しなければなりません。三十年経っても、五十年経っても、多くの人が「金橋」を架設し、強化し、乗り越えてほしいです。」

文化交流の「金橋」は永遠に存在し、未完成の事業だと言ってもいいです。なぜかというと、それは時間の試練に耐え、友好の心を持つ人民の間で、青年たちの往来で、生気が一層みなぎり、輝かしく続き、成長していくからです。

そのため、文化交流の「金橋」が永遠に輝かせるように、同じ志を持つような青年を育成すると決心しました。これは中国から受けた文化の恩恵への恩返しだと思います。

私は「根が深く葉が茂って、源が遠ければ流れも長くなる」と信じています。我々が着実で真剣に努力することは、両国が永遠に平和友好の基礎と源のではないでしょうか。

Forever Glorious is the Golden Bridge of Cultural Exchange

Daisaku Ikeda Honorary President of the Soka Gakkai

Culture is a blossom on the vigorous land.
Culture is the most ravishing splendor of humanity.
Culture is the music of triumph over the savage souls.
Culture is the road to peace transcending all discrimination and conveying the common wishes.

I once held a talk by writing with Gao Zhanxiang, Chairman of Chinese Culture Promotion Society (CCPS), via the magazine, and the topic was Cultural Strength Connecting the Globe. His words deeply impressed me.

"Cultural exchange does not only promote the development of human culture, but also enhance the friendship between peoples from different countries of the world, which will in turn contribute to the peace and progress of mankind".

I have been dedicated to promoting cultural exchange with China and the world with this firm conviction on my mind.

I have visited China ten times in the past and the mutual communication at each visit has left a deep impression as precious as gold on me.

My first visit to China was in May to June 1974. There was no direct flight between China and Japan at that time, so I entered Shenzhen through Hong Kang Lo Wu Station by a steel bridge, and then took a train to Guangzhou.

After getting off the train at Guangzhou Railway Station, I met four ladies chatting and laughing casually on a long bench in the waiting room. The intimate atmosphere seized me. My wife and I approached them and greeted them: "Nice to meet you. We come here for our friendship with China after a long way from Japan".

They paused for a while but then immediately responded with smiles, "Welcome. Welcome to China."

Exchange in the first place comes with meeting and talking with people; and it is to sow the seeds of friendship and trust on the basis that all men are equal. I could not identify more with this and thus carried on with my meaningful trip.

As a part of the reception schedules, we were given an audience to the state dignitaries in the Great Hall of the People, and visited educational institutions like Peking University, and the Children's Palace of Beijing as well.

A girl wearing a yellow hair band asked me with large round eyes: "Uncle, why do you come to visit China?" I answered straight away: "I come here to see you!" And this was my heartfelt genuine feeling.

Mr. Ba Jin, the literary giant to whom I paid four visits, once said: "Great theories often originate from the streets". I can't agree more.

In April 1980, during my fifth visit to China, I ran into another warm encounter. It was in the wonderland of picturesque Guilin. We were having a walk nearby waiting for the boat ride on the Lijiang River when I came across two girls. "We are selling medicines." The girls said lively. "Is there any medicine that can make people cleverer?" I asked with a smile.

They replied immediately,
"Sure, but they are just sold out."

The witty answer evoked a burst of laughter. Their quick

wit and sense of humor made me and my wife exclaim: what a giant country of culture and history China was!

Thirty years have passed and I could never forget this encounter. These girls must have reached the age for marriage and child birth and giving vigorous play to their wisdom in their lives. Here I wish them happiness from a distance.

Since the Japanese missions to Sui Dynasty and Tang Dynasty, what Japan has learned from China can never be fully calculated. Buddhism had already become systematized in China before it spread to Japan. The giant gift of culture from China has been deeply engraved in our soul, and the thought of paying a debt of gratitude has never left my mind.

"Let the Chinese and Japanese peoples be friends from generation to generation" is the great vow former Premier Zhou Enlai, for whom I have enormous respect, entrusted to me. It was December 5, 1974 on which he gave me, 30 years younger than him, an audience on that day. To fulfill his wishes, I set up my mind that the communication shall not just stay on political and economic levels. We should accumulate more experiences to enable the younger generations to learn from each other and gain mutual understanding and inspiration and communicate in such fields as the culture and education.

It was the following spring after my meeting with former Premier Zhou when the Soka University received six state-funded students from China.

The Analects of Confucius goes "A gentleman makes friends through his literary development and cultivation and he promotes compassion and benevolence through making friends." Culture links people and elicits kindness within people. There is a general atmosphere of valuing literature in China, and isn't it an important specification of building harmony inside the chaos of the global society?

"To open the way of cultural exchange for young people of the 21st century" is the idea and faith shared by Ms. Deng Yingchao, the wife, and also the incomparable ally of Premier Zhou Enlai.

I had several delightful meetings with Ms. Deng Yingchao like family members. She was also cheerful to see the pictures of blossoming Zhou's sakura and Mr. and Mrs. Zhou's sakura. These photos are about the sakura planted in Soka University.

In May 1990, Ms. Deng Yingchao received us in her living place in Zhongnanhai during my seventh visit to China. It seems like only yesterday we waved an affectionate adieu in the scented early summer breeze.

Two days later, China Oriental Song & Dance Ensemble gave a special performance for my delegation at Tianqiao Theater in Beijing, and it was also an unforgettable night for me. The performance was sponsored by China Arts Festival Foundation, and it comprised dances, songs and musical instrument performances from different places and eras of China. Japanese folk songs were also included, and the friendly and cordial atmosphere pervaded the whole stage. The genuine grand show during the cultural exchange made over two hundred people from Japanese Friendly Delegation extremely excited and deeply moved.

After the show, I walked with Ying Ruocheng, Chairman of China Arts Festival Foundation, onto the stage, expressed our gratitude for the performance and shook hands with every performer.

"Art" is a great power to achieve "peace" and it is the supreme "Victory Dance" of human life. The sweat shed for "art" is also the sweat shed for peace and culture of mankind—I exclaimed the above idea and then invited the ensemble to come to Japan to give performances.

My proposal was realized in the following year, i.e. 1991. Invited by Min-On Concert Association founded by me, China Oriental Song & Dance Ensemble gave its first performance in Japan. Within one and a half months, they put on forty-one performances in major cities of Japan, starting from Osaka, reaching Hokkaido in the north, and ending in Okinawa in the south.

China Oriental Song & Dance Ensemble came to Japan again in 1993, and the last performance each time was the rousing original song and dance drama Friendship through Sakura. And I rejoiced that this drama was adapted from the poem I presented to Ms. Deng Yingchao with the same title. It was co-programmed by China Oriental Song & Dance Ensemble and Min-On Concert Association, and their cooperation was just like the flourishing blossom of the ideal of cultural exchange.

"Flowers bloom and fade, the moon may wax or wane,
the world is so unpredictable and full of uncertainties;
sakura becomes more brilliant on our friendship,
friendship lasts to all generations;
flowers thrive year after year,
for which hundreds of millions of people worship;
the people glorify the premier of the people,
and they love the loving mother of the people;
I would also like to praise their high morale,
and the sakura of friendship will forever grow."

Just like this song which conveys the strong wish for friendship of all generations, China Oriental Song & Dance Ensemble hailed as "Oriental fantasy" added brilliance to the 20th Anniversary of the Normalization of Diplomatic Relations between Japan and China with their exquisite performance.

Speaking of flowers, this year is the hundredth anniversary of the Revolution of 1911. Nelumbo nucifera 'Sunyatsen Lotus', which got its name from its close relationship with Dr. Sun Yat-sen, blooms everywhere in Japan each summer.

Dr. Sun Yat-sen eliminated the oppressive and pursued the benevolent culture. It is said that in 1918, when Dr. Sun Yat-sen visited Japan, he wrote down "Sincerity Moves the Heaven" for his Japanese friends and put four lotus seeds into the gratuity bag as a gift in return for friendship.

By this Dr. Sun Yat-sen meant that—ancient Chinese revered the Lotus as "flower for gentleman"; Japan and China must be friends forever like twin lotus flowers and the flower must be in glorious blossom. When the lotus blooms, the success of the Chinese revolution and the peace of the East will surely come.

However, the brutal Japanese invasion delayed the bloom of the peace flower. Fifteen years after the end of the Second World War, the famous Dr. Oga Ichiro finally made it bloom. To praise the lasting virtue of Dr. Sun Yat-sen, he named the flower Nelumbo nucifera 'Sunyatsen Lotus'.

Then, Nelumbo nucifera 'Sunyatsen Lotus' was transplanted around the country, including Kansai SOKA Gakuen founded by me. Gazing at the large lotus blooms in midsummer, students could think back to their ancestors who always treasured peace and friendship in their hearts.

In 1975, the year after my first visit to China, Min-On Concert Association invited art ensembles in Beijing to visit Japan and give performances. Then the series of "Beyond the Silk Road Concert" and many other performances were put on. As many as forty-two art troupes were invited, giving more than 1700 performances, and attracting a total audience of 2.55 million person-times.

Tokyo Fuji Art Museum founded by me has also been committed to cultural exchanges and held exhibitions including the Treasures from Dunhuang, China (1985) and the Treasures of the Palace Museum, Beijing in Commemoration of Its 70th Anniversary (1995), etc.

The exhibition titled The Palace of Heaven on Earth: Works from the Palace Museum in Beijing now on around Japan to commemorate the 40th Anniversary of the Normalization of Diplomatic Relations between Japan and China has received favorable responses.

In March of this year, when the exhibition was about to open, the Great East Japan Earthquake took place and many Chinese friends offered us strong support, to which I would like to express my heartfelt thanks.

Due to the earthquake, many exhibitions from overseas which were scheduled to be present in Japanese museums were postponed to later dates or suspended. Nevertheless, the exhibition from the Palace Museum in Beijing proceeded as scheduled with resolution and lent out numerous national treasures.

The leaders of the Palace Museum even told us that "Our cooperation and mutual-trust will not be lessened but rather become fastened when facing difficulty."

The previous Treasures of the Palace Museum, Beijing was also held in the year of the Great Hanshin-Awaji Earthquake. Whenever Japan is in a crisis, the cultural envoy from China would come with encouragement, for which we feel profoundly grateful.

Three Kingdoms Culture Exhibition held in 2008 comprehensively displayed the three kingdoms culture from the aspects of history, literature, and art. Without a precedent even in China and the world, it won great acclaim. After the exhibition in Japan, it returned to China for a home-coming exhibition. The art exhibitors included over thirty museums and art galleries from China and more than twenty museums and art galleries from Japan. The exhibition attempted to realize the heartfelt friendship between China and Japan through the analogy of the ancient three kingdoms and it was a successful exhibition.

"I firmly believe that the history, culture and social solidarity between Japan and China are the most important". Doctor Toynbee, a famous British historian in the 20th century, asserted during a talk with me.

Doctor Toynbee sees through the nature of history with his wise eyes, and predicates the great progress China is making today. He tells us that the strengthening of the cultural ties between China and Japan is significant to the prosperity of East Asia and to the world peace. Moreover, China and Japan have been maintaining communication for two thousand years since ancient times.

The Analects of Confucius goes "One should repay virtue with virtue". However turbulent the era is, it is the right track for Japan to carry on heart-to-heart exchanges sincerely and honestly with Chinese friends, to whom we have a deep-rooted relationship and owe a debt of gratitude.

I have been calling this road for exchanges "the golden bridge" since my first visit to China. I used to say to the students from the Soka University who share the same belief of exchange: "The Buddhist Philosophy believes that the four sufferings in the human life, namely 'birth, old age, illness and death' are equivalent to 'gold, silver, brass and iron'. In this sense, 'gold' is 'birth', the brilliant life one can live to the end. Therefore, you young people should set up and go across the "golden bridge" by yourselves, and move forward steadily. I hope, in thirty or fifty years, lots of people will set up, consolidate and go across the 'golden bridge'."

It is justifiable to say that the building of the "golden bridge" for cultural exchange will be perpetual and never be accomplished. After age has taken its toll in the past, the bridge will become more and more enlivening and live and develop resplendently among the peoples with the hearts of friendship and in the exchanges of youth between the two countries.

So I have decided to train the youth with the same ambitions, and make the "golden bridge" of cultural exchange forever glorious. I believe this is the way to repay for the goodness China has given to Japan in terms of culture.

"The root is deep and leaves are luxuriant; the origin is remote and course is long". I have full confidence that our efforts with sincerity and resolution are just the root and origin of the forever peace and friendship between our two countries.

会见周恩来总理
（1974.12　北京 305 医院）

周恩来総理と会見
（1974.12　北京・305 病院）

Meeting with Premier Zhou Enlai
(December, 1974, PLA No. 305 Hospital, Beijing)

会见中国作家代表团巴金团长、谢冰心副团长
（1980.4　热海 静冈研修道场）

中国作家代表団の巴金団長と、謝冰心副団長と会見
（1980.4　熱海・静岡研修道場）

Meeting with Ba Jin, head of the delegation of Chinese writers, and Xie Bingxin, deputy head of the delegation
(April, 1980, Shizuoka Training Hall, Atami)

在西方绘画名作展上为全国政协副主席王光英做讲解。
（1992.10　北京 中国美术馆）

西洋絵画名作展に王光英全国政治協商会議副主席を案内
（1992.10　北京・中国美術館）

Wang Guangying, Vice-Chairman of Chinese People's Political Consultative Conference, at the Western master's painting exhibition
(October, 1992, National Art Museum of China, Beijing)

日中邦交正常化 20 周年纪念东方歌舞团公演
（1992.9　创价大学）

日中国交正常化 20 周年記念東方歌舞団公演
（1992.9　創価大学）

In honor of the 20th anniversary of the normalization of diplomatic relations between China and Japan　Public performance by the Oriental Song and Dance Ensemble
(September, 1992, Soka University)

与东方歌舞团交流
（1990.5　北京 天桥剧场）

東方歌舞団と交流
（1990.5　北京・天橋劇場）

Communications with the Oriental Song and Dance Ensemble
(May, 1990, Tianqiao Theater, Beijing)

与孩子们交流
（1984.6　北京 中国儿童少年活动中心）

子供たちと交流
（1984.6　北京・中国児童少年活動中心）

Communications with children
(June, 1984, The China National Children's Center, Beijing)

团伊玖磨

日本

1924年4月7日生于东京。毕业于东京音乐学校（现东京艺术大学）作曲科。之后，作为日本代表性的作曲家活跃在乐坛。他的作品甚为丰富多彩，有歌剧、交响乐、管弦乐、合唱、歌曲、童谣、电影、戏剧音乐等。其代表作歌剧《夕鹤》《荒山狐乐》等剧目，在中国及海外各国均获得好评。此外，他的作品还有出自于对中国的喜爱，在经过研究之后创作的管弦乐组曲《丝绸之路》、歌剧《杨贵妃》、交响乐幻想曲《万里长城》、管弦乐幻想曲《飞天缭乱》等名作。

从日中文化交流协会创立初期，团伊玖磨就参与谋划日中文化交流事业，曾经担任常任理事、代表理事，在1997年就任会长，为日中友好和文化交流的发展，殚精竭虑。他热爱中国，长年为两国的友好与文化交流的发展做贡献。正因如此，他相继获得了多项荣誉称号：1993年被中日友好协会授予“中日友好使者”称号、1995年被中国人民对外友好协会授予“人民友好使者”称号、1997年获中华人民共和国文化部颁发的“文化交流贡献奖”。

团伊玖磨自1966年首次访华以来，正式访华多达37次。最后一次，他作为日中文化交流协会代表团团长访华期间，因心力衰竭在苏州去世。

團伊玖磨

1924年4月7日東京生まれ。東京音楽学校(現在の東京藝術大学)作曲科卒業。以後、日本を代表する作曲家として活躍。その作品は歌劇、交響曲、管弦楽曲、合唱曲、歌曲、童謡、映画、演劇音楽など多彩を極めた。代表作は中国など海外でも好評を博した歌劇『夕鶴』、歌劇『ちゃんちき』など数多い。また、中国への愛着と研究によって生まれた管弦楽組曲『シルクロード』、歌劇『楊貴妃』、交響幻想曲『万里長城』、管弦楽幻想曲『飛天繚乱』などの名作も多い。

日中文化交流協会の創立初期から、日中文化交流事業に参画、常任理事、代表理事を経て1997年に会長に就任、日中友好と文化交流発展のために活躍した。中国を愛し、長年にわたって両国の友好と文化交流の発展に貢献したことにより、1993年に中国日本友好協会から『中日友好使者』、1995年に中国人民対外友好協会から「人民友好使者」、1997年に中華人民共和国文化部から「文化交流貢献賞」の称号を授与されている。

1966年の初訪中以来、中国への公式訪問は37回。最後の旅となった日中文化交流協会代表団の団長として訪中した際、蘇州で心不全のため逝去した。

Ikuma Dan

Ikuma Dan was born in Tokyo on April 7, 1924, and graduated from the Composition Department of Tokyo Music School (now the Tokyo National University of Fine Arts and Music). And then he had been active in the music circles as a representative composer in Japan. He had a variety of works covering operas, symphonies, orchestral music, choruses, songs, rhymes, films, theatrical music and so on.

His masterpiece operas such as Yūzuru (Twilight Crane) and Chanchiki have received favorable comments in China and overseas countries. In addition, he had also created the masterpieces such as the orchestral suites The Silk Road, the opera Yokihi (Yang Guifei), the symphonic fantasia The Great Wall, and the orchestra fantasia Flying Apsaras after research owing to his love to China.

Ikuma Dan started to participate in the Japan-China cultural exchanges at the initial stage of the Japan-China Cultural Exchange Association. He also served as the permanent director and representative director, and became the president of the Association in 1997. He endeavored to promote the cultural exchanges with China. He loved China and made contributions to the development of friendship and cultural exchanges between the two countries. Just because of this, he had received a number of honorary titles in succession: "Sino-Japanese Friendship Ambassador" issued by China-Japan Friendship Association in 1993, "People's Friendship Ambassador" issued by Chinese People's Association for Friendship with Foreign Countries in 1995, and the Cultural Exchange Contribution Award issued by the Ministry of Culture of PRC in 1997.

Ikuma Dan had officially visited China as many as 37 times since his first visit in 1966. He passed away in Suzhou due to cardiac failure during his last visit as the head of Japan-China Cultural Exchange Association delegation.

团伊玖磨与日中文化交流

团纪彦　建筑师、日中文化交流协会评议员

时任日中文化交流协会会长的父亲团伊玖磨，于2001年5月17日在中国苏州病逝，至今已经10年之久。他从1968年初次访华，多达67次。期间，通过日中文化交流，与众多中国友人加深了友谊，特别是与李德伦、吴祖强先生等中国音乐界的领军人物以及唐家璇、孙家正、陈昊苏等中国外交、文化界的负责人的交流，使交流的范围日益扩大。

父亲是以西方音乐为基础开始音乐生涯的，当他接触到中国的历史文化与少数民族音乐后，便决心进一步拓宽以西方音乐为中心的视野，开始考虑发展东亚音乐。

父亲与战后日本音乐舞台上崭露头角的佼佼者黛敏郎、芥川也寸志等人结成作曲家社团“三人会”，精力充沛地开始了乐曲的创作活动。

1949年创作交响曲一号，1952年创作歌剧《夕鹤》，1955年创作交响曲《丝绸之路》，1956年创作交响曲二号，1975年创作歌剧《荒山狐乐》。

二十世纪六十年代后半期，被称为“现代音乐”的社会运动，从欧美传到日本。无一例外，所有的日本音乐媒体，都开始注意并向这一运动倾斜。他们否定和弦与抒情旋律，并片面强调所谓偶发性音乐，该音乐运动的影响大概持续到二十世纪末。在那期间，以“三人会”为核心的作曲活动，从二十世纪六十年代后半期开始，从某种意义上迎来了困难时期。在当时，日本的“国际性”和“西欧化”几乎是同义词。今天不仅在音乐领域而且在所有领域，抛开东亚，特别是中国和日本的文化与文明，世界文化就无从谈起。可以说当时的日本文化仍然是以西欧为中心，在日本人眼里，中国文化依然蒙着冷战的面纱。从西欧传来的，否定西欧近代音乐的“现代音乐”运动，经历数十年，直至今天，虽然被指责是只为部分持进化论观点的知识阶层服务的“势利眼”，但不言而喻，就当时的日本媒体环境而言，作为下一个时代的音乐是被过分强调了的。父亲的音乐不属于这一潮流，所以深感孤独。正好就在那个时期，父亲开始了与中国的交流。我认为此事对父亲而言具有非常重要的意义。在重新客观地思考日本文化方面，在打破西欧一边倒的狭隘世界观方面，日中文化交流都是一个巨大的突破口。

1979年，作为中国接待的第一个国外歌剧《夕鹤》在北京上演。直至今日，从70年代起开展的日中文化交流，对日中双方开拓新文化圈都是一个创造性的开端。毋庸置疑，对日本而言，日中文化交流可追溯到日本古代的遣隋使、遣唐使甚至更早。自此以后，从未中断接受并吸收中国的古典文学、历史、哲学，潜在地成为形成东亚文化圈的基础。现代音乐的文化交流，也是在这一悠久交流的历史上形成的一项事业。为了使日本军国主义对包括中国在内的东亚各国的侵略行径不再重演，正确认识历史是必不可少的。我认为在日本艺术界父亲伊玖磨比谁都更重视这一点。

不言而喻，父亲伊玖磨对日中文化交流的见解，来源于音乐活动所体现的自由的现代精神。另一方面，这也与我们家族的历史不无关系。

父亲伊玖磨1924年生于东京原宿的一个富裕家庭，这个家拥有一个大宅子。其父伊能是在当时东京大学讲授美术史的一位学者，与其母美智子生有一男二女。父亲的祖父琢磨，在我父亲伊玖磨出生时已经68岁。1871年，琢磨大约14岁，适逢明治维新时期，日本从各藩选派少年少女组成岩仓具视使节团前往欧美留学，父亲的祖父琢磨被九州黑田藩选中，派往美国麻省理工学院攻读矿山学。毕业后回到日本，当时国营的三池矿山，民营化之后，被三井财阀收购。于是，父亲的祖父琢磨就成了三井三池矿山的总工程师，奠定了三井财阀的财政基础。后来由于其功绩，被三井家提拔为三井集团的负责人，同时作为欧美通，是位声望很高的日本财界代表性人物。

琢磨在东京原宿建造了宽阔的宅第，父亲伊玖磨作为第三代出生在那里。1932年，父亲伊玖磨7岁时，他的祖父琢磨被暗杀。1931年日本帝国陆军侵占中国东北，日本被中国与国际舆论定为敌国。这时国际联盟派遣李顿（Victor Bulwer Lytton）调查团来日本，接待他们的就是父亲的祖父琢磨。日本政府为否定侵略，让琢磨劝说调查团接受日本行为正当化的结论。他拒绝之后，倒在与军队有瓜葛的右翼团体血盟团的枪口下。此后不久，便发生了上海事变（中国称一二·八事变）、五·一五事件，日本军国主义加速侵略中国，将持反对态度的日本自由主义文化人、财界民间人士杀人灭口，并封锁消息。在急速走向黑暗且没有自由的时代里，父亲一定会思考宠爱

自己且非常聪慧的祖父为何被人杀害。亲眼目睹了一代人建造的宅第，因失去主人而倒塌。因此，父亲才会去追求像音乐那样具有普遍性的东西。

母亲出生在战前的上海，在香港长大，是父亲东京艺术大学的同学。他们再见面是在战后东京烧焦的田野上。母亲的父亲曾在日本的贸易公司工作，所以母亲与中国有很深的缘分。母亲的兄长在看到二十世纪三十年代中国的混乱和社会矛盾以后，加入了日本共产党，与他的叔叔山口武秀等人一起参加了茨城的农民解放运动，当时亲苏联的日本共产党，以舅舅行为“过激”为由予以除名处分。

像这样父亲伊玖磨与母亲和子的各自家庭，都被那个时代动荡的日中关系所捉弄，所以都对中国怀有深切的仰慕之情。

父亲曾说过 :“自己的故乡就是东亚的大海与天空”。父亲之所以这么说，是因为他既不属于过分夸大地域特性的狭隘民族主义，也不属于否定一切地域性的狭隘国际主义和泛全球主义，他试图在东亚多元的具有生命力的文化里寻找自己文化的根。父亲第 67 次访华时，因日本小泉前首相参拜靖国神社，日中外交关系降到冰点，文化交流也因此受到影响。父亲最后一次访华，在苏州市与朱永新先生共进晚餐，畅谈时他感谢中国朋友的深情厚谊。父亲激烈批判参拜靖国神社问题，担心日中文化交流会因此停滞甚至倒退，对此父亲一直抱着一丝不安。

为了日中两国的未来和世界文化的繁荣发展，加深文化交流，缔结友谊纽带变得越来越重要。父亲伊玖磨将这一项重要的事业，托付给生活在未来的我们。

團伊玖磨と日中文化交流

團紀彦　建築家、日本中国文化交流協会評議員

2001年5月17日に日本中国文化交流協会の会長を務めていた父伊玖磨が中国蘇州で亡くなってから十年になる。1968年から始まった訪中は67回を数えた。この間の日中の文化交流を通じて、多くの中国の友人達との友情、とりわけ李徳倫氏や呉祖強氏といった中国音楽の主導的な役割を担った人々との交流にはじまり、唐家璇氏や孫家正氏あるいは陳昊蘇氏といった中国の外交や文化を担う方々との交流の輪も広がった。また西洋音楽をその基礎として音楽活動を始めた父にとって、中国の歴史と文化、あるいは少数民族音楽に触れたことは、西洋中心の音楽の視野をさらに広げて、東アジアの音楽の在り方を考える大きなきっかけとなったように思う。

父は戦後の日本の音楽を担うべく登場した新しい世代の仲間たち、黛敏郎、芥川也寸志らとともに三人の会を結成し、精力的な作曲活動がはじめられた。

1949年交響曲1番、1952年にはオペラ“夕鶴”を、また1955年に交響曲“シルクロード”

を、また1956年交響曲2番、1975年オペラ“ちゃんちき”(中国名：荒山狐楽)といった作品が作られた。

一方1960年代後半から“現代音楽”と呼ばれる一大ムーヴメントが欧米から日本に到来する。こぞって、日本の音楽メディアはこの動向に注目と傾斜をし始めていった。和音の否定と叙情的旋律の否定、チャンス・オペレーション(偶発性の音楽)といった側面が強調されて、このムーヴメントは、ほぼ20世紀末までその

影響力が続いた。こうした中で、三人の会を中心とする作曲家の活動は、1960年代後半からある意味で苦難の時期を迎える事になった。当時はまだ、日本における国際性とは西欧的である事と同義語であったのである。今でこそ世界の文化は音楽のみならずあらゆる領域において東アジア、とりわけ中国や日本の文化と文明を抜きにしては語ることすらできない状況にまで発展して来たが、当時の日本の文化の状況はやはり西欧中心のものであったと言える。また中国の文化も、日本から見れば冷戦のヴェールの向こう側にあったのである。西欧側から西欧の近代音楽を否定して登場した“現代音楽”は、数十年たった今でこそ一部の進化論者的インテリ層のためだけの“スノビズム”として非難されるようになったものの、当時の日本のメディア環境としては、次の時代の音楽として必要以上に強調されたことは言うまでもない。こうした流れに属さない父の音楽が孤立感を深めていったちょうどその時期に、父と中国との交流が始まった。

この事は父にとっても大変重要な意味を持ったのだと思う。日本という国の文化を客観的に再考する上でも、また西欧一辺倒の狭量な世界観を打破する上でも、日中の文化交流は大きな突破口となったのである。

1979年には中国の海外初のオペラとして“夕鶴”が北京で上演された。こうした70年代からの日中の文化交流の展開は、日中双方に、今日に至る新しく開かれた文化圏の創造の一つのきっかけになったように思う。日中の交流は当然ながら、日本にとっては日本古代の遣隋使や遣唐使、あるいはそれ以前にまで遡る。以後連綿と続いた中国古典文学、歴史、哲学の受容と吸収は、潜在的にこうした東アジアの文化圏の形成の基礎となっている。現代における音楽の文化交流も又こうした長い交流の歴史の上に成り立つものであることと、日本の軍国主義による中国をはじめとする東アジア諸国への侵略行為を二度と繰り返さないためにも、正しい歴史認識が必要不可欠であることを、父伊玖磨は日本の芸術界の中で誰よりも重要視していたのではないかと思う。

こうした父伊玖磨の日中文化交流に対する視点は、音楽活動を通じた務めて自由で現代的な精神から生じたものであることは言うまでもないが、もう一つは、我々の家の歴史に由来する部分もあったのではないかと思う。

父伊玖磨は1924年に東京の原宿一帯に大きな屋敷を有した裕福な家庭に生まれた。その父伊能は当時東京大学で美術史学を講じていた学者で、母美智子との間に一男二女をもうけた。父にとっての祖父琢磨は、父伊玖磨が生まれた時には68歳で、14歳の頃の1871年に明治維新

の時に各藩から少年少女を欧米に留学させる岩倉具視使節団に九州黒田藩から選ばれて、米国マサチューセッツ工科大学で鉱山学を学んだ。卒業後日本に帰国し、国営であった三池鉱山の民営化に伴って三井財閥に買収された後にそれとともに三井三池鉱山の技師長となり、三井財閥の財政の基礎を作った。その後その功績により三井家より三井グループの責任者として抜擢され、欧米通であるとともに日本の財界を代表する人物として人望も高い存在となっていた。

東京原宿に壮大な居を構え、そこで伊玖磨は三代目として生まれたのである。それから数年後の 1932 年父伊玖磨が 7 歳の時にこの琢磨が暗殺された。1931 年に日本帝国陸軍は、中国東北部に侵略し、中国と国際世論を敵に回す事となった。この時に国際連盟から派遣されたリットン調査団のホストとなったのが琢磨で、日本侵略に否定的であったために政府からの再三の調査団への日本の正当化の説得を拒否したために、軍とつながりをもつ右翼団体血盟団の凶弾に倒れた。それ以降その直後の上海事変、五・一五事件など、日本の軍国主義はさらに中国への侵略を強め、またそれらに反対する日本におけるリベラルな文化人、財界の民間人の口を暗殺によって封じて行ったのである。暗く自由のないこうした時代に向けて急速に傾斜していく時代の中で、自分を可愛がってくれた聡明な祖父が何故殺されなければならなかったのか。そうした事を父は考えたに違いない。また一代で築かれた家屋敷が、主を失って崩壊していく様を目にして、あるいは、音楽のように普遍的なものを求めるようになったのだと思う。父がかつての東京芸術大学の同僚であった母と再会したのは、戦後の東京の焼け野原だったらしいが、母は戦前上海で生まれ、香港で育った。母の父が日本の貿易会社に勤務していた関係で、母もまた中国との深い関係があった。母の兄は 1930 年代の中国の混乱と社会の矛盾を見て、後に日本共産党に入党したが、叔父の山口武秀らとともに茨城の農民解放運動に加わり、

当時ソビエト寄りであった日本共産党から“過激”である事を理由に除名処分となった。

このように父伊玖磨と母和子にとっては、ともにそれぞれの家が日中の激動の時代に翻弄されながらもともに中国に対する深い敬愛の念を持っていたのである。

父が“自分の故郷は東アジアの海と空”と言っていたのは、地域の独自性を過大に評価する狭量なナショナリズムにも、また一切の地域性を否定しようとする狭量なインターナショナリズムやグローバリズムにも帰属することなく、東アジアの多元的な生命力の中に自らの文化的ルーツを見出そうとしたからではないか。

父の 67 回目の訪中は、日本の小泉元首相の靖国参拝問題で、日中の外交関係が冷え込み、その影響が文化交流にも及んでいる最中の事であった。最後の夕食となった蘇州市での朱永新氏との歓談をはじめ、中国の友人達からの温かい友情に感謝しながら、父自身も激しく批判をしていた靖国神社参拝問題などの事件によって、日中の文化交流の停滞や後退がもたらされるのではないかという一抹の不安を抱えながらのこれが最後の訪中となった。

確かな友情の環を広げ、文化交流の絆を深めていくことこそが、日中の未来と世界文化の豊かな発展のために一層大切で有るという事を、父伊玖磨は後の時代を生きる我々に託していったのだと思う。

Ikuma Dan and Japan-China Cultural Exchange

Norihiko Dan　Architect, Japan-China Cultural Exchange Association, Councilor

My father Ikuma Dan died in Suzhou, China on May 17, 2001 while he was still the president of Japan-China Cultural Exchange Association. It has been 10 years since then. He made his visits to China for as many as 67 times, among which his first visit was in 1968. Through these Japan-China cultural exchanges, he deepened the friendship with many Chinese friends, especially with the leading figures in Chinese music industry such as Mr. Li Delun and Wu Zuqiang, etc. Meanwhile, he also extended communications by contacting with the principals of Chinese diplomacy and other cultural sectors such as Tang Jiaxuan, Sun Jiazheng and Chen Haosu.

My father started his music career on the basis of western music. He decided to broaden his western music centered vision and considered to develop East Asian music as soon as he came into contact with Chinese history and culture and ethnic music.

My father together with Mayuzumi Toshiro and Yasushi Akutagawa, the strong performers who emerged in the postwar music stage in Japan in the new era, set up the composer club, Sannin No Kai (The Three), and began their vigorous music creation activities ever since.

My father composed the Symphony No. 1 in in 1949, the opera Yūzuru (Twilight Crane) in 1952, the symphony The Silk Road in 1955, the Symphony No. 2 in 1956, and the opera Chanchiki in 1975.

In the late 1960s, a social movement known as Modern Music spread to Japan from Europe and the United States. All the Japanese music media started to pay attention to the movement and was unevenly affected by it without exception. They denied chord and lyric melodies and took a one-sided stress on the aspects of incidental music. The influence of the music movement probably lasted till the end of the 20th century. During that time, especially from the second half of the 1960s, the music composition activities centered on Sannin No Kai encountered hard times in a sense. At that time in Japan, the word "international" was almost the same as "westernization". Today, the world culture cannot be called world without East-Asia, in particular without the Japanese and Chinese cultures and civilizations, not only in terms of music development, but in all fields. But back then, the Japanese culture was centered on Western Europe. Also, in the eyes of the Japanese, Chinese culture was still covered by the cold war. The Modern Music Movement appeared by denying modern Western European music. For decades, even to this day, it has been criticized to be the "snob" who only served some intellectuals pursuing evolution. However, based on the general atmosphere of Japanese media at that time, it was still over emphasized as the next music era.

My father's music didn't go with this trend, so he felt very lonely. Right then, my father began to communicate with China. I think it had very important significance for my father. The Japan-China cultural exchange was a great breakthrough for the aspects of objective rethink of Japanese cultural, as well as the breaking of the narrow world view tendency of the Western Europe.

In 1979, the first foreign opera Yūzuru (Twilight Crane) was put on the stage in Beijing. From the beginning of Japan-China cultural exchange in the 70s to this day, it was a creative start for the development of new culture circle between Japan and China. Needless to say, to Japan, the Japan-China cultural exchange can be traced back to the missions of the Sui and Tang dynasties from ancient Japan, and even earlier. Ever since, Japan has been consistent in accepting and absorbing Chinese classical literature, history, philosophy, which in turned resulted in the potential basis of East Asian culture. Modern music cultural exchange is also an undertaking out of the long history of communication. It is essential to get the correct understanding of history in order to avoid the repeated Japanese militarism aggression to the East Asian countries, especially to China. In the Japanese art world, I think my father Ikuma Dan had a much better understanding of this point.

Undoubtedly, my father Ikuma Dan's insight into the Japan-China cultural exchange was obtained through the free modern spirit reflected in music activities, which was also associated with our family's history.

My father Ikuma Dan was born in a wealthy family in 1924 in Harajuku, Tokyo. The family owned a huge mansion. His father Katsuma Dan, was a teacher of art history in the University of Tokyo, and his mother Michiko, had a son and two daughters. My father's grandfather Takuma Dan was 68 years old when my father Takuma Dan was born. During Meiji Restoration in 1871, there was a program called the "Iwakura Embassy" in Japan to send teenagers from all prefectures to study overseas in Europe and the United States. My father's grandfather Takuma Dan, at the age of 14, was chosen from Kyushu to study mining geodesy in Massachusetts Institute of Technology. After he returned to Japan upon graduation, the state–owned mine in Mie Prefecture was purchased by Mitsui Zaibatsu after its privatization. Therefore, Takuma Dan served there as a chief engineer and laid the financial foundation for Mitsui Zaibatsu. Due to his contributions, he was promoted as the head of the Mitsui Group. At the same time, he was a prestigious representative in Japanese financial circle owing to his proficiency to the affairs of Europe and the United States.

Takuma Dan owed a luxury mansion in Harajuku Tokyo. My father Ikuma Dan was born there as the third generation. Years after, in 1932, when Ikuma Dan was 7, his grandfather Takuma Dan was assassinated. In 1931, the imperial Japanese army invaded northeast China, and Japan was regarded as the enemy state by Chinese and international public opinion. At that time, Lytton Commission headed by V. A. G. R. Bulwer-Lytton was sent to Japan by the League of Nations and Takuma Dan was the one who received them. In order to deny the invasion, Takuma Dan was required by the Japanese government to persuade the commission to accept the result of the legalization of Japan's behaviors. After his effusing, Takuma Dan was shot by the right-wing group League of

Blood Incident which had ties with the Japanese military. Shortly afterwards, Shanghai Incident and May 15 Incident broke out. Japanese militarism began to invade China even more savagely and they murdered many Japanese liberal intellectuals, business personage and civilians who held different opinions. They also blocked the passage of information. In the era of darkness and non-freedom, my father must have thought about why his grandfather Takuma Dan, the wise man who loved him dearly, had been killed. My father witnessed the collapse of the grand mansion built by a generation of his family with the loss of its master. That was the reason for my father pursuing something with universal value such as music.

My mother was born in pre-war Shanghai and grew up in Hong Kong, and she was my father's schoolmate from Tokyo University of Fine Arts and Music. My mother's father used to work in a Japanese trading company. Thus, my mother also had deep connection with China. In 1930s, my mother's elder brother joined the Japanese communist party after having witnessed the confusion and social contradictions in China. My uncle took part in the peasant liberation movement of Ibaraki along with many progressive people including his uncle Yamaguchi. After that, the pro-Soviet Japanese communist party had my uncle's name removed from their list for his radical views.

Under this background, both my father Takuma Dan's family and my mother Kazuko's family suffered from the turmoil of Japan-China relations, and felt affectionate to China. My father once said: "I think my hometown is the sea and the sky of East Asia". Since my father belonged to neither the narrow nationalism which exaggerated the regional independence nor the internationalist nationalism and globalism which opposed all the regional attributes. He tried to look for his cultural root in the diversified and vibrant East Asian culture.

My father's 67th trip to China coincided with the issue of Japanese former Prime Minister Koizumi's visit to the Yasukuni Shrine, which froze the Japan-China diplomatic relations, and cultural exchange was seriously affected as a result. My father had his last visit in Suzhou, and shared supper with Mr. Zhu Yongxin. During their conversation, my father showed his appreciation to the warm friendship of Chinese friends. My father intensely criticized on the Yasukuni Shrine problem and worried about the stagnation and fallback of Japan-China cultural exchange. Feeling anxious and fearful, my father finished his last visit to China.

It is of vital importance to deepen the cultural exchange and enhance the link of Japan-China friendship for the future of the two countries, as well as the prosperity and development of the world culture. My father had entrusted us with this significant cause.

小岛康誉

日本

小岛康誉先生是日本佛教大学名誉教授，非常热爱中国，特别是新疆文化，1972 年首次来华后，访问中国已 100 多次，在增进中日间相互理解、文化财产的保护研究以及培养人才等三个方面，投入大量的个人资产，促成了约 100 多个项目，曾募捐集了 1 亿日元用于修复克孜尔千佛洞（中国四大石窟之一）。担任新疆维吾尔自治区人民政府顾问，还是乌鲁木齐市的荣誉市民，为促进中日间的相互理解、推进中日友好活动做出了卓越贡献。

小島康誉氏

小島康誉氏は日本仏教大学の名誉教授であり、中国一特に新疆文化を心から愛し、1972 年の初訪中以降、中国訪問は 100 回余に及び、中日間の相互理解、文化財の保護·研究、人材育成の三つの分野に、多額の個人資産を投じ、100 件に及ぶ事業を推進し、キジル千仏洞（中国四大石窟の一つ）の修復のために 1 億円の寄付を集めた。新疆ウィグル自治区人民政府の顧問、ウルムチ市の名誉市民として、中日間の相互理解の促進と中日友好活動の推進に卓越した貢献をしてきた。

Yasutaka Kojima

Mr. Yasutaka Kojima is an honorary professor of the Bukkyo University of Japan. He deeply loves China, especially the Xinjiang culture. Since he first came to China in 1972, he has paid over 100 visits to China. He has donated substantial amount of personal assets for the three aspects of enhancing China-Japan mutual understanding, protection and research of cultural heritage, and talent cultivation, with over 100 projects completed with his promotion. He used to raise 100 million Japanese yen for the repair of the Kizil Caves (one of China's four major grottoes). As advisor for the people's government of the Xinjiang Uygur Autonomous Region and an honorary citizen of the Urumchi City (capital of Xinjiang), Mr. Yasutaka Kojima has made outstanding contributions to promoting China-Japan mutual understanding and advancing China-Japan friendly activities.

大美新疆 大爱无疆

小岛康誉

2001年6月20日，位于新疆维吾尔自治区的乌鲁木齐光彩夺目，人民剧场内热情高涨。由维吾尔自治区主席阿不来提·阿不都热西提提议举行的“日本友人小岛康誉先生新疆来访20周年纪念大会”在这里召开。阿不来提·阿不都热西提主席及其继任主席议定的800多人出席，其中包括副主席司马义·铁力瓦尔地、新疆维吾尔自治区党委宣传部部长吴敦夫、副主席买买提明·扎克尔、日本国公使杉本信行、各单位干部及日本代表团等。主持人提到，针对外国人召开如此大规模的表彰大会实属罕见。

中国文化部办公厅主任尹志良授予我“文化交流贡献奖”奖状；阿不来提·阿不都热西提主席则授予我“文化交流贡献奖”荣誉奖章。

阿不来提·阿不都热西提主席赞扬道：“小岛先生在20多年间到访新疆80多次，为促进中日人民友谊，中日文化、经济及教育交流，人才培养，文化财产保护，脱贫等各方面事业的发展做出了卓越的贡献。对此我表示由衷感谢，新疆各族人民也将铭记于心。”

杉本信行公使则表示：“在中国工作超过10年，对日本感情如此深厚的只有新疆。这一方面得益于和平，当然也与小岛先生的努力密不可分。”

2008年4月，新疆维吾尔自治区党委副书记、自治区主席努尔·白克力在亲切会见小岛康誉先生时说：“小岛先生是新疆各族人民的老朋友，也是新疆改革开放、发展繁荣进步30年的见证人。”

我用不太熟练的中文回应道：“尽管只是微不足道的一些贡献，新疆政府却特意组织了这样的纪念活动。这是对鄙人最大的激励。今后我将继续为新疆的发展尽绵薄之力。”观众们频频响起热烈的掌声，其中不乏感动落泪的。

纪念摄影展、纪念植树、纪念演出、纪念欢迎宴会等其他活动也分别在两天中进行，并出版了纪念摄影集。在大会上我首先会见了新疆自治区党委书记王乐泉（现中央政治局委员、中央政法委副书记）。我举办了纪念答谢宴会，约 200 人欣赏了歌舞表演。日本大使阿南惟茂夫妇在北京大使馆官邸也举办了庆祝宴会。

初次到访中国是为参加 1972 年秋天的广交会，当时是作为宝石连锁店的店家来做宝石生意的。由于那时来访中国的外国人十分少见，闹到警察都到附近邻居家进行问讯调查。在香港办完手续，走过铁桥进入中国，看到迎接的解放军士兵配有刺刀很紧张。随后在火车上得到一本《毛泽东语录》，于是开始了学习。

之后也会去上海和北京出差做生意。得知新疆有上等宝石的消息后，我半信半疑地到了那里，那时是 1982 年的 6 月。

尽管没有做成所谓上等宝石的生意，却发生了决定我人生的大事。新疆工艺品公司带我参观了吐鲁番，参观完交河故城和柏孜克里克千佛洞返回时突降大雨，道路禁止通行。现在每天都有 10 班到北京的飞机，而当时一周只有 2 班，但我无论如何当天必须回到乌鲁木齐，可道路无法通行。陪同参观的工艺品公司龚科长对我说：“半夜 12 点左右应该有货运火车通过，我把它拦下来让你坐吧。”

30 年前在边境地区，外国人要乘坐火车这样的军事设施简直是难于上青天。在盐湖货运站的交涉大概花了 2 个小时。他首先说服了车站的

1999 年 7 月，小岛康誉先生设立“小岛新疆文化文物优秀奖”，迄今为止共促进和激励优秀个人和团体 260 个。图为小岛先生、自治区副主席铁力瓦尔迪·阿不都热西提、自治区文化厅书记韩子勇与获奖者在一起。

1986 年 7 月，小岛康誉先生设立“小岛新疆大学奖学金”，迄今为止共促进和激励优秀学生和研究生 4056 人。图为小岛先生、新疆大学校长安尼瓦尔·阿木提与获奖人在一起。

2001 年 6 月，中国文化部办公厅主任尹志良在新疆政府召开的“小岛康誉先生来新疆 20 周年纪念大会”上向小岛先生颁发“文化交流贡献奖”。

老员工，然后用“手摇电话”一直和乌鲁木齐铁路部门沟通交涉，最后为了证明其身份，工艺品公司的负责人给铁路部门打了电话。等了大概20分钟，解放军给车站员工来了电话：“我是解放军。你们那边是不是有工艺品公司的龚科长及日本人，共4个人？”“是的，他们在。”“批准他们乘坐货运火车至乌鲁木齐。”之后不久就听到了火车汽笛声。雨一直下个不停，车站的老员工从站内跑到月台，挥着煤油灯让列车停下，让我们坐上了最后一节车厢，车厢里还有解放军士兵坐着。

到乌鲁木齐车站的时间是清晨5点。我连到迎宾馆打盹的时间都没有，直接赶往机场。我被这种以客为先的暖意和丰富的文化遗产深深地吸引了。这成为了我在新疆进行文化交流的契机。

1986年5月，我第一次参观了与敦煌石窟、云冈石窟、龙门石窟并称中国四大石窟的克孜尔千佛洞，它位于天山南麓库车县西面，当时的感动完全无法忘怀。当时库车县并未对外开放，参观时事先拿到了“外国人旅行证”。

我被释迦牟尼的前世故事震撼了，故事是用天青石的蓝色描绘的。为了天黑迷路的旅人燃烧自己双手的释迦牟尼；为饥饿的老虎母子献身的释迦牟尼……236个石窟中的大多数都留下了巨大的壁画，合计1万平方米。讲解词说最早的创作于3世纪，到6至7世纪达到顶峰。

祈愿营造石窟的人们，提供庞大资金的人们，发挥才智绘画的人们，传讲佛道的人们，在那里修行的人们，支持这样生活的人们……日出日落，经受了风雪，承受了异教，忍耐了盗掘，经历了成百上千年。至今仍如人们所愿般，光彩夺目，精美绝伦。我感受到这才是世界文化遗产。

于是，有了一群在生活上都没有充足保障的情况下还在为保存这些国宝级遗迹（全国重点文物保护单位）挥洒汗水的人们，在遥远过去的中国边境，住在临时搭建的小屋里，穿着满是补丁的衣服，连吃饭都成问题却还在进行文物保护活动……

在回去的路上，新疆工艺品公司带路的王世田对我说：“小岛先生如果肯出10万块的话，我就给你造个专用的修行窟。”当时的10万人民币大概是450万日元。他纯粹是开个玩笑而已。然而由于这两个感动，我当即回答道：“知道了，我出！”只见过一两次的外国人会这样回答，他感到十分惊讶。他说10万块时就像日本人说1亿日元那样巨额的感觉，在新疆当时10万元就是这样的金额。

我多次说道：“修行窟我不需要，请把这钱用在修复工作上。”他就一直怀疑我的本意，回答道：“只是玩笑而已，您就忘了吧。”毕竟我没有要求任何抵押品就说要拿出想都不敢想的巨款。在回乌鲁木齐的路上，2天的对话一直就是重复“只是玩笑而已，您就忘了吧”，“我知道你是开玩笑，但是请把钱花在保护修复上”。不断

1988年10月，小岛康誉先生、新疆文物局与新疆文物考古研究所开始“中日共同尼雅遗址学术考察”，迄今为止获得了巨大的成果，比如说发现“五星出东方利中国”锦衾等。图为小岛先生（右二）在丹丹乌里克考察现场。

1986年10月，为了加强对克孜尔千佛洞的保护，小岛康誉先生开始了捐献。图为时任新疆维吾尔自治区党委书记王恩茂亲自参加日方为保护修复克孜尔千佛洞捐款仪式。

地确认后，他终于明白了我对文化财产保护的心情，说道：“我非常理解您的心情了。但是这钱我是不能拿的，让盛处长给您介绍政府机关吧。”

当时盛春寿处长（2001年开始为新疆文物局局长）刚从新疆大学毕业，开始在新疆文化厅文物处工作，那时他给我的感觉与其说在陪同游览不如说是在监视参观克孜尔的外国人，我只是在旁听他和别人说话。那个时代原本就没有什么外国人来新疆参观遗迹的。

介绍给我认识的是新疆文化厅文物处的韩翔处长，他对我不假思索的申请也是不停地反复问：“为什么？真的吗？你到底有什么目的？”我签好意向书后就回国了，然而我一直没有得到转账信息，到文物保护捐赠金转账过去的时候已是10月份了。由于在新疆这是外国人第一次在文化经济等各个方面提出捐赠申请，所以有关部门一直是将信将疑，怀疑是否有其他目的，因而没有批准。我后来得知是当地的最高实权者——全国政协副主席王恩茂最终批准的。

之后再次来到新疆时，中国政府得知连外国人都这样重视文物保护，于是向克孜尔千佛洞拨款2000万人民币开始了正式的修复保护工作。既然如此我觉得10万人民币就不够用了，便申请在日本募集1亿日元善款进行捐赠。考虑当时当地的物价，是和现在1亿人民币差不多的巨款。包括文化厅厅长在内所有人都再次震惊了，甚至有人叫出声来。从克孜尔到整个西域文化遗产的荒废，日本的大谷探险队应该是牵涉其中的，由此联想，我认为德国、俄罗斯、法国、英国等其他探险队对壁画的盗掘，当时本地人对金箔的盗取，异教徒的破坏，以及长年的自然衰败是其荒废的主要原因。

1987 年 5 月，全国政协副主席王恩茂出席并批准了捐赠协议书，11 月设立“中日友好克孜尔千佛洞修复保存协会”，并开始募集资金。由于在日本几乎无人知晓克孜尔千佛洞，募集工作十分艰巨，最终承蒙多方支持和帮助，于 1988 年及 1989 年我两次共募得 1 亿多日元，并捐赠给新疆政府。该资金与中国政府的出资合力，使得克孜尔千佛洞重新焕发了荣光。

此外我与新疆政府外事办公室、新疆文化厅、新疆文物局、新疆文物考古研究所、新疆档案局、新疆大学、新疆日报、乌鲁木齐市政府、日本方面研究部门等合作进行的国际交流如下：

世界文化遗产保护研究方面，有“中日合作尼雅遗址学术考察”（发掘出汉锦“五星出东方利中国”等大量国宝级文物，被国家文物局选为“1995 年中国考古十大新发现”“中国 20 世纪考古百大发现”），“中日合作丹丹乌里克遗址学术考察”（“西域蒙娜丽莎”等大量壁画被发掘并予以保护），与博物馆建设研究所通力合作（为和田、民丰、策勒各博物馆的建设及充实新疆考古研究所提供资金支持），“中国历史文化遗产保护网 www.wenbao.net”（开展文化财产保护意识启蒙活动）、档案史料出版（《清代新疆建制档案史料》4 册出版），文化财产保护重要性演讲（在新疆政府、新疆大学、新疆师范大学、新疆财经大学、北京大学、清华大学、南开大学、同济大学、天津科技大学、大连大学、北京工业大学、天津美术大学等高校）等活动。

人才培养方面，有设立“小岛康誉新疆大学奖学金”（获奖者 3900 多人）、建设希望小学（建成 5 所）、设立“丝绸之路儿童就学育英金”（资助贫困地区儿童 1200 人）、设立“小岛康誉新疆文化文物事业优秀奖”（表彰个人、团体 240 名）等。

促进中日相互理解方面则有派遣各界代表团（派遣约 30 个团队），聘请各界代表团（聘请超过 20 个团队），多次居中牵线（奈良女子大学与新疆大学的合作、NHK“新丝路”及“新丝路展”的新疆方面合同促成等约 20 件），各类捐款（向乌鲁木齐福利院、南疆地震、和田福利院、新疆图书馆、新疆日报、四川大地震等），各类宣传报道（除了考察报告书外、出版《王恩茂日记》日语版、《铁木尔・达瓦买提诗集》日语版、《见证新疆变迁》、《丝绸之路新疆之旅》等十余本）等活动。此外在日本各地还进行了约 100 次有关新疆的演讲。

30 年间我访问新疆 130 余次，在上述三个领域贡献了约 100 个项目。作为一个普通公民我虽微不足道，却一直抱有公共外交意识。不同国家有着不同的体制与思维方式，要交流并非易事。为此我一路怀着强烈的使命感，为理解对方踏实努力奋斗至今。在这一点上想必中方也与我相同。

我的国际交流的特征为：立足于新疆这样的

1998年4月至今，小岛康誉先生与其他日本友人捐资建设了五所中日友好希望小学，许多汉族、维吾尔族、哈萨克族、蒙古族的儿童从中受益。

内地而非京沪等沿海地区，依靠个人能力而非组织力量，亲自前往当地而非派遣下属，从事多领域多项目而非单一领域的单一项目，历经 30 年而非短暂时间，依靠日本文部科学省及佛教大学的支持，并投入个人财产一直践行至今。

2010 年 6 月经网络投票我被选为中国文物保护基金会第三届“薪火相传——中国文化遗产保护年度杰出人物”，国家文物局局长单霁翔授予我奖状及奖金。国家文物局正准备将包含克孜尔千佛洞及尼雅遗址的“丝绸之路”申报世界遗产名录，若能成功我将成为保护研究的相关人员，这种无上的幸福感美妙到无法言喻。

2011 年 9 月 17 日至 23 日期间，在新疆自治区党委书记张春贤的支持下举行了以“日本友人小岛康誉先生来访新疆 30 周年纪念大会”为主的一系列丰富多彩的纪念活动。具体有新疆政府欢迎宴会、纪念文化文物界座谈会、纪念摄影展、纪念志《大爱无疆——小岛精神与新疆 30 年》出版、乌鲁木齐市欢迎宴会、新疆文物局欢送宴会等。张春贤书记在会见中对我说：“30 周年系列纪念活动的举行是对您最好的评价。”这句话令我不由得心生暖意。我举办了纪念答谢宴，与 30 年来的 180 位老朋友共同热情洋溢地演唱了《北国之春》等歌曲。

20 周年后又举行了 30 周年纪念大会是十分罕见的吧。为了不辜负这份荣誉，今后我也将视国际交流为己任尽我绵薄之力，死后我的尸骨也要埋在新疆塔克拉玛干沙漠——我的第二故乡。

最后我要衷心感谢中国文化部、国家文物局、新疆党委会、新疆人民政府外事办公室、新疆文化厅、新疆文物局、新疆档案局、新疆大学、新疆日报、新疆文物考古研究所、乌鲁木齐市政府、日本文部科学省、佛教大学等相关单位以及中日双方的相关人员，当然还要感谢对我的活动无条件全面支持的妻子——聪子。

大美新疆 大愛無疆

小島康誉

2001年6月20日、新疆ウイグル自治区ウルムチは光輝き、人民劇場は熱気に溢れていた。阿不来提・阿不都西熱提新疆ウイグル自治区主席の提案で、「日本友人小島康誉先生新疆来訪20周年記念大会」が開催された。阿不来提・阿不都西熱提主席やその次の主席が決定していた司馬義・鉄力瓦尔地副主席、呉敦夫新疆党委宣伝部部長、買買提明・扎克尔副主席、杉本信行日本国公使、各単位の幹部、日本代表団など800余人が出席した。このような大規模な外国人の顕彰大会が開かれるのは稀であると司会者が述べた。

中国文化部の尹志良弁公庁主任より「文化交流貢献賞」賞状が授与され、阿不来提・阿不都西熱提主席より「文化交流貢献賞」栄誉メダルが授与された。

阿不来提・阿不都西熱提主席は「小島先生は20年間に80数回新疆へ来て、中日人民の友誼促進、中日文化・経済・教育交流、人材育成、文化財保護、貧困脱出など各事業発展に輝かしい業績をあげた。心より感謝し、新疆各民族は

2008年4月に新疆ウイグル自治区党委副書記・自治区主席のヌル・ベクリが親切に小島康誉と会見した。その際、主席は「小島さんが新疆各民族人民の古くからの友人で、新疆30年間の改革開放及び発展・繁栄の証人だと指摘した。

心に刻むだろう」と挨拶された。

杉本信行公使は「合わせて10年余、中国で仕事しているが、こんなに対日感情がよいのは新疆だけだ。戦争がなかったのと小島氏の活動のおかげだ」と挨拶された。

私は未熟ながら中国語で「微々たる貢献をしてきただけなのに、新疆政府は特別にこのようは記念活動を展開された。これは私に対する最大の励ましである。これからも新疆の発展に

1999 年 7 月に小島康誉氏が「小島康誉新疆文化・事業文物優秀賞」を設立し、今まで表彰された優秀な個人や団体数は合計 260 です。小島康誉氏、自治区副主席鉄力瓦尔地・阿不都熱西提、自治区文化庁韓子勇書記と受賞者との記念写真です。

1986 年 7 月に小島康誉が「小島新疆大学奨学金」を設立し、今まで表彰された優秀な大学生と院生は合計 4056 名です。小島康誉氏、新疆大学学長の安尼瓦尔・阿木提と受賞者との記念写真です。

2001 年 6 月に新疆政府が開催した「日本友人小島康誉先生新疆来訪 20 周年記念大会」において、中国文化部弁公庁主任尹志良が小島氏に「文化交流貢献賞」を授与した。

微力を捧げる」と挨拶した。観客から熱烈な拍手が度々起こり、感動して涙を流す人もいた。

ほかに、記念写真集が出版され、記念写真展、記念植樹、記念公演、記念歓迎宴などが 2 日間にわたって行われた。大会に先立ち王楽泉新疆党委書記（現中央政治局委員・中央政法委副書記）と会見した。私は記念答礼宴を開催し、約 200 人が歌や踊を楽しんだ。北京では阿南惟茂日本国大使夫妻により大使公邸で祝宴が開かれた。

初めて中国を訪問したのは 1972 年秋、広州交易会への参加であった。当時は宝石チエーン店の経営者だったので、宝石の買付のためである。訪中する人は殆どない時代で、警察が隣家へ聞き込みに来たほどである。香港で手続きを行い、鉄橋を歩いて中国へ入り、着剣した解放軍兵士に迎えられた時は緊張した。列車で『毛沢東語録』が配られ学習が始まった。

以来、上海や北京へも買付に出かけた。新疆に良い宝石があるとの連絡があり、半信半疑で出かけたのが 1982 年 6 月であった。

良い宝石はなく買付はできなかったが、人生を決定づける出来事があった。新疆工芸品公司がトルファンへ案内してくれた。交河故城やベゼクリク千仏洞などを参観しての帰り、突然の大雨で通行止め。現在では一日 10 便もある北京便は当時は週 2 便しかなく、どうしてもその日のうちにウルムチへ帰らねばならない。しかし道路は通行止め。案内してくれた工芸品公司龔課長が「夜中12時頃に貨物列車が通るはずだ、それを停めて乗ろう」と。

30年前の辺境の地で、外国人が軍事施設でもある列車に乗るというのは至難のこと。塩湖貨物駅での交渉は約2時間に及んだ。彼はまず老駅員を説得し、次には「手回し電話」でウルムチの鉄道本部を説得しつづけた。最後に彼の身元を証明するため工芸品公司の責任者から鉄道本部へ電話。待つこと約20分、解放軍から駅員へ電話。「こちらは解放軍だ。そこに工芸品公司の龔と日本人4人はいるか?」、「います」、「貨物列車に乗せて、ウルムチまで送ることを許可する」。この直後に列車の警笛が聞こえた。降りしきる雨の中、駅舎からホームに走り老駅員がランプをかざし列車を停め、最後尾車両に乗せてくれた。解放軍兵士が乗っていた。

ウルムチ駅へ着いたのは午前5時。迎賓館で仮眠する間もなく空港へ急いだ。この客中心の暖かい心と豊富な文化遺産に魅せられた。これが新疆で文化交流するきっかけとなった。

1986年5月、敦煌・雲崗・龍門と並ぶ中国四大石窟のひとつ、天山山脈南麓クチヤ西方のキジル千仏洞を初めて訪れた時の感動は忘れられない。当時のクチャは対外開放されておらず「外国人旅行証」を取得したうえの参観であった。

ラピスラズリの青で描かれた釈尊の前世物語には圧倒された。日が暮れて道に迷う旅人に自らの手を燃やす釈尊。飢えた虎の親子にわが身を差し出す釈尊…。236の石窟の大半に、のべ1万㎡もの膨大な壁画が残っている、早いものは3世紀に造営され最盛期は6~7世紀という説明であった。

石窟造営を発願した人たち、膨大な資金を提供した人たち、英知を絞り穿ち描いた人たち、仏の道を説いた人たち、そこで修行した人たち、その生活を支えた人たち…。陽はのぼり、陽はしずみ、風雪にたえ、異宗教にたえ、盗掘にたえ、千数百年。今なお色鮮やかに残る人々の願い。世界的文化遺産と直感した。

そして、生活も十分に賄えない中で、それらの国宝級遺跡(全国重点文物保護単位)を保存しようと汗水を流す人たち。ふた昔以上前の中国の辺境の辺境。掘っ立て小屋に住み、つぎはぎだらけの服、食べるものさえ事欠く中での細々とした保存活動…。

帰り道、案内してくれた新疆工芸品公司の王世田職員が「小島さんが10万元を出してくれたら、専用の修行窟をつくってあげましょう」と言った。当時の10万元は約450万円。彼は、まったくの冗談のつもりであった。しかし、二つの感動から私は即座に「分かりました、出しましょう」と答えた。一、二度会っただけの外

1988年10月に小島康誉氏が新疆文物局・新疆文物考古研究所と「日中共同ニヤ遺址学術調査」を始め、今まで、「五星出東方利中国」錦の発掘など巨大な成果を収めた。写真はダンダンウイリク調査現場の小島氏（右2）。

1986年10月にキジル千仏洞の保護を強化するために、小島康誉氏が寄付を始めた。日本側がキジル千仏洞を保護・修復するための寄付式に出席していた当時新疆ウイグル自治区王恩茂党委書記の写真です。

国人のこの答えに彼は驚いた。日本人が大金のことを「1億円！」と表現するのと同じ感覚で、10万元と言ったのだ。当時の新疆での10万元はそんな金額だった。

私は重ねて「修行窟はいりません。修復に役立ててください」と言った。彼は「冗談です。忘れてください」と言い、何度も私の真意を疑った。思いもよらぬ大金を何の見返りも要求せずに出すというのだから。ウルムチへの帰途、2日間の会話は「冗談です。忘れてください」「冗談は分かっている。しかし保護に使って」の繰り返し。確認を重ねた彼は、ついに私の文化財保護の気持ちを理解した。「よく分かりました。しかし自分は受け取れません。盛さんが政府機関を紹介しましょう」と。

その頃、盛春寿処員（2001年から新疆文物局局長）は新疆大学を卒業して、新疆文化庁文物処に勤務したばかりで、案内というよりキジルを参観する外国人の見張りといった雰囲気で、会話を聞いているだけであった。遺跡参観はもとより新疆を訪れる外国人は殆ど皆無の時代であった。

紹介されたのは、新疆文化庁文物処の韓翔処長だったが、彼も考えてもいなかった申し出に、何度も「なぜ？　本当？　真の目的は？」を繰り返した。意向書にサインをして帰国した。しかし、振込先がなかなか来ない。保護寄付金を振り込んだのは10月のことだった。新疆での外国人からの文化経済などあらゆる方面での初の寄付申し出で、半信半疑、別の目的があるのではと、許可が得られなかったからだ。当地の最高実力者である王恩茂全国政協副主席（1985年まで新疆党委書記）がようやく承認したと後日聞いた。

しばらくして再び新疆を訪問すると、外国人も重視するほどであればと、中国政府がキジル千仏洞へ2,000万元を投じて本格的修復を行うことになったという。私はそれなら10万元では足りないから、日本で浄財を募り1億円を寄付しようと申し出た。当時の現地の物価などを考えると、現在の1億元にも匹敵する巨費である。文化庁庁長はじめ皆がまた驚いた。「エーッ！」と声をあげたほどである。私はキジルをはじめとする西域の文化遺産の荒廃には、日本の大谷探検隊も関わったことに思いを馳せていた。ほかにもドイツ・ロシア・フランス・イギリスなどの探検隊による壁画持ち出し、往時の現地人による金箔剥がし、異教徒による破壊、そして長年の自然崩壊が荒廃の主原因である。

1987年5月、王恩茂全国政協副主席列席のもと贈呈協議書を調印し、11月に「日中友好キジル千仏洞修復保存協力会」を設立し、募金を開始した。キジル千仏洞は日本では殆ど知られていないため苦労したが多くの方々の支援をいただき、1988年と89年に計1億円余を新疆政府へ寄贈することができた。中国政府の資金と合わせてキジル千仏洞はよみがえった。

これ以外に私が新疆政府外事弁公室・新疆文化庁・新疆文物局・新疆文物考古研究所・新疆档案局・新疆大学・新疆日報・ウルムチ市政府・日本側研究機関などと行ってきた国際交流はつぎのようである。

世界的文化遺産保護研究方面では、「日中共同ニヤ遺址学術調査」（「五星出東方利中国」錦など国宝級文物多数を発掘し、国家文物局により「1995年中国考古十大新発見」「中国20世紀考古大発見100」に選ばれた）、「日中共同ダンダンウイリク遺址学術調査」（「西域のモナリザ」など壁画多数を発掘し保護）、博物館建設研究所充実協力（和田・民豊・策勒各博物館建設、新疆考古研究所充実へ資金協力）、「中国歴史文化遺産保護网 www.wenbao.net」（文化財保護意識啓蒙活動展開）、档案史料出版（『清代新疆建置档案史料』など4冊出版）、文化財保護重要性講演（新疆政府・新疆・新疆師範・新疆財経・北京・清華・南開・同済・天津科技・大連・北京工業・天津美術各大学で）などである。

人材育成方面では、「小島康誉新疆大学奨学金」（受賞者3,900人余）、希望小学校建設（5校建設）、「シルクロード児童就学育英金」（貧困地区児童1,200人支援）、「小島康誉新疆文化・文物事業優秀賞」（240人・団体表彰）など

1998年4月から今まで小島康誉氏と他の日本の友人が資金を募って5軒の中日友好希望小学校を建て、多くの漢族・ウイグル族・カザフ族・モンゴル族の子供が利益を受けた。

である。

日中間相互理解促進方面では各界代表団派遣（約30団派遣）、各界代表団招聘（20以上招聘）、各種仲介（奈良女子大学と新疆大学の提携、NHK「新シルクロード」や「新シルクロード展」の新疆側との契約促進など約20件）、各種資金贈呈（ウルムチ福利園・南疆地震・和田福利園・新疆図書館・新疆日報・四川大地震などへ）、各種広報（調査報告書以外に『王恩茂日記』日本語版・『鉄木尔・達瓦買提詩集』日本語版・『見証新疆変迁』・『シルクロード新疆の旅』など10数点出版）、新疆に関する講演を日本各地で約100回実施などである。

私は30年間に新疆を130回以上訪問し、上述3分野で約100項目の国際貢献を実践した。一国民であるので、微々たるものであるが公共外交の意識をもって行ってきた。体制や考え方の異なる外国との交流は容易ではない。強い使命観をもって相手を理解するよう努め地道に継続してきた。これは中国側も同じことであろう。

私の国際交流の特徴は北京や上海といった沿海部でなく新疆という奥地で、組織の力でなく個人能力で、部下派遣でなく自ら現地に行き、一分野一項目でなく多分野多項目を、短期間でなく30年にわたり、日本文部科学省や佛教大学の助成をのぞき私財を投じて実践してきた点であろう。

2010年6月にはネット投票をへて中国文物保護基金会第三回「薪火相伝—中国文化遺産保護年度傑出人物」に選ばれ、單霽翔国家文物局局長から賞状と賞金を授与された。国家文物局はキジル千仏洞やニヤ遺跡を含む「シルクロード」を世界遺産に登録準備中である。実現したら保護研究に関わった者として至福の時である。

2011年9月17日から23日にかけて、張春賢新疆党委書記の支持のもと「日本友人小島康誉先生新疆来訪30周年記念大会」を主とした記念活動が多彩に開催された。新疆政府歓迎宴、記念文化文物界座談会、記念写真展、記念誌『大愛無疆 - 小島精神と新疆30年』出版、ウルムチ市歓迎宴、新疆文物局歓送宴などである。張春賢書記からは会見で「30周年記念系列活動の開催は貴方への最大の評価の表れである」と暖かい言葉をいただいた。私は記念答礼宴を開催し、30年来の旧友ら180人と「北国の春」などを熱唱した。

20周年に続き30周年記念大会が開催されたことは、極めて稀なことであろう。この栄誉に恥じることなく、今後も国際交流を使命として微力を尽くし、骨は第二の故郷である新疆タクラマカン沙漠へ埋める。

最後に中国文化部、国家文物局、新疆党委員会、新疆人民政府外事弁公室、新疆文化庁、新疆文物局、新疆档案局、新疆大学、新疆日報、新疆文物考古研究所、ウルムチ市政府、日本文部科学省、佛教大学などの関係機関と日中双方の関係各位に心からの感謝を表します。そして活動を全面支持してくれた愛妻・聡子に感謝します。

The Beauty of and Limitless Love for Xinjiang

Kojima Yasukata

On June 20, 2001, Urumqi, located in Xinjiang Uygur Autonomous Region, dazzles the eyes. People's theater is full of enthusiasm. The conference of "The 20th Anniversary for Japanese Friend-Mr. Kojima Yasukata Visiting Xinjiang", proposed by Ablet Abdurishid, Chairman of Uygur Autonomous Region, was held here. Chairman Ablet Abdurishid and successor chairman agreed more than 800 people to attend, including Vice Chairman Isma'il Tiliwaldi, the Director of Propaganda Department the Party Committee of Xinjiang Autonomous Region Wu Dunfu, Vice Chairman Maimaitiming Sakel, Japan's envoy Sugimoto Nobuyuki, and some from other organizations and the delegations of Japan. The host mentioned that it was rare to hold such a large-scale award conference for foreigners.

Director of Office of the Ministry of Culture of China, Yin Zhiliang awarded me the certificate of "Cultural Exchange Contribution Award"; Chairman of Ablet Abdurishid awarded me the medal of honor of "Cultural Exchange Contribution Award".

Chairman Ablet Abdurishid praised, "Mr. Kojima has visited Xinjiang over 80 times during over 20 years. He has made outstanding contribution to the promotion of Sino-Japanese friendship, cultural, economic and educational exchanges, personnel training, the protection of cultural property, poverty elimination and all aspects of career development. Here I want to express my sincere appreciation and the people of all ethnic groups in

In April 2008, Nur Bekri, deputy party secretary and Chairman of Xinjiang Uygur Autonomous Region said, "Mr. Kojima Yasukata is an old friend of the people from all ethnic groups in Xinjiang, who has also witnessed Xinjiang's reform and opening up, the prosperity and progress of the development within 30 years." when he met and talked with Mr. Kojima Yasukata friendlily.

Xinjiang will also keep it in mind."

Minister Sugimoto Nobuyuki said, "I have worked in China for more than 10 years, and only Xinjiang has so deep feeling for Japan. This benefits from peace, and of course, it is inseparable with the efforts of Mr. Kojima."

I replied in less fluent Chinese, "Despite just some insignificant contribution, Xinjiang government has specially organized such a commemoration ceremony. This is the biggest incentive for me. In the future, I will keep trying my best to contribute to the development of Xinjiang." The words won a storm of applause from the audience frequently and moved many of them into tears. Commemoration activities of photo exhibition, tree planting, performance, and the welcome banquet and other activities were also held during the two days, and a set of commemorative photography was published. At the conference, I first met Wang Lequan, Party Secretary of Xinjiang Autonomous Region (now a Politburo member of the CPC Central Committee and Deputy Secretary of the Political and Judiciary Commission under the Central Committee of the CPC). I held the reciprocal banquet where 200 people or so appreciated the song and dance performance. The Japanese ambassador Koreshige Anami and his wife also held party to celebrate at his embassy residence in Beijing.

My first visit to China was to attend the Canton Fair in the fall of 1972 when I was going to do business as a jeweler of a jewel chain store. At that time, foreigners in China were so rare that the police even came to the near neighbor for inquiry. After completing the formalities in Hong Kong, I was so nervous when walking through an iron bridge into China and seeing the PLA (People's Liberation Army) soldiers with bayonets. Then on the train, I got a book named "Quotations from Chairman Mao Zedong", and started to learn it.

I also went to Shanghai and Beijing for business. After hearing the news that Xinjiang had the finest gems, I went there dubiously in June, 1982.

Although I didn't made a deal of so-called finest gems, but something important which decided my life occurred. Led by Xinjiang Arts & Crafts Co., Ltd., I visited Yargul Kadimki Xahiri and Bezklik Thousand Buddha Caves in Turpan. We met dump heavy rain on our way back, and the road was prohibited from traffic. Now there are 10 flights to Beijing every day, but then there were only 2 flights in a week. Anyhow I must go back to Urumqi that day, but the road was impassable. Section Chief Gong of Arts & Crafts Co., Ltd. who accompanied me in the trip said, "In the midnight, around 12 o'clock, a freight train should pass. I stop it and you can get on."

30 years ago, it is almost inaccessible for foreigners to travel by trains which were military facilities in the border area. In freight station of Saline Lake, the negotiation went about 2 hours. He first persuaded the old staff of the station, and then used the "hand phone" to communicate with Urumqi railway departments. In order to prove the identity, the director of Arts & Crafts Co., Ltd. called the railway department. After waiting for about 20 minutes, the PLA called the station staff, "I am PLA. Are there Japanese and Section Chief Gong of a crafts company, a total of 4 people?" "Yes." "Approve and allow them to take the freight train to Urumqi." Soon we heard the sound of the train whistle. It rained all the time. The old staff of the station ran from the station to the platform, waving the kerosene lamp to stop the train, and let us get on the last carriage where some PLA soldiers were sitting.

It was 5:00 in early morning when we arrived at Urumqi

In July 1999, Mr. Kojima Yasukata set up "Kojima Excellence Award for Xinjiang Cultural Relics", which has honored 260 outstanding individuals and groups so far. In the picture are Mr. Kojima, Titlivadi Abdurishid, Vice Chairman of the Autonomous Region, Han Ziyong, Secretary of Department of Culture in Autonomous Region and Prize winners.

station. I even had no time to have a nap in the hotel. I rushed to the airport directly. I was deeply attracted by the hospitable warmth and rich cultural heritage. This became an opportunity for my cultural exchange in Xinjiang.

In May 1986, I first visited Kizil Thousand Buddha Caves, which is listed as one of China's Top Four Grottoes besides Dunhuang Grottoes, Yungang Grottoes, and Longmen Grottoes. It is located at the west of Kuqa County at the south foot of Mt. Tianshan. I could never forget how excited I was at that time. At that time, Kuqa County was not open to the public. I got the "travel permit for foreigners" first before my visit.

I was thrilled by Shakyamuni's past life story. The story was portrayed in Celestine blue. Buddha burned his hands for travelers who lost in darkness; Buddha devoted himself to the hungry tiger mother and son. Most of the 236 grottoes were left with huge murals, totaling 10,000 square meters. The commentary said the earliest creation was made in the third century, and it reached its peak during the 6th and the 7th century.

People, who prayed to create caves, provided huge funds, played a talent for painting, preached Buddhism, practiced Buddhism and supported practice, had experienced sunrise and sunset, withstood the wind and snow, and borne the pagan and excavation, passing through hundreds of thousands of years. They still dazzle magnificently so far as everyone wishes. I feel that's the real world cultural heritage.

So, there appeared a group of people who had difficulties in life but still spared no effort to save those national treasure relics (national key protection units of cultural relics). In the distant Chinese border in the past, they, living in makeshift huts, wearing full patched clothes, and even having problem with eating, were still working hard to protect the cultural relics.

On the way back, Wang Shitian from the handicraft company in Xinjiang said, "Mr. Kojima, if you are willing to donate 100,000 yuan, I can give you a special practice hollow." Then 100,000 yuan was equal to about 4.5 million yen. It was purely a joke. However, as I had been moved twice, I replied immediately, "I know it. No problem!" When hearing the reply from the foreigner, who he only

In July 1986, Mr. Kojima Yasukata set up "Kojima Scholarship in Xinjiang University", which has honored 4,056 outstanding students and graduates so far. In the picture are Mr. Kojima, Anewar Amuti, President of Xinjiang University and Prize winners.

met twice, he felt very surprised. He said 100,000 yuan in Xinjiang was like a huge sum as much as 100 million yen in the eyes of Japanese.

I repeatedly said, "I don't need a practice hollow, so please put the money in the repair." He had doubted my intention and answered, "I was just kidding. Just forget it." After all, I did not require any collateral for a huge sum of money. On the back way to Urumqi, our dialogue in those two days was to repeat the words "Just kidding. Forget it", and "I know you are kidding, but please put the money in the repair". After the repeated confirmation, he finally understood my feeling for cultural property protection. He said, "I understand your mood. But I can't take the money. Let Director Sheng introduce you to the government authority."

Then Director Sheng Chunshou (assuming General-director of Xinjiang Bureau of Cultural Heritage since 2001) was just graduated from Xinjiang University and began to work in Cultural Heritage Office under Xinjiang Culture Department. I felt that rather than accompanying me in a tour he acted as a supervisor of a foreigner who visited Kizil. I just listened to his talk with others. At that era, there were scarcely foreigners going to visit the relic sites in Xinjiang.

Director Han Xiang of Xinjiang Culture Department was introduced to me. He asked repeatedly for my decisive application, "Why? Really? What purpose do you have?" I signed a letter of intent, and then returned to Japan. However, I had not received the transfer information. It was October when the money donated for cultural relics' protection was transferred. Because it was the first time for a foreigner applying for donating in economy, culture, and other aspects, the relevant departments had been skeptical and doubting whether there were other purposes. Therefore, it was not approved. Then I learned that it was the local highest ranked official with real power, and Vice Chairman of Chinese People's Political Consultative Conference Wang Enmao approved it finally.

When I came to Xinjiang once again, Chinese government learned that even foreigners paid such attention to the protection of cultural relics, and they began to repair and protect Kizil Thousand Buddha Caves with 20 million

In June 2001, Yin Zhiliang, Director of Office of the Ministry of Culture of China, honored Mr. Kojima Yasukata Cultural Exchange Contribution Award in "The 20th Anniversary for Mr. Kojima Yasukata Visiting Xinjiang", which was held by Xinjiang government.

In October 1988, Mr. Kojima Yasukata, Bureau of Xinjiang Cultural Heritage and Institute of Xinjiang Cultural Relics and Archaeology started "Sino-Japanese academic study for Niya ruins". They have made great achievements so far. For example, they found "Five Stars in the East benefit China" brocade quilt and so on. Pictured is Mr. Kojima (second from right) visiting Dandanulike site.

yuan. I thought 100,000 yuan was not enough, so then I applied to raise 100 million yen for charity donations in Japan. Considering the local price then, it is equal to almost 100 million yuan at present. People including the General-director of Culture Department, were shocked again for such a huge sum of money. Some people even screamed. For the exinanition of cultural relics from Kizil to Western Regions, the Japanese Otani Expedition should be involved in. So I think the main reasons for the exinanition are the mural excavation of expeditions from Germany, Russia, France, Britain and other countries, local people's stealing of the gold, pagan's destruction and years of natural decline.

In May 1987, Wang Enmao, Vice Chairman of Chinese People's Political Consultative Conference attended and approved the donation agreement. The Association of Sino- Japanese Repair and Preservation for Kizil Thousand Buddha Caves was set up in November and began to raise funds. Because rare people knew Kizil Thousand Buddha Caves in Japan, it's very difficult to raise money. Thanks to the support and help from many people, I raised more than 100 million yen in all twice in 1988 and 1989, and donated to Xinjiang government. The contribution of the fund and joint efforts of Chinese government made the Kizil Thousand Buddha Caves radiate glory again.

In addition, I cooperated for international exchange with the Foreign Affairs Office of Xinjiang Government, Xinjiang Culture Department, Xinjiang Bureau of Cultural Heritage, Xinjiang Institute of Cultural Heritage and Archaeology, Xinjiang Archives Bureau, Xinjiang University, Xinjiang Daily, Urumqi Municipal Government and Japan research departments as follows.

On the protection of world cultural heritage, we have the "Sino-Japanese cooperation in academic study of Niya ruins" (exploring and unearthing "Five Stars in the East benefit China" Han brocade quilt and a large number of national cultural relics, chosen as one of "Top 10 Chinese Archaeological Discoveries in 1995" and "Top 100 Chinese Archaeological Discoveries in the 20th Century" by State Administration of Cultural Heritage), "Sino-Japanese Cooperation in Academic Study of Dandanulike Site" (the famous mural known as "Mona Lisa in Western Region" and a large number of other murals being unearthed and protected), cooperation with the Institute of Museum Construction (providing financial support for the construction of museums in Hetian, Minfeng, Cele

In October 1986, in order to strengthen the protection of Kizil Thousand Buddha Caves, Mr. Kojima Yasukata started the donation. Pictured is Wang Enmao, then Party Secretary of Xinjiang Uygur Autonomous Region, personally participating in Japanese donation ceremony for protection and restoration of the Kizil Thousand Buddha Caves.

From April 1998 to now, Mr. Kojima Yasukata and other Japanese friends have donated to construct five Sino-Japanese friendly hope primary schools, benefiting many children from Han, Uygur, Kazak, Mongolian and so on.

and the enriching of Xinjiang Institute of Cultural Relics and Archaeology), "website for China cultural heritage protection, www.wenbao.net" (carrying out enlightenment activities for protecting cultural property), publishing of archives and history documents (Archives System of Qing Dynasty in Xinjiang, 4 volumes) and lectures about the importance of protecting cultural property (in Xinjiang government, Xinjiang University, Xinjiang Normal University, Xinjiang University of Finance and Economics, Peking University, Tsinghua University, Nankai University, Tongji University, Tianjin University of Science and Technology, Dalian University, Beijing University of Technology, Tianjin Academy of Fine Arts and other colleges and universities) and so on.

On talent training, we set up "Kojima Yasukata Scholarship in Xinjiang University" (there have been more than 3,900 award winners), constructed hope primary schools (5 schools have been completed), established "Silk Road Scholarship for Children Education" (support 1,200 children in poor areas), and established "Kojima Yasukata Xinjiang Cultural Relics Cause Excellence Award (awarding 240 individuals and groups).

For promoting the Sino-Japanese mutual understanding, we have sent delegations from all walks of life (about 30 teams), and invited delegations from all walks of life (more than 20 teams) to assume middlemen for many times (about 20 achievements such as the cooperation of Nara Women's University and Xinjiang University, the contract of NHK "New Silk Road" and "New Silk Road Exhibition" etc.), all kinds of donations (to Urumqi Welfare House, South Xinjiang earthquake, and Hetian Welfare House, Xinjiang Library, Xinjiang Daily, Sichuan earthquake and so on), all kinds of publicity (besides inspection report, publishing Diary of Wang Enmao in Japanese version, Timoore Dawamat Poetry in Japanese version, Witness the Change of Xinjiang, The Trip to the Silk Road in Xinjiang and others, more than ten books in total) and other activities. In addition, we held lectures about Xinjiang throughout Japan for about 100 times.

I visited Xinjiang for more than 130 times during 30 years. In these three areas, I contributed to about 100 projects. As an ordinary citizen, although I am insignificant, I have been owning awareness of public diplomacy. As different countries have different systems and ways of thinking, the communication is not easy. Therefore I have a strong sense of mission that I have been working hard to understand each other. In this point, I think China's side may also agree with me.

My international exchanges are featured by: being based on Xinjiang in the mainland rather than Beijing, Shanghai and other coastal areas, relying on personal ability rather than organization forces, going to the local areas personally instead of sending subordinates, being engaged in many projects in many fields rather than a single project in a single field, lasting 30 years rather than a short time, relying on the support of Ministry of Education, Culture, Sports, Science and Technology and Bukkyo University, devoting my personal property and practicing it up till now.

In June 2016, through network voting, I was chosen as the third "Passing the Torch—Annual Outstanding Figure of China Cultural Heritage Protection" by China Culture Relics Protection Foundation. Director of State Administration of Cultural Heritage, Shan Jixiang granted me diploma and bonus. State Administration of Cultural Heritage is preparing to apply for listing "Silk Road" which contains Kizil Thousand Buddha Caves and Niya Site as the world heritage. If it succeeds, I will become one of relevant personnel of protection and research. That will be wonderful.

From September 17 to 23, 2011, Party Secretary of Xinjiang Autonomous Region Zhang Chunxian held a series of rich and colorful celebration activities under the theme of the "The 30th Anniversary for Japanese Friend Mr. Kojima Yasukata Visiting Xinjiang". Specifically, there were the Xinjiang government's welcome banquet, memorial cultural heritage circle forum, memorial photography exhibition, publishing of "The Great Love with No Limit-30-year History of Kojima Spirit and Xinjiang", Urumqi City banquet, farewell party of Xinjiang Bureau of Cultural Heritage and so on. Secretary Zhang Chunxian met and said to me, "The holding of a series of celebration activities for the 30th anniversary is the best evaluation for you." I could not help but feel warm about these words. I held a memorial feast to express my appreciation, and sang the song "Spring of Northern Country" and other songs with 180 old people who I have friends with over 30 years.

It's rare to hold the 30th anniversary after the 20th anniversary. In order to be worthy of this honor, I will treat the international exchange as my responsibility for which I will spare no effort in the future. After death, my bones are to be buried in the Taklimakan Desert in Xinjiang, my second hometown.

Finally, I would like to sincerely appreciate the Ministry of Culture of China, State Administration of Cultural Heritage, the Party Committee of Xinjiang, the Foreign Affairs Office of Xinjiang People's Government, Xinjiang Culture Department, Xinjiang Bureau of Cultural Heritage, Xinjiang Archives Bureau, Xinjiang University, Xinjiang Daily, Xinjiang Institute of Cultural Relics and Archaeology, Urumqi Municipal Government, Japanese Ministry of Education, Culture, Sports, Science and Technology, Bukkyo University and other relevant organizations and related Sino-Japanese personnel. Of course, I would also like to appreciate the full support of my wife, Satoko.

小岛镣次郎

日本

小岛镣次郎（生于1928年11月4日）
爱知县名古屋市昭和区名山町

学历

1950年3月20日，同志社大学商学部毕业

学位

2002年6月29日，南山大学经营学名誉博士

经历

1950年3月20日，就任株式会社小岛冲压工业所董事社长

1959年1月1日，更名为小岛冲压工业株式会社董事社长

1988年6月1日，就任小岛冲压工业株式会社董事会长

2009年3月1日，就任小岛冲压工业株式会社最高顾问（至今）

其间，曾经兼任与小岛冲压工业株式会社有关的公司及团体的代表，也曾担任经济团体及商工会议所等的要职。

获奖经历

（1）本国的表彰等

1988年4月29日，黄绶褒章（振兴劳动福利功绩）

1996年11月3日，蓝绶褒章（振兴产业功绩）

2001年11月9日，获厚生劳动大臣奖（社会福利功绩）

2003年4月29日，勋四等旭日小绶章（振兴产业功绩）

（2）中国的表彰等

1991年9月26日，获中华人民共和国青海省人民政府“青海省荣誉市民”称号

1994年9月26日，获中华人民共和国国家教育委员会奖状（教育与友好功绩）

1997年3月7日，获“中日友好使者”称号（教育与友好功绩）

2001年4月30日，获中华人民共和国“文化交流贡献奖”（教育和文化功绩）

2009年3月26日，获中华人民共和国“国家友谊奖”

小島鐐次郎

小島鐐次郎 （生年月日 1928 年 11 月 4 日）
現在所愛知県名古屋市昭和区川名山町

学歴

1950 年 3 月 20 日同志社大学商学部卒業

学位

2002 年 6 月 29 日南山大学経営学名誉博士

職歴

1950 年 3 月 20 日株式会社小島プレス工業所取締役社長就任

1959 年 1 月 1 日名称変更小島プレス工業株式会社取締役社長

1988 年 6 月 1 日小島プレス工業株式会社取締役会長就任

2009 年 3 月 1 日小島プレス工業株式会社最高顧問就任（現在に至る）

その間、小島プレス工業株式会社の関係会社および団体の代表を兼職。

また、経済団体、商工会議所等の要職も務める

表彰歴

① 国からの表彰等

1988 年 4 月 29 日黄綬褒章(労働福祉振興功績）

1996 年 11 月 3 日藍綬褒章（産業振興功績）

2001 年 11 月 9 日厚生労働大臣賞受賞（社会福祉功績）

2003 年 4 月 29 日勲四等旭日小綬章（産業振興功労）

② 中国からの表彰等

1991 年 9 月 26 日中華人民共和国青海省人民政府称号『青海省栄誉公民受賞』

1994 年 9 月 26 日中華人民共和国国家教育委員会奨状受賞（教育 · 友好功績）

1997 年 3 月 7 日中日友好使者称号受賞（教育 · 友好功績）

2001 年 4 月 30 日中華人民共和国「文化交流貢献奨」受賞（教育・文化功績）

2009 年 3 月 26 日中華人民共和国勲章「友誼奨」受章

Ryojiro Kojima

Ryojiro Kojima (born on November 4, 1928)
Present Address: Meizancho of Showa, Nagoya, Aichi Prefecture

Education Background
Graduated from the Business Department of Doshisha University on March 20, 1950
Degree
June 29, 2002, Honorary Doctor of Business Administration of Nanzan University
Experience
March 20, 1950, General Manager of Kojima Stamping Industry
January 1, 1959, General Manager of the renamed Kojima Industries Corporation
June 1, 1988, Chairman of Kojima Industries Corporation
March 1, 2009, Senior Adviser of Kojima Industries Corporation (up to now)
Meanwhile, he held a concurrent post of the representative of companies and organizations related to the Kojima Industries Corporation, as well as the important posts in many economic groups and the Chamber of Commerce and Industry.
Award-Winning Experience
(1) National Honors
April 29, 1988, "Medal with Yellow Ribbon" (for the contribution of promoting workfare)
November 3, 1996, "Medal with Blue Ribbon" (for the contribution of promoting industry)
November 9, 2001, "Minister of Health, Labor and Welfare Award" (for the contribution of promoting social welfare)
April 29, 2003, "Fourth Class Order of the Rising Sun" (for the contribution of promoting industry)
(2) Honors from China
September 26, 1991, the title of "Honorary Citizen of Qinghai Province" granted by the People's Government of Qinghai Province, People's Republic of China
September 26, 1994, the commendation from the State Education Commission of the People's Republic of China (for the contribution of education and friendship).
March 7, 1997, the title of "China-Japan Friendship Envoy" (for the contribution of education and friendship)
April 30, 2001, "Cultural Exchange Contribution Award" granted by People's Republic of China (for the contribution of education and culture)
March 26, 2009, "Friendship Award of People's Republic of China"

与青海省的交流——忆小岛镣次郎先生

小岛冲压工业株式会社

小岛镣次郎先生知道青海省这个未知的世界始自1985年正月接到的一个电话，内容是："接受（青海省出身的）留学生吗？"

先生此前接受过来自亚洲的留学生（阿富汗、印度尼西亚、马来西亚、巴西、澳大利亚等国），并于前一年设立了"财团法人小岛国际育英协会"。

先生认为，"对于过去由于战争给亚洲国家添了很大麻烦的历史，作为一个日本人，想做点力所能及的事情"。而接受来自中国的留学生，对先生来说也是意义深远的事情，于是他决定接受。

翌年，先生招待了正在日本访问的青海省教育厅黄厅长，向青海省捐赠了人才培养资金。青海省利用这笔资金设立了以日语为主的外语研修机构。1989年"小岛研修中心"竣工，同年设立了"奖学金和助学金制度"；1996年5月，以发展综合性教育为目标，建成了"小岛文化教育发展基地（小岛基地）"，期待它能成为对建设中国未来的年青人发挥重大作用的基石。其中"奖学金和助奖金制度"迄今一直在继续实施着。

当时，青海省有一家利用古代旧居建成的小型博物馆，但不是青海省的正式博物馆。有鉴于此，先生认为，不光教育和培养人才是重要的，学习自己的历史也是非常重要的，于是，先生和当时的青海省省委书记田成平于1998年就在西宁市中心建设博物馆达成协议。2001年，青海省博物馆建成。

在青海省博物馆正面，有宽阔的广场，种植了树木、花草，成为能够容纳许多人的休闲场所。博物馆的设计不是当时流行的现代建筑物样式，而是采用了中国式的独特风格。馆内展示着青海省各地出土的许多文物，使人们能够了解青海省的历史文化遗产和多民族的风俗习惯。为祝愿青海省乃至全中国的发展，博物馆详尽地展示了当地博大精深的历史和文化。

青海省乐都县出土了古代陶器，有4000年的历史，但是苦于没有保存设施。先生认为，世代继承文化历史遗产是非常重要的事情，因此打算对此提供援助，于1998年与该县缔结了建设"青海省乐都县柳湾彩陶小岛纪念馆"的协议，并于2002年9月竣工。

先生一直都很留心，绝不能将与青海省的交流同商业活动牵涉在一起。青海省在中国，属于内陆地区，虽不是一块易于居住的地方，但是有着丰富多样自然景观的地域。先生与青海省进行的交流，是出于如下想法：希望能够对"教育"、"人才培养"乃至"民族融合"——这些对于执著进取的年青人和认真、诚恳的人们来说是重要的事情——有所帮助。

先生每年都要去青海省访问，每次都要对学生和青年教师发表如下内容的讲话：

"我首先要讲一讲为什么要在青海省做这些事情。日本过去给中国添了很大麻烦。我觉得是做了非常对不起的事情。而且，在战争结束的时候，当时的中国放弃了对日本的赔款要求。在日本因战败而陷于困境的时候，当时的领导人做出了'勿以暴施暴，要以德报怨'的决定。对此我非常感激。不仅是我，所有的日本国民都感谢中国。"

"如今，在日本实现了如此的繁荣的时候，我认为自己应该做点力所能及的事情，并且常常思考能够做些什么。由于缘分，通过青海省的留学生而开始了交流，并且逐步深化。"

"而且，中国的重大课题之一是沿海地区和内陆地区在发展上存在的差距。考虑到这一点，就想对青海省做点自己能够做的事情。因为我认为，这不仅对于青海省，而且对中国的将来也是必要的。这两点是我与青海省进行交流的最初的出发点。"

"战后50年，日本从焦土上迅速发展起来。为什么能够做到这一点？这是日本人拼命努力劳动的结果。我小时候从记事时起在学校里学习的文字是汉字，是中国的文字。中国的学问、文化渗透到了日本的教育和社会里。我至今还认为中国是日本的老师。日本人从中国学习了许多东西，结果是以日本人的思想方式把它日本化，付诸实践。佛教的教义、孔子、孟子、儒教的思想如今依然存在于日本人的思维方式里。日本人在这样的思维方式的基础上发展了工业和商业。就是说，日本人的思想里包含了从中国学来的思想。"

"日本经济发展的根本思想里，遵守承诺和信用是第一位。我的公司获得发展，也是因为有信用。金钱是能够用完的，但是信用是用不完的。没有金钱，但可以有信用，信用是到死也绝不会

失去的。我根据我的经历告诉大家，信用这种东西实际上在自由竞争和市场竞争当中也是非常重要的。关于日本的经济发展，如果仅凭眼睛能看得见的产品，就认为是因为有机械和机器人，所以日本经济就发展了，那就大错而特错了。不是机械和机器人，而是遵守承诺的、能够制造良好物品的、眼睛看不见的信用创造了日本经济。其核心不是金钱，不是物资，不是机械，而是人，是每一个人相互协作形成的团队的力量。这种力量与我的公司的经营方针——'和'是相通的。所谓的'和'，实际上是中国《论语》中的话，日本学过来。我的公司之所以有现在，也是因为实践了从中国学来的知识。"

"在青海大学设立小岛研修中心、奖学金和助学金制度以及到日本留学、向小岛冲压公司派研修生、到南山大学留学等等，所有这些不单单是为了学习日语，而是希望你们能够了解今天日本发展的根本原因所在，希望你们能够找到战后日本从废墟中崛起成为今天日本的原因。"

"日本在经济上发展起来了，在物质方面，也成为一个看起来非常了不起的国家。但是，正如有光就有影一样，日本既有好的一面，也有坏的一面。最近，坏的一面在日本突显出来。中国留学生如果学习了这坏的一面就成问题了。如今，中国在开放经济的体制下，争取实现高速增长。可是，必须要注意外国的坏的一面也会进来。中国发展的精神是自力更生。伟大的中国只能依靠优秀的中国人去建设。"

"中国是世界上最大的国家。中国发展得好，对于世界，对于日本，都是很重要的。正如长江、黄河这两条大河以青海湖为源头滋润着中国全境一样，希望青海省人民也能把人才培养的经验推广到全国。这就是我的愿望。"

"来自遥远日本的我，能够与大家谈这些话，我非常感激。但是，如果大家仅是听听这番话便回家，那么，我将感到非常遗憾。希望大家能够

为青海省而努力。”

在被授予“文化交流贡献奖”的2001年，当时的中国中央政府正在实施西部大开发战略。外交部唐家璇部长于10月份访问青海省。唐部长为小岛镣次郎先生多年来的交流活动深深感动，在北京的外交部招待了这位外国民间人士。先生在1991年被授予“青海省荣誉市民”的称号，觉得自己与其是作为一个外国人，不如说是作为青海省的一份子与唐家璇部长见面的。这次会面对于此后青海省的发展及中日友好交流意义深远。先生对此深表感激，特别是在这一年先生荣获“文化交流贡献奖”，值得大书特书的事情接踵而来。

在广袤的中国大陆之中，先生所做的事情只不过是大河的一滴水。而且，这一滴水的记忆竟然是从与一个留学生偶然相遇开始的。这对先生来说实在是一种幸运。希望对这一滴水的记忆有朝一日能够汇成日中文化交流的大河，并且永远继续下去。

小岛镣次郎先生获得“文化交流贡献奖”这一光荣奖项对于我们来说也是一种骄傲与激励。

得到了中国大使馆、领事馆以及青海省各有关部门诸位先生的大力关照，对此，我们谨致以深切的谢意。

最后，衷心祝愿青海省，还有中华人民共和国蓬勃发展，中日友好事业丰富多彩、蒸蒸日上。

青海省との交流

小島鐐次郎氏の思い

小島プレス工業株式会社

小島鐐次郎氏が青海省という未知の世界を知ったのは、1985年の正月、「（中国青海省出身の）留学生を受け入れてもらえないか」という1本の電話からでした。

氏は以前よりアジアからの留学生（アフガニスタン、インドネシア、マレーシア、ブラジル、オーストラリアなど）を受け入れており、前年には『財団法人コジマ国際育英協会』を設立していました。

彼は、「先の大戦で、アジア諸国に多大な迷惑をかけた過去の歴史に対して、一人の日本人としてできる範囲のことをしたい」と考えており、新しく中国から留学生を受け入れることは、彼にとっても大変意義深いものと考え、受け入れさせていただくことに致しました。

翌年には、来日中の青海省教育庁の黄庁長を招いて、青海省へ人材育成資金を贈呈しました。青海省は、その資金で日本語を中心とした語学研修施設を設立しました。1989年には『小島研修センター』を竣工し、『奨学金、奨励金制度』を設立。1996年5月には、総合的な教育と発展を目指して、『小島文化教育発展基地（小島基地）』を完成させ、中国の将来を築く若者にとって、大きな役割を果たす礎となることが期待されました。この『奨学金、奨励金制度』は、今日まで毎年継続して行われています。

一方、当時青海省には古代旧家を利用した小さな博物館がありましたが、青海省としての正式な博物館ではありませんでした。こうした事情をふまえ、氏は教育と人材育成だけでなく、自分たちの歴史を勉強することこそ大切だと考え、1998年、彼と当時青海省書記・田成平氏との間で、西寧市の中心部に博物館の建設を行うことに関する協議を行い、2001年『青海省博物館』が完成しました。

この青海省博物館は、正面には広大な広場や樹木を配し、多くの人々が集うことのできる憩いの場としました。建物の設計は、当時流行っていた近代建物ではなく、あえて中国らしい独自のデザインを取り入れて設計されています。館内には青海省の多くの歴史文化遺産と多民族の風俗・習慣などがわかるよう、青海省各

1991 青海省栄誉公民称号授与

1997 奨学金授与式で講話

所から出土した文化遺産が展示されています。博物館では、青海省のことだけでなく、中国全体の発展につながることを願って、その歴史や文化の奥深さを詳細にまとめられました。

また、青海省楽都県では古代の陶器で 4000 年の歴史ある陶器が発掘され、保存施設もなく困っていました。彼は、文化・歴史遺産こそ世々代々に継承することが重要であり、その支援もしたいと考え、1998 年、『青海省楽都県柳湾彩陶小島記念館』を建設する協議を結び、2002 年 9 月に完成しました。

彼は、中国・青海省との交流を、決してビジネスに結び付けることのないよう心がけてきました。青海省という中国のなかでも、特に内陸部であり、決して住み易い土地ではないが、豊かな自然に恵まれた地域で、ひたむきに取り組む若者や、まっすぐな人々にとって大切である「教育」や「人づくり」、そして「民族融合」に何かお手伝いできることがあればとの思いから築いた交流です。

彼は、毎年青海省を訪問し、学生や青年教師らに、次のように語っています。

『私が青海省で、どうしてこういうことをしているのかについて、まずお話します。日本は過去に中国に大変迷惑を掛けた。これは、私は非常に申し訳ないことをしたと思っています。しかも、戦争が終わった時に、その当時中国は、日本からの賠償放棄をしました。日本が敗戦によって困っている時に、「暴に報ゆる暴を以ってするなかれ。怨みに報ゆるに徳を以ってせよ。」と、その当時の指導者は決断されたのです。そのことを、私は非常に感謝しています。私だけではなく日本国民すべて中国に感謝をしています。

今日、日本がこのような繁栄を築き上げた時に、私は自分で出来る範囲のことをやらなければならないという考えで、何かお役に立つことがあればと常々考えていました。縁あって青海省の留学生を通じて交流が始まり、次第に深まって参りました。

さらに、中国の大きな課題の一つに、沿岸と内陸部では発展の差があります。この点を

1997 小学校訪問

1998 奨学金授与式

考え、いよいよ青海省に対して自分の出来る限りのことをさせていただきたいと考えた次第です。これは、青海省のことでもありますが、中国の将来のためにも必要なことと考えたからです。この２つのことが、青海省との交流を進めてきた一番の元であります。

日本は戦後 50 年で、焼け野原から急速に発展することができました。これはなぜできたか。これは日本人が必死になって働いた努力の結果であります。私は、物心ついた子供の頃から学校で教えられた文字は漢字で、中国の文字でした。中国の学問・文化が日本に教育・日本の社会の中に浸透しています。私は今でも中国は日本の先生だと思っております。日本人は中国から沢山の事を学びました。それを日本人の考えで日本式にして実践・実行した結果であります。仏教の教え、孔子・孟子・儒教の思想というものは、今でも日本人のものの考え方の中に生きています。日本人はこの考え方の基礎の上に工業・商業を築きました。中国から教えられた思想があったということです。

日本経済の発展の根底には、約束を守ることや信用第一があります。私の会社が発展したのもこの信用があったからです。お金は使えばなくなりますが、信用はなくなりません。信用はお金がなくてもできます。信用は死ぬまで決してなくなりません。実はこの信用が自由競争・市場競争において非常に大切であるということを私は私の体験から皆さんにお話しています。日本の経済発展はただ目に見える製品を見て、機械・ロボットがあるから日本が経済発展をしたと思ったら、大変な間違いです。機械やロボットではなく、約束を守る・良い物を造る・目にみえない信用が日本経済を造っています。その中心は金とか物とか機械ではない。その中心は人なのです。その一人一人がお互いに協力し合うチームワークの力です。このことは、私の会社の社是「和」と同じことです。「和」とは実は中国の論語で日本が教えてもらったものです。私の会社が今現在のこのようになっているということも、中国から教えてもらったことを実践・実行してきたからです。

青海大学で小島研修センターの設立、奨学金・奨励金や日本への留学・小島プレスへの研修生・南山大学への入学など、このことは日本語の勉強をするだけのためではありません。今の日本の発展の根本は何かということを理解してほしいからです。戦後に日本が灰の中から立ち上がって今日の日本になったのは何かということをつかんでほしいからです。

日本は経済的に発展して物質的なものでは非常に立派な国に見えます。しかし、光があれば影があるように、日本にも良い面と悪い面があります。最近では悪い面が日本でも目立つようになってきました。この悪い面を中国の留学生が見習ったら大変なことになります。今、中国は開放経済の元に高度成長を目指しています。しかしこれは外国の悪い面も入ってくることを注意しなければなりません。中国発展の精神は自力更生であります。立派な中国は立派な中国人によってのみ作られるのです。

中国は世界最大の国家です。中国が立派に発展することは、世界にとっても日本にとっても、とても大切なことです。青海湖を源として長江や黄河の2大大河が中国全土を潤しているように、青海省の人たち自らが立派な人づくりを青海省から広げていって欲しい。これが私の願いです。

私は、はるばる日本から来まして皆さんとこういう話しができるということに感謝しています。しかし、皆さんがここで聞いて帰るだけでは私は残念です。青海省のためにがんばって下さるようお願いします』。

文化交流貢献奨を受章した2001年、当時中国中央政府は西部開発政策を進めており、外交部の唐家旋部長が10月に青海省を訪れました。唐部長は、小島鐐次郎氏の長年の交流活動に感じ入り、彼を北京にある外交部へ外国民間人として招待されました。1991年に青海省栄誉公民の称号を授与されていた彼は、一外国民間人というよりむしろ、青海省省民の一人として唐家旋部長と面会をさせていただくことになりました。この面会は、その後の青海省発展および中日友好交流にとって、意義深いものとなり、彼は大変感激いたしました。とりわけこの年は、文化交流貢献奨を賜った年であり、特筆すべき出来事が重なりました。

広大な中国大陸の中で、彼が行ってきたこ

とは大河の一滴にすぎません。しかし、そのほんの一滴の思いを、一人の留学生との偶然の出会いから始まることができましたことは、彼にとって幸運な出来事でした。この一滴の思いがやがては中国との文化交流という大河につながっていくことを望み、未来永劫まで受け継いでいきたいと思います。

小島鐐次郎氏が文化交流貢献奨という栄えある賞をいただいたことは、私どもにとりましても誇りと励みになっております。

中国大使館や領事館はじめ、青海省のご関係各位の皆様には大変お世話になり、深く感謝申し上げます。

最後に、青海省、そして中華人民共和国が、さらなる発展をされ、ますます中日友好が豊かなものとなりますよう心より祈念いたしております。

2001 唐部長と面会

2001 文化交流貢献奨受賞式

Communications with Qinghai Province

—In Honor of Mr. Ryojiro Kojima

Kojima Industries Corporation

Mr. Ryojiro Kojima for the first time got to know Qinghai Province, the unknown world to him, in February 1985. He got a phone call asking, "Do you accept overseas students from Qinghai?"

Ryojiro Kojima previously accepted students from Asia (e.g. Afghanistan, Indonesia, Malaysia, Brazil, Australia and other countries), and established Kojima International Education Association (Kojima Foundation) a year ago.

He said, "In view of the past history that Japan had brought great trouble to many Asian countries during the World War II, as a Japanese, I want to do something within my power." And accepting students from China meant a lot to him, so he decided to take it.

In the next year, he entertained Director-General Huang of Education Department of Qinghai who was visiting Japan and donated the talent training fund to Qinghai. The fund was used to set up "Kojima Training Center (completed in 1989)", a language training facility focused on Japanese language. And a "scholarships and bonus system" was established in the same year. In May 1996, aiming at developing comprehensive education, "Kojima Cultural Education Development Base (Kojima Base)" was built, in the hope that the base could be the footstone to play an important role for developing the young people of China. And the "scholarship and bonus system" has been continuously implemented to date.

At that time, there was a small museum built on the basis of an ancient building in Qinghai Province, though not an official one. Mr. Kojima believed that learning one's own history was equally important as educating and training talents. So, he reached an agreement concerning building a museum in the downtown area of Xining with the then Provincial CPC Secretary of Qinghai Province Tian Chengping in 1998. And the Qinghai Provincial Museum was completed in 2001.

Right in front of the Qinghai Provincial Museum, there is a spacious square where various trees and flowers are planted, offering a leisure place for a large crowd of people. The design of the museum is the unique Chinese style rather than the modern building style prevailing at that time. The museum houses a large number of cultural relics unearthed across Qinghai Province and becomes a showcase for people to understand the historical and cultural heritage and many ethnic customs and habits in Qinghai Province. In order to celebrate the development of Qinghai Province and the progress of the whole China, the museum is also showcasing at large the broad and profound history and culture of the local region.

Some ancient potteries with 4,000 years' history were unearthed in Ledu County, Qinghai Province, but were left unattended due to the lack of preservation facilities. Mr. Kojima thought that it was of significance to carry on the cultural heritage from generation to generation and planned to offer aid. In 1998, he signed the contract with the local authority on the construction of Liuwan Colored Pottery Kojima Gallery of Ledu County in Qinghai

Province, which was completed in September 2002.

Mr. Kojima paid attention to take his communication with Qinghai Province apart from the commercial activities. Located in the inland of China, Qinghai Province might not be an agreeable place for habitation but it is a region full of colorful natural resources. Mr. Kojima's communication with Qinghai Province was based on the following ideas: he hoped to do something helpful for "education", "talent training" and "national fusion", the elements essential to the persistent and enterprising young people, as well as the scrupulous and honest people.

Mr. Kojima pays visits to Qinghai Province every year and each time he delivers a speech to the students and young teachers concerning these matters:

"I'll begin by telling you why I am doing these things in Qinghai Province. Japan brought great trouble to China in the past. I feel deeply sorry about it. Besides, at the end of the war, China abandoned the war reparations from Japan. When Japan stuck in the mire after losing the war, Chinese leaders made a decision 'not to return violence with violence, but to return good for evil'. I really appreciate that. Not only me, but all the Japanese feel grateful to China."

"Today, when Japan has achieved such prosperity, I think it's time to do what I can. I've been thinking what can be done. Thank god, we started exchange by accepting overseas students from Qinghai Province and the exchange is gradually proceeding farther."

"Also, the gap in the development between coastal areas and inland areas is one of the major challenges in China. With this in mind, I want to do what I can in Qinghai Province. Because I think it is necessary both for the sake of Qinghai Province and for China's future. These two points are the initial starting points for my communication with Qinghai Province."

"Five decades after the war, Japan developed rapidly from the postwar ruins. How could Japanese do all this? It is the result of strenuous laboring work of the Japanese. As long as I can remember, the characters I studied in school were the Chinese characters and Chinese texts when I was a kid. Chinese learning and culture have run through all the Japanese education and society. I still keep this idea that China is the teacher of Japan. The Japanese people have learned many things from China and localized them with the Japanese way of thinking. They put them into practice. The teachings of Buddhism, and Confucius, Mencius, and Confucianism are maintained in the Japanese way of thinking. The Japanese have developed industry and business under the basis of such thinking. That is to say, we developed because of the learning we got from China."

"In the primary guiding principles of the economic development of Japan, there is the idea of keeping commitment and honoring credit. The development of my company is also based on credit. Different from money, credit can never be used up. We may lose money but never the credit and we shall keep credit till the end of our life.

Let me tell you, according to my experience, credit is actually also very important in both free competitions and market competitions."

"In view of the Japanese economic development, it will be a serious mistake if you think the Japanese economy is developed only by the products, machinery and robots in front of your eyes. It is not the machines and the robots that created the Japanese economy, but the invisible credit by which we keep commitment and produce quality products. The core is not the money, not the goods and materials, not machines, but the people, the team strength formed by cooperative effort of each individual. This kind of strength actually goes with our company's "tenet" - "harmony", which is, in fact, the saying from the Chinese Analects of Confucius. The Japanese made use of it. The accomplishment of my company today is also the result of the practice of the knowledge learned from China."

"The establishment of Kojima Training Center, scholarship and bonus system in Qinghai University, and the further overseas study in Japan, trainees to Kojima Industries Corporation, further study abroad in Nanzan University, etc., all of which are not just for learning the Japanese language, but to make you understand the fundamental cause of the development of Japan today, and find the real cause for Japan to rise from the post-war ruins and to become what it is today."

"Japan has made great development economically. In terms of materials, it seems to be an amazing country. But, just as where there is the light there is the shadow, Japan has both the good side and bad side. Recently, the bad side is becoming prominent in Japan. It will be a great problem if the Chinese students learn the bad side. Today, China, under the open economic system, is striving for rapid growth. But, please keep in mind that the negative things in foreign counties will come along. Self-reliance is the spirit of China's development. The construction of the great China has only to be relied on the outstanding Chinese people."

"China is one of the largest countries in the world. China's development is very important to the world and to Japan. Just as the two great rivers of the Yangtze River and the Yellow River nurture the whole China with their sources from Qinghai Lake, I hope that Qinghai Province can popularize their experience on talent cultivation to the whole country. This is my wish."

"I come here all the long way from Japan and I appreciate for your participation in sharing my thoughts. But I will really feel regretful if you just listen to these words and then go home and forget them. I hope all of you can strive for the development of Qinghai Province."

In 2001, when Mr. Kojima was awarded the "Cultural Exchange Contribution Award", the Central People's Government of China was promoting the western development strategy. The Minister of the Ministry of Foreign Affairs, Tang Jiaxuan, made a visit to Qinghai Province in October. With high regards for Mr. Ryojiro

Kojima's contributions to the civil exchange activities for so many years, Minister Tang gave audience to this foreign citizen at the Ministry of Foreign Affairs in Beijing. Mr. Kojima was awarded the title of "Honorary Citizen of Qinghai Province" in 1991. Therefore, instead of being a foreigner, he felt that he was more like a citizen of Qinghai Province to be received by Minister Tang Jiaxuan. The meeting had a far-reaching significance for the development of Qinghai Province afterwards and the friendly exchanges between China and Japan. Mr. Kojima appreciated it deeply. Especially it was the year that Mr. Kojima won the "Cultural Exchange Contribution Award". Notable events came one after another.

In the vast continent of China, what Mr. Kojima has done is just a drop of water from the river. And the memory of this drop of water actually started with an accidental meeting with an overseas student. It was really a lucky thing for Mr. Kojima. I hope this drop of water one day can be infused into the great river of cultural exchanges with China and runs on forever.

It is a great pride and inspiration for us all in light of the winning of the honor of "Cultural Exchange Contribution Award" by Mr. Ryojiro Kojima.

We hereby extend our heartful gratitude for the generous care from the people of the Chinese embassy and consulate and the authorities of Qinghai Province.

In the end, we express our sincere wish for the further development of Qinghai Province and the People's Republic of China. And we wish the Sino-Japan friendship to be more colorful.

白土吾夫

日本

白土吾夫于1927年3月3日生在东京。先后毕业于早稻田大学工学部电子专业与法学部。1953年早稻田大学大学院法学研究科毕业。在担任出版社编辑期间，在中岛健藏、千田是也的推荐下，1956年他参与创立日中文化交流协会，历任事务局长、专务理事。从1998年起就任代表理事，直至逝世。日中文化交流之路并不平坦。在此期间，他一直兢兢业业，为日中文化交流事业奠定了坚实基础。协会从创立时仅有会员80名，并且没有政府资助，作为纯粹的民间团体，如今发展成为拥有近3000名会员的团体。

在日中文化交流协会的历代会长，包括中岛健藏、井上靖、团伊玖磨以及现任会长辻井乔、副会长兼理事长黑井千次的支持下，同日本文化界的代表们一起访华多达131次。期间他曾六次受到毛泽东主席会见，数十次受到周恩来总理会见。1960年，毛主席在会见日本作家代表团时问："你们中间最年轻，既没有地位财产，也没有名气的是谁呀？"白土吾夫举起了手，毛主席说："那你就是干活儿最多的啦？我年轻时候，也没有什么名气，也是干活儿最多的"，把他安慰了一番。他既坚持原则又十分灵活，积极开展丰富多彩的交流活动。特别是通过1971年的"乒乓外交"，1972年邀请上海芭蕾舞团等活动，在民间为实现日中邦交正常化做出了巨大贡献。

曾先后荣获井上靖纪念文化财团的"井上靖文化奖"（1997年）、日中学院的"日中学院仓石奖"（2003年），中国中日友好协会的授予的"中日友好使者"（1993年）、中国人民对外友好协会授予的"人民友好使者"（1995年）、中华人民共和国文化部授予的"文化交流贡献奖"（2002年）等奖励和称号。

2006年7月19日，因心肺功能衰竭治疗无效而去世，享年79岁。

白土吾夫氏

1927年3月3日東京生まれ。早稲田大学工学部電気工学科、同大学法学部をそれぞれ卒業、53年同大学大学院法学研究科修了。出版社の編集者を経て、中島健蔵、千田是也の薦めで56年に日本中国文化交流協会の創立に参画、事務局長、専務理事を歴任し、98年に代表理事専務理事に就任、死去するまでこの任にあたった。この間、この道一筋に、決して平坦でなかった日中文化交流の道の土台を築き上げた。創立時80名の会員であった協会を政府からの援助も受けず、純粋な民間団体として、3,000人近い会員を擁する団体に成長させた。

日中文化交流協会の歴代会長でもある中島健蔵、井上靖、團伊玖磨、さらに現在の辻井喬会長、黑井千次副会長・理事長を支え、文化各界の代表的な人々とともに訪中すること131回に及ぶ。この間、毛沢東主席に6回、周恩来首相と数十回会見している。1960年、日本作家代表団と会見の席で、毛主席が「この中で最も若くて、地位も財産も名声もない人は誰か」とたずね、白土氏が手を挙げると、毛主席は「それではあなたがいちばんたくさん仕事をしていますね。私も若くて無名の時代にいちばん仕事をしました」とねぎらいのことばをかけられている。原則を踏まえた柔軟かつ積極的で多彩な交流を展開、特に、71年の「ピンポン外交」、72年の上海舞劇団の招請などを通じ、日中国交正常化実現のために、民間の立場から大きな貢献を果たした。これまでに、井上靖記念文化財団から「井上靖文化賞」（97年）、日中学院から「日中学院倉石賞」（03年）をそれぞれ受賞、中国からは中国日本友好協会の「中日友好使者」（93年）、中国人民対外友好協会の「人民友好使者」（95年）の称号をそれぞれ贈られ、中華人民共和国文化部から「文化交流貢献賞」（02年）を受賞している。

2006年7月19日、心肺不全のため死去。享年79歳。

Norio Shirato

Norio Shirato was born in Tokyo on March 3, 1927, and graduated from the Electrical Engineering Department, School of Engineering and the School of Law in Waseda University, and gained the double degrees. In 1953, he completed the master degree's course of Graduate School of Law of Waseda University. After that, he worked as an editor at a publishing house; owing to the recommendations by Kenzo Nakajima and Koreya Senda, he participated in the preparation for the establishment of Japan-China Cultural Exchange Association in 1956, and he has served successively as the planner, director, and executive director in the Association. From 1998 to the end of his life, he had been the representative executive director. During the period when the Japan-China Cultural Exchange Association was under his leadership, he laid a solid foundation for the cultural exchanges between Japan and China with his pioneering and innovative spirit in this field, despite the fact that the road was not flat. There were only 80 members at the beginning of the founding of the Association. As a pure non-governmental organization receiving no governmental subsidies, the Japan-China Cultural Exchange Association has developed into an organization consisting of nearly 3,000 members.

All the former presidents of the Japan-China Cultural Exchange Association, such as Kenzo Nakajima, Yasushi Inoue, Dan Ikuma, and the present president Takashi Tsujii and vice-president Kuroi Senji have always supported the work of the directors. Norio Shirato had visited China 131 times accompanying the representatives of the Japanese cultural field, and he had been received by Chairman Mao Zedong six times; and by Premier Zhou Enlai dozens of times. In 1960, Chairman Mao asked the representatives when he met the Delegation of Japanese Writers, "Which one of you is the youngest, without status, property, or fame?"And then Norio Shirato raised his hand. Almost simultaneously, Chairman Mao said, "So you are the one who does the most? When I was young and nameless, I was also the one who did the most." Chairman Mao consoled him. He insisted on the principles and had flexibility, and actively carried out a variety of exchanges. The particularly unforgettable was the "ping-pong diplomacy" in 1971, and the reception of Shanghai Ballet Group in 1972. Assessing from the perspective of public diplomacy, Japan-China Cultural Exchange Association has made a great contribution to the realization of the normalization of diplomatic relations between Japan and China through the above activities.

In retrospect, Norio Shirato had been respectively awarded the "Yasushi Inoue Culture Award" (1997) by Yasushi Inoue Memorial Cultural Foundation and the "Sino-Japanese Institute Kuraishi Award" (2003) by Japan-China Institute. He had also gained the title "Sino-Japanese Friendship Ambassador" (1993) granted by China-Japan Friendship Association, "Friendship Ambassador" (1995) granted by Chinese People's Association for Friendship with Foreign Countries, as well as the Contribution Award for Cultural Exchange (2002) granted by the Ministry of Culture of PRC.

Norio Shirato passed away on July 19, 2006 at the age of 79, due to the ineffective treatment of lung and heart diseases.

为纪念白土吾夫先生第100次访华，中国人民对外友好协会会长王炳南将楚图南先生题字的挂轴赠与白土吾夫先生。——1983年12月12日

白土吾夫氏の訪中100回を記念し、楚図南氏揮毫の掛軸を贈る王炳南中国人民対外友好協会会長
——1983年12月12日

Wang Bingnan, President of the Chinese People's Association for Friendship with Foreign Countries sent a hanging scroll inscribed by Mr. Chu Tunan to Mr. Norio Shirato as a gift in honor of Mr. Norio Shirato's 100th visit to China.
—December 12, 1983

出席纪念鲁迅诞辰100周年招待会的白土吾夫先生（左四）和邓颖超（中央）、廖承志（右二）、于伶（右三）、刘厚生（右四），日方的北村和夫（左一）、宫本研（左二）、辻井乔（左三）、岩波雄二郎（右一）等人一起合影。
——1981年9月23日　人民大会堂

魯迅生誕100周年記念レセプションに出席した白土吾夫氏（左四）。鄧穎超（中央）、廖承志（右二）、于伶（右三）、劉厚生（右四）、日本側の北村和夫（左一）、宮本研（左二）、辻井喬（左三）、岩波雄二郎（右一）の諸氏と
—1981年9月23日　人民大会堂

Mr. Norio Shirato (fourth from the left), Deng Yingchao (middle), Liao Chengzhi (second from the right), Yu Ling (third from the right), Liu Housheng (fourth from the right), Kazuo Kitamura (first from the left), Ken Miyamoto (second from the left), Takashi Tsujii (third from the left), Yujiro Iwanami (first from the right) and others took a photo together at the ceremony for the 100th anniversary of Lu Xun.
—September 23, 1981, the Great Hall of the People

逮捕“四人帮”后，访问中国的白土吾夫先生和井上靖会长（中）、唐家璇（右）一起合影。
——1976年12月11日　绍兴

「4人組」逮捕直後の中国を井上靖会長（中）と訪れた白土吾夫氏。唐家璇氏（右）と
——1976年12月11日　紹興

Mr. Norio Shirato and President Yasushi Inoue (middle) visited China and took a photo with Tang Jiaxuan (right) after "the Gang of Four" was arrested.
—December 11, 1976, Shaoxing

白土吾夫先生（左一）和团伊玖磨会长（右三）、黑井千次代表理事（右一）、栗原小卷常务理事一道欢迎访日的孙家正文化部长、张文彬文物局长
——1999年5月14日　东京

来日した孫家正文化部長（左三）、張文彬文物局長（右二）を團伊玖磨会長（右三）、黒井千次代表理事（右一）、栗原小巻常任理事（左二）とともに歓迎する白土吾夫氏（左一）
——1999年5月14日　東京

Sun Jiazheng, Minister of the Ministry of Culture of China, and Zhang Wenbin, Deputy Director of the State Administration of Cultural Heritage visited Japan and was welcomed by Mr. Norio Shirato (first from the left), Ikuma Dan (third from the right), Deputy Director Senji Kuroi (first from the right), and Managing Director Komaki Kurihara.
—May 14, 1999, Tokyo

白土吾夫先生（左）、北海道新闻社坂野上明社长（中）、中国国家博物馆孔祥星副馆长（右）在日本举办的“丝绸之路辉煌展”议定书签署仪式上签字。
——1998年10月16日 东京

日本で開催する「シルクロードの煌めき」展議定書調印式で。署名する白土吾夫氏（左）、坂野上明北海道新聞社社長（中）、孔祥星国家博物館副館長（右）
——1998年10月16日　東京

Mr. Norio Shirato (left), Akira Sakanoue (middle), President of the Hokkaido Shimbun Press, Kong Xiangxing (right), Deputy Curator of the National Museum of China, signed their names at the protocol signing ceremony of the “Exhibition of the Splendid Silk Road” in Japan.
—October 16, 1998, Tokyo

在井上靖会长（左一）为小说《孔子》取材的旅途中同行的白土吾夫先生（后右）到家里拜访中国文化部部长（左二）王蒙和夫人崔瑞芳（后右二）
——1987年10月30日 北京

井上靖会長（左一）の小説「孔子」取材の旅に同行、王蒙文化部部長（左二）、崔瑞芳夫人（後右二）を自宅に訪ねた白土吾夫氏（後右）
——1987年10月30日　北京

President Yasushi Inoue (first from the left) and Norio Shirato (right at the back) who were travelling with Yasushi Inoue came to the home of Wang Meng (second from the left), Minister of the Ministry of Culture of China, and his wife Cui Ruifang (second from the right at the back) when collecting materials for the novel Confucius
—October 30, 1987, Beijing

为纪念日中友好协会成立30周年暨东京交响乐团成立40周年访华公演间隙的合影。
(左起)金山茂人、吴祖强、团伊玖磨、白土吾夫、赵平、芥川也村志、秋山和庆
——1986年9月20日　北京

協会創立３０周年・東京交響楽団創立４０周年を記念する訪中公演の合間のひととき。(左より)金山茂人、呉祖強、團伊玖磨、白土吾夫、趙平、芥川也寸志、秋山和慶の諸氏
——1986年9月20日　北京

The photo taken in China at the intermission of the public performance in honor of the 30th anniversary of the Japan-China Friendship Association as well as the 40th anniversary of the Tokyo Symphony Orchestra. (from the left) Shigeto Kanayama, Wu Zuqiang, Ikuma Dan, Norio Shirato, Zhao Ping, Yasushi Akutagawa, Kazuyoshi Akiyama
—September 20, 1986, Beijing

围着中岛健藏会长(右),商量工作的白土吾夫等事务局工作人员。
——1973年1月　东京

中島健蔵会長(右)を囲み、仕事の打ち合わせをする白土吾夫氏(左一)ら事務局スタッフ
—1973年1月　東京

Norio Shirato and other department employees surrounded President Kenzo Nakajima (right) and discussed businesses.
—January, 1973, Tokyo

日本经济新闻社圆城寺次郎会长（右二）和访问吐鲁番的白土吾夫先生（左一）
——1976年6月29日

圓城寺次郎日本経済新聞社会長（右二）とトルファンを訪れた白土吾夫氏（左一）
—1976年6月29日

Enjouji Jiro (second from the right), President of the Nihon Keizai Shimbu and Mr. Norio Shirato (first from the left) who was visiting Turpan
—June 29, 1976

签署《关于中日两国人民之间的文化交流的共同声明》的日中文化交流协会中岛健藏会长（左二）和中国人民对外文化友好协会会长楚图南（右二）及陪同的崔泰山先生（右一）和白土吾夫先生（左一）
——1964年10月8日　北京

「日中両国人民間の文化交流に関する共同声明」に署名する中島健蔵会長（左二）と楚図南中国人民対外文化協会会長（右二）。介添えする崔泰山氏（右一）と白土吾夫氏（左一）
—1964年10月8日　北京

Kenzo Nakajima (second from the left), President of the Japan-China Cultural Exchange Association, Chu Tunan (second from the right), President of the Chinese People's Association for Friendship with Foreign Countries, along with Mr. Cui Taishan (first from the right) and Mr. Norio Shirato (first from the left) signing the Joint Statement on Cultural Exchanges between Chinese and Japanese Peoples
—October 8, 1964, Beijing

千玄室

日本

プロフィール

千玄室生于1923年。哲学博士、文学博士。1964年继承千利休居士第15代家元，作为里千家今日庵主继承宗室之名。2002年由直系长子继承家元，改名为千玄室。

千玄室提倡“一碗茶中出和平”的理念，在全世界谋求普及发展茶道文化并致力于世界和平，出访了许多国家。历任日本文部省社会教育审议会委员、中央教育审议会委员等公职。

现任日本联合国友好大使（外务省）、日本国旅游友好大使（国土交通省）、夏威夷大学教授、财团法人日本联合国协会会长、社团法人日本马术联盟会长。

曾获文化功劳者国家显彰、文化勋章、法国荣誉军团军官勋位、阿拉伯联合酋长国（UAE）一等独立勋章。也曾获国内外多个名誉市民、名誉博士称号。

大正12年生。哲学博士。文学博士。昭和39年千利休居士15代家元を継承。裏千家今日庵庵主として宗室を襲名。平成14年嫡男に家元を譲座し、千玄室に改名。

「一盌からピースフルネスを」の理念を提唱し、国際的な視野で茶道文化の浸透と世界平和を願い、各国を歴訪。文部省社会教育審議会委員、中央教育審議会委員等の公職を歴任。

現在の主な役職に日本・国連親善大使（外務省）、日本国 観光親善大使（国土交通省）、ハワイ大学教授、財団法人日本国際連合協会会長、社団法人日本馬術連盟会長。

文化功労者国家顕彰、文化勲章、フランス・レジオン・ドヌール勲章オフィシエ、UAE連邦独立勲章第1級等受章。国内外で名誉市民、名誉博士号を多数受けている。

Genshitsu Sen

Genshitsu Sen was born in 1923 and received a dual doctorate in philosophy and literature. In 1964, he inherited Rikyu Sen's title of the 15th Iemoto of Urasenke line of Chado and became the Grand Master of Urasenke Konnichi-an (Hut of Today), with the hereditary name of Soshitsu, which he passed on to his eldest son of the lineal descents in 2002 and then changed the name to Genshitsu Sen.

Genshitsu Sen promoted the idea of "Peacefulness through a Bowl of Tea", expecting the permeation of tea culture and the world peace from an international perspective, and for this purpose, he has visited many countries all over the world. He has served successively as the public offices such as the committee member of Social Education Council of Japanese Ministry of Education and the committee member of Central Council for Education, etc.

He serves now as Japan·UN Goodwill Ambassador (MOFA), Japan Tourism Goodwill Ambassador (MLIT), professor at the University of Hawaii, the president of Japan International Union Association and the president of Japan Equestrian Federation.

He has been awarded the titles of the Person of Cultural Merit; and many other medals such as Order of Culture, Grand Officer of Legion of Honor, and First-class Independent Medal Award of The United Arab Emirates (UAE). He has also gained many titles of honorary citizen and honorary doctorate.

架设绿色桥梁

千玄室

一衣带水和日本文化

自从日本与中国恢复邦交之日起，“一衣带水”是双方使用频率最高的一个成语。

该成语原意指夹着一条衣带那样狭窄的河流。日本与中国之间，尽管隔着大海，然而宽广的大海在精神上好似一条狭长的带子，无论在历史上还是现在，都不会成为维持、发展两国间密切关系的巨大障碍。这就是成语“一衣带水”在这里的含义。

日本国位于亚洲大陆或者应该说是在地球的东端。外来文化都是由西传入日本的。从中国、朝鲜半岛、印度、中东近东地区、欧洲传入多种多样的文化都或多或少地影响了日本。

仅就文化而言，中国文化对日本文化有着巨大的影响。

这是因为位于日本西面的欧洲、中东近东地区、印度等国的文化都是经由中国而传入日本的。

中国以西的文化传到中国，在中国历史、文化的风土中发生变化，我们日本人是将其作为中国文化来吸收的。

其中，就包括茶文化。“喫茶”及“饮茶”文化都来自中国。在日本，我的十五代祖先千利休，集日中茶文化之大成，将其发展成了日本独特的茶道文化。茶道文化是日本文化的代表。

人们常说的“茶禅一味”就是指茶道。不可忽视易经、儒教、道教、佛教、还有基督教等大陆传来的多种多样的思想、宗教对茶道的影响。

千利休在“喫茶”、“饮茶”文化中加入“点茶”的妙味，集所有茶文化之大成而成为茶道。

可是，无论怎么说，茶与茶文化的发源地在中国。考虑到中国文化的巨大影响，对继承千利休道统的我来说，从年轻时起中国便是我憧憬的国度。

不仅是茶文化，学生时代学习的汉诗及《论语》,对我的精神及生活方式都产生了深远的影响。

初次访华与邓小平阁下

我一直都有访问茶的故乡——中国的想法。但是第二次世界大战后，中国和日本尚未恢复邦交，我未能实现对中国的访问。

40 年前，中日戏剧性地恢复了邦交关系，日中关系也得以顺利发展，我十分期待去中国访问。然而，由于中国的“无产阶级文化大革命”，我访华遭遇挫折。

即使在那种情况下，我访华的念头依然高涨，总想着“近期就去……”，却也是事实。

1979 年 5 月，“中日友好之船”访问日本。团长是中日友好协会会长，后来能够就任国家主席的廖承志先生，副团长则是后来担任中日友好协会会长的孙平化先生。

“中日友好之船”一行抵达京都之前，日中友好协会的有关人员联系我们说，廖承志团长希望拜访里千家。

廖承志团长到达京都后，在视察已故周恩来总理诗碑后的午餐会上，我们进行了亲切交谈。

当天下午，廖承志团长因身体欠佳，未能实现对里千家的访问，但是副团长孙平化先生拜访了我家。

在里千家的茶室中，通过一碗茶，我和孙平化先生就日中友好的意义以及文化交流得重要性交谈甚欢。

孙平化先生认为，政治、经济先行是日中关系的主流，但是当谈到真正推进日中友好时，他强调了文化交流所具有的重要性，因此，他邀请日本最大的文化团体里千家和我访问北京。

至今我还记忆犹新，那年 11 月，我收到了访华的邀请函。我与妻子立即准备访华事宜，因为时间紧迫，我们从成田机场搭乘伊朗夜间航班飞往中国。

我们在北京只短暂逗留了四天三夜。当时担任副总理的邓小平阁下在人民大会堂接见了我们。

那时的中国，长达 10 数年的“无产阶级文化大革命”终于结束，并开始听见改革开放的脚步声，但仍处在混乱时期。

不过通过观察人民的言谈举止、街道风貌、到处都是自行车的热闹景象以及支撑这个国家的身居要职者的风度，能够深刻地感受到现代中国充满活力的气息和具有悠久历史的风土人情。在人民大会堂邓小平阁下会见我们时，说了如下一段话：“茶道是以礼开始，又以礼结束。礼仪之邦的中国却失去了礼仪，希望你用茶道来教授中国和中国人礼仪。”中国的混乱仍在持续，邓小平阁下为了国家的稳定，心中装着人民，当我感受到这些时，非常感动。

此外，“以民促官”这句话也很有魅力。邓小平阁下所说的“以民促官”不是共产党及官员去发动人民，而是人民发自内心地去建设中国这个巨大的国家。我非常赞同中国从官员到人民，从党到人民的统治国策。同时，我确信文化交流正是“以民促官”，我认为修习代表日本传统文化的茶道的青年们同人民一起，通过一碗茶，进行心灵的交流是非常重要的，所以里千家立即约定明年第三次派遣“里千家青年之船”。

这就是 1980 年初航的“日中友好文化交流里千家青年之船”。

邓小平阁下给我的印象与我在日本时对他的印象稍有不同。

他讲话慢条斯理，沉稳大方，态度温文尔雅，与其说他是与毛泽东为建立新中国并肩战斗的解放军将领，还不如说他是一个德高望重的长者。

在人民大会堂会见之时，我向邓小平阁下献上了一碗茶，因为准备工作实在仓促，点茶时就省略了盆点这一步。

人民大会堂给我提供了里面有热开水的暖水瓶，我点茶一碗，捧送给邓小平阁下，他一边说着“好”，就微笑地饮用了。

然后，邓小平阁下说：“这次，我给您献上一碗吧。”在我与妻子登三子的辅导下，邓小平阁下点了一碗茶，我喝了那碗茶说：“这才是日中两国心的交流，文化的交流。”邓小平阁下主动拍手称快，我与妻子一起鼓掌应答。接着，邓小平阁下与我们一起品尝了中国美味的龙井茶。那茶的确有一种妙不可言的味道，那也是一次难以忘怀的茶文化交流。

此事，作为日中茶文化以及广义上的日中文化交流的开端，可谓意义深远，诚然是一次温馨的会见。

自此以后，里千家开始了与中国多次密切的文化交流和访华活动。

回忆饮水不忘掘井人

作为与邓小平阁下的约定，“日中友好文化交流里千家青年之船”，于翌年 1980 年 7 月方成功访华。

承蒙中日友好协会、文化部、国家旅游局以及中国国际旅行总社等中国各界的大力协助，由我担任团长，带领日本青年茶人 400 名，走了两周的水路，辗转天津、北京、上海，展开了一碗茶的文化交流活动。

特别是在人民大会堂举办的日中大茶会，日中双方共有 1200 人参加。

人民大会堂是中国的中枢之地，听说此次在人民大会堂由外国主办，并向民间开放的里千家大型茶会在中国还是第一次。

茶道是以中国文化为基础的日本独特的文化体系，它是日中两国都能理解的一碗茶，我深切地感受到它顽强的生命力。

给邓小平副总理呈茶（北京人民大会堂）

1991 年中国国务院学位委员会授予我南开大学哲学博士学位

若用中国话表示，茶道顺天地之理。一只碗，它以点茶与喫茶为媒介，使人与人通过真正的礼仪凝聚友谊，我在中国广阔的大地上似乎看到了和平的原点。

在人民大会堂，时任副总理的李先念阁下也出席了日中大型茶会，里千家与中国的友好变得更加稳固。

我和里千家在北京和日本我的家里，与众多中国领导人相见，推进了一碗茶友好交流。

从我与中国国家领导人李先念、王震、华国锋、胡耀邦、赵紫阳、李鹏、江泽民、胡锦涛等各位阁下的交流，到与平民与学生的交流，多达 120 次以上。

我提交了论文，荣获南开大学授予的哲学博士称号；与天津商业大学合作设立里千家茶道短期大学并就任校长；荣获天津市荣誉市民、“日中友好使者”（中日友好协会）称号；荣获中日文化交流奖（中国文化部）等多项殊荣。

去年，温家宝总理授予我“中日友好贡献奖”，我非常高兴。同时，为了日中两国不再迎来不幸的时期我已下定决心，用一碗茶继续推进友好交流。

日友间友好，在任何情况都不会有坏处。

那是因为它关系到亚洲乃至世界的安危。

今后，我将牢记“掘井”的日中双方有关人士的贡献，直面日中两国悠久的交流史，继续发扬“一衣带水”的精神。

『緑の架け橋』

プロフィール

「一衣帯水」と日本文化

「一衣帯水」と言う言葉は、日本と中国の国交回復時から、日中双方で最も多用されています。

これは、帯のように細い川に挟まれた地域を指していますが、日本と中国の間には海が隔ているにも拘わらず、その海の広さは精神的には、帯の如く幅の狭いものであり、日本と中国の歴史的且つ現在的にも密接な関係を維持、発展させるための大きな障害になるものではないという意味で使われています。

日本の国は、大陸いや地球上の東端に位置している。日本への文化の伝播はすべて西から流入したものです。

中国から、朝鮮半島から、印度、中近東、ヨーロッパから多種多様な文化の伝播があり、それらの大なり小なりの影響を受けてきました。

特に、文化にとって、中国の存在は大きいものがありました。

日本の西側であるヨーロッパ、中近東、印度等の文化もすべて中国を経て、日本に伝播したのです。

それら中国以西の文化は、中国に伝播し、中国の歴史的文化的な風土の中で変容し、我々日本人は、それを中国文化として受容してきたのです。

その文化の中に、茶文化も含まれています。「喫茶」や「飲茶」文化として、中国から伝わった茶文化は、日本で、私の十五代前の祖先である千利休によって日本独自の文化として、また、日本文化の代表である茶文化として大成したのです。

一般的には、「茶禅一味」と言われる茶道ではありますが、易経、儒教、道教、仏教、またキリスト教など多種多様な大陸の思想的、宗教的影響も見過ごすことは出来ません。

それらすべてを千利休が「喫茶」「飲茶」文化に「点茶」の妙味を加えて茶文化として大成されたものが茶道であります。

しかし、何と言っても茶と茶文化は、中国にその源を発するものであり、中国文化の影響の大なるものを考える時、千利休の道統を継承する私にとっては若い頃より中国は憧れにも似た国であったのです。

茶文化のみならず、学生時代に学んだ漢詩や論語は、私の精神や生き方に深い係りを持ってきたのです。

「初めての訪中」と鄧小平閣下

そうした意味で私は、茶の故郷中国を訪問したいとの思いを持ち続けていましたが、第二次世界大戦後は中国と日本との国交が回復されないまま、私の中国訪問が実現をすることが出来ませんでした。

しかし40年前、劇的な国交回復があり、日中関係も順調に推移し、私の訪中への期待もふくらんだものでした。

しかし、私の訪中は中国のプロレタリア文化大革命のために頓挫してしまいました。

このような中にあっても私の訪中への気持ちは「近い内には…」と、大きく育ってきたのも事実でありました。

そんな中、1979年5月、中日友好の船の日本訪問が実現しました。団長は中国日本友好協会会長で、後の国家主席になられた廖承志先生であり、副団長には後に中国日本友好協会の会長になられる孫平化先生でありました。

中日友好の船一行が京都にお入りになる直前、日中友好協会の関係者から、廖承志団長が裏千家に訪問希望のある旨の連絡が届きました。

団長の廖承志先生とは、入洛後、故周恩来総理の碑文を視察されたあと、昼食会で和やかに話をさせていただきました。

しかし、その日の午後の廖承志団長の体調が芳しくなく、裏千家訪問は実現しなかったものの、副団長孫平化先生が、我が家をお尋ねいただきました。

裏千家のお茶室の中で、一碗を介しながら、孫平化先生と日中友好の意義、文化交流の大事について話しがはずみました。

その中で、孫平化先生は政治、経済が先行する日中関係ではありますが、真の日中友好増進に思いを馳せる時、文化交流の持つ意味の重要性を強調され、日本最大の文化団体である裏千家と私に対し、北京訪問を要請されたのです。

その年の11月、私に訪中の招請状が届きました。

早速、家内と共に北京を訪問する事になり、急なことでありましたので、成田から夜遅いイラン航空で飛んだことを記憶しております。

北京の滞在は三泊四日の短いものでありましたが、当時副総理でありました鄧小平閣下と人民大会堂でお会いすることが出来たのです。

その頃の中国は、10年以上にわたるプロレタリア文化大革命がようやく終息し始め、改革開放の足音が聞こえ始めていましたが、まだまだ、混乱が続いていた時期でありました。

しかし、人民の様子、街のたたずまい、溢れる自転車と賑わい、国家を支える要路の人々の輝きなど、現代中国のエネルギー溢れる息吹と悠久の歴史的風土を感慨深く体感することが出来ました。

人民大会堂での鄧小平閣下の会見の折、閣下から次のようなお話がありました。「茶道は礼に始まり礼に終わる、という。礼の国の中国に礼が失われてしまった。茶道をもって中国と中国人に礼を教えて欲しい」と発言をされました。混乱が続く中国にあって、鄧小平閣下が国の安寧の為に、人民の心のありように触れられたものと感動をしたことでした。

また、「以民促官」という言葉にも魅かれました。鄧小平閣下の言葉のなかの「以民促官」はまず、共産党や官が人民を動かすのではなく、まず人民の心が中国と言う巨大な国家を建設することであると述べられたのです。私は官から人民へ、党から人民への中国の統治国是に大いに賛同したことでした。そして、文化交流は正にこの「以民促官」そのものであると確信し、日本の伝統文化を代表する茶道を修する青年達と人民との一碗を介しての心の交流の大事を思い、裏千家としては第三回目になる「裏千家青年の船」を明年に派遣することを即座にお約束しました。

それが 1980 年初航の「日中友好文化交流裏千家青年の船」でありました。

鄧小平閣下の印象は私が日本で抱いていた印象とは少し異なるものでありました。

ゆっくりと物静かに語られる口調、そしてその物腰柔和な態度は、毛沢東と共に新生中国のために戦った解放軍の闘将というよりも、徳のある豊かな心の持ち主であるような印象でありました。

人民大会堂でのこの会見で私は一服のお茶を差し上げることにいたしました。誠に急なことで、略盆点のお点前ではありました。

人民大会堂から温かいお湯の魔法瓶をご提供いただき、一服のお茶を点て、その一碗を鄧小平閣下は「ハオ」と述べながら召し上がり、ニコッと笑われたものでした。

そして、鄧小平閣下は、「今度は私があなたに一服を差し上げましょう。」と、私と家内登三子の手ほどきで一碗のお茶を点てられました。そのお茶を私が喫することで、「これこそが日中の心の交流「文化交流だ」といって、鄧小平閣下は自ら拍手され、私と家内も共に拍手で応じたことでありました。そして、鄧小平閣下は中国にも美味しい龍井茶があり、それを鄧小平閣下といただきました。誠に妙な味であり、忘れることが出来ない茶文化交流でした。

1979年鄧小平副総理に呈茶（北京人民大会堂）

このことは、日中茶文化として、また、広く日中文化交流の始まりとして意義深く、誠に和やかな会見でありました。

ここから裏千家と中国との度重なり、密なる文化交流と訪中活動が始まったのです。

「水を飲むときは井戸を掘った人を思う」

鄧小平閣下との約束である、「日中友好文化交流裏千家青年の船」は、その翌年1980年7月に実現しました。

中国日本友好協会、文化部、国家旅游局や中国国際旅行社総社など中国各界のご尽力で私が団長となり、日本の青年茶人400名が二週間の船路で、天津、北京、上海で茶道の一碗による文化交流活動を展開致しました。

特に、人民大会堂での日中大茶会には、日中双方1200人の参加者がありました。

人民大会堂は、中国国家の枢要な場であり、中国が外国主催の且つ、民間に開放したのは、この裏千家の大茶会が最初であると聞かされました。

中国文化を底流にした日本独特の文化体系を有する茶道は、正に日中が共に理解し合える一碗のお茶であり、その力強さを感じとったことでした。

中国的に申し上げるならば、天地の理に順った茶道であり、一碗であり、点茶と喫茶を媒体として、人と人が真の礼によって結び合うと言う、平和の原点をこの壮大なる中国の大地に見たような気が致しました。

そこには、当時副総理であった李先念閣下もご来席下さり、裏千家と中国の友好が確固た

1991 年中国国務院学位委員会より南開大学哲学博士号授与式

るものになりました。

私と裏千家は、あらゆる中国の指導者に北京で、日本で我が家で会見をし、一碗の友好を進めて参りました。

李先念、王震、華国峰、胡耀邦、趙紫陽、李鵬、江沢民、胡錦涛各閣下など、中国の国家指導者の方々を始め、人民や学生などの草根交流は、120 回以上に及んでいます。

論文を提出して、南開大学より哲学博士号、天津商業大学と合併で裏千家茶道短期大学の設立と学長就任、天津市名誉市民、日中友好使者称号（中日友好協会）、日中文化交流賞（文化部）など、多くの栄誉を頂戴しました。

昨年は、温家宝総理より「中日友好貢献賞」を授賞し、誠に嬉しいことでありました。同時に日本と中国が二度と不幸な時期を迎えないよう、一碗のお茶で友好交流を続ける新たな決意をしたことでした。

日本と中国の友好は如何なることがあっても損なうことがあってはなりません。

それはアジアと世界の安危にかかわるからであります。

これからも日中文化交流のために、井戸を掘った日中双方の関係者の貢献に思いを馳せながら、日中間の悠久の歴史を見つめ、一衣帯水の精神を持ち続けなければならないと思っています。

Building a Green Bridge

Genshitsu Sen

Close Neighbors Connected by a Strip of Water and Japanese Culture

Since Japan resumed its diplomatic relations with China, "close neighbors connected by a strip of water" is the set phrase used with the highest frequency by both countries as they are separated only by a strip-like water zone.

Although the two countries face each other across the sea in the shape of long and narrow strip, they have belittled enormous obstacles caused by the sea to maintain and develop close relations be it in the past or at present. I think that's why "close neighbors connected by a strip of water" is used.

Japan lies at the east of the Asian continent, or more precisely, the east of the world. Almost all foreign cultures absorbed by Japan came into the country from the west; in other words, diverse cultures were spread into Japan from China, the Korean Peninsula, India, the Middle and Near East and Europe, which have affected the native Japanese culture more or less.

With respect to culture, China's existence in particular has imposed significant impacts, as cultures of regions including Europe, the Middle and Near East and India were disseminated into Japan via China in history.

To be specific, cultures from the west came into China, underwent changes against the influence of its history and original cultures, and then spread into and assimilated by Japan.

Tea culture was included in those cultures. Ways of "tea eating" and "tea drinking" were derived from the Chinese tea culture. In Japan, my 15th-generatoin ancestor Rikyu Sen, an aggregator of Japanese and Chinese cultures, created the distinct Japanese Way of Tea, which is representative of the Japanese culture.

"To taste Zen in tea drinking" is said often by people to refer to Chado or the Japanese Way of Tea. However, we can't ignore the influence of The Book of Changes, the Confucianism, the Taoism, the Buddhism and the Christianity and various continental thoughts and religions on it.

Rikyu Sen added "tea brewing" to the rites of "tea eating" and "tea drinking", which brought exquisiteness to the Way of Tea and perfected it.

But above all, tea and the tea culture have their origins in China. When reflecting the influence of Chinese culture, I, as a descendant of Rikyu Sen, can't help remembering that China has been the country I have dreamed of from my youth years.

In addition to the tea culture, Chinese poems and The Analects of Confucius I learnt during my student years have profoundly affected my spirit and style of life.

My First Visit to China and Meeting with Mr. Deng Xiaoping

I had long dreamed of visiting China, the birthplace of tea. But after the World War II, China and Japan did not resume their diplomatic relations, so I could not have my dream come true.

Yet 40 years ago, the two countries resumed their diplomatic relations dramatically, and their relations could be advanced smoothly. There was a possibility to realize my dream of visiting China. However, due to the Great Proletarian Cultural Revolution in China, my idea to go there met with realistic setbacks.

Even in such adverse condition, I still had a strong desire to visit China, thinking that "it will come true in some near future..." And this became a fact eventually.

During that period, the ship of China-Japan Friendship arrived in Japan for a visit. Its captain was Mr. Liao Chengzhi, the Chairman of China-Japan Friendship Association and the later nominated Vice President of China, and its deputy captain was Mr. Sun Pinghua, who became the Chairman of China-Japan Friendship Association later.

Before the ship came to Kyoto, some personnel from the Japan-China Friendship Association contacted us and said that Mr. Liao Chengzhi hoped to visit the Urasenke.

Mr. Liao arrived at Kyoto, and he worshiped the poem tablet for the late Premier Zhou Enlai. At the luncheon party held later, we had a pleasant talk.

But in the afternoon he was unable to visit the Urasenke due to his ill health, and Mr. Sun Pinghua came to our house instead.

In the Urasenke's tea room, we talked in high spirits about the meanings of Japan-China friendship and the importance of cultural exchange through a bowl of tea.

Though in his talk he mentioned that cooperation in the political and economic areas was the major issue and should go ahead with respect to China-Japan relations, when it came to the topic on enhancing the friendship after deliberation, he stressed the importance of cultural exchange. With such a perspective, he invited the Urasenke, the largest cultural organization in Japan, and me to visit Beijing.

I still remember that I received the invitation letter for the visit to China in November that year. My wife and I prepared for the visit promptly. As we were pressed for time, we flew to China by the night flight for Iran at Narita Airport.

We had a short stay of four days and three nights in Beijing. Mr. Deng Xiaoping, the then Vice Premier met us at the Great Hall of the People.

China, at that time, saw the end of the Great Proletarian Cultural Revolution which lasted more than a decade, and began to hear the steps of the reform and opening up, though still in continued chaos.

However, from speeches and behaviors of the people, the landscape of streets and roads, the busy scene of bicycles everywhere, and the demeanor of those who supported the country and held important positions, we could deeply feel that the modern China was full of vitality with its long history and tradition, which evoked our emotions. When Mr. Deng Xiaoping met us at the Great Hall of the People, he said the following words: "Tea ceremony begins with

Pouring tea for Vice Premier Deng Xiaoping (the Great Hall of the People in Beijing)

courtesy and ends in courtesy, too. But China, as a state of rites, has lost its courtesy. I hope you can teach rites to the country and her people with the tea ceremony." China was still in disorder then, and Mr. Deng worked for the stability of the country and cared about the people in his heart. When I got in touch with those, I couldn't help being moved.

Moreover, the words about "civilian communication facilitates official diplomacy" also attracted me. and "civilian communication facilitates official diplomacy" advocated by Mr. Deng Xiaoping means that the Party and officials should not press people to build a big power named China, but encourage them to do so out of their own will. I quite agreed with the idea that officials should be responsible for their people and the policy for the Party to run the country should be building the people's China. Meanwhile, I firmly held that the cultural exchange was a manifestation of "civilian communication facilitates official diplomacy". I thought it was a great event to have communications with the medium of a bowl of team between hearts of the youth who practiced the Way of Tea, which represented the Japanese traditional culture, and the Chinese people. So the Urasenke decided immediately to send the Ship of Urasenke Youth the third time in the next year.

And the Japan-China Friendship and Cultural Exchange—the Ship of Urasenke Youth made its maiden voyage in 1980.

My impression about Mr. Deng Xiaoping is slightly different from those harbored by my compatriots.

He spoke slowly and unhurriedly, gentle and quite, with an amicable attitude. In some respects he differed from Mao Zedong, with whom they founded the new China. Compared to those military officers of the liberation army who underwent wars, Mr. Deng seemed to be of noble characters and high prestige and with an open mind.

During the meeting at the Great Hall of People, I presented a bowl of tea to Mr. Deng Xiaoping.

As there were not enough time and utensils, I adopted the simplified form, brewing a bowl of tea with the hot water from the thermos bottle provided in the Great Hall of People before my Chinese guests, and presented it with both hands to Mr. Deng. He said "Good" and drank it in a smile.

Then Mr. Deng said, "This time let me present you a bowl

At the commencement ceremony when I was conferred a degree of Doctor of Philosophy from Nankai University by the Academic Degrees Committee of the State Council, 1991

of tea." With the help from me and my wife, he brewed a bowl of tea. I had the tea and said, "This is the heart-to-heart exchange between China and Japan. It's a true cultural exchange." Mr. Deng clapped his hands instantly and expressed his agreement, and my wife and I applauded to respond. Next, Mr. Deng invited us to taste the delicate Chinese Longjing Green Tea. That tea had a taste too wonderful for words. It is an unforgettable exchange between tea cultures.

That meeting, warm and friendly, was a good beginning for the tea cultural exchange and the cultural exchange in a broad sense between the two countries, and had far-reaching meanings.

From then on, there have been many close cultural exchanges and visits between the Urasenke and China.

Remember the Persons Who Dug the Well When Drinking the Water from It

The commitment of "the Japan-China Friendship and Cultural Exchange—the Ship of Urasenke Youth" made with Mr. Deng Xiaoping was fulfilled in July 1980. With generous help from various organizations including the China-Japan Friendship Association, the Ministry of Culture, the China National Tourism Administration and the China International Travel Service Limited, Head Office, the delegation with me as the head and 400 young Japanese people practicing Chado spent two weeks on water visiting Tianjin, Beijing and Shanghai, by means of a bowl of tea to conduct cultural exchange activities.

At the Great Hall of the People in particular, a grand tea party was held with about 1,200 people from both the Chinese and Japanese sides present.

The Great Hall of the People is the state center. It was said that this Urasenke Grand Tea Party showed for the first time that a cultural event co-sponsored by China and foreign countries was held there and open to common people.

Chado, or the Way of Tea, as a unique Japanese cultural system based on the Chinese culture, is a thing that those two countries can understand. I have a deep feeling about its strong vitality.

As it goes with those Chinese words, the Way of Tea

follows the rule of the nature, with a bowl and the art of tea brewing and eating as the media, agglomerates friendship through the honest rites between people. I seem to feel that with peace at the core, the Way of Tea have popularized again within the land of such powerful China.

Mr. Li Xiannian, the then Vice Premier had also attended the Japan-China Grand Tea Party at the Great Hall of the People. The friendship between the Urasenke and China is unbreakable.

I and the Urasenke have met with many leaders in Beijing, in Japan and at my house, to promote our friendship through a bowl of tea.

I have contacted a lot of Chinese state leaders including Li Xiannian, Wang Zhen, Hua Guofeng, Hu Yaobang, Zhao Ziyang, Li Peng, Jiang Zemin and Hu Jingtao, and exchanged ideas with ordinary people and students at the grassroots level. The number of those meetings exceeds 120.

I submitted my dissertation and won the title of Doctor of Philosophy from Nankai University, set up the short-term College of Urasenke Way of Tea in cooperation with Tianjin University of Commerce and acted as the president, and was credited as an honorary citizen of Tianjin, as well as granted the title of Japan-China Friendship Envoy by the China-Japan Friendship Association and the Award for Japan-China Cultural Exchange by the Ministry of Culture, and many other honors and merits.

Last year, Premier Wen Jiabao awarded me "the Contribution Award for China-Japan Friendship", which truly delighted me. And at the same time, I made a new resolution of continuing to promote friendly exchanges with a bowl of tea in hope that Japan and China will not experience a miserable relationship once again.

The friendship between Japan and China shall not be damaged under any circumstance, because it will affect the safety of Asia and even the world.

From now on, bearing in mind the contributions made by those people who "dug the well" to found China-Japan relations, and looking at the long history of communications between the two countries, I have resolutely determined that I will carry forward the spirit of "close neighbors connected by a strip of water" to boost cultural exchanges between the two countries.

日本出版贩卖株式会社

日本出版贩卖株式会社自1982年以来，与中国图书馆合作，举办“日本出版物文库阅览室”，累积捐赠新出版日文图书255000册，价值约9亿8千万日元（目前汇率相当于人民币6050万元）。另外，该会社1992年起还为国家图书馆提供2名研修生赴日学习3个月的费用，至今已有10余人次赴日留学，为促进中日友好交流作出很大贡献。

日本出版販売株式会社

日本出版販売株式会社は1982年以降、中国の図書館と協力し、「日本出版物文庫閲覧室」を設立し、新たに出版された合計25万5000冊の日本語図書、約9億8000万円（今のレートで約6050万元に相当）を寄贈した。このほか、同社は1992年から国家図書館に研修生2人の日本留学3カ月の費用を提供しており、これまでに10人余が日本に留学してきた。同社は中日友好交流に多大の貢献をしてきた。

NIPPAN

NIPPAN has established cooperation with National Library of China since 1982. It has organized the "Japanese publications and literatures reading room," registering 255,000 copies of newly published Japanese-language books as donation on an accumulative basis, valued at around 980 million Japanese yen (about 60.5 million Chinese yuan according to current exchange rate). Besides, since 1992, NIPPAN has offered to provide fees for three months of study for two trainees from the National Library of China each year. So far, more than ten people have studied in Japan through this program. NIPPAN has made great contributions to the friendly exchanges between China and Japan.

日本出版物文库阅览室的30年

——开设之初及其他

日本出版物文库阅览室是中国最大的日本图书中心。自1983年5月开设以来，在长达30年中，以赠送的日本新刊图书为中心，描述了具有实效性的日中出版交流的轨迹。截止到2011年，一直占据着中国国家图书馆数字馆（新馆）3楼的一角，开架阅览图书近1万册，并设有36个阅览座位。不仅包括日本问题专家，而且还被科学技术专家、学生等全国的广大读者所利用。在这里，读者既可以将一年之内新到的日本图书拿到手进行阅读，还可以利用全部中国国家图书馆的日本藏书，包括过去赠与的图书。日本出版物文库阅览室：①根据语言（日本语）分类，把各种藏书集中于一堂；②一开始就采取开架阅览方式，读者能够将新书拿到手进行阅读；③藏书的选定及赠送采取系统运营方式等，作为中国国家图书馆特色的阅览室，为读者提供了方便。自开设以来，来自日本出版贩卖股份公司的新刊图书赠送多达116次、共约30万册，占据着中国国家图书馆日本藏书的主要部分。

日本出版物文库阅览室是日本出版贩卖股份公司（以下简称日贩公司）与中国国家图书馆共同运营的民间友好交流活动。活动的概要包括日贩公司无偿赠送并由中国国家图书馆逐一选定的日本新刊图书的赠书事业与旨在促进相互理解的访问交流活动。赠书活动是指：根据日贩公司提供的日本书刊数据库，中国国家图书馆独自选定图书，图书由日贩公司购置，并每隔3个月进行无偿赠送的体系。访问交流活动则指中国国家图书馆和日贩公司互派访问代表团以及中国国家图书馆派遣赴日研修生。

1982年5月，日贩公司与中国国家图书馆互换了为期5年的《关于日本出版物文库阅览室运营的协议书》，1年之后，即1983年5月，中国国家图书馆（当时的本馆在文津街）开设了日本出版物文库阅览室。中国对外友好协会会长（当时）廖承志为祝贺日中两国特别友好关系的象征——日本出版物文库阅览室的开设，特地挥毫题字，以示对其未来的祝福。

2002年10月，作为日中邦交正常化30周年纪念活动的一部分，日中文化交流事业贡献奖的授奖仪式在东京举行。日贩公司因通过日本出版物文库阅览室，长年为促进日中文化交流做出卓越贡献而荣获此奖。

在实绩集成即将刊行之际，谈谈日本出版物文阅览室开设之初的一些情况。

1972年，日中两国实现邦交正常化，官方与民间的广泛交流得以展开。日、中两国之间的出版交流始自人员往来，尔后发展到图书交流。中国方面对日本的理、工、农、医等专业书刊需求很大，但由于购置预算及外汇管理等原因，商业交易很难扩大。因此，日本一些人开始尝试募集部分志愿者，开展图书捐赠活动。不过，由于收集赠送图书仅仅出于个人的善意，因此内容上比较凌乱，或者难以避免重复，不免在所赠图书与需求之间产生差距。进而，由于赠书所需费用增加，据说有相当数量的图书没有被寄出去。

《日中和平友好条约》缔结之后，出版物在商业交易平台上进行真正意义上的交流的环境也在日臻完善。1979年，在长春市举办了日本综合图书展（主办方为当时的中国图书进出口公司）。展会上，对日本各类图书的强烈需求和这种需求无法实现的焦急情绪给两国有关人员留下深刻印象。在这种情况下，日方包揽展出事宜的日贩公司提出建议说，“如果在中国能够提供常设日本新刊图书展示会的场所，那么，所需新刊图书将由日贩公司提供”。当时，商业性的出版物的常设展示从环境上来说，无论是设置，还是维护、运作，都是困难的，因此，好不容易提出的计划未能进入具体实施阶段。就在这个时候，由于中国驻日大使馆、中日友好协会和国际书店等两国有关方面的关照，与中国国家图书馆进行合作的方案提上日程。自1981年开始，到第二年，日贩公司与中国国家图书馆之间确实进行了多方面的合作磋商。

在缔约之前的主要磋商集中在①“日贩公司为什么要赠送图书？”和②“如何赠送？”这两点上。关于前者，日贩公司明确表示，“日贩希望不断地、综合性地介绍日本的出版物，绝不是直接追求经济利润”，请对方理解提案动机。关于后者，日贩公司承诺，作为用户的中国国家图书馆所需要的图书，基本上都能够赠送，这两点无论是从当初还是在将来，都是友好事业的支柱。

缔约之后到开设之前，经过磋商，把问题具体化为①“如何把用户需求具体化？”②“如何收集和提供图书？”这两点。中国国家图书馆根据当时的藏书购置基准把需求具体化了。其结果是公开了大约150家出版社以及分配给各出版社的书刊分类目录。由于书刊的分类目录是根据中国的书刊分类编码进行的，所以，还需要把它们翻译成为日本的十进分类编码。为此，担当者通过互访完成了这项任务。接下来的课题就是恳求各特定出版社就向日本出版物文库阅览室捐赠书籍给予大力支持。日贩公司原打算承担有关赠送图书的所有手续和负担相关经费（如购置赠送图书的费用和收集、捆包、装运费用及运输费用）的。但与日常的出版流通业务不同，这需要单独采用定期把预定收集的书籍信息（出版社和分类目录）自行具体化并加以订购（续订方式）的系统。为此，首先日贩公司创设了一种机制，把中国国家图书馆的选定标准制作成软件，然后将其作为过滤器，从每月积存起来的庞大书刊数据中筛选出所需书籍信息。与此同时，在日本书籍出版协会的会议上，介绍赠送图书的宗旨和活动内容，呼吁业界及有关出版社给予协助。所幸的是，得到了业界和有关出版社领导的积极理解与支持。1983年初，通过这种方式选定的1982年度出版发行的相关图书与字典、词典、年鉴、小册子等为阅览室所需要的基本图书就成为第一次赠送对象。

此后，基于此体制，图书赠送活动在稳中有序的发展。到20世纪90年代后期，伴随着世界规模的IT化进而出现信息、通信环境的建立与发达，图书选定和图书收集等业务迎来了划时代的变化。就是说，实现了由续订方式到每个品牌根据需要订购方式的转变。以日贩公司每月提供的日本书刊数据库（CD-ROM）为基础，中国国家图书馆自己指定品牌和进行筛选，并随时将它们通过电子邮件发给日贩公司。日贩公司则根据订购需求，请相关的出版社适时发货。这样做，就使得赠送给日本出版物文库阅览室的日本新刊图书与中国国家图书馆的需求能够完全一致。

交流事业的开端是1983年5月日贩公司应邀派遣日本出版友好访华团参加日本出版物文库阅览室的开幕典礼。从此以后，由于中国政府和中国国家图书馆的善意安排，日贩公司派遣的出版访华团都受到特别的关照。出版访华团高举促进出版交流的大旗，由于要留出在北京进行礼节性拜访和交流的时间，随着交流活动的活跃，外游日程就显得有些短促。随着中国提出“改革开放”政策及其进展，在日本也能够从每天的新闻中了解到中国社会和环境的变化，到中国各地访问的愿望也高涨起来。由于这个原因，出版访华团的日程也转向对全国范围内的外游考察，以争取对中国有更为总体性的了解。值得庆幸的是，由于旅游运营机制的民营化，访问目的地和线路也扩大了范围。此外，外访地点遍布新疆维吾尔自治区、云南、西藏、四川、江南和东北等各地，几乎遍及全中国，足迹甚至到达即使在个人旅游比较自由的今天也难以安排的地方。截止到2011年，日方总计派遣出版访问团访华32次，370位出版界人士（包括日贩公司）访问了中国。不仅出版界，就连图书馆界也派遣了访华团，扩大了交流的范围。

通过业务交流、总结交流活动和续订合同等，日贩公司接待了来自中国国家图书馆派遣的访日代表团。此外，从1989年开始，日贩公司几乎每年还接受以中坚干部、语言学习者为主体的赴日研修生。起初，由于短期语言学研修生来日本是比较困难的，因此，赴日研修生参加了以对外转让技术为目的的政府外围团体，以技术研修的名义来日本。后来，随着赴日及滞留基准的放宽，现在则是作为企业语言研修生而来日本的。在中国国家图书馆，有关日语的业务人员不断增加，呈现高学历化现象。以进一步提高语言能力为目的的短期滞留型研修项目受到欢迎，许多赴日研修生在研修结束之后，活跃在相关职场，应用研修成果。迄今为止，日贩公司共接受了16批、27名研修生。这些研修生以到日本语研修学校上学为主，在适合自身水平的班级，每天接受半天的讲座。在课余时间里，则有出版、流通、图书馆业务等研修科目，此外，他们还可以进行符合各自兴趣的活动，增长见闻。另外，在研修期间，还为他们准备了研修旅行。研修生们可以制定各自的计划，以充实自己的业余时间。

对于此项友好事业来说，向日本出版物文库阅览室赠书和人员往来是相辅相成的，将图书这种文化产品作为媒介，不仅是赠送图书，而且通过相互交流（如派遣访问团和研修生等），促进了有关人员对日中双方，社会和文化的相互了解。对于不断变化的交流，如果双方不能够超越社会和文化的差异，不能共同努力的话，是无法顺利实现的。可以说，正是有了这种经验，日贩公司和中国国家图书馆之间才有了今天这样密切的联系。此外，对于通过交流事业，进行相互访问、在华的许多日本出版界人士与中国国家图书馆相关人员来说，亲自体验异文化中的人和环境也必定成为无可替代的回忆。

回顾过去的30年，真可以说是既短又长，既长又短。之所以感到既短又长，是因为经历了其间的变化。且不说日本的变化，中国的变化可以说是剧烈的。由于日中两国都发生了变化，因此这30年确实令人有隔世之感。不过，日本出版物文库阅览室在这期间，一直是由日贩公司和中国国家图书馆双方始终不渝的努力与合作而得以运营。之所以感觉到既长又短，是因为其间也有不变的东西。日本出版物文库阅览室作为日中文化交流的一部分，誓要为增进相互理解而做出自己的贡献。说到文化交流、相互理解，看似平易、简单，实则相当困难。由此来看，日本出版物文库阅览室的这30年可以说是很短 。

但愿可以称为一隅之灯的友好事业，今后也能够成为在日中相互前进的道路旁，带有几分温暖、照亮脚下的明灯。

阅览室（现在）概况——日本出版物文库阅览室（廖承志挥毫）

研修生交流现场

访华团礼节性拜访、外游纪念照

日本出版物文庫閲覧室、30年
——その始まりのころなど

日本出版物文庫閲覧室は中国最大級の日本図書センターであり、1983年5月の開設以来、30年に及ぶ日本新刊図書寄贈を中核とした実効性のある日中出版交流の軌跡を描いてきた。2011年現在、中国国家図書館数字館（新館）3階の一角を占め、開架閲覧図書は近刊1万冊、閲覧座席数は36席を設けている。日本研究者はもちろん、科学技術専門家、学生など全国の広範な読者に利用されており、新着1年以内の日本図書を手に取って読むことができるし、過去の寄贈図書を含め、中国国家図書館日本蔵書のすべてがここで利用できる。日本出版物文庫閲覧室は、①言語（日本語）により各種分類の蔵書が一堂に集中されていること②当初から開架閲覧方式を採用し、新着図書が手に取って利用できること③蔵書選定、寄贈が系統的に運営されているなど、中国国家図書館独特の閲覧室として利用者の便に応えている。開設以来、日販からの新刊図書の寄贈は、116回、約3０万冊に及び、中国国家図書館日本蔵書の主要部分を占めている。

日本出版物文庫閲覧室は、日本出版販売株式会社（呼称、日販）と中国国家図書館が共同して運営する民間友好交流事業である。事業の概要は、中国国家図書館が逐次選定する日本新刊図書を日販が無償寄贈する寄贈事業、相互理解の増進を趣旨とした訪問交流から成っている。寄贈事業は、日販が提供する日本書誌データベースによって中国国家図書館が独自に選定した図書を、日販が調達し、3か月ごとに無償寄贈するシステムをとっている。訪問交流は、中国国家図書館が訪日代表団ならびに来日研修生の派遣を、日販が出版訪中代表団の派遣を相互に行ってきている。

1982年5月、5か年を一期とする「日本出版物文庫閲覧室の運営に関する協議書」が日販、中国国家図書館間で交わされ、1か年後の1983年5月、中国国家図書館（文津街-当時本館）に開設された。廖承志対外友好協会会長（当時）は、日中両国の特別な友好関係の表れとして日本出版物文庫閲覧室の開設を賀し、特に題字を揮毫され、前途の餞（はなむけ）とした。

2002年10月、日中国交回復30周年記念事業の一環として日中文化交流貢献奨の授与式が東京で行われ、日販は日本出版物文庫閲覧室を通じた長年の日中文化交流促進への卓抜な貢献によりこれを受奨した。

実績集成の刊行を機に、日本出版物文庫閲覧室の始まりのころなどに触れてみたい。

1972年、日中国交回復が成り、官民の広範な交流が展開されていった。日中間の出版交流は、人の往来に始まり、図書の交流に発展した。中国から日本の理工・医学等専門書を中心に高い需要があったが、購入予算と外貨管理により商業取引は容易に拡がらなかった。そのため、日本では一部に有志を募り、義捐的な図書寄贈活動も試みられた。しかし、寄贈図書の収集が個人の好意にもとづくため内容が散漫になり、あるいは重複が避けられず、贈るものと必要とされるもののギャップを免れ得なかった。さらに寄贈費用の加重によって、届けられないままで終わった図書は相当量にのぼったといわれる。

日中平和友好条約を控え、出版物も商業取引ベースでの本格的交流環境が整いつつあった。1979年、長春市で開催された日本総合図書展示会（主催：中国図書進口公司－当時）は、中国での日本図書全般に対する強烈な需要とそれを実現できないもどかしさを日中双方関係者に強く印象付けた。その際、日本で出展をとりまとめた日販から、「中国で日本新刊図書の常設展示が可能なスペースを用意してくだされば、所要の新刊図書は日販が提供します」と提案を申し上げた。当時、商業出版物の常設展示は環境的にも設立、維持・運営が難しく、せっかくのプランが具体化できないでいた。そんなとき、駐日本国中国大使館、中日友好協会、国際書店等日中双方関係各方の計らいで中国国家図書館との提携が浮上してきた。中国国家図書館とは、1981年から翌年にかけて、実に多岐にわたる提携協議を行った。

契約締結までの主な協議は、①「なぜ日販は図書の寄贈をするのか？」②「何を如何に寄贈するか？」の2点に集約できる。前者は、「日販は日本出版物の継続的でトータルな紹介を願うもので、直接に経済的利益を追求するものではない」ことを明言し、提案動機を理解していただいた。後者は、基本的にユーザたる中国国家図書館が必要とする図書を日販が寄贈することを日販が了承した。この2点は、原初的にも、将来的にもこの友好事業の支柱である。

契約締結後開設までには、①「ユーザニーズを如何に具体化するか？」②「それを如何に収集、提供するか？」が協議のうえ具体化された。中国国家図書館のニーズは、当時の蔵書購入基準をもとに具体化していった。その結果、約150社の出版社と各社ごとに割り当てられた書誌分類項目が開示された。書誌分類項目は、中国の書誌分類コードに拠っていたため、それを日本の十進分類コードに翻訳することが必要で、そのため担当者が相互訪問して作業を完成した。つぎに、特定出版社各社に、日本出版物文庫閲覧室への寄贈協力をお願いをすることが課題だった。日販は、図書寄贈に関わるすべての手続きと経費（寄贈図書購入費用、収集・梱包・出荷費用、輸送費用）を負担するつもりでいたが、日常の出版流通業務とは違い、収集予定枠（出版社、分類項目）を定期的に自ら具体化してオーダーする（スタンディング・オーダー方式）システムを別個に運営する必要があった。まず、日販で中国国家図書館の選定基準をソフト化し、それをフィルターにして、毎月集積される膨大な書誌データから銘柄抽出ができる仕組みを創った。一方で、図書寄贈の趣旨と事業内容を日本書籍出版協会で説明し、業界および関係出版各社の協力を呼びかけた。幸いにも、業界、関係出版社大方の積極的な理解と協力を得ることができた。1983年初、こうして選定された1982年度出版・発行の関係図書と辞書・辞典、年鑑、マニュアルなど閲覧室の基本図書が第1回目の図書寄贈となった。

その後、基本的にこのシステムによって図書寄贈は安定的に進捗していった。1990年代後半に至り、世界規模でのIT化にともなう情報・通信環境の整備、発達によって、寄贈図書選定、収集等の実務は画期を迎える。つまり、スタンディング・オーダーから、個別銘柄ピッキング・オーダーへの転換である。日販が毎月提供する日本書誌データベースCD-ROMをもとに、中国国家図書館が自ら銘柄指定、抽出し、これを随時日販にメール送信する。日販はオーダーに基づいて、関係出版社に適宜出荷依頼するというものである。これによって、日本出版物文庫閲覧室への日本新刊図書寄贈は中国国家図書館ニーズに完全に一致することになった。

交流事業は、1983年5月、日本出版物文庫閲覧室の開幕式典に日販が派遣する日本出版友好訪中代表団が招かれて参加したことが始まりとなった。以来、日販の派遣する出版訪中団には中国政府、中国国家図書館の好意で特別の便宜が与えられてきた。出版訪中団は日中間の出版交流促進を掲げ、北京での表敬、交流に時間を割いたため、交流活動が活発になるにつれ外遊旅程は多少とも窮屈になっていった。中国の改革・開放政策の提唱、進展にともない、中国社会、環境の変化は日本でも日々のニュースから窺え、中国各地訪問への期待が増してきていた。これに伴って出版訪中団の旅程も、全国規模での外遊視察に特徴を移し、よりトータルな中国理解を目指すものとなっていった。また、

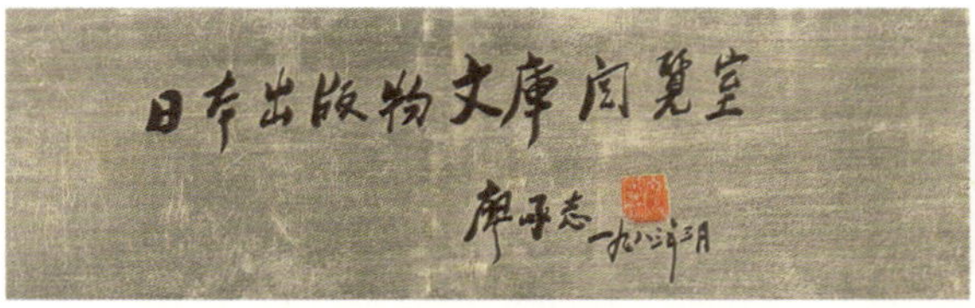

閲覧室（現在）概況—日本出版物文庫閲覧室（廖承志氏揮毫）

旅程運営の民営化で、訪問地、ルートの範囲が広がったことも幸いした。外遊訪問地は、新疆ウイグル、雲南、西蔵、四川、江南、東北各地等、中国全国のほとんどに及び、個人旅行が比較的自由な今日でも、いざ訪問となるとアレンジに悩むところまで足を延ばしている。2011年までに、32回の出版訪中団を派遣し、出版関係者（含；日販）総勢延べ370人が訪中を果たしている。出版界のみならず、時に図書館界の訪中団も派遣して交流の幅を広げてきている。

中国国家図書館からは、業務交流、事業総括、契約継続などの機会に訪日代表団を迎えてきた。1989年からはこれに加え、ほぼ毎年、中堅幹部、語学養成者を中心に来日研修生も受け入れている。来日研修は、当初、短期語学研修での来日が難しかったため、海外への技術移転を目的として活動する政府外郭団体に加入し、技術研修名目で受入れたりもした。その後、来日、滞在基準の緩和に伴い、現在では企業語学研修生として受け入れている。中国国家図書館でも日本語関係要員は、順次拡充され、高学歴化してきている。語学力のブラッシュ・アップを目的とした短期滞在型の研修プログラムは大いに歓迎されているし、研修終了後も来日研修生の多くが関連の職場で研修成果を活かして活躍している。現在までに、16回、27名の研修生を受け入れてきている。日本語研修学校への通学を主体に、それぞれのレベルに適ったクラスで毎日、半日間の講座を受ける。課外の時間は、出版・流通、図書館実務の研修メニューの他、それぞれの興味に合った活動を自ら行い、見聞を広げさせている。また、研修旅行も期間中に準備しており、研修生は独自の計画を組んで余暇の充実に役立っている。

日本出版物文庫閲覧室での図書寄贈と人の交流を両輪とするこの友好事業は、図書という文化生産物を媒介にしつつ、その寄贈はもちろん、相互の交流（訪中団、研修生等）によって、日中双方の社会、文化について、関係者間の相互理解を増進してきた。継続と変化のなかでの交流は、日中双方が社会、文化的な違いを越え、一致してあたらなければ事が円滑に運ばない。そうした経験があったからこそ、今日、日販と中国国家図書館との緊密な繋がりが可能となったといえる。また、交流事業によって、相互に訪問、滞在した数多くの日本出版人、中国国家図書館関係者それぞれにとっても、自ら体験した異文化の人と環境の記憶は、かけがえのない思い出となっているに違いない。

30年を顧みると、短いようで長く、長いようで短い。短いようで長いと感じるのは、その間の変化を見るからだろう。日本の変化もさりながら、中国の変化は激烈といえる。日中お互いの変化を相乗すると、この30年ではまさに隔世の感がある。しかし、日本出版物文庫閲覧室はこの間、一貫して日販、中国国家図書館、日中双方の変わらぬ努力と協力によって運営されてきた。長いようで短いとも感じるのは、そこに変わらぬものがあるからだろう。日本出版物文庫閲覧室は、日中文化交流の一端を担いつつ、相互理解の増進に貢献しようとするものである。文化交流、相互理解という平易簡単に見えることがなかなか難しい。これに照らせば、日本出版物文庫閲覧室の30年は、まだまだ短いともいえる。

この一隅の灯とも言うべき友好事業が、これからも日中お互いが歩む路辺で、幾何かの温もりをもって足元を照らす明かりであり続けることを願っている。

研修生　交流風景

訪中団　表敬・外遊記念撮影

30 Years of Japanese Publications Reading Room
—Early Establishment and More

The Japanese Publications Reading Room is the largest center of Japanese books in China. Since its opening in May 1983, it has got more than 30 years' donation of newly-published Japanese journals and books, with which it has kept the track of effective publishing communication between Japan and China. By 2011, it has taken up a corner of the 3rd floor of the Digital Library of the National Library of China (NLC), with nearly 10,000 books on open shelves as well as 36 reading seats. It is not only used by the experts on Japan studies, but also by numerous readers across the country, such as the scientific and technical experts and students. Here, readers can not only timely read the newly-published Japanese books within a year but also have access to the Japanese books collected in the National Library of China (NLC), including the Japanese books donated in the past.

About the Japanese Publications Reading Room: 1. Categorized by language (Japanese), all collection of books is stacked in one place. 2. Open stack reading from the beginning, make the readers timely accessible to new publications. 3. Operate systematically for choice of collection and donations. The unique reading room of the NLC is convenient for all readers. Since its establishment, NIPPAN has donated books up to 116 times with 300,000 copies in total, taking up the main part of the Japanese book collection in the NLC.

Japanese Publications Reading Room serves as a nongovernmental friendly exchange cause operated by NIPPAN and NLC. The essential business includes book donation business which is the free donation of Japanese newly publications by NIPPAN based on the choices of NLC; the other is visiting and exchange activity in promoting mutual understanding. The book donation goes like this: first NIPPAN offers the database of Japanese books and periodicals and NLC chooses from them independently; and NIPPAN purchases and donates the chosen books every three months. The visiting exchange activities include dispatching visiting delegations to the other country by the NLC and the NIPPAN and sending trainees to Japan by the NLC.

In May 1982, the NIPPAN and NLC entered the 5-year term Protocols on the Operation of the Japanese Publications Reading Room. One year later, in May 1983, NLC (located at Wenjin Street at that time) set up the Japanese Publications Reading Room. Liao Chengzhi, the then President of the Chinese People's Association for Friendship with Foreign Countries, specially inscribed words to celebrate its establishment, as the symbol of the friendly relationship between Japan and China.

In Oct. 2002, as one of the activities for 30th anniversary of resuming Japan-Chinese diplomatic relations, the awarding ceremony for Contribution to Japan-Chinese Cultural Exchanges Award was held in Tokyo. NIPPAN won this honor for its outstanding contribution to Japan-Chinese cultural exchanges through its years' work with the Japanese Publications Reading Room.

Taking the opportunity of the publishing of actual achievements, we'd like to talk something about the early establishment of the Japanese Publications Reading Room. In 1972, the diplomatic relations between Japan and China were resumed; hence, extensive governmental and nongovernmental exchanges in all circles started. The publishing exchanges between the two countries started from the personnel exchanges and then developed into the book exchanges. China had a large demand on professional Japanese books, mainly in science, engineering, agriculture and medicine. However, due to such reasons as the purchase budget and foreign exchange management, such business transactions were hardly done in large-scales. Therefore, some intelligent people in Japan initiated book collection and donation activities. However, because the collections were just out of the individual's goodwill, the coverage was disorganized and overlapped, resulting in the differences between donations and demands. What was worse, as the cost of the donated books increased, a large number of books were said to be unsent.

After the signing of China-Japan Peace and Friendship Treaty, the environment for commercial business in publishing was became better and better with the passage of time. In 1979, Japanese Book Fair (sponsored by then China National Publications Import and Export Corporation) was held in Changchun City. On the fair, the China's keen demands of various Japanese books and failure to meet the demands left a profound impression on both sides. Under this circumstance, the NIPPAN, which was in charge of the books fair, proposed, "If China could provide fair sites for newly-published Japanese periodicals and books, NIPPAN will provide all books that China needs". Back then, it was very difficult to set up, operate, and maintain long-time commercial exhibitions of publications in terms of environment. As a result, the hard-won proposal failed to be put into concrete practice. Right at that time, thanks to the efforts made by all related parties of the two countries such as the Chinese Embassy in Japan, China-Japan Friendship Association and International Bookstore, the cooperative scheme between the NLC and NIPPAN began to emerge. From 1981 to 1982, the NLC and NIPPAN carried out the all-round negotiations on cooperation covering various aspects.

Prior to the signing of the treaty, the negotiations mainly focused on the followings: 1.Why should NIPPAN decide to donate books? 2. How to donate? As to the former, NIPPAN made it very clear "NIPPAN aims to introduce Japanese publications to Chinese continually and comprehensively instead of pursuing the direct economic profit" and wished the motivation of the proposal could be understood. As to the latter, NIPPAN promised to donate books needed by the NLC as the user. The two points proved to be the pillar of the friendship course both for the beginning and the coming years.

Detailed matters were discussed after the agreement signing and before the establishment, and put into two concrete questions as: 1. How to specify the needs of the users? 2. How to collect and provide books? NLC specified the demands according to the collection purchase standard of that time. They listed out about 150 publishing houses and the catalogs of books and periodicals assigned to each publishing house. As the catalogs of books and periodicals were originally classified according to Chinese sorting code number, there was a need to translate them into the Japanese decimal sorting code number. This job was done by the two parties through reciprocal visits. And the next task was to invite these specified publishing houses to provide cooperation on donating books to the Japanese Publications Reading Room. NIPPAN initially intended to take charge of the procedure of donating books and assume the relevant expenses (such as the expenses of purchasing books, and the cost of collecting, packing, shipping and transport). However, unlike the routine publication distribution business, it needed a separate system to specify and order (renew) the regular scheduled brands. To this end, NIPPAN created a mechanism, which computerized the selected standard of the NLC into software; and this software was used as a filter to screen out the needed brands from the huge data of books and periodicals accumulated in each month. At the same time, they introduced the purpose and the contents of the undertaking at the meetings of the Japan Book Publishers Association, and called on the industry and the related publishing houses for cooperation. Luckily, it gained positive understanding and support from the leadership of the industry and the related publishing houses. In early 1983, the related books, dictionaries, almanacs and pamphlets, all published in 1982, chosen in this way became the first batch of donation books required by the Reading Room.

Hereafter, the books were steadily donated basically through this mechanism. Until later 1990, due to the establishment and development of information and communication, which is accompanied by the worldwide information technology revolution, the business of books selection and collection had made an epochal change. Namely, it had changed from the original renewing method to order books from different brands based on needs. On the basis of Japanese Books and Periodicals Data Base (CD-ROM) provided monthly by NIPPAN, NLC designated the brands by itself and screened out books and then emailed them to NIPPAN at any time. According to the book orders, the NIPPAN asked the relevant publishers to deliver goods timely. In this way, the Japanese new publications donated to the Japanese Publications Reading Room were in line with the demands of the NLC.

The exchange visits began from May 1983 when the NIPPAN, upon invitation, dispatched Japanese friendly publishing delegation to China to attend the opening ceremony of the Japanese Publications Reading Room. From then on, thanks to the considerate arrangement of Chinese government and NLC, the publishing delegation to China dispatched by the NIPPAN received special hospitality. Under the banner of promoting publishing communication, the publishing delegation to China had reserved the time for communication and courtesy calls in Beijing. But with the increasing communication activities, their trip schedule seemed a bit tight. Along with raising and implementing of Chinese reform and opening up policy, Japanese could learn about the social and environmental changes taken place in China from the daily news coverage in Japan. Their expectations of visiting various places of China were largely inspired. For this reason, the publishing delegation to China also changed their schedule correspondingly into the trips and investigation across China so as to obtain an overall understanding. Fortunately, owing to the privatization of the tourism operation, the scope of the visiting destinations and routes was also expanded greatly. Furthermore, the external visiting places had extended all over China such as Xinjiang Uygur Autonomous Region, Yunnan, Tibet, Sichuan, regions south of the Yangtze River and the Northeast of China, covering almost all corners of China. Their footprints even covered some places hardly accessible regardless of relatively free personal trips nowadays. By 2011, Japan had dispatched publishing delegations to China 32 times with 370 people from the publishing industry (including those from NIPPAN) in total. Besides the publishing industry, the library circle also dispatched their delegations to China, which greatly expanded the scope of communication.

NIPPAN received delegation sent by NLC to Japan through business communication, summing up business activities and contract renewals. In addition, starting

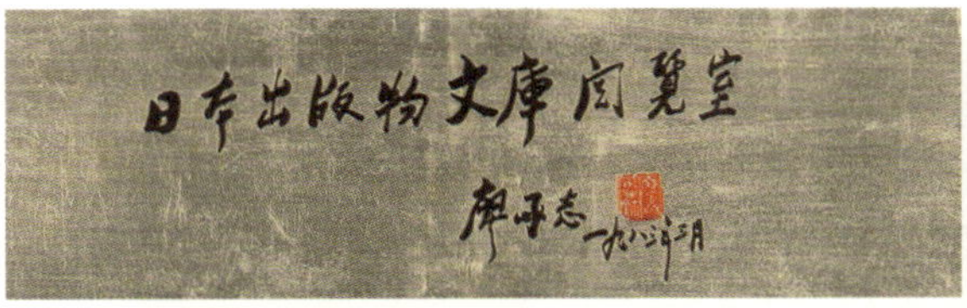

Overview of Reading Room (current)—Japanese Publications Reading Room (by Liao Chengzhi)

Site scene of trainees' exchanges

Photos of courtesy calls and sightseeing of Japanese delegations to China from 1989, almost every year, NIPPAN also took in the overseas trainees consisting of leading cadres and Japanese language learners as the main body. At first, it was difficult for the linguistics trainees to come to Japan for short-term learning. Therefore, the trainees who wanted to study in Japan attended the non-governmental organizations which were aimed at foreign transfer of technology and came to Japan in the name of the technical training. Later, as the restrictions on going to and staying in Japan were relaxed, they went to Japan as enterprise linguistics trainees. In the NLC, the personnel involved in Japanese business are increasing continually, showing a trend to cover the highly educated people. The short-term learning programs aimed at further improving the linguistic ability became popular. Many trainees chose to stay active in the related field and made application of research results at the end of the training. So far, NIPPAN has taken in 27 trainees in 16 batches. The trainees mainly go to the Japanese language training schools and receive half a day's lecture per day in the classes suitable for their levels. After classes, they can attend publishing, distribution, library business and other research subjects. In addition, they also can participate in activities suitable for their interests to broaden their mind. Other than that, training trips are arranged during their period of training. The trainees can make their own plan to make the best use of their spare time.

The exchange programs include donating books to the Japanese Publications Reading Room and personnel exchanges and taking books as the medium, aiming at not just donating books, but also promoting the mutual understanding of society and culture between the two countries among the relevant personnel by means of exchanges (such as exchange delegations and trainees, etc.). The ongoing and changing exchanges can't be carried out smoothly if both sides have not made joint efforts beyond the differences of societies and cultures. Needless to say, the close contact between NIPPAN and NLC is the result of this experience. Moreover, for the many people in the Japanese publishing circles and the related personnel of NLC who have made exchange visits and have stayed in other country, their experiences of the exotic culture and environment are irreplaceable lingering memories.

Looking back on the past 30 years, it's short and long in one aspect and long and short in another aspect. The reason for being short and long is because of the changes during that period. Not to mention the changes in Japan, even the changes in China are just dramatic. As both Japan and China experienced fundamental changes, the 30 years seems a long period of time. Nevertheless, the Japanese Publications Reading Room has been in operation because of the unswerving joint efforts and cooperation between NIPPAN and NLC. The reason for being long and short is that something still remains unchanged. As a part of cultural exchanges between Japan and China, the Japanese Publications Reading Room is meant to make contributions to promote the mutual understanding. Cultural exchanges and mutual understanding might sound easy, but in fact, it is rather hard. In this sense, the 30 years for Japanese Publications Reading Room is very, very short.

We hope this corner lamp of Friendship undertaking can be the bright and warm light on the mutual progressive journey of Japan and China in the future.

后藤田正晴

日本

1914年8月9日，生于德岛县美乡村（现吉野川市）

1939年3月，东京帝国大学法学部毕业

1939年4月，入旧内务省

1969年，警察厅长官

1972年7月，内阁官房副长官（事务）（第一届田中角荣内阁）

1976年－，众议院议员（德岛全县区），连续7届当选众议员。此后，到1996年从政界引退前，先后担任过自治相（大平内阁）、官房长官（中曾根内阁，共计3任）、第一任总务厅长官和副总理兼法务大臣（宫泽内阁）等职。

1994年3月1日，财团法人日中友好会馆理事。3月23日，财团法人日中友好会馆会长。10月4日，社团法人日本盐工业会会长

1995年2月15日，阪神·淡路复兴委员会特别顾问

1996年9月27日，众议院解散，引退。5月7日，获勋一等旭日大绶章

1998年2月26日，就任财团法人日本高尔夫协会会长。3月9日，就任警察革新会议顾问

2005年9月19日，去世（满91岁故去）

著作

1988年3月，《何谓政治》（讲谈社）

1989年11月，《内阁官房长官》（讲谈社）

1991年7月，《支持推动》（日本经济新闻社）

1994年7月，《政与官》（讲谈社出版）

1998年3月，《法家巨人后藤田正晴》（朝日电视台）

1998年6月，《情与理》（上·下）（讲谈社）

2000年9月，《后藤田正晴的眼睛》（朝日新闻社）

后藤田正晴

1914年8月9日，徳島県美郷村（現吉野川市）に生まれる
1939年3月，東京帝国大学法学部卒業
1939年4月，旧内務省入省
1969年，警察庁長官
1972年7月，内閣官房副長官（事務）（第一次田中角栄内閣）
1976年－，衆院議員（徳島全県区）、7期連続以降、1996年政界引退までに、自治相（大平内閣）、官房長官（通算3期）（中曽根内閣）、初代総務庁長官、副総理・法務大臣（宮澤内閣）を務めた
1994年3月1日，財団法人日中友好会館理事。3月23日，財団法人日中友好会館会長。10月4日，社団法人日本塩工業会会長
1995年2月15日，阪神・淡路復興委員会特別顧問
1996年9月27日，衆議院解散引退。5月7日，勲一等旭日大綬章受賞
1998年2月26日，財団法人日本ゴルフ協会会長
2000年3月9日，警察刷新会議　顧問
2005年9月19日，逝去（満91歳没）

著書

1988年3月，「政治とは何か」（講談社）
1989年11月，「内閣官房長官」（講談社）
1991年7月，「支える動かす」（日本経済新聞社）
1994年7月，「政と官」（講談社）
1998年3月，「法の男後藤田正晴」（テレビ朝日）
1998年6月，「情と理」上・下（講談社）
2000年9月，「後藤田正晴の目」（朝日新聞）

Masaharu Gotoda

August 9, 1914, Born in Misato, Tokushima Prefecture (now Yoshinogawa)
March 1939, Graduated from the Faculty of Law of Tokyo University
April 1939, Entered the former Home Ministry
1969, Served as director general of the National Police Agency
July 1972, Deputy Chief Cabinet Secretary (affairs) (The first session of Kakuei Tanaka Cabinet)
1976 ~ , As a member of House of Representatives (Tokushima District) for 7 consecutive terms
From then on, and before his retiring from political service in 1996, he had successively served as the Home Affairs Minister (Masayoshi Ohira Cabinet), Chief Cabinet Secretary (Yasuhiro Nakasone Cabinet, three terms in total), first Director General of the Management and Coordination Agency, Deputy Prime Minister and Justice Minister, etc. (Kiichi Miyazawa Cabinet)
March 1, 1994, Director of Japan-China Friendship Center
March 23, President of Japan-China Friendship Center
October 4, President of the Salt Industry Center of Japan
February 15, 1995, The Special Advisor of Hanshin-Awaji Recovery Committee
September 27, 1996, Resigned after the dissolution of the House of Representatives
May 7, Received the 1st Class Grand Cordon
February 26, 1998, Served as the president of JGGA
March 9, Served as the consultant of Police Update Meeting
September 19, 2005, Passed away (at the age of 91)

Writings

March 1988, Seiji to wa nani ka (What is politics) (Published by Kodansha)
November 1989, Naikaku kanbo chokan (Chief Cabinet Secretary) (Published by Kodansha)
July 1991, Sasaeru ugokasu (Watakushi no rirekisho) (Published by Nikkei Inc.)
July 1994, Sei to kan (Politics & Officials) (Published by Kodansha)
March 1998, Legalist Giant Masaharu Gotoda (Published by TV Asahi Japan)
June 1998, Jo to ri: Masaharu Gotoda kaikoroku (Emotion and Reason) (A and B) (Published by Kodansha)
September 2000, In the Eyes of Masaharu Gotoda (Published by Asahi Shimbun)

1997 年 3 月，后藤田先生参观日中友好会馆美术馆举办的“文迟书法展”，会见正在访问日本的日中友好会馆文迟副馆长。

1997 年 3 月，日中友好会館美術館で開催された「文遅書法展」を参観、来日中の文遅日中友好会館副会長と面会した。

Mr. Masaharu Gokota met with Wen Chi, vice-president of Japan-China Friendship Center who was paying a visit to Japan at “Wen Chi Calligraphy Exhibition” hosted by the art gallery of the center in March, 1997.

在 1999 年日中友好会馆大厅举行的中国建国 50 周年纪念大会上。右 1：后藤田正晴会长；右 2：中国大使馆程永华公使衔参赞（时任）

1999 年日中友好会館大ホールで行われた中国建国 50 周年記念大会にて。右 1：後藤田正晴会長、右 2：中国大使館程永華公使参事官（当時）

Commemoration meeting of the 50th anniversary of the People’s Republic of China (PRC) held at the hall of Japan-China Friendship Center in 1999. First from the right: President Masaharu Gokota; second from the right: Cheng Yonghua, the then Minister-Counselor at Chinese Embassy in Japan

1999 年 9 月，在日中友好会馆美术馆举办“中国建国 50 周年纪念图片展——新中国的历程”展览，后藤田先生与出席开幕式的国内外要人会谈。
前排左 3：后藤田正晴会长；左 2：羽田孜前首相；右 3：中国大使馆特命全权大使陈健阁下；右 2：中国文化部孟晓驷副部长

1999 年 9 月，日中友好会館美術館にて「中国建国 50 周年記念写真展新中国の歩み 50 年」が開催され、開幕式に臨席した国内外の要人と会談した。
前列左 3：後藤田正晴会長、左 2：羽田孜元首相、右 3：中国大使館特命全権大使陳健閣下、右 2：中国文化部孟晓駟副部長

“Photo Exhibition for the 50th Anniversary of PRC, History of New China” was held in the art gallery of the Japan-China Friendship Center in September 1999. Mr. Gokota met with important domestic and international guests at the opening ceremony of the exhibition.
Front row in the photo, third from the left: President Masaharu Gokota; second from the left: Tsutomu Hata, former Prime Minister; third from the right: Your Excellency Chen Jian, Ambassador Extraordinary and Plenipotentiary of China to Japan; second from the right: Meng Xiaosi, Vice Minister of the Ministry of Culture of PRC

2000 年 5 月，后藤田正晴会长出席第二届中国高中生访日团欢迎宴会，与代表中国未来的高中生们进行交流。

2000 年 5 月，後藤田正晴会長は、第二回中国高校生訪日団歓迎レセプションに出席し、中国の未来ある高校生たちと交流をした。

President Masaharu Gokota attended the banquet in May 2000, welcoming the second delegation of China's high school students to visit Japan, and communicated with the students who are important to China's future.

2002 年 4 月，"日中邦交正常化 30 周年历程图片展" 在日中友好会馆美术馆开幕，后藤田先生出席开幕式。右 4：后藤田正晴会长；左 3：中国文化部孙家正部长；右 3：村山富市前首相；右 2：铃木俊一东京都前知事；右 1：园田天光光女士。

2002 年 4 月，日中友好会館美術館にて「日中国交正常化 30 年の歩み写真展」が開幕し、開幕式に出席した。右 4：後藤田正晴会長、左 3：中国文化部孫家正部長。右 3：村山富市元首相、右 2：鈴木俊一元東京都知事、右 1：園田天光光様

"Photo Exhibition for the 30th Anniversary of Normalized Diplomatic Relations between China and Japan" was held in the art gallery of Japan-China Friendship Center in April 2002. Mr. Gokota attended the opening ceremony of the exhibition. Fourth from the right: President Masaharu Gokota; third from the left: Sun Jiazheng, Minister of the Ministry of Culture of PRC; third from the right: Tomiichi Murayama, former Prime Minister; second from the right: Shunichi Suzuki, former Governor of Tokyo; first from the right: Ms. Tenkoko Sonoda.

参观"日中邦交正常化 30 年看历程图片展"的后藤田正晴会长、中国文化部孙家正部长、村山富市前首相

同「日中国交正常化 30 年の歩み写真展」を参観する後藤田正晴会長、中国文化部孫家正部長、村山富市元首相。

President Masaharu Gokota, Sun Jiazheng, Minister of the Ministry of Culture of PRC, and Tomiichi Murayama, former Prime Minister attended "Photo Exhibition for the 30th Anniversary of Normalized Diplomatic Relations between China and Japan"

2004 年 10 月，后藤田正晴名誉会长访问北京，在清华大学为研究生约 500 人演讲，获得雷鸣般的掌声。

2004 年 10 月，後藤田正晴名誉会長は北京を訪問し、清華大学にて約 500 人の大学院生らに向けた講演を行い、万雷の拍手を受けた。

The Honorary President Masaharu Gokota visited Beijing and gave a speech to about 500 postgraduate students in Tsinghua University. He has received a big round of rapturous applause.

朴起贤

韩国

出生于釜山。

东来女子高中毕业后，考入梨花女子大学，师从金民先、崔胜泰教授；之后赴美国佛罗里达州立大学广告专业深造。

1989 年创立韩国歌剧团，现任韩国歌舞剧团团长、韩中文化艺术振兴会会长。

历任昌原市和始兴市文艺会馆咨询委员，并担任民间歌剧团协议会计划与宣传副会长。

2002 年荣获中国文化部文化交流贡献奖。

박기현

부산 출생.

동래여자고등학교를 졸업한 후 이화여대에 입학하여 김민선 교수님과 최성태 교수님을 스승으로 모셨고 그후에 미국 플로리다주 주립대학에서 광고분야를 전공하였다.

1989년에 한국오페라단이 창단, 현재는 한국오페라단 단장과 한·중 문화예술진흥회 회장직을 맡고 있다.

창원시와 시흥시 문화예술회관 자문위원을 역임하였고 민간오페라단협의회계획 및 홍보 부회장직을 맡았었다.

2002년에 중국문화부로부터 "문화교류공헌상"을 수상받았다.

Park Ki Hyun

She was born in Busan.

After graduation from Dongnae Girls' High School, she was enrolled in Ewha Womans University where she was tutored by Kim Min Sun and Choi Seung Tae. Later, she went to Florida State University to continue her study in advertising.

She created South Korea Opera in 1989. She is currently the Director of South Korea Song & Dance Ensemble and President of South Korea and China Cultural Art Promotion Association.

She had served as the Advisory Committee Member of the Art Club of Changwon and Siheung and Vice-Chairman in charge of planning and publicity in Folk Opera Association.

She was one of the winners of Cultural Exchange Contribution Award of the Ministry of Culture of China in 2002.

欣逢中韩建交20周年……

朴起贤　韩国歌剧团团长、韩中文化艺术振兴会会长

自2000年8月率领160名团员赴北京演出歌剧《黄真伊》算起，与中国的交流不知不觉已经过去十几年了，真是弹指一挥间。

那是为纪念中韩建交8周年，由中国文化部和韩国文化部、外交部共同主办的一场演出，并大获成功。因歌剧本身就是一门综合艺术，这是一次中韩两国音乐家和全体演职员共同努力、和谐合作创作的过程。因此，从扩大两国文艺工作者间的切磋交流、增进友谊这点看，其意义更是巨大。

为此我们认识到除政府间高水平交流外，民间的高水平交流同样十分必要和重要，为了促进中韩文艺界的合作与友谊，我们成立了中韩文化艺术振兴会；不但把韩国艺术界，也包括韩国的政治、经济、教育等各界人士集合起来，开展各领域的互动交流。因此，2002年本人荣获中国文化部授予的“文化艺术交流贡献奖”这一殊荣。

之后，2004年在人民大会堂，两国政府共同主办由两国艺术家同台献艺的《东方之光，永放光芒》大型音乐会。这是又一次两国艺术家间的大规模文化交流活动。

明年是具有深远意义的中韩建交二十周年。

从1996年开始，除北京、上海外，我还有幸到中国其他很多地方访问过，看到了不仅中国经济在发展，中国的文化水准也在同步提升；所以，我常常与人谈起，对我来说中国就是我的第二故乡。

我认为不仅韩中两国地缘相近，在文化和情感上的共鸣，更使两国有了他国不可相媲美的亲密。

为了进一步发展中韩之间的友好关系，不仅是作为艺术团团长和韩中文化艺术振兴会会长，我个人也应该以身作则，投入更多的热情和汗水。

"중한 수교 20주년에 즈음하여..."

박기현 한국오페라단 단장/ 한중문화예술진흥회 회장

단원 160명을 이끌고 오페라 <황진이> 북경 공연을 했을 때가 2000년 8월이었으니, 중국과 교류를 하게 된지, 어언 10여 년이 훌쩍 넘었습니다.

중.한 수교 8주년 기념 공연으로 중국문화부와 한국문화부, 외교부의 지원으로 개최되었던 그 공연은 공연 자체로도 성공적이었지만, 오페라가 종합예술인 관계로 많은 한.중 음악가들 및 스탭진들이 함께 어우러져 작품을 만드는 과정에서 양국의 예술인들이 상호 교감하고 우호증진이 확대되었다는 점에서 더 큰 의미가 있었습니다.

정부차원의 교류 뿐만 아니라 민간차원의 교류의 필요성과 중요도를 인식하여, 중.한 문화예술분야의 협력과 우호를 위해 한.중 문화예술진흥회를 설립하게 되었고, 한국의 예술계 뿐만 아니라, 정치, 경제, 교육계의 많은 분들이 모여 각 분야에서의 상호 교류의 활동을 해오던 중, 2002년 과분하게도 중국문화부로부터 문화예술교류 훈장을 수여받게 되었습니다.

이후 양국 정부의 협력으로 2004년, 인민대회당에서 개최된 양국예술인들의 합동공연 <동방의 빛이여! 영원하라!> 콘서트를 통해 또 한 번 양국 예술인들의 대규모 문화예술교류의 장을 만들었습니다.

내년은 중한수교 20주년이 되는 뜻 깊은 해입니다.

1996년부터 중국 북경, 상해 뿐만 아니라, 대부분의 중국전역을 방문할 기회가 있었는데, 중국의 경제발전뿐만 아니라, 문화수준의 성장도 함께 보아 온 저로서는 중국이 제 2고향이라고 늘 얘기합니다.

한국과 중국 양국은 지리적으로도 가까운 인접 국가이지만, 무엇보다 문화와 정서적 공감대에 있어 전 세계 어느 국가보다 가장 밀접하다고 생각합니다.

미래의 보다 더 크고 깊은 중.한 우호관계를 위해 예술단체의 장으로서, 한중문화예술진흥회 회장으로서, 그리고 무엇보다 저 개인적으로도 더 많은 애정과 노력을 다할 것을 다시 한 번 되새깁니다.

On the Happy Occasion of the 20th Anniversary of the Establishment of Diplomatic Relations between China and South Korea

Park Ki Hyun Director of South Korea Song & Dance Ensemble
President of South Korea and China Cultural Art Promotion Association

More than a decade has passed since I led 160 members to Beijing for performing the opera Hwang Jini in August 2000. How time flies!

That performance was organized by Ministry of Culture of China, Ministry of Culture of Korea and Ministry of Foreign Affairs of Korea for celebrating the 8th anniversary of the establishment of diplomatic relations between China and South Korea.It was a great success. Opera is a comprehensive art. The performance witnessed the joint efforts and harmonious cooperation in the artistic creation by musicians and all performers from China and South Korea. Therefore, it is of great significant for expanding the exchange and promoting the friendship between artists of the two countries.

We have also recognized that it is necessary and important to promote the high level non-governmental exchange in addition to the governmental exchange, so we established South Korea and China Cultural Art Promotion Association for enhancing the cooperation and friendship between the art communities in China and South Korea. Not only the art communities but also people from political, economic, and educational fields gathered for communication and exchange in various of fields. For this reason, I was given the Cultural Exchange Contribution Award of the Ministry of Culture of China in 2002.

Later, the large-scale concert Oriental Light Shining Forever organized by the two governments and participated by artists from the two countries was staged in the Great Hall of People in 2004, which was another large-scale culture exchange activity between the artists of the two countries.

The next year marks the 20th anniversary of the establishment of diplomatic relations between China and South Korea, which is of far-reaching significance.

It is a great honor for me that I have visited many places in China including Beijing and Shanghai since 1996 during which I have witnessed the economic development and the improvement of culture level in the country. I would often talk with others about it. For me, China is like the second hometown.

I think China and South Korea not only enjoy the geographic proximity but also share cultural and emotional resonance which cause the unsurpassable intimacy between the two countries.

In order to further promote the friendly relations between China and South Korea, I, as the Director of South Korea Song & Dance Ensemble and President of South Korea and China Cultural Art Promotion Association, should make myself an example to others by devoting more enthusiasm and efforts to the great cause.

November 25, 2011

花柳千代

日本

日本著名舞蹈家，出生于1924年。幼年学舞，师从花柳应辅，1950年创办花柳千代舞蹈研究所，此后长期从事舞蹈教学和表演活动。1980年撰写第一本日本传统舞蹈基本训练专著《日本舞蹈的基础》。1985年首次来中国，此后多次来华交流。

花柳千代

日本の著名な舞踊家、1924年に生まれ。幼年時代から舞踊を学び、花柳応輔に師事し、1950年に花柳千代舞踊研究所を創設し、その後、長期にわたって、舞踊指導と公演活動に従事してきた。1980年、日本伝統舞踊の基本的な指導書である『日本舞踊の基礎』の初版を編纂した。1985年、初めて中国を訪問し、その後しばしば訪中し、交流している。

Hanayagi Chiyo

Hanayagi Chiyo is a famous Japanese dancing artist. Born in 1924, she was the student of Kayanagi Jusuke. In 1950, she founded the Hanayagi Chiyo Dance Research Center, after which she has long been committed to dance teaching and performance. In 1980, she wrote the Basis for Japanese Dance, the first monograph for the basic training of traditional Japanese dance. After her first visit to China in 1985, she has come to China a number of times for cultural exchanges.

敦煌、吐鲁番——我创作舞剧的源泉

花柳千代

2004年10月25日，秋雨连绵的东京，这一天骤然放晴。那天我身着素雅的民族服装——和服，来到港区元麻布的中国驻日本大使馆，在色彩斑斓的鲜花和欢快的乐曲声中，接受了中国政府向我颁发的“文化交流贡献奖”。据说，这是中国政府文化类的最高奖项。说到日中文化交流，我做的事情实在是太少太少，因此我觉得接受这一殊荣，与我的贡献很不相称。一方面深感受之有愧，另一方面又有受宠若惊的格外高兴之感。

在颁奖仪式上，与我同时获奖的，还有的著名芭蕾舞演员松山树子和她的丈夫——松山芭蕾舞团团长清水正夫，他们为日中文化交流做出了重大贡献。这一切使我感到我作为一名日本舞蹈家是多么的幸运。

我之所以能获得这一殊荣，是因为中国政府文化部、中国驻日大使馆和中国艺术研究院的各位先生一向给予我莫大的支持，在此我首先对他们表示由衷的谢意。

我原名叫田中千代子，今年87岁，从6岁开始学习日本传统舞蹈，一辈子从事日本舞蹈的表演、传授、弘扬和普及。1940年日本古典舞花柳流派宗师授予我“花柳千代”的艺名。

二战后，即1950年，我在东京丰岛区目白成立“花柳千代舞蹈研究所”。自从日本舞蹈由歌舞伎独立出来后，至今已有400多年的历史，现在的日本传统舞蹈已经有上百个流派。一般认为，“花柳派”的特点是动作细腻，富于创新。

我对中国文化，自幼情有独钟，但知之甚少。我与新中国直接交往后，使我的人生出现巨大转机。那是1984年1月9日，至今记忆犹新。那一天东京下大雪。花柳千代舞蹈研究所突然迎来了两位中国客人，一位是中国艺术研究院舞蹈研究所副所长董锡玖女士，另一位是研究外国电影的专家俞虹女士。她们通过田边秀雄的介绍，由矢野辉雄先生陪同前来访问的。田边秀雄是日本东洋音乐界的世界级权威人士田边尚雄之子。他们的到访便是我与新中国进行文化交流的开始。那时，经常有些外国人来我的舞蹈研究所参观，但来自中国的客人，她们则是第一批。那天，俞虹女士还带来一位名叫森川和代的日本女士，因为她在新中国生活过，所以能讲一口流利的汉语，并曾经编译过《中国电影史》一书。森川对我说：

“今后日本与中国的交流一定会频繁起来。”后来形势的发展，完全证实了她的预言。在以后的岁月里，我曾多次访问中国，而且都是森川女士陪同，并为我担任翻译。对于既不懂汉语，又不深谙中国情况的我，她的帮助实在太大了。

1985 年 5 月，应中国艺术研究院的邀请，我作为花柳千代第一次访问中国。其间，访问了北京、西安、兰州、乌鲁木齐、吐鲁番、敦煌、南京、上海等八个现代化城市和古都。与我同行的有朋友芙二三枝子，她是位从事现代舞创作的佼佼者，还有我的儿子花柳太郎。现在想来，我的第一次访华，以及我的所有见闻，都为后来我创作舞剧《河西走廊》《大敦煌》奠定了重要基础。

那次，我们抵达北京后，一路上乘汽车尽情欣赏沿途的景色。进入市内，高楼大厦栉比鳞次，使我大吃一惊。这哪里是我想象中的中国！这简直就是洛杉矶。

我们拜访了中国艺术研究院。它坐落在昔日的王府中，建筑物虽然古老，但颇有情趣。张康副院长及董锡玖等人热情地接待了我们。我们的第一个活动，是列席中国舞蹈家协会的代表会议。据悉会议每四年召开一次，也许我们运气好，正巧我们赶上了这届年会。来自全国各地的舞蹈家参加了会议，我们聆听了领导人的工作报告，目睹了新主席的产生。吴晓邦先生全票当选新主席。

在北京逗留期间，我们前去造访王昆团长领导的东方歌舞团，观看了演员们的练功和表演。此外，还参观了北京舞蹈学院、中国戏曲学院、中国戏剧学院、中国杂技学院和中国体育学院。因为我关心幼儿教育，所以还参观了北海幼儿园。当时，访华的日本舞蹈家极少，所以幼儿园的小朋友们就像参加钢琴比赛似的，嘴上涂着口红，个个打扮得像一朵花，煞是好看。有一个正在跳舞的小男孩戛然停止，目不转睛地一直瞅着我。也许他觉得我穿的和服挺奇怪，也许因为看到我身后背的腰带，四四方方，鼓鼓囊囊，不知里面装有何物？那天的舞蹈很精彩，但对于我来说，那个小男孩的举止更可爱。

晚上，我们去欣赏京剧。演员唱到精彩处，场内便响起“好！”“好！”的喊叫声。歌舞伎的武打仅仅是花架子，比划比划而已。但京剧的武打却是枪来刀去，令人目不暇接。我们简直像

一个京剧通，边嗑着瓜子，边看着武打，就这样享受着北京的夜生活。

在北京我们逗留了13天，翌日离开北京，前往西安。在那里，我们参观了历史上曾经有众多的旅行家仰望过的大雁塔。千百年后，一位农民在挖井时发现了秦始皇兵马俑。这一伟大的历史遗迹，使我们看到中国皇帝的穷奢骄横，实在是令人惊讶。听说那上万个陶俑的每张面孔都不一样，不免使人感到哑然。

我们与陕西省舞蹈协会的朋友们进行了交流。当地的各个舞蹈团的演员们在接受日本舞蹈的基础表演的指导后，随着古曲《樱花》的乐声，在舞台上按日本舞蹈的基础，披露扇舞时，博得一片喝彩。

兰州，多么美丽的名字！展开中国地图，你可以看到，它几乎位于国土的中央。从机场驱车到市内，沿途的地貌很像美国亚利桑那州西北部的大峡谷，远处耸立着一排排高大的烟囱。看来，它不是花都，而很可能是一座工业城市。等到车子接近市区时，我吃惊地倒吸一口气。市中心缓缓地流淌着黄河水，南岸是皋兰山，北岸是白塔山。据说，黄河中段的中山铁桥是旧中国三大铁桥之一。兰州既是中国大西北重要的工业地带、空运和陆运的要冲，又是甘肃省省会。不知为什么我的心被这座流淌着黄河的历史名城——兰州所吸引。我在这里，不知能见到何人？就这样，一夜过去，迎来了黎明。

清晨，我们前往甘肃省艺术学校访问，在那里，未承想我隐藏在心中的小小愿望竟成为现实。这个学校的校长兼甘肃省歌剧团团长高金荣女士有一位独生女，名叫刘洁。我决定接受她作为留学生到东京花柳千代舞蹈研究所来学习日本舞蹈。当时，刘洁 18 岁，独自一人来到东京学习日本舞蹈，从基础到古典舞蹈（即歌舞伎舞蹈）学了一遍。她回国前，我为了锻炼她的胆量，让她接受了承袭花柳流艺名的考试，竟然成功地被考取，由宗师花柳寿辅授予她“花柳千代兰”的名字。刘洁作为礼物，以“花柳千代兰”这一美丽的艺名，为家乡锦上添了花。

三天后，我们从兰州来到梦寐以求的敦煌。当时我还没有考虑要以“敦煌”为素材，创作舞剧。

在莫高窟，我跟在研究心极为旺盛的芙二三枝子女士身后，用手电筒照射着石窟壁画，我感到腰部冰冷。因为在洞窟内要边听介绍边仰视欣赏头顶上的壁画，感到脖子疼痛难耐。参观结束，走出洞窟外，忽然刮起一阵从鸣沙山吹来的小风，使我们终于松了一口气。我们在白杨树下，喝了加冰糖的中国茶，那杯茶就别提有多美味啦！凡是去参观过洞窟壁画而感到疲倦的人，一定还会记得那茶的好味道吧。

还有一事，至今令我难忘怀。为了答谢段文杰和樊锦诗两位副院长以及研究院的其他朋友、来敦煌修复、临摹壁画的年轻画家们，我们在敦煌表演了节目。我表演了日本舞蹈《藤娘》和男舞《雨天五郎》。芙二三枝子女士表演了《异乡人》，那是她创作的现代舞。《异乡人》的主题是反映一个在异乡生活的人，不被周围的人所理解，甚至被疏远、冷淡，对此发出抗议的呼叫。舞者露出头部，手脚却套在筒状的“衣服”里，痛苦地挣扎。据说，这是芙二三枝子女士的杰作之一。看了《异乡人》的年轻画家们大受感动。他们蜂拥而上，脱下身上穿的 T 恤，拿出笔记本，甚至掏出手帕，要求签名。他们的评论是：从《异乡人》中仿佛听见了海外华侨的呼喊。离开敦煌时，到机场送行的樊锦诗副院长，已升为现任院长，她对我说：“我想再托生三次，来守护敦煌。”这句话一直铭刻在我心中。我也在心中发誓，我一定再来敦煌学习。

下一站是乌鲁木齐。听说新疆维吾尔自治区居住着维吾尔族、汉族、回族、哈萨克族、蒙古族等 13 个民族。他们身穿不同的服装，面孔也不尽相同，但大家友好相处。参观自治区艺术学校和歌舞团时，我们欣赏了维吾尔族的民族歌舞。男士的舞蹈跳跃的动作多，显得勇猛和雄壮，女士的舞蹈更多的是抬起两只胳膊，优雅地旋转，乐器和音乐都是维吾尔族特色。晚上，应邀到康巴尔汗家去做客，我们前次曾在北京中国舞蹈家协会的代表大会上见过面，这是第二次。她身材修长而高大，长长的黑发编成一条辫子垂在背后，显得很有威严，就像日本人所说的“女强人”。她满脸笑容欢迎我们，用两只胳膊紧紧

地抱住了我。饭桌上摆满了馕、水果、点心之类。我不能吃羊肉，所以看到桌上没有摆放羊肉就放心了。我便与同桌的维吾尔族舞蹈家们品尝起葡萄酒。酒过三巡，主人翩翩起舞，引吭高歌，气氛达到高潮。就在这时，端上来当地最高规格的菜肴——烤全羊，放在我面前，而且那羊头还朝向了我。顿时，我简直要哭出来。按当地的习惯，主人用客人的筷子把菜肴夹到盘子里，而且“请，请，请！”地一个劲儿敬劝客人食用。我简直不知道该怎么办，如果宴会再持续 15 分钟，也许我就会晕倒。在回家的路上，大家拉起手来，散开在两旁栽着白杨树的宽广马路上，踩着维吾尔族舞蹈的步伐，一直把我们送到下榻的饭店。维吾尔族东道主是那样的热情，那样的开朗。这一切我永世不忘。

我们驱车前往吐鲁番。羊群在一片广袤的牧场安详地吃草，宛如一幅油画。村边的清真寺也许激起了芙二三枝子女士的创作欲望，她随着乐曲声翩翩起舞，我们在这里度过了一段悠闲的时光。

我们看到有一座山，山上堆积起是的红土，形状奇奇怪怪，令人感到“高深莫测”。那便是火焰山。我不由联想起纵横驰骋的孙悟空，便开始为明年上演的舞剧《中国之旅——河西走廊》打起腹稿来。

总之，第一次访华给我留下极为深刻的美好印象。这是一次文化之旅，是一次文化交流之旅，也是为我创作舞剧《中国之旅——河西走廊》和《大敦煌》打下基础之旅。

回国后，我根据这次参观敦煌所获得的印象，于 1986 年创作了舞剧《中国之旅——河西走廊》，获得第 18 届舞蹈评论家协会奖。

这部作品，其实是日本舞蹈家的“印象记”。我把首次访华的见闻，用日本传统舞蹈的技法加以表现，并且创作者亲自登台表演。我在舞台上，一忽儿扮演旅行者，一忽儿变成孙悟空。在剧中，我最着力描写的是用群舞来表现在敦煌所受到的感动。舞台上展现了广袤的大沙漠、《戈壁古道》、

《渭水之别》、《火焰山之风》、《敦煌莫高窟》、《鸣沙山之舞》以及《流沙河之月夜》。终场时，出现奈良的法隆寺，使它与敦煌重叠。那些来自中国的佛教徒们，听着由山门传来的松涛声和琵琶的美妙音色，想起了西域，思念着他们的故乡——敦煌。而我——作为一个旅行者怀念着河西走廊，祈祷爱与和平。到此，大幕渐渐落下。

舞剧《大敦煌》，是我从 1992 年就开始酝酿的剧目。1993 年 9 月，我再次访问敦煌，又仔细参观了莫高窟壁画。我决心在《河西走廊》的基础上，创作《大敦煌》。我虽然是一位佛教徒，“但由于不够虔诚，在如何把敦煌变成舞蹈这一点上，很长时间苦于找不到合适的题材”。正在我一筹莫展时，成城大学教授东山健吾先生点拨了一下：“可以把敦煌壁画《张议潮出行图》舞蹈化。”这一句话，使我茅塞顿开。于是，海津胜一郎先生立即进入剧本创作，并且决定在关键的场面采用著名音乐家三木稔的现成曲子《巨火》。

舞剧《大敦煌》最早在日本公演是 1994 年 3 月。这次公演，中国驻日大使馆不仅是后援，而且中国戏曲学院等单位还应邀派出演员予以支援。之后，1995 年 10 月 30 日，舞剧《大敦煌》的班底共 12 人来到北京。代表团团长是主演太守的“人间国宝”花柳寿乐，我担任副团长。这个团既有演员，也有舞美人员、舞台监督、剧本作家和戏剧评论家。代表团带来了在日本演出《大敦煌》的录像带，目的是听取中国专家学者的高见。

1995 年 11 月 1 日，由李希凡副院长主持，在中国艺术研究院楠木厅举行了“日本舞剧《大敦煌》学术研讨会”。在研讨会上，中方的专家学者对《大敦煌》予以充分的肯定，同时也提出了几点参考意见。在会上，最重要的是中方许多参加者都表示希望《大敦煌》能在中国公演，而且这也是我梦寐以求的愿望。

后来，经中国文化部批准，确定舞剧《大敦煌》于 1997 年 8 月在北京世纪剧院公演两场。与此同时，还决定把舞剧《大敦煌》纳入“97 中国国际歌剧舞剧年”的活动计划之中。舞剧《大敦煌》能参加这一活动，我感到特别高兴。

这一年的7月下旬，我带领日方部分演员来到北京，冒着酷暑指导中国戏曲学院参加演出的演员们进行排练。中方在舞剧中担任的角色有画僧，由中国戏曲学院副院长赵景勃扮演。敦煌军队长和敌军队长由吕锁森老师和辛雨歌老师分别扮演，另外还有许多学员扮演士兵。他们在没有空调设备的排练厅里，一招一式地认真排练。每个人都汗流浃背，但情绪十分高涨。

7月28日，主办单位中国对外文化交流协会和协办单位北京京华文化娱乐公司在长安大戏院举行了新闻发布会。会上，我强调舞剧《大敦煌》的主题是“爱与和平”。确定在1997年演出，是为了庆祝中日邦交正常化25周年，也是为“中国敦煌石窟保护研究基金会”募捐进行义演。中日合作创作的舞剧《大敦煌》，于1997年8月18、19日两天在北京世纪剧院演出。全国人大常委会副委员长王光英和刚刚访问敦煌归来的日本驻华大使佐藤嘉恭出席观看首场演出。演出是成功的。这部舞剧，既不是古典芭蕾和现代舞，也不是中国民族舞蹈，而是在日本传统舞蹈的基础上，吸收了中国传统戏曲的表现手法和舞蹈语言，并使它们浑然一体的舞蹈。一句话，它是在日本民族文化的个性与精神的基础上，吸纳外来文化的一次宝贵实践，整个作品洗练、简洁、含蓄、隽永，不求形似，只求神似，可以使人感到东方艺术的魅力。《大敦煌》反映的历史事件和历史人物，富有浪漫色彩，表现的主体——和平与人类的幸福，具有强烈的现实意义。

《大敦煌》在观众面前展现的是全新的艺术形象。在第二场，几位女演员身着和服跳着《敦煌伎乐舞》和飞天的反弹琵琶，使人们感受到一种美丽的崭新氛围。我扮演太守夫人、花柳寿乐扮演太守，似乎给中国观众留下了深刻印象。我们的着装尽管是和式的，却不给人以格格不入之感。太守出征时，在高台上送行的夫人把微微颤抖的手放到了胸前，动作虽然不大，但仅此一个动作就使人感到夫人是多么的担心太守的安危。扮演太守的花柳寿乐年近8旬。他在舞台上神采奕奕，起到了画龙点睛的作用，真不愧“人间国宝”的美誉。花柳寿乐认为，在《大敦煌》这部舞剧中，同台演出的京剧演员张力十足，以“动”为主，因此，他要突出表演日本舞蹈“静”的特点来对应。在出征分手的那一场戏中，寿乐和我的动作不多也不少，既不夸张也不激烈，我们通过手中的扇骨缝隙互送秋波、传达爱情，就足以表达绵绵情意和互相关怀。应该说，我们更多注重的是内心情感的表达，每一个动作都注意到细腻、准确。

演出团回国后，9月17日在东京国立剧场举行了“凯旋公演”。日本皇族三笠宫崇仁亲王和王妃两位殿下出席观看，我便把专程从北京前来日本观剧的中国文化部前副部长刘德有及夫人介绍给两位殿下。

舞剧《大敦煌》在东京的公演，同样也获得了巨大成功。《大敦煌》在中日两国的演出之所以取得如此巨大的反响，是缘于获得到了各方面的大力支持。日本政府外务省和文化厅、中国政府文化部以及中日两国大使馆均作为后援单位。协办单位有中国敦煌研究院、中国敦煌吐鲁番学会、中国艺术研究院和日中文化交流协会。出资援助单位有日本文化振兴基金会、东京都历史文化财团、日本国际交流基金和西武的“四季”文化财团。特别应当提到的，是以斋藤裕为董事长的新日本制铁公司等。另外，提供了资助的是日本有实力和有影响的大企业和银行，总共 108 家。有这么多机构资助一个舞蹈团的演出，在日本也是罕见的。由此可知，日本各界希望进一步发展日中友好和日中文化交流。

我虽然是从事日本舞蹈，但我注意向其他姊妹艺术品类学习，经常与各领域的艺术家们保持联系。1989 年 5 月，我曾联合日本“能”“狂言”“三味线”等几位著名大师,组成 19 人的“日本传统艺术交流团”，由三隅治雄带队访问中国。他们是“狂言”艺术家野村万作、能乐界颇有声望的观世清和、三味线演奏家和作曲家杉浦弘和、杂子演奏家坚田喜三久，此外加上我本人。在北京、洛阳、西安三市，同中国艺术界的专家学者举行座谈，而且还安排了演出，互相观摩、进行交流。他们认为，尽管日本传统艺术的故乡是中国，但一经在日本的风土中生根，便成为日本的艺术。通过追根溯源，相互比较，不仅重新发现两国艺术的血脉相通之处，可悟出同根艺术在不同的国度是如何被赋予独自的个性。

我一向特别关心日本传统舞蹈以及它的发展和普及。日本传统舞蹈，非常重视基本动作和礼仪法度。学习日本传统舞蹈，最重要的是打好基础,这一点,跟学习芭蕾舞和钢琴完全相同。但是，日本传统舞蹈，向来重视言传身教，而不大注意理论建设。但我确信，日本传统舞蹈的传授也会提高科学性，需要完善理论性。于是，我便根据自己常年的实践经验，从大量传承下来的日本舞蹈中，把独特的动作和程式加以整理、提炼和升华，使其系统化和理论化。这项工作在日本舞蹈界应该说带有开创性。

1981 年 1 月东京书籍株式会社出版了我撰写的《实技——日本舞蹈之基础》。这便是我 40 多年来潜心钻研和实践日本传统舞蹈的成果和结晶。这部具有理论色彩和体系化的著作问世后，受到各方的关注和欢迎。截至 2001 年 10 月，它已经再版印刷 13 次之多。后来我才知道，日本著名出版社小学馆出版了《日本大百科全书》。其中第 18 卷收录的《日本舞蹈》条目中，介绍到第二次世界大战后的日本舞蹈时，就提及了我这部书，说：“花柳千代著有《日本舞蹈之基础》，并举办基础练习的讲习会。”可见，这部著作在日本舞蹈界所占的地位和受到的重视程度。

《实技——日本舞蹈之基础》一书，以洗练

的文字，配合多幅照片和简图，介绍了日本舞蹈的起源、历史、现状和流派等，而且传授了日本舞蹈中身体各个部位的各种基本动作及要领，其中包括如何使用扇子、手帕、棒、刀、伞、斗笠等小道具，使读者通过看图就可以领略日本舞蹈的一些基本动作。尽管书中着重介绍的是花柳流舞蹈中由我创意的一些跳法，但日本舞蹈的各个流派，其基本动作都是相通的，因此它适用于所有有志于学习日本舞蹈的人。不仅如此，从某种意义上说它还有助于戏剧、歌剧、茶道、花道以及体育活动等动作的基础训练。

我曾迫切希望能把这部著作译成中文，与广大中国读者见面，特别是把它奉献给中国舞蹈界和那些有志于学习日本舞蹈的朋友们，以便为新世纪的日中友好和文化交流做出新的贡献。有些中国的舞蹈家曾在我主办的舞蹈研究所研修过，在北京舞蹈学院还设立过日本舞蹈班。东方歌舞团等一些文艺团体的舞蹈艺术家经常表演《藤娘》等日本传统舞蹈。这些都说明，在中国有不少人曾经专门学习过日本舞蹈，而且今后还将会出现更多乐于学习日本舞蹈的人。

2002 年，我的这个愿望终于实现了。我的这部关于日本传统舞蹈基本动作的启蒙书和入门书，一部传授日本传统舞蹈的指导书，在许多中国朋友的热情帮助下，由文化艺术出版社译成了中文问世，与中国广大读者见面。我是多么的高兴啊！我衷心希望这部《日本舞蹈之基础》一书的中文版能够有助于中国朋友学习和推广正统的日本舞蹈。这部著作的中文版问世后，在北京和东京两地分别举行了出版纪念会。时任日本政府文部大臣的远山敦子莅临祝贺。在我的舞蹈生涯中，能把日本的传统艺术介绍给广大中国观众，而且与中国人民和中国舞蹈界之间建立起真挚的友谊，我倍感自豪。我认为，出版中文版的《日本舞蹈之基础》，就是我对友好的中国人民和中国舞蹈界的最好的回报。

我本人对发展日本舞蹈谈不上有什么贡献，在日中文化交流方面也无建树，但我却获得了很多荣誉。在日本，我曾十多次获得过文部大臣奖或文部大臣鼓励奖；1990 年曾获“紫绶褒章”勋章，1995 年进而荣获日本天皇颁发的“勋四等宝冠章”。中国人民也给予我极高的荣誉。除了前述中国政府的“文化交流贡献奖”外，1992 年庆祝中日邦交正常化 20 周年时，中国艺术研究院曾授予我“荣誉研究员”称号。

舞蹈就是我的生命。只要呼吸不止，我将继续为普及和弘扬日本舞蹈而做不懈的努力。

中国——我日夜思念的国度，使我进一步焕发着艺术青春，她赐予我无限旺盛的创作源泉。我将永远珍惜这种厚爱与友情。我热切地希望第一次访华时播下的那颗舞蹈交流的种子，今后能不断地绽放出绚丽的花朵，结出丰盈的硕果。

（本篇文章由原文化部副部长刘德有帮助整理）

敦煌、トルファン——私の舞踊劇創作の源泉

花柳千代

2004年10月25日、秋雨のしょぼしょぼと降っている東京は急に晴れ上がりました。その日、私はさっぱりとした民族衣装一着物を着て、港区元麻布の駐日中国大使館に参って、色とりどりの花と軽快な楽の中で、中国政府から「文化交流貢献賞」を受けました。これは中国政府による文化交流分野の最高賞だと言われています。日中文化交流といえば、私がしたことはまだまだですから、この栄に浴びさせていただけ、恐縮に存じますが、身に余る寵愛を受けて大喜びいたしております。

授賞式で、私と同時に受賞したのは有名なバレリーナの松山樹子さんと夫一松山バレエ団長の清水正夫さんであります。彼らが日中文化交流に多大な貢献をされました。日本人舞踊家として、私は非常に幸せに存じます。

この栄に浴びさせていただけるのは、中国政府文化部、駐日中国大使館および中国芸術研究院の方々のご支援のおかげです。ここで、まず心から感謝の気持ちを申し上げます。

私の本名は田中チヨ子ですが、今年87歳で、6歳から日本舞踊の稽古を始めて、日本舞踊の演出、伝授、促進、普及に従事しております。1940年、日本古典舞踊花柳流の師匠より花柳千代の名を許されます。

第二次世界大戦後、即ち1950年、私は東京都豊島区目白で「花柳千代舞踊研究所」を創立しました。日本舞踊は歌舞伎から独立してから、今になって、400年もの歴史があり、現在の日本伝統舞踊は流派が100あまりもあります。一般的に、「花柳派」の特徴は動作が繊細で、革新に富んでいると考えられています。

私は幼いから中国文化に夢中してきましたが、わずかしか知っていません。新中国との直接交流後、私の人生に巨大な転機が訪れてきました。それは1984年1月9日のことで、いままで記憶に新しいです。その日、東京は大雪が降っていました。花柳千代舞踊研究所は中国人のお客様を二人迎えまして、一人は中国芸術研究院舞踊研究所副所長の董錫玖様で、もう一人は外国映画を研究する専門家の兪虹様でした。彼らは田辺秀雄に紹介されて、矢野輝雄に伴わ

れてご訪問していただきました。田辺秀雄は、日本における東洋音楽界世界レベルの権威である田辺尚雄の息子です。彼らのご訪問は私と新中国との文化交流の始まりになったのです。その時、常々私の研究所を訪問して見学する外国人がいましたが、中国からのお客様は彼女らが第一陣でした。その日、兪虹様は森川和代という日本人女性も連れてきて、彼女が新中国で暮らしたことがありますので、中国語をぺらぺら話すことができ、また「中国映画史」という本を編集・翻訳したことがあるそうです。森川さんは「これから、日本と中国との交流はきっと頻繁になるでしょう。」と私に言いました。その後、彼女の予言は情勢の発展に完全に立証されました。それ以降、私は中国を何回も訪問しており、毎回森川さんに伴われて通訳をして頂きました。中国語も中国事情もほとんどわからない私にとって、彼女はたいへん助かりました。

1985年5月に、私は中国芸術研究院のお招きに応じて、花柳千代として初めて中国を訪問いたしました。その間、北京、西安、蘭州、ウルムチ、トルファン、敦煌、南京、上海などの8つの近代的な都市や古都を訪問いたしました。モダンダンスの創作に従事している俊才である友たちの芙二三枝子と息子の花柳太郎が同行していました。今思い返してみると私の最初の訪中もその見聞もそれからの「河西回廊」、「大敦煌」の創作に重要な基礎を築き上げたのではないでしょうか。

その訪中で、我々は北京空港に到着した後、全程でバスに乗りながら、途中の素晴らしい景色を思い切り楽しんでいました。市内に入ったところ、高層ビルがびっしりと立ち並んで、ずいぶん驚かされました。ここは想像していた中国ですかと、ロサンゼルスではないでしょうか。

我々は、かつての皇族の屋敷にある中国芸術研究院を訪問いたしました。その建物が古いですが、かなり風情があります。張康副院長や董錫玖様から心をこめて接待していただきました。我々の一番目の活動は、中国舞踊家協会の代表会議に出席することでした。その会議が四年ごとに開催されたそうですが、幸運のためか、ちょうどその年次総会に間に合いました。全国からの舞踊家がその会議に出席し、そして我々はリーダー方の活動報告を拝聴し、新主席の選出を見かけました。呉暁邦氏は満票によって新会長に当選しました。

北京滞在中、我々は王昆団長のリードされた東方歌舞団を見学し、役者の稽古や演技を拝見しました。また、北京舞踊学院、中国戯曲学院、中国戯劇学院、中国雑技学院および中国体育学院も見学しました。私は幼児教育に関心を持っているので、北海幼稚園も見学しました。その時、訪中の日本舞踊家が極めて少なかったので、幼稚園の子供たちはピアノコンクールに参加するように、唇に口紅を塗られていて、人々が花のようで可愛くてたまりませんでした。踊っているある男の子は急に止まって、まじろぎもせず私を見つめました。私の着物が可笑しいと思っていたのでしょうか、または、後ろのベルトがきちんと四角い形をしてぱんぱんに膨れあがり、何かが入っているのか分からなかったのでしょうか。その日の舞踊が素晴らしかったですが、私にとってその男の子の振る舞いはもっと可愛いと思います。

夜、我々は京劇を鑑賞しに行きました。役者が素晴らしいところを歌ったら、会場で「ホオ！」「ホオ！」と叫び声が湧き上がりました。歌舞伎の立ち回りはただの見かけ倒しですが、京劇の立ち回りは刀や槍でいちいち目をとめる暇もないほどでした。我々はまるで京劇通のように、クアズを食べながら、立ち回りを見ており、こういうふうに北京のナイトライフを楽しんでいました。

北京に 13 日も滞在し、翌日西安へ行きました。そこで、我々は歴史上多くの旅行者に仰ぎ見られた大雁塔を見物しました。数千年後、ある農民は井戸を掘る時に、兵馬俑を発見したそうです。その歴史的遺跡は中国皇帝の贅沢三昧と横暴を見せていただき、驚かされました。何万による陶俑の顔つきがそれぞれに異なっているそうで、本当に想像できないことですね。

我々は、陝西省舞踊協会の友人と交流しました。現地の各舞踊団の役者は日本舞踊の基礎演技の指導を受けた後、「さくら」という歌のリズムに乗って舞台で団扇舞踊を披露した時

に、喝采を博しました。

蘭州といったら、なんと美しい名前ですね。中国地図を広げますと、蘭州がほぼ国土の中心にあることが分かりました。空港から車で市内へ行く途中、その地形が米国アリゾナ州北西部グランドキャニオンのように、遠くには高い煙突が聳え立っていました。こう見れば、それは花の都ではなく、工業都市でしょう。車が都心に近つくにしたがって、私は驚いて息を呑みました。黄河水が都心をゆっくり流れていて、南岸は皋蘭山で、北岸は白塔山です。黄河中段の中山鉄橋は旧中国三大鉄橋の一つだと言われています。蘭州は中国北西部の主要な工業地帯、航空輸送および陸上輸送の要衝であり、甘粛省の省都でもあります。なんだか私は黄河の流れている歴史的に有名な都市——蘭州に惹きつけられました。ここで誰かに会えるのか、そう思ったまま、夜明けを迎えました。

早朝、我々は甘粛省芸術学校へ訪問しに行きました。そこで、心に隠れていた小さな願いが実現したとは思いませんでした。その学校の学長兼甘粛省歌劇団長の高金栄様は劉潔と名付けられている一人娘がいます。私は彼女が留学生として東京花柳千代舞踊研究所で日本舞踊を学ぶことを受け入れました。その時に、18 歳の劉潔さんは一人で日本舞踊を学ぶために東京に来て、基礎から古典舞踊（すなわち歌舞伎舞踊）

まで勉強しました。彼女は帰国する前に、私が彼女の勇気を鍛えるために、花柳流派芸名継承試験を受けさせたところが、成功に受かって、師匠の花柳寿先生より「花柳千代蘭」という名を許されました。贈り物として、劉潔さんは「花柳千代蘭」という美しい芸名をもって、故郷のために、錦上に花を添えていました。

3日後、我々は蘭州から夢の中でも追い求める敦煌にやってきました。その時、私は、まだ「敦煌」を素材として舞踊劇を創作することを考えていませんでした。

莫高窟で、私は研究欲の極めて強い芙二三枝子さんについて、石窟の壁画を懐中電灯で照らし、腰に寒い感じがしました。洞窟のなかでその紹介を聞きながら頭上の壁画を仰ぎ見なければなりませんので、首が痛くてたまらない気がしました。見物終了後、洞窟外に出ると、急に鳴沙山から微風が吹いてきて、やっとほっとしました。我々は、ポプラの下で氷砂糖の入った中国茶を飲み、なんとうまいわねと感じしました。洞窟壁画を見物して疲れを感じた人は、きっとそのお茶のうまさを覚えているのではないでしょうか。

もう一つのことは今になっても忘れられません。副院長である段文傑と樊錦詩、研究院の他の友人、並びに敦煌へ壁画を修復・臨模しに来た若い画家方々を感謝するために、我々は敦煌で日本舞踊の「藤娘」と男性舞踊の「雨天五郎」を演じました。芙二三枝子は「異邦人」を演じ、それは彼女の創作したモダンダンスです。異邦で暮らしたある人が周りの人々に理解されず、更に疎遠され、冷淡にあしらわれたことに対して抗議を出したというテーマです。舞踊家は頭を出していたが、手と足が円筒状の「服」をかぶせられたまま、苦しくもがいていました。それは芙二三枝子さんの傑作の一つだと言われています。「異邦人」を見た若い画家たちは深く感動しました。結果、詰め掛けてTシャツを脱ぎ、ノート、更にハンカチを取り出してサインを求めました。彼らは「異邦人」から華僑の鳴き声を聞いたようだと評価していただきました。敦煌を離れる時に、空港までお見送りいただきました元副院長、現職院長に昇格された樊錦詩院長は「もう三つの来世があっても、やっぱり敦煌の守護者になりたいものだな」と私に言いました。その言葉は私の心に刻まれています。私も「ぜひ再び敦煌へ見学に行きたい」と心の中で誓っています。

次はウルムチでした。新疆ウイグル自治区にはウイグル族、漢族、回族、カザフ族、モンゴル族などの13の民族が居住していると言われています。彼らはさまざまな服装を着て、顔つきが異なっているが、みんな友好的に付き合っています。自治区芸術学校と歌舞団を見学し

た時、我々はウイグル族の民族歌舞を楽しみました。男性の舞踊は跳躍動作が多くて勇猛に勇ましく見えましたが、女性の舞踊は両腕を持ち上げて優雅に回転しているのが多かったです。その上、楽器と音楽はウイグル族的なものです。夜、お招きに応じてカンバルハンの家を訪ね、我々は前に、北京で中国舞踊家協会代表大会において会ったことがありますので、今度は二回目です。彼女はすらりとして、高く、長い黒髪が一本のお下げにされて後ろに垂れていて、厳しく、日本人に言われた「キャリアウーマン」です。彼女は笑いながら迎えていただき、両手でしっかりと私を抱きしめました。テーブルの上にナン、果物、菓子がいっぱいで並べてあります。私は羊肉が嫌なので、テーブルの上に羊肉がないのを見たら、ほっとしました。すると、隣のウイグル族舞踊家たちと一緒にワインを味わってみました。酒を 3 回ついで回って、主人はひらひらと舞い、声を張り上げて歌い始め、雰囲気が盛り上がったところへ、現地最高規格の料理——羊丸焼きを出され、私の目の前に置おかれ、またその羊頭が私に向いました。その場で、私はまるで泣き出すほど深く感動しました。現地の風俗にしたがって、主人は客のお箸で料理を皿に挟んで、そしてひたすら「どうぞ、どうぞ、どうぞ。」と客に食事を勧めていました。どうしたらいいかわからない私にとって、もし宴会がまた 15 分続けば、卒倒するかもしれません。帰り道で、みんなは手をつないで、ポプラの植えてある広い道路の両側に散り、ウイグル族舞踊の足取りに乗って、我々の泊まっていたホテルまで送りました。ウイグル族のホスト

たちがそんなに親切で朗らかだということを一生忘れられません。

その後、車に乗ってトルファンへ行きました。羊の群れは一面の広い牧場で落ち着いて青い草を食べ、まるで油絵のようなものでした。村あたりのモスクが芙二三枝子さんの創作欲を引き起こしたためか、彼女は楽曲のリズムに乗ってひらひらと舞い始めました。我々はここでゆったりした時間を過ごしました。

山が見えてきて、山に積み上がった紅土は形が変わっていて、「底知れず」と感じさせられています。それは火焰山です。私は思わず縦横無尽に駆け巡る孫悟空を連想させられ、来年に上演される舞踊劇「中国の旅——河西回廊」のために腹案を練り始めました。

要するに、最初の訪中は私に非常に深くて美しい印象を残してくれました。それは文化の旅であり、文化交流の旅でもあり、私が舞踊劇「中国の旅——河西回廊」と「大敦煌」を創作するために基礎を築く旅でもあります。

帰国後、私は今回の敦煌見学で得た印象に基づき、1986 年に舞踊劇「中国の旅一河西回廊を創作して、第 18 回舞踊批評家協会賞を受賞しました。

その作品は、実は日本舞踊家の「印象記」と言えるでしょう。私は最初の訪中の見聞を日本伝統舞踊の技法で表現して、そして、創作者の私が自ら舞台に上がって演じました。舞台の上で、旅行者を演じたり、孫悟空に変身したりしていました。シナリオの中で、私は最も力を入れて描いたのが群舞をもって敦煌からの感動を表現することです。舞台の上で、広大な砂漠、

「ゴビ古道」、「渭水の別れ」、「火焔山の風」、「敦煌莫高窟」、「鳴沙山の舞踊」および「流沙河の月夜」が展示されていました。最後に、奈良の法隆寺が現われ、敦煌と重なるようになりました。中国からの仏教徒らは、山から伝わってきた松風の音と琵琶の美妙な音を聞きながら、西域を思い出し、また彼らの故郷―敦煌が懐かしくなりました。私は旅行者として、河西回廊を思慕し、愛と平和を祈っていました。これで、幕は徐々に降りました。

舞踊劇「大敦煌」は、私が1992年から下準備を始めた演目です。私は1993年9月に、再び敦煌を訪問して、もう一度真面目に莫高窟壁画を見学しました。「河西回廊」の基礎の上に、『大敦煌』を創作すると決めました。仏教徒ですが、信心深くないため、敦煌をどのように舞踊化するか、長時間にわたって適切な題材に困っていました。ちょうど私が万策尽きて手も足も出ない時に、成城大学教授の東山健吾先生は手引きをしてくださいました。「敦煌壁画の「張議潮出行図」を舞踊化するといい」という一言は、私に目から鱗が落ちました。そこで、海津勝一郎さんはすぐシナリオの創作に取り掛かり、また肝心な場面で有名な音楽家の三木稔の既存の曲「巨火」を採用しようと決めました。

舞踊劇「大敦煌」が最初に日本で公演されたのは1994年3月のことです。その公演において、駐日中国大使館はもちろん、中国戯曲学院などは招きに応じて役者を派遣して支援してくださいました。その後、1995年10月30日、舞踊劇「大敦煌」のスタッフ、全員12人は北京へ行きました。代表団団長は太守を主演する「人間国宝」と称されている花柳寿楽で、私は副団長を務めていました。この代表団には役員もいれば、舞台美術スタッフ、舞台監督、シナリオ作家、および演劇評論家もいました。中国専門家のご意見を拝聴するために、代表団は日本で公演された「大敦煌」のビデオテープを持ってきました。

1995年11月1日、李希副院長が主催して、中国芸術研究院楠木ホールで「日本舞踊劇『大敦煌』シンポジウム」は開催されました。シンポジウムにおいて、中国側の専門家は「大敦煌」に充分な肯定を与えるとともに、いくつかの参考的な意見を出してくださいました。最も重要なのは、中国側の多くの参加者が「大敦煌」の中国公演を希望していることで、それも私の夢にまで願う願望です。

その後、中国文化部の承認の上、舞踊劇「大敦煌」が1997年8月北京世紀劇場で二回公演されるとなりました。それと同時に、舞踊劇「大敦煌」を「97中国国際オペラ舞踊劇年」のイベント計画に組み入れると決ました。舞踊劇「大敦煌」がこのイベントに参加できることは、私にとって非常に喜んでいました。

同年7月下旬、私は日本側一部の役者を連れて北京に来て、酷暑を物ともせず中国戯曲学院の公演に参加する役者たちを指導してリハーサルさせました。中国側が舞踊劇において担当する役には画僧があり、中国戯曲学院副院長の趙景勃さんによって演じられました。敦煌軍隊長と敵軍隊長はそれぞれ呂鎖森先生と辛雨歌先生によって演じられ、それ以外に多くの学生が兵士を演じていました。彼らは空調設備のないリハーサルホールで真剣に稽古していて、汗が流れて背中がびしょぬれになったが、気分が盛り上がっていました。

7月28日、主催者の中国対外文化交流協会と後援者の北京京華文化娯楽公司は長安大劇院で記者会見を行いました。私は会見で舞踊劇「大敦煌」のテーマが「愛と平和」だと強調しました。1997年公演することを決定したのは、日中国交正常化25周年を祝うためで、また、「中国敦煌石窟保護研究基金会」に募金する慈善公演のためでもあります。中日提携で創作された舞踊劇「大敦煌」は、1997年8月18～19日北京世紀劇場で公演されました。全国人民代表大会常務委員会副委員長王光英および敦煌を訪問した後に帰ったばかりの日本駐中国大使佐藤嘉恭は出席して初公演をご覧になりました。公演は成功裏に終わりました。この舞踊劇は、クラシックバレーとモダンダンスではなく、中国民族舞踊でもないが、日本伝統舞踊の基礎の上に、中国伝統戯曲の表現手法と舞踊言葉を吸収して、それらを混然一体させた舞踊です。要するに、それは日本民族文化の個性と精神の基礎の上に、外来文化を吸収する貴重な実践で、全体の作品は洗練、簡潔、婉曲、意味深長で、外形の似ることを求めず内面の似ることを求めて、人々に東方芸術の魅力を感じさせることができるのです。「大敦煌」の反映した歴史事件と歴史人物は、ロマンチックな色彩に富んで、表現した主体、すなわち平和と人間の幸福は、強い現実的意味があります。

「大敦煌」が観衆の前で完全に新たな芸術的イメージを現しました。第二場で、女優らが着物を着て踊っていた「敦煌伎楽舞」と飛天のリバウンド琵琶は人々に美しく新たな雰囲気を与えました。私の演じた太守の夫人、花柳寿楽の演じた太守は中国観衆に深い印象を残したようです。我々の服装は和式でしたが、人々に違和感を与えませんでした。太守が出征する時に、高台で見送っている奥様はうっすらと震えている手を胸の前に置いて、その動作が大きくなかったが、ただその1つの動作は、夫人が太守の安否をなんと心配しているかなと人々に感じさせていました。太守を演じた花柳寿楽先生は80歳に近かったですが、舞台で表情が生き生きとし、画竜点睛の役割を果たして、さすが「人間国宝」ですわね。花柳寿楽先生は、「大敦煌」という舞踊劇において同舞台で演出した京劇役者が十分な張力があり、「動」を主とし、日本舞踊の「静」という特徴を強調することによって対応しようと考えていました。出征のため別れる場面で、寿楽さんと私の動作が多くもなく少なくもなく、大げさでもなく激しくなく、我々は手中の団扇の隙間を通して互いに秋波を送り合い、愛情を伝えただけで、十分に綿々した愛情とお互いの配慮を表していました。我々のもっと重視したのは内心情感の表現で、一つ一つの動作が繊細で正しくするよう努めていました。

公演団帰国後、9月17日、東京国立劇場で「凱旋公演」を行いました。日本皇族の三笠宮崇仁親王と王妃両殿下は出席し、ご覧になりました。私はわざわざ北京から日本へ舞踊劇を鑑賞しにいらっしゃった中国文化部元副部長の劉徳有さんおよび夫人を両殿下に紹介して差し上げました。

舞踊劇「大敦煌」の東京における公演も、同じく巨大な成功を取りました。「大敦煌」のヨ中両国における公演がそのような大きな影響を引き起こしたのは、各方面からのご支援を頂いたからです。日本外務省と文化庁、中国文化部および中日両国の大使館は皆後援していただきました。後援機構は中国敦煌研究院、中国敦煌トルファン学会、中国芸術研究院および日中文化交流協会です。出資援助機構は日本文化振興基金会、東京都歴史文化財団、日本国際交流基金会および西武の「四季」文化財団です。特に言及しなければならないのは、斎藤裕を理事長とする新日本製鉄株式会社です。また、資金を援助して頂いたのは日本で実力と影響のある大手企業と銀行で、合わせて108社です。こんなに多くの機構がただ一つの舞踊団の公演に資金を援助したのは、日本でも珍しいことです。そのことから、日本各界は日中友好と日中文化交流をさらに発展させるよう希望していることがわかったのです。

私は日本舞踊に従事していますが、その他の姉妹芸術に学ぶことに気をつけて、常に様々な分野の芸術家たちとの連絡を保っています。1989年5月、私は日本の「能」、「狂言」、「三味線」などの何人もの有名な巨匠と共同で19人の「日本伝統芸術交流団」を編成して、三隅治雄さんに率いられて訪中しました。彼らは「狂言」芸術家の野村万作、能楽界で声望の高い観世清和、三味線演奏家と作曲家の杉浦弘和、雑子演奏家の堅田喜三久、及び私です。北京、洛陽、西安という三都市で、中国芸術界の専門家らと座談し、また公演も手配して、お互い学びあい、交流していました。日本伝統芸術の故郷が中国だといっても、一旦日本の風土に根をおろしたら、日本の芸術になったと彼らは考えていたのです。根源追求、相互比較によって、再び両国芸術の血筋が通い合っているところを発見できるだけでなく、同根の芸術が異なる国家でどのように独自の個性を与えられるかと分かることもできます。

私はいつも日本伝統舞踊およびその開発と普及に関心を持っているのです。日本伝統舞踊は基本動作および礼儀規則を重視しています。日本伝統舞踊を学ぶには、最も重要なのはしっかりと基礎を打つことで、バレエとピアノの勉強と完全に同じです。しかし、日本伝統舞踊は、従来して口で教え身をもって手本を示すことを重視していますが、あまり理論建設を重視していません。私は日本伝統舞踊の伝授が同じく科学性を高め、理論性を改善する必要があると確信しております。そこで、自分の長年の実践経験に基づき、伝承されてきた多くの日本舞踊から、独特な動作と様式を整理し、練り上げ、昇華させて、そして系統化、理論化させています。それは日本舞踊界において創始性があると言えるでしょう。

1981 年 1 月に東京書籍株式会社は私の書いた『実技 —— 日本舞踊の基礎』を出版しました。それは私の 40 年間専念して日本舞踊を研究・実践してきた成果と結晶です。その理論特徴を持って体系化された著作は出版された後、各方面からの歓迎と関心を受けています。2001 年 10 月までに、13 回も印刷・再版されていました。その後、日本の有名な出版社である小学館は『日本大百科全書』を出版して、その第 18 巻に収録された『日本舞踊』見出しの中で第二次世界大戦後の日本舞踊を紹介する時に、「花柳千代は『日本舞踊の基礎』を書かれ、そして基礎練習の講習会を開催する。」と拙作を言及しました。このことから、拙作が日本舞踊界で占めた地位と受けた重視がわかるでしょう。

『実技 —— 日本舞踊の基礎』という本は、洗練した文字をもって、何枚もの写真と見取り図を組み合わせて、日本舞踊の起源、歴史、現況及び流派などを紹介して、そのうえ、日本舞踊における身体各部の様々な基本動作や要領を伝授して、その中にどのように団扇、ハンカチ、棒、刀、傘、笠などの小道具を利用するかを含めているので、読者が図を見るだけで日本舞踊のいくらかの基本動作がわかるのです。本の中で主に紹介されたのは花柳流派舞踊における私の振り付けした踊り方ですが、日本舞踊の各流派の基本動作が通い合っているので、その本は日本舞踊の学習を志す人に向いていると思います。また、ある意味から言えば、その本は芝居、オペラ、茶道、花道およびスポーツなどの動作の基本訓練にも役立つでしょう。

新世紀の日中友好と文化交流に新しい寄与をするために私は拙作を中国語に翻訳し、広範な中国読者に捧げ、特に中国舞踊界、及び日本舞踊の学習を志す友人たちに捧げるように切実に希望しています。中国のある舞踊家が私の主催した舞踊研究所で研修したことがあり、北京舞踊蹈学院に日本舞踊クラスが設けられています。東方歌舞団などの文芸団体の舞踊芸術家はよく『藤娘』などの日本伝統舞踊を上演しています。以上から、中国で専門に日本舞踊を学んだ人が多く、これから日本舞踊を学びたい人が一層多くなるのではないでしょうか。

2002年に、私の願いはついに実現しました。私の日本伝統舞踊の基本動作に関する啓蒙書と入門書、日本伝統舞踊を伝授する指導書は、多くの中国友人が親切な援助の下で、文化芸術出版社によって中国語に翻訳されて出版され、中国の広範な読者に捧げられました。何と嬉しいことですね。『日本舞踊の基礎』の中国語版は中国友人が正統な日本舞踊を学び、普及させることに役立つことを心より願っております。その著作の中国語版が出版された後、北京と東京で、それぞれに出版記念会が行われました。当時の日本政府文部大臣である遠山敦子氏は祝賀にいらっしゃいました。私の舞踊生活で、日本の伝統芸術を広範な中国観衆にご紹介いたして、そのうえ、中国人民および中国舞踊界と真摯な友情を結ぶことができ、誇りに存じております。中国語版の『日本舞踊の基礎』の出版は、私の友好的な中国人民と中国舞踊界への最高の報いだと考えております。

私自身は日本舞踊の発展に対して何か貢献があると言えず、日中文化交流において何か功績がないにもかかわらず、多くの栄誉を獲得しました。日本では、私は文部大臣賞または文部大臣奨励賞を十回あまり受賞し、1990年に紫綬褒章を受章し、1995年に天皇の授ける「勲四等宝冠章」を光栄にも獲得しました。中国人民も高い栄誉をくださいました。前記の中国政府の「文化交流貢献賞」以外、1992年に中日国交正常化二十周年を祝う時に、中国芸術研究院は「栄誉研究員」という称号を授与してくださいました。

舞踊が私の命です。呼吸が止まらない限り、日本舞踊の普及と発展のために、たゆまず努力していこうと思っております。

中国一私が昼夜懐かしく思っている国は、私の芸術の青春をいっそう奮い起こさせ、無限で旺盛な創作源泉を与えてくださいました。私はその厚情と友情をいつまでも大切にしようと思っております。初訪中の際に蒔いていた舞踊交流の種がこれから絶えずきれいな花を咲かせ、豊かな実を結ぶよう心から願っております。

Dunhuang and Turpan

—Sources of Inspiration for My Dance Drama Creation

Chiyo Hanayagi

On October 25th, 2004, it cleared up suddenly after a succession of wet and overcast days in autumn of Tokyo. Dressed in the simple and elegant national costume—kimono on that day, I came to the Embassy of China in Japan at Moto-Azabu in Minato and accepted the Contribution Award for Cultural Exchange granted by the Chinese government accompanied by beautiful flowers and jubilant music. It is said that this award is the highest level culture-related honor offered by the Chinese government. For the cultural exchanges between China and Japan, what I have done is just too little. So I felt I didn't deserve accepting such an honor for which my contribution was disproportionately small. I felt unworthy of the honor but at the same time flattered by it in an ecstasy.

On the ceremony, this honor was also awarded to the famous ballerina Mikiko Matsuyama and her husband Masao Shimizu, director of the Matsuyama Ballet, who had made significant contributions to the Japanese-Chinese cultural exchange. All these made me feel that I was extraordinarily lucky as a Japanese dancer.

The reason for my winning the honor was that the Ministry of Culture of China, the Embassy of China in Japan and the scholars in the Chinese National Academy of Arts had always given me tremendous support. I would like to extend my heartfelt thanks to them first.

My original name was Chiyo Tanaka and I'm 87 years old now. I began to learn the Japanese traditional dance at the age of six, and have been engaged in the performance, teaching, development and popularization of Japanese dance all my life. In 1940, the master of the Hanayagi School of Japanese classical dance granted me the name "Chiyo Hanayagi".

I established the Chiyo Hanayagi Dance Studio in Mejiro, Toshimaku, Tokyo in 1950 after the World War II. The Japanese dance has a history of over 400 years after it became independent from Kabuki, and there are now hundreds of schools of Japanese traditional dance. It is generally acknowledged that the dance of the Hanayagi School features smooth, delicate and creative movements.

Since I was a little girl, I have shown an interest in the Chinese culture, but I knew almost nothing about it. My direct contact with the People's Republic of China changed my life greatly. That was January 9, 1984 and I still remember clearly that Tokyo was in a heavy snow that day and two guests from China appeared at my studio suddenly. One was Ms. Dong Xijiu, the deputy director of the Dance Research Institute of the Chinese National Academy of Arts, and the other was Ms. Yu Hong, an expert specialized in the study of foreign films. They came to visit my studio with Teruo Yano through the introduction of Hideo Tanabe, the son of Hisao Tanabe, a world-renowned authoritative personage of Japanese music. Their arrival marked the beginning of the cultural exchange between the new China and me. At that time, there were many foreigners coming to my studio frequently, but they were the first visitors from China. That day Ms. Yu Hong also brought with her a

Japanese lady named Kazuyo Morikawa, who had lived in New China for some time after 1949 and was able to speak fluent Chinese as well as an editor and translator for the book The History of Chinese Films. Ms. Morikawa said to me then, "In the future there will be constant exchanges between China and Japan." What happened afterwards simply confirmed her prophecy. From then on, I have visited China many times accompanied by Ms. Morikawa and she has also acted as my interpreter. She has given me so much help since I knew nothing about the Chinese language and China's conditions.

I came to China under the name of Chiyo Hanayagi for the first time in May 1985 at the invitation of the Chinese National Academy of Arts, and I visited eight modern and ancient cities including Beijing, Xi'an, Lanzhou, Urumqi, Turpan, Dunhuang, Nanjing and Shanghai. My friend Mieko Fuji, one of the best in modern dance creation, and my son Taro Hanayagi accompanied me on the visit. Now when I look back on those days, what I saw and heard during my first visit to China has laid the important foundation for my future creation of the dance dramas The Hexi Corridor and The Great Dunhuang.

As far as the first visit is concerned, after we arrived in Beijing, we took a car and feasted our eyes on the scenes along the way. When we went into the urban area, high-rise blocks stood closely in rows and this surprised me. It was not the China in my imagination. It was quite like Los Angeles.

We visited the Chinese National Academy of Arts. It was located in the former palace of a prince, with ancient but interesting buildings. We were received warmly by Zhang Kang, the vice president of the academy, Dong Xijiu and others. Our first activity was to attend the representative convention of China Dancers Association as observers. We were told that the convention is held every four years and we happened to encounter the quadrennial event perhaps due to our good luck. Dancers from every corner of the country had attended the convention. During the meeting, we listened to the leader's work report and witnessed the election of the new chairman. Mr. Wu Xiaobang was elected new chairman by a unanimous vote.

During our stay in Beijing, we also went to visit the

China Oriental Song and Dance Ensemble led by the director Wang Kun, and watched the practices of skills and performance of the actors. We also visited Beijing Dance Academy, National Academy of Chinese Theatre Arts, China Drama Academy, the Institute of Chinese Acrobatics and China Institute of Physical Education. As I was interested in the preschool education, we also went to visit Beihai Kindergarten. At that time very few Japanese dancers went to China, so those little kids in the kindergarten wore lipstick and dressed up like flowers as if they were in piano contests. They were just so lovely. A boy stopped his dancing steps abruptly and stared at me. Perhaps he thought my kimono was very strange or he saw the belt on my back, which was boxy and bulging and triggered his curiosity about what it was in the belt. The dance was wonderful, but for me, the behavior of little boy was much lovelier than the dance that day.

That evening we went to watch Peking Opera. When it came to the highlights of the play, there were cheers of "superb" around the theater. Compared to the fighting in Kabuki which was mere forms, the acrobatic fighting in Peking Opera was shown with a dizzying array of spears and swords. We behaved like those fans of Peking Opera, watching the fighting while cracking sunflower seeds, and enjoying the night of Beijing.

After a stay of 13 days in Beijing, we went to Xi'an next. In Xi'an, we visited the Big Wild Goose Pagoda, which was admired by many travelers in the history. We also came to the Terracotta Warriors which were discovered by a farmer when he was digging a well about two thousand years after they were buried. This great historic relic manifested the luxury and arrogance of the Chinese Emperor, which really shocked us. We were told that faces on those ten thousands of terracotta figurines were different to each other, and this also struck us dumb.

We communicated with friends from the Shaanxi Dancers Association. After receiving instructions on fundamental performance of the Japanese dance, dancers from local dance troupes performed the fan dance with the ancient music Sakura according to Japanese dancing movements on the stage, and won rounds of applauses.

Lanzhou, what a beautiful name! If you unfold a map of China, you can see this city is almost located at the center of China. The landscape on the way from the airport to the downtown area resembled that of the Grand Canyon in the northwest of Arizona in the United States, and in the distance there were rows of lofty chimneys. It seemed that Lanzhou was likely to be an industrial city instead of a capital with flowers. But when our car approached the urban district, I held my breath. The Yellow River flowed slowly through the downtown area, with the Gaolan Mountain on the south bank and Baita Mountain on the north bank. It was said that the Zhongshan Iron Bridge in the middle section of the Yellow River was one of the three largest iron bridges before 1949. Lanzhou, as the capital of Gansu Province, was the major industrial area and communications hub for air and land transportation in the northwest of China. For some unknown reasons, my heart was attracted by Lanzhou—this famous ancient city through which the Yellow River flowed. I wondered about whom I would see when I stayed at the city. The night passed quietly, and the daybreak came.

In the morning, we went to visit Gansu Provincial Art School. There I had not imagined that the simple wish in my heart could come true. Ms. Gao Jinrong, the schoolmaster and concurrently the director of Gansu Provincial Opera Troupe, had an only girl named Liu Jie. I decided to take her as an overseas student to learn Japanese dance at the Chiyo Hanayagi Dance Studio in Tokyo. At that time, Liu Jie was only 18 years old, and came to learn Japanese Dance in Tokyo alone. She studied from the fundamentals to the classical dance (Kabuki dance). Before she went back to China, I let her take the test for inheriting the stage name of the Hanayagi School to temper her courage. She passed the test successfully, and the master Jusuke Hanayagi awarded her the name Chiyoran Hanayagi. Liu Jie returned to China with this beautiful name, which brought much credit to her hometown.

Three days later, we arrived at Dunhuang we had long dreamed of at last. At that moment I had not thought of creating a dance drama with Dunhuang as the material.

In the Mogao Grottos, I followed Ms. Mieko Fuji who had exuberant curiosity, and watched the murals with the flashlight. I felt cold in my waist. And I also felt the pain in my neck as I had to arch my neck to look at those murals above my head while listening to the explanations. When we came out of the grottos after we finished the visit, a gentle wind blew from the Mingsha Mountain suddenly, and we felt relieved. Under the white poplars, we drank Chinese tea with sugar cubes added. It tasted so wonderful! I think those who have visited the Mogao Grottos and felt the fatigue must have remembered the good taste of the tea in the rest of their life.

There was another unforgettable thing till now on that trip. We put on some programs for the two deputy presidents Duan Wenjie and Fan Jinshi, other friends from the academy and young artists who came to Dunhuang to restore and copy the murals in Dunhuang out of gratitude. I performed the Japanese dance Fuji Musumè (Wisteria Maiden) and the male dance Goro in the Rain (Ame no Goro). Ms. Mieko Fuji staged her modern dance work The Stranger. The theme of The Stranger was the cries of protests of a person who lived in a strange place, could not be understood by the local people and even was alienated and treated indifferently by them. The dancer confined his hands and feet in tube-shaped clothes with only his head protruded out, struggling in agony. The play was one of Ms. Mieko Fuji's masterpieces. It deeply touched the young artists. They flocked to the stage, asking for Ms. Mieko Fuji's autographs on their T-shirts, notebooks and even handkerchiefs. They said that they seemed to hear the voice of overseas Chinese from the Stranger. When we left Dunhuang, Ms. Fan Jinshi, the deputy president (now promoted to president), who came to see us off at the airport, said to me, "I want to have three more lives to guard Dunhuang." Her words were engraved on my heart, and I swore that I must come back to study in Dunhuang.

The next stop was Urumqi. We were told that 13 ethnic groups including the Uygur, the Han, the Hui, the Kazak and the Mongol lived in the Xinjiang Uygur Autonomous Region. Although people there wore clothes in various styles and looked different in appearance, they got along well with each other. During our visits to art schools and singing and dance troupes in the autonomous region, we enjoyed the Uygur folk songs and dances. With the Uygur instruments and music, men did many jumps in dances, which gave a sense of bravery, power and sturdiness, while women raised up their arms and spun elegantly. Both the musical instruments and music were the distinctive features of Uygur people. In the evening, we were invited to visit Kambarhan's house. I saw her last time at the representative convention of China Dancers Association in Beijing. She was tall and slender with a long and black plait at her back, looking full of majesty, just like the "forceful woman" as called by Japanese. She greeted us with a beaming face and embraced me tightly. On the dining table there were naans (local food of Xinjiang), fruits and light refreshments. I could not eat mutton, so I felt relieved when I saw no mutton on the table and tasted wine with the Uygur dancers around me. As we had several cups of wine, the hostess rose and danced in a happy mood and sang in a loud voice, which made the atmosphere reach a climax. Just at that moment,

the roast whole lamb—the delicacy of the highest standard in the local region was served before me with the lamb head facing me. All of a sudden, I almost cried out. In accordance with the local customs, the host should put the food into the guest's plate with the latter's chopsticks and urge the latter to have the food with repeated "please". I was totally at loss. If the banquet lasted 15 minutes longer, I might have fallen in a faint. On the way to our hotel, the Uygur friends held hands and scattered in the broad road with poplars on both sides, dancing in Uygur dance steps, and escorted us to the hotel. The Uygur hosts were so hospitable and cheerful. I will never forget them.

Then we drove to Turpan. Flocks of sheep or goats were browsing on grass peacefully in the vast pasture, forming an oil painting. The mosque beside the village might stimulate Ms. Mieko Fuji's desire for creation. She started to dance to the music, and we spent a period of leisure time there.

We saw a hill with red earth in odd shapes accumulated on the top, which looked enigmatic to us. It was the Mountain of Flames, and all of a sudden I thought of the Monkey King. Then I began to work out in my mind the draft for the dance drama The Trip to China—The Hexi Corridor which would be on in the next year.

Above all, my first visit to China has left a deep and beautiful impression. It was a journey of culture and cultural exchange, which laid the foundation for my creation of the dance dramas The Trip to China—The Hexi Corridor and The Great Dunhuang.

Back to Japan, I created the dance drama The Trip to China—The Hexi Corridor in 1986 based on the impressions obtained from my visit to Dunhuang, and the drama won the 18th Dance Critics Association Award.

This work was in fact a record of a Japanese dancer's impressions. I displayed what I saw and heard in my first trip to China with the techniques of Japanese traditional dance and performed it on the stage in person as the dance creator. On the stage, I acted both as the traveler and the Monkey King. As to the drama, I strived to depict the touching sense I had experienced at Dunhuang with the group dance. On the stage the vast desert was unfolded, The Ancient Path in the Gobi, The Departure beside the Weihe River, The Wind of the Mountain of Flames, The Mogao Grottos at Dunhuang, The Dance at the Mingsha Mountain, and The Moon Night of the Sand River. In the final scene, the Horyuji Temple in Nara appeared on the stage, echoing with Dunhuang. Hearing the whistling of the wind in the pines and the wonderful music played with the Chinese lute from the gate, those Buddhists coming from China were reminded of the Western Regions and their hometown—Dunhuang. And I, a traveler, also missed the Hexi Corridor, praying for love and peace. Then the whole drama ended.

The dance drama The Great Dunhuang had been the program fermented in my mind since 1992. In September 1993, I went to Duhuang again and revisited the murals in the Mogao Grottos carefully. I decided to create The Great Dunhuang on the basis of The Hexi Corridor. I'm a Buddhist, "but not pious enough and I was struggling to find the proper material for displaying Dunhuang with dances for a long time". When I was still in little progress, Professor Kengo Higashiyama from the Seijo University inspired me with an idea: "you can transform Dunhuang mural titled The Mural Commemorating the Victory of General Zhang Yichao over the Tibetans into dances". His words gave me the inspiration. Therefore, Katsuichiro Kaizu started to write the play immediately, and we decided to use the Kyoka (Hoteliere) composed by the well-known musician Minoru Miki as the background music for crucial scenes.

The Great Dunhuang was first put on in Japan in March 1994. This show had gained support from the Embassy of China in Japan and organizations like the National Academy of Chinese Theatre Arts in China which had sent out actors. Later on October 30th, 1995, the 12-person cast for the dance drama The Great Dunhuang came to Beijing. The head of the delegation was Hanayagi Juraku, one of Japan's "Living National Treasures", who played the role of the magistrate. I was the deputy head. The delegation consisted of performers, stage artistic designers, the stage director, the play writer and drama critics. The delegation brought the videotape of The Great Dunhuang performed in Japan, hoping to solicit opinions and suggestions from Chinese experts and scholars.

On November 1st, 1995, presided by the vice director Li Xifan, the Symposium on Japanese Dance Drama The Great Dunhuang was held in the Nanmu Hall of the Chinese National Academy of Arts. At the symposium, Chinese experts and scholars fully affirmed the efforts and achievements made by The Great Dunhuang, and also proposed some suggestions. The most important matter on the Symposium was that many participants from the Chinese side expressed that they hoped The Great Dunhuang would be performed in China, which was also the good wish that I had dreamed of for a long time.

Later on, upon the approval of the Ministry of Culture of China, The Great Dunhuang was arranged to be performed twice at Beijing Century Theatre in August 1997. At the same time the dance drama was also included in activities for the China International Year of Operas and Dance Dramas in 1997. I felt much honored that The Great Dunhuang could be a part of this grand event.

In late July of that year, I led some Japanese performers to arrive in Beijing, and under the extremely hot weather gave guidance on their rehearsals to actors from the National Academy of Chinese Theatre Arts who would be in the cast. The role of the Monk Painter was played by Zhao Jingbo, the deputy president of the academy. Two teachers Lyu Suosen and Xin Yuge acted as the captains of the Dunhuang and the enemy's troops respectively. Many students played the part of soldiers. They practiced every movement carefully in the rehearsal room without air conditioners. All of them were drenched with sweat, but they still had high morale.

On July 28th, the sponsor China International Culture Association and the co-sponsor Beijing Jinghua Culture and Entertainment Co, Ltd. held a press conference for The Great Dunhuang at the Chang'an Grand Theatre. At the conference, I stressed that the theme of The Great Dunhuang was love and peace. It was decided to be put on in 1997 to commemorate the 25th anniversary of the normalization of Sino-Japanese diplomatic relations and to raise funds for China Dunhuang Grottoes Conservation Research Foundation. With the cooperation between China and Japan, The Great Dunhuang was put on at Beijing Century Theatre on August 18th and 19th in 1997. Wang Guangying, vice chairman of the Standing Committee of the National People's Congress, and Yoshiyasa Satou, the Japanese Ambassador who had just returned from his visit to Dunhuang, watched the debut in Beijing. The performance was very successful. This dance drama was not classic ballet and modern dance, nor Chinese folk dance; it manifested a new style of dance which was based on the Japanese traditional dance and absorbed the techniques of expression and dance language in Chinese traditional operas as a whole. In other words, it was a valuable practice in assimilating the external culture on top of the individuality and spirit of the Japanese national culture. The whole work was terse, concise, implicit and meaningful. It pursued to be alike in spirit rather than in form, making people sense the glamour of the oriental art. The historical event and figures reflected by The Great Dunhuang took on a romantic color, and the theme—peace and human happiness was full of realistic significance.

The Great Dunhuang presented completely new artistic images before the audience. In the second scene, some actresses performed the ancient Dunhuang Dance and Music in kimono and played the Chinese lute from their backs like the Flying Apsaras, creating a fresh beautiful atmosphere. My role as the wife of the Magistrate and Juraku Hanayagi's role as the Magistrate had impressed the Chinese audience deeply. Our costumes in the traditional Japanese style did not give a sense of being in the wrong place. When the Magistrate went out to the battle, his wife who saw him off on the high platform put her trembling hands on her chest. Though it was a slight movement, it showed that the wife was worried about her husband much. The actor for the Magistrate, Juraku Hanayagi, who was nearly eighty years old, deserved the title of the "Living National Treasure". He looked glowing and energetic on the stage, making the whole play vivid. He thought that in The Great Dunhuang, the Chinese opera performers on the stage acted dramatically with a lot of movements, so he decided to respond to them with the feature of Japanese dance—stillness. In the scene of departure before going out to the battle, Juraku and I made neither more nor fewer and neither exaggerating nor violent movements. We made eye contacts and conveyed our love through the hollowed frame of the fans in our hands, which was enough to show our deep affection and concern about each other. To put it more specifically, we focused more on the expression of inner feelings, so we made each movement smooth, subtle and accurate.

After the performance troupe came back to Japan, we staged the triumphal performance at Tokyo National Theatre. Prince Takahito, Prince Mikasa and his Princess from the Japanese imperial family watched the show. I introduced to them Mr. Liu Deyou and his wife who came to Japan especially for The Great Dunhuang. Mr. Liu was the former vice minister of the Ministry of Culture of China.

The performance of The Great Dunhuang in Tokyo was also a great success. The tremendous influences of those performances in both China and Japan should be attributed to the vigorous support from various parties: the Ministry of Foreign Affairs and Agency for Cultural Affairs of Japan, the Ministry of Culture of China, and the embassies of the two countries were back-up forces; co-sponsors included the Dunhuang Academy of China, the Chinese Institute of Dunhuang & Turfan Studies, the Chinese National Academy of Arts, and Japan-China Cultural Exchange Association; the agencies that financed the performances included the Japan Arts Fund, Tokyo Metropolitan Foundation for History and Culture, the Japan Foundation and Seibu's Saison Culture Foundation. What should be mentioned in particular was that 108 big businesses and banks including the Nippon Steel Corporation with Hiroshi Saito as the Chairman of the Board had provided financial support for the performance. It was rare to see in Japan that so many organizations financed the performances of a dance troupe. It can be seen that all circles in Japan hoped to further promote the friendship and cultural exchange between China and Japan.

I have devoted myself to the Japanese dance, but I also pay attention to learning from other peer forms of arts and keeping constant contacts with artists in those fields. In May 1989, I joined up with several renowned masters in Japanese arts including Noh, Kyogen and Shamisen to form a 19-person Japanese Traditional Arts Group, and visited China under the leadership of Haruo Misumi. They were Mansai Nomura (the Kyogen artist), Kiyokazu Kanze (the prestigious Noh performer), Hirokazu Sugiura (the Shamisen performer and composer), Kisaku Katada (the Tsuzumi player) and me. In Beijing, Luoyang and Xi'an, we had discussions with experts and scholars from the art circles in China, and performances were arranged, so we could watch and learn from each other through communications. Those Chinese experts thought that although the birth land of Japanese traditional arts was China, they became Japan's unique arts when they grew rooted deep in the local conditions and customs. Through tracing the source and comparison, we could not only

rediscover the bonds between the arts of the two countries, but also find out how the arts with the same root were endowed with different individualities in the two countries.

I have paid high attention to the development and popularization of the Japanese traditional dance. The basic movements and rules are crucial to the traditional dancing, so to master this dancing, the most important thing is to master the basics, which is similar with learning ballet or piano playing. The Japanese dance, however, has been relying mostly on the instructions and influence of the teachers, and little is done for developing its theories. I firmly believed that the theoretic system of Japanese traditional dance instructing must be improved so the traditional dancing can be taught in a scientific way. So based on my years of practice, I sorted through and picked up the unique movements and rituals from all those inherited traditional dances, and refined the essentials of those parts into something more systematic and theorized. This work can be regarded as quite an innovation to the traditional Japanese dancing.

My book, Fundamentals of Japanese Dance, published in January 1981 by Tokyo Shoseki Co. Ltd., reflects my efforts and what it yields after more than forty years of devoted learning and practice in the Japanese traditional dance. It is well received by different interested groups for its theoretical and systematic features. It has been reprinted thirteen times up to October 2001. Later on I came to know that this book is mentioned under the entry of "Japanese Dance" in Volume 18 of The Encyclopedia of Japan, published by Shogakukan, a famous press in Japan, and the Japanese dance in the post-Second World War era is introduced and commented as follows: "Chiyo Hanayagi is the author of Fundamentals of Japanese Dance and holds seminars on fundamental trainings." It is a clear reflection of the status of this book and how it is valued by the Japanese dancing circle.

Fundamentals of Japanese Dance is a book written in a concise language with numerous photos and diagrams. The book not only describes the origin, history, status quo, and genre of Japanese dances, but also offers essential tips to grasp a variety of movements to be made by body parts in the Japanese dance, including how to use a fan, handkerchief, rod, knife, umbrella, straw hat, and other props. In this way, readers can understand some basic Japanese dance movements through those illustrations. Although this book focuses on depicting some of my creative dancing mode from the angle of the Hanayagi School, the basic movements are the same for various schools of Japanese dance. Hence, it applies to all those interested in learning Japanese dance. Besides, this book, in a sense, offers basic training to activities such as theatre, opera, tea ceremony, ikebana, and sports, etc.

I was once desperate to translate this book into Chinese with the aim of making it available to Chinese readers. This book, which is especially dedicated to the Chinese dance community and friends interested in learning Japanese dance, will be deemed as a new contribution to the Japanese-Chinese friendship and cultural exchange in the new century. Some Chinese dancers had been trained on traditional Japanese dance in my dance studio and Beijing Dance Academy has also held Japanese dance classes. Moreover, dance artists from some art groups such as the Oriental Song and Dance Ensemble often staged Fuji Musumè (Wisteria Maiden) and other traditional Japanese dance works. All these demonstrate the fact that many Chinese people had once specifically learned the Japanese dance and the number will be ever on a rise in the coming years.

In 2002, my wish finally came true. Thanks to the enthusiastic support of many Chinese friends, this book, which serves as a primer for learning basic movements of traditional Japanese dance and a guide to teach traditional dance as well, is translated into Chinese by the Culture and Art Publishing House and published for Chinese extensive readers. How delighted I was! I sincerely hope that the Chinese version of the book Fundamentals of Japanese Dance would facilitate Chinese friends in learning and promoting orthodox Japanese dance. After the Chinese version of this book was published, publication commemorations were held in both Beijing and Tokyo. Atsuko Toyama, the then Minister of the Japanese Ministry of Education, Culture, Sports, Science and Technology (MEXT), was present at the event and extended her congratulations. In my dance career, I feel so proud to have introduced traditional Japanese arts to a broad Chinese audience and established a sincere friendship with the Chinese people and the Chinese dance community. For this reason, I regard the published Chinese version of this book as the best reward to the amicable Chinese friends and the Chinese dance community.

For my part, I made tiny contributions either to the development of Japanese dance or to the Japanese-Chinese cultural exchange. However, I did win many honors in these aspects. In Japan, I had won the Minister Award or the Minister Encouragement Award of the MEXT for more than a dozen times. I also won the Medal with Purple Ribbon in 1990 and even the Order of the Precious Crown Four Class awarded by the Mikado. And I also have been bestowed with high honors by the Chinese people. Apart from the previously mentioned Contribution Award for Cultural Exchange awarded by the Chinese Government, I gained the title of Honorary Research Fellow awarded by the Chinese Academy of Arts in the 20th anniversary of the normalization of Sino-Japanese diplomatic relations in 1992.

Dance is my life. I will continue to exert myself in popularizing and promoting Japanese dance as long as I live.

China, a country I miss day and night, renders me revitalized vigor in arts and gives me infinite strong desire to create. I will always cherish this sort of love and friendship. I earnestly hope that the seed I sowed during my first visit to China for dance exchange will continue to blossom and bear many fruits in the future.

清水正夫

日本

（财团法人）松山芭蕾舞团 理事长

松山芭蕾舞团 名誉团长

（社团法人）日中友好协会全国本部 副会长

东京都日中友好协会 副会长

（财团法人）日中友好会馆 理事

日中文化交流协会 顾问

（社团法人）日本武术太极拳联盟 副会长

北京大学客座教授

清华大学 客座教授

一级建筑师

1921年1月1日生于东京荒川。1948年与夫人松山树子共同创办松山芭蕾舞团、松山芭蕾舞学校，以“生命在于创造”为宗旨，开创“古典芭蕾舞公演”和“现代芭蕾舞创作”并举的艺术道路。该舞团曾创作并公演《白狐温泉》《白毛女》《祇园祭》《彩虹桥》等多部现代芭蕾舞剧作品，并多次在日本国内外巡回演出。清水正夫被誉为日本芭蕾舞奠基者。

清水正夫及松山芭蕾舞团自1955年起，在两国尚未恢复邦交之时，便已与中国开始进行交流活动。以被压迫的农民解放自己国家为主题的中国民间传说故事《白毛女》深深感动了清水正夫，1955年他将这个故事改编为芭蕾舞剧，并在东京日比谷会堂公演，堪称世界首创。1958年，他携该作品到中国公演，之后，他通过芭蕾舞艺术致力于日中文化交流，成为日中文化交流的先驱者。他曾广泛接触周恩来总理等中国国家领导人，聆听他们对日中和平友好发展的诸多指导。清水正夫担任日中各友好团体重要职务的同时，率领松山芭蕾舞团12次访华公演，期间，毛泽东主席、周恩来总理等多位中国国家领导人及各界要人曾莅临观看，对推动日中民间文化交流做出了巨大贡献。

2004年，获中国文化部颁发的日中文化交流贡献奖。

2008 年，中国国家主席胡锦涛访日时曾接见清水正夫和松山树子夫妇。2008 年，松山芭蕾舞团创立 60 周年之际，清水正夫长子清水哲太郎及松山芭蕾舞团现任团长森下洋子继承清水正夫“生命在于创造”的遗志，正以丰富的舞台表现托起众多人们的梦想，2000 多名松山芭蕾舞学校的学生也正满怀生命的喜悦翩翩起舞。

清水正夫

（財）松山バレエ団　理事長
松山バレエ団　名誉団長
社団法人日中友好協会全国本部　副部長
東京都日中友好協会　副会長
財団法人日中友好会館　理事
日中文化交流協会　顧問
社団法人　日本武術太極拳連盟　副会長
北京大学客員教授
精華大学　客員教授
一級建築士

1921 年 1 月 1 日東京・荒川に生まれる。

1948 年，松山バレエ団・松山バレエ学校を夫人の松山樹子と共に設立。「創造こそ命」を旨に“古典バレエの上演”と“現代バレエの創造”を軸として活動を始める。「白狐の湯」「白毛女」「祇園祭」「虹の橋」などの多くの作品を発表し、日本のバレエ界の草分けとして高く評価される。

これまで国内外で数多くの公演を上演。

特に中国とは国交回復以前の 1955 年から交流。1955 年、虐げられた農民たちが自分達の国を解放していくというテーマに強く感動した中国の民話「白毛女」を世界で初めてバレエ化し、日比谷公会堂にて初演。1958 年にこの作品を持って中国公演を行い、以後、バレエを通じた日中の文化交流に尽力し、日中文化交流のさきがけとなる。周恩来総理をはじめとする中国の指導者たちから日中の平和と友好について多くの示唆を受けてきた。日中関係諸団体の要職を務めると共に 12 回にわたる中国公演を行い、その間毛主席、周総理はじめ多くの国家要人政財界の要人諸子にご臨席を頂き、民間での日中文化交流の促進に多大な貢献をする。

2004 年, 中国文化部より日中文化交流貢献賞を受ける。

先日、胡錦濤国家主席訪日の際にはご夫婦の訪問を受けている。

現在 60 周年を迎えている松山バレエ団は長男である清水哲太郎と団長・森下洋子が清水正夫の「創造こそ命」の志を引き継ぎ、多くの方々に夢をお届けする数々の舞台を上演している。また松山バレエ学校では 2000 人を超える多くの生徒が生きる喜びを踊りを通じて学んでいる。

Masao Shimizu

(Legal body of financial group) Director General of Matsuyama Ballet
Honorary Head of Matsuyama Ballet
(Legal body of mass organization) Vice-president of the headquarter of Japan-China Friendship Association
Vice-president of Tokyo Japan-China Friendship Association
(Legal body of financial group) Director of Japan-China Friendship Center
The consultant of Japan-China Cultural Exchange Association
(Legal body of mass organization) Vice-president of Japan Wushu Taijiquan Federation
Visiting professor of Peking University
Visiting professor of Tsinghua University
First-class registered architect

Masao Shimizu was born in Arakawa, Tokyo on January 1, 1921.

In 1948, he founded the Matsuyama Ballet Matsuyama Ballet School with his wife Mikiko Matsuyama, and they initiated the artistic path of combining the "classical ballet performances" and the "modern ballet creation" with the tenet of "life relies on creation". The group has composed and premiered many modern ballet works such as White Fox Hot Spring, The White-Haired Girl, Gion Festival, and Rainbow Bridge, and has made touring performances in and out of Japan. Masao Shimizu has been praised as the founder of Japan's ballet.

Since 1955, Masao Shimizu and the Matsuyama Ballet have started the exchange activities with China before the restoration of diplomatic relations between the two countries. In the same year, Masao Shimizu was moved by the Chinese folklore story "The White-Haired Girl" of reflecting the liberation of their country by the abused farmers, and then he recomposed the story into a ballet, and performed it in the Hibiya Hall of Tokyo, which could be called the first ballet performance of this story in the world. In 1958, he brought this work to China and carried out the premiere, and later, he dedicated to the Japan-China cultural exchange through his ballet, becoming a pioneer in Japan-China cultural exchange. He has extensively contacted Premier Zhou Enlai and other Chinese state leaders, and listened to their guidance on the Japan-China peace and friendship. Masao Shimizu led the Matsuyama Ballet and conducted 12 visiting performances in China when he served important positions in Japan-China friendship organizations, and during the performing period, Chairman Mao Zedong, Premier Zhou Enlai, and several other state leaders and dignitaries watched the performances. He has made a great contribution to the promotion of cultural exchanges between Japan and China.

In 2004, he was awarded the Japan-China Cultural Exchange Award granted by the Ministry of Culture of PRC.

In 2008, Chairman Hu Jintao gave audience to the couple of Masao Shimizu and Mikiko Matsuyama when he visited Japan.

In 2008, at the 60th anniversary of Matsuyama Ballet, Tetsutaro Shimizu, the eldest son of Masao Shimizu, and the current head of Matsuyama Ballet Yoko Morishita up-lifted the dream of people by the rich stage performances with the unfulfilled wish of “life relies on creation” of Masao Shimizu, and more than two thousand students from Matsuyama Ballet School also danced trippingly with the joy of life.

松山芭蕾舞团与松山芭蕾舞学校简介

松山芭蕾舞团和芭蕾舞学校为清水正夫（前理事长）与松山树子（现名誉艺术指导）于1948年共同创办，至今已有半个世纪的历史，是日本最知名的芭蕾舞团和芭蕾舞学校。自成立之日起，便以“生命在于创造”为宗旨，把“古典芭蕾的继承”和“日本风格芭蕾舞的创作”作为推动艺术活动的两个车轮，积极拓展事业。至今已成功开展包括欧洲公演、美国公演以及13次访华演出在内的多次海外巡演活动。

目前，松山芭蕾舞团已经排演了新版《天鹅湖》《睡美人》《罗密欧与朱丽叶》《灰姑娘》等全幕芭蕾舞保留剧目，每年上演40余场，为芭蕾舞艺术的普及和振兴而不懈努力。松山芭蕾舞学校在日本全国各地拥有分校，在校学生和进修生超过2000人，在芭蕾舞教育领域令人瞩目。

1971年访华的清水·森下

清水哲太郎

清水正夫是THE JAPAN BALLET、松山芭蕾舞团及松山芭蕾舞学校总代表、导演、编舞家、舞蹈家。

1948年出生，是松山芭蕾舞团创始人清水正夫和松山树子的长子。在日本师从东勇作、松山树子，在摩纳哥师从马里卡·贝则布拉则乌亚、在纽约师从斯坦利·威廉姆斯学习芭蕾舞。1974年与森下洋子一起参加瓦尔纳国际芭蕾舞比赛，获得铜奖。还曾获得艺术选奖文部科学大臣奖等多个奖项。2005年获得日本政府紫绶褒章。目前，负责松山芭蕾舞团所有作品的导演、编舞、改编并且担任主演，与森下洋子团长共同积极推动各项活动的开展。

森下洋子

松山芭蕾舞团理事长、团长、首席女演员

1948年出生于广岛。3岁开始学习芭蕾舞，曾师从叶室洁、洲和道子、橘秋子、卓别茨奥夫等人。12岁独自一人来到东京，居住在武藏野市，专心练习芭蕾舞。毕业于吉祥女子高等学校（第18期生）。1971年加盟松山芭蕾舞团，师从松山树子。1974年获瓦尔纳国际芭蕾舞大赛金奖。曾参与伊丽莎白女王加冕25周年纪念演出等活动，广泛活跃于国际舞台。曾获英国劳林奥林比耶奖等多个国际大奖，是获得这些奖项的第一个日本人。1997年成为受到日本政府文化功劳者表彰的最年轻的女性。2001年就任松山芭蕾舞团团长。身为松山芭蕾舞团女演员，森下洋子主演了几乎所有的公演剧目大部分时间专心于演出，同时致力于芭蕾舞团的艺术创作。森下洋子是日本艺术院会员。

清水・森下与李先念先生

松山バレエ団・松山バレエ学校

ヘルシンキにてかくまつじゃく先生と

1948（昭和23）年に清水正夫（前・理事長）と松山樹子（現・名誉芸術監督）によって創立されて以来、半世紀の歴史を持つ日本を代表するバレエ団、バレエ学校。創立当初より『創造こそ命』の掛け声のもと"古典バレエの継承"と"日本的バレエの創造"とを車の両輪として積極的な活動を展開。ヨーロッパ公演、アメリカ公演、そして13回にわたる訪中公演など数多くの海外公演も果たし、今日に至る。

現在、松山バレエ団は新『白鳥の湖』『眠れる森の美女』『ロミオとジュリエット』『シンデレラ』ほかドラマチックな全幕バレエのレパートリーを豊富に揃え、年間40あまりの公演を行ってバレエ芸術の普及・振興に邁進している。また松山バレエ学校は全国に支部を持ち、所属する生徒・研究生2000名あまり、精力的なバレエ教育で常に注目を集めている。

清水哲太郎

ザ・ジャパン・バレエ　松山バレエ団　松山バレエ学校　総代表、演出・振付家、舞踊家

1948年清水正夫、松山樹子によって創立された松山バレエ団に長男として誕生。

日本において東勇作、松山樹子、モナコにてマリカ・ベゾブラゾヴァ、ニューヨークにてスタンリー・ウイリアムズの各氏に師事。1974年ヴァルナ国際コンクールに森下洋子と出場し、銅賞を受賞。芸術選奨文部大臣賞など受賞多数。2005年には紫綬褒章を受章。現在、松山バレエ団のすべての作品の演出・振付・振付改

訂及び主演を務めながら、団長森下洋子と共に積極的な活動を続けている。

森下洋子

松山バレエ団　理事長・団長　プリマバレリーナ

1948 年、広島市生まれ。3 歳よりバレエをはじめ、葉室潔、洲和みち子、橘秋子、シュベッツオフに師事。12 歳で単身上京、武蔵野市に住み、バレエレッスンに打ち込む。吉祥女子高等学校卒業（18 回生）。1971 年、松山バレエ団のメンバーとなり、松山樹子に師事。1974 年、ヴァルナ国際バレエコンクールにて金賞受賞。エリザベス女王戴冠 2 5 周年記念公演など海外でも幅広く活躍。英国ローレンスオリビエ賞など日本人として初となる数多くの賞を受賞。1997 年、女性最年少の文化功労者として顕彰される。2001 年、松山バレエ団の団長に就任。松山バレエ団プリマバレリーナとしてほとんどの公演に主演する一方、バレエ団の創造活動の要として活躍。日本芸術院会員。

李先念先生と清水・森下

Introduction of Matsuyama Ballet and Matsuyama Ballet School

In 1971, Tetsutaro Shimizu and Yoko Morishita visited China

Matsuyama Ballet and Matsuyama Ballet School were co-founded by Masao Shimizu (former director general) and Mikiko Matsuyama (honorary art director) in 1948 and they are the most famous ballet troupe and ballet school in Japan with the history of half a century. Since the date of establishment, they have kept the tenet of "life relies on creation" to promote the art activities and expand the business by pulling the two wheels of "classical ballet inheritance" and "creation of Japanese style ballet". So far, the troupe has successfully implemented several overseas performances, such as the European and U.S. tours, as well as 13 tours to China.

Currently, Matsuyama Ballet has already had abundant ballet repertoire, containing the new versions of Swan Lake, Sleeping Beauty, Romeo and Juliet, Cinderella and so on, making more than 40 performances a year, and making unremitting endeavor for the popularization and revitalization of ballet. Matsuyama Ballet School has branch schools across Japan with more than 2,000 students and advanced students, which is really remarkable in the field of ballet education.

Tetsutaro Shimizu

Tetsutaro Shimizu is chief representative director, choreographer and dancer of the Japan Ballet, Matsuyama Ballet and Matsuyama Ballet School.

Tetsutaro Shimizu was the first son of the founders of Matsuyama Ballet—Masao Shimizu and Mikiko Matsuyama, and he was born in 1948. He had learnt ballet from Azuma Yusaku and Mikiko Matsuyama, traveled to Monaco to study ballet from Marika Besobrasova, and kept his study and research on ballet from Stanley Williams in New York. In 1974, he participated in the Varna International Ballet Competition together with Yoko Morishita, and won the bronze medal. He has also gained several awards in Japan, such as the Medal of Arts-MEXT Minister Prize. In 2005, he was awarded the Purple Ribbon Medal by the Japanese Government. Currently, he is responsible for the performances, choreography, adaptation, and starring of all the works of Matsuyama

Ballet, actively promoting various activities with Yoko Morishita, the manager of the Ballet.

Yoko Morishita

The director general, head, and chief dancer of Matsuyama Ballet

Yoko Morishita was born in Hiroshima in 1948. She started dancing ballet at the age of three, and has learnt from Kiyoshi Hamuro, Michiko Suwa, Akiko Tachibana, Igor Schwezoff, and so on. She moved to Tokyo alone when she was 12 years old and practiced ballet attentively in Musasino. She graduated from Kichijo Girls High School (the 18th term), entered Matsuyama Ballet in 1971, and learned ballet from Mikiko Matsuyama. She won the Gold Medal at the 1974 Varna International Ballet Competition. She has also performed for the 25th anniversary of the coronation of the Queen Elizabeth, being widely active in the international arena. She has won many international awards such as the Laurence Olivier Awards, becoming the first Japanese who won the prizes. She was the youngest female that was awarded the Person of Cultural Merit in 1997. She served as the leader of Matsuyama Ballet in 2001. Being the leading actress of Matsuyama Ballet, Yoko Morishita spends most of her time on the performances and the artistic creation of the troupe. She is also a member of the Japan Art Academy.

Tetsutaro Shimizu, Yoko Morishita and Mr. Li Xiannian

松山树子

日本

松山芭蕾舞团创始人·名誉艺术指导
松山芭蕾舞学校名誉校长

松山树子（Mikiko Matsuyama）出生于日本鹿儿岛县姶良郡隼人町。1936年入选日本剧场（日剧）首次举办的职业芭蕾舞演员培养班，成为古典芭蕾舞科第一期学员。曾接受著名舞蹈家奥列加·萨菲亚先生的严格训练，奥列加·萨菲亚先生曾在俄罗斯普罗沃伦斯基芭蕾舞学校、圣彼得堡皇家芭蕾舞团、皇家马林斯基剧院芭蕾舞团学习。松山树子是日本最早的职业古典芭蕾舞蹈家和日本古典芭蕾舞的开创者。1940年进入东勇作芭蕾舞团担任首席女演员，曾师从奥列加·萨菲亚和东勇作，1943年毕业于东洋音乐学校钢琴科。

1948年与清水正夫共同创办松山芭蕾舞学校和松山芭蕾舞团，致力于以古典芭蕾舞为基础的创作，在舞蹈艺术领域不断探索。松山树子曾参与创作和推出芭蕾舞剧《白狐温泉》《白毛女》《梦中殿堂》《安妮特拉之舞》《泪泉》《睡美人》《奥赛罗》《祇园祭》《红色阵羽织》《越南少女》《小刀会》《高野圣》等诸多松山芭蕾舞团作品。

1957年凭借编舞作品《泪泉》获得日本艺术节文部大臣奖励奖；1959年作品《白毛女》获得和平文化奖；以及日本文艺家协会（PEN Club）舞蹈奖和舞蹈艺术奖。1985年荣获日本政府紫绶褒章；1989年荣获日本舞台艺术家团体协议会艺术功勋奖；1994年荣获日本政府勋四等宝冠章。

松山树子曾担任洛桑芭蕾舞比赛等国内外大赛的评委。

1978年，松山树子在纪念舞蹈生涯42周年暨松山芭蕾舞团创立30周年纪念演出中出演《葛蓓莉亚》，后作为名誉艺术指导，继续支持松山芭蕾团的发展。

松山树子曾多次率团赴海外演出，1984 年赴意大利、1985 年赴伦敦、1988 年赴希腊、1988 年赴爱丁堡国际艺术节、2001 年赴纽约、华盛顿演出。松山树子于 1955 年首次访问中国，1958 年应周恩来总理邀请访华演出，在这次演出中芭蕾舞剧《白毛女》全球首演，至今松山芭蕾舞团已经举办访华公演 12 次，作为日中文化交流事业的先驱者为世界文化交流事业的发展做出了突出贡献。

松山樹子

松山バレエ団　創立者・名誉芸術監督
松山バレエ学校　名誉校長

鹿児島県始良郡隼人町出身。1936年、日本劇場（日劇）の日本で初めて導入されたバレエのプロフェッショナル養成機関のクラシックバレエ科第一期生に選ばれ、ヴォリンスキーバレエ学校、セントペテルスブルグ帝室バレエ学校、帝室マリインスキー劇場バレエ団出身のオリガ・サファイヤ先生の厳しい薫陶を受け日本で最初のクラシックバレエ職業舞踊家として日本のクラシックバレエの草分けとして活躍する。1940年より東勇作バレエ団に所属しプリマバレリーナとして活躍する。オリガ・サファイヤ、東勇作に師事。1943年東洋音楽学校本科ピアノ科卒。

1948年清水正夫と松山バレエ学校、松山バレエ団を創設。古典クラシックバレエを基本に据え創造活動を推し進める為、舞踊芸術の探求に邁進してゆく。創作バレエ「白狐の湯」「白毛女」「夢殿」「アニトラの踊り」「バフチサライの泉」「レ・シルフィード」「オセロ」「祇園祭」「赤い陣羽織」「ベトナムの少女」「小刀会」「高野聖」「内なる鞭打つ、しめやかに沈め」など多くの作品を松山バレエ団として発表し続ける。

1957年「バフチサライの泉」の振付により芸術祭文部大臣奨励賞、1959年「白毛女」で平和文化賞を受賞。他に舞踊ペンクラブ賞、舞踊芸術賞、1985年紫綬褒章、1989年日本芸能実演家団体協議会芸能功労者表彰受賞、1994年勳四等宝冠章を受章。

ローザンヌ・バレエ・コンクールなど国内・海外のコンクールの審査員をつとめた。

1978年舞踊生活42周年・松山バレエ団創立30周年記念公演で「ライモンダ」に出演。以後、名誉芸術監督として松山バレエ団の舞台を支える。

1984年イタリア公演、1985年ロンドン、ギリシャ公演、1988年エディンバラ・インターナショナル・フェスティバルに参加、2001年ニューヨーク、ワシントンで公演するなど数多くの海外公演を行う。1955年に中国を初訪問し、1958年周恩来総理の招きにより第1回訪中公演「でバレエ・白毛女」を世界初演、以来今日まで松山バレエ団として12回にわたる訪中公演を行い日中文化交流の草分け的存在として、又、世界文化交流の発展に尽力し今日まで数々の業績を残している。

Mikiko Matsuyama

Founder and Honorary Artistic Director of Matsuyama Ballet
Honorary President of Matsuyama Ballet School

Mikiko Matsuyama was born in Hayatocho of Aira-gun, Kagoshima Prefecture, Japan. In 1936, she was recruited as one of the first term students by a classical ballet department in the professional ballet dancer training institution of the Japanese Theater. She has received the rigorous training from the famous dancer Mr. Oleg Safia, who had studied and worked in the Russian P. Volynskyi Ballet School, St. Petersburg Royal Ballet, and Royal Ballet of the Mariinsky Theatre. Mikiko Matsuyama is the earliest professional classical ballet dancer and the pioneer of classical ballet in Japan. In 1940, she served as the principal actor in Azuma Yusaku Ballet, and learned from Oleg Safia and Yusaku Azuma. She graduated from the Piano Department of Toyo Institute of Music in 1943.

In 1948, she founded the Matsuyama Ballet and Matsuyama Ballet School with Masao Shimizu, devoting to the creation based on classical ballet and continuously exploring in the field of dance. She has participated in the creation and the launch of the ballets "White Fox Hot Spring", "the White Haired Girl", "Dream Palace", "Anitra's Dance", "The Fountain of Bakhchisarai", "Sleeping Beauty", "Othello", "Gion Festival", "Red Haori", "Vietnam Girl", "Knife Fight", and "Saint of Mt. Koya" and many other works.

In 1957, the work titled "The Fountain of Bakhchisarai" won the Japanese Art Festival-MEXT Minister Award; and in 1959, "The White-Haired Girl" won the Cultural Peace Prize, the Japan PEN Club Dance Award and the Dance Art Award. In 1985, Mikiko Matsuyama was awarded the Medal with Purple Ribbon granted by the Japanese Government, the Artistic Merit Award by Japan Stage Art Groups Association in 1989, and the fourth class Order of the Precious Crown in 1994. Mikiko Matsuyama has also served as the judge of Lausanne Ballet Competition.

In 1978, Mikiko Matsuyama acted the leading role of "Coppelia" in the commemorative performance of the 42th anniversary of her dance career and the 30th anniversary of the establishment of Matsuyama Ballet, and then she served as the honorary artistic director, and continued to support the development of Matsuyama Ballet.

Mikiko Matsuyama has conducted many overseas performances, including the performances to Italy in 1984, London in 1985, Greece in 1988, the Edinburgh International Festival in 1988, and New York and Washington D.C. in 2001. Mikiko Matsuyama first visited China in 1955, and first carried out the performance of ballet "The White-Haired Girl" to the world in 1958 at the invitation of Premier Zhou Enlai, and so far, the Matsuyama Ballet has performed in China for 12 times, creating brilliant achievements for the development of international cultural exchange as the pioneer of Japan-China cultural exchange.

松山芭蕾舞团　中日友好的纽带

满怀爱·感恩·谢罪之情

在中国伟大悠久的历史长河中，中国人民万众一心，为创造人类历史上具有全新文明价值的文化时代，承受了人类无法想象的无苦难和牺牲，喜极而泣间，经过艰苦卓绝的努力，中华人民共和国于1949年成立了。

此后的两三年，两名日本人在日本东京为新中国的成立而感动、兴奋，乃至喜极而泣。这两位日本人为成立之初的中华人民共和国不惜献出自己微薄的一切，不惜身背任何重负，惟愿向中国人民奉上“发自内心的礼物”，并为此执著奔波。他们正是松山芭蕾舞团的创始人，清水正夫和松山树子夫妇。

1952年，清水正夫和松山树子在东京首次观看到中国电影《白毛女》，他们为中华民族解放自己国家和全世界的意志所震撼，二人除了感动还是感动，每每潸然泪下。他们决心将这个故事搬上芭蕾舞台，认为这才是献给中国人民的“真情礼物”。创作过程中，他们精益求精、反复修改，并亲手制作服装和道具，聘请名家作曲，运作演出事宜。

清水正夫和松山树子看到许多日本人尚无渠道向中国的普通民众表达忏悔之意的纠结，决心首当其冲，背负日本法西斯的极端丑恶所造成的重负，深刻反省日本人无法洗刷作为人的耻辱，于1955年创作完成人类历史上首个古典芭蕾舞剧《白毛女》。同年，首个芭蕾舞剧作品《白毛女》出现在东京日比谷公会堂的舞台上。

“白毛女”的故事诞生在中国河北省，于1943年在延安改编为歌剧，1950年在长春电影《白毛女》首映，1955年芭蕾舞剧《白毛女》的诞生则出自于日本人之手。

清水正夫和松山树子，发掘“白毛女”故事中的人性本质和鲜明价值观，创作了芭蕾舞剧《白毛女》。他们通过故事中人物各种动作的舞台表现，长久地与中国民众产生精神上的共鸣，形成美好价值观，贡献于个人、公众乃至全社会，成为他们二人职业生涯、以及松山芭蕾舞团根本上的永恒原点。

清水正夫和松山树子与“白毛女”的相遇，对于松山芭蕾舞团，乃至全人类来说，都是推动自身保持永恒前进动力的瑰宝。作为后继者，我们感到无比幸福。

1952年2月12日，松山芭蕾舞团在东京日比谷公会堂首次演出芭蕾舞剧《白毛女》，成为世界上公演这一中国芭蕾舞剧的唯一外国芭蕾舞团。清水正夫回忆说，那天虽然非常寒冷，但全场座无虚席。观众大多数是大学生和劳动者，演出时不时响起掌声，谢幕时也掌声不断，观众和

白毛女

演员都流下了泪水。

世上居然有人将中国的农民革命故事搬上了芭蕾舞台……反对之声不乏其人，而以贫穷弱小者的解放为主题的《白毛女》的公演，除了芭蕾舞爱好者外，还吸引了大批初次接触芭蕾舞的年轻观众。日比谷公会堂气氛热烈，掌声雷动。清水正夫回忆起当时的盛况。

同年 5 月，世界和平大会在芬兰首都赫尔辛基召开，松山树子代表松山芭蕾舞团前往与会，同中国与会代表郭沫若先生相遇，郭沫若先生一口答应了日本代表团“希望访华”的要求，并发出邀请。当年的中国国庆招待会在北京饭店举行，周总理及众多中国国家领导人到场，松山树子应邀出席。周总理轻松幽默地说“这里有三个‘白毛女’”，将歌剧《白毛女》扮演者王昆女士、电影《白毛女》田华女士和松山树子等“三位白毛女”扮演者介绍给在场来宾。2003 年 10 月 14 日，为庆祝中日和平友好条约缔结 25 周年，清水正夫率松山芭蕾舞团第 12 次访华演出，在欢迎宴会上，松山芭蕾舞团得以与田华女士、王昆女士以及歌剧《白毛女》中“喜儿”另一扮演者郭兰英女士欢聚一堂，遗憾的是松山树子未能出席。

当时中国提出了“百家齐放、百家争鸣”的文艺方针，周总理为本国文艺事业的发展竭尽全力，他嘱咐松山树子率领芭蕾舞剧《白毛女》在适当时候来华演出。

三年后，周总理的嘱托得以实现。1958 年松山芭蕾舞团首次访华公演，全团乘船到天津港，再乘火车前往北京，中国戏剧家协会主席田汉先生、中国人民对外友好协会副会长杨骥先生、中国舞蹈家协会副主席戴爱莲女士等专程前来北京站迎接。

中国于 1954 年成立北京舞蹈学校，古典芭蕾舞教育才开始起步，中国观众能否接受日本的原创芭蕾舞剧还是未知数。

中国有人质疑“《白毛女》变成芭蕾舞难以想象”，日本则有人担心“没有台词的芭蕾舞能否准确传达剧情”。但当大幕开启、故事随着芭蕾舞展开时，中国的观众们为“日本的芭蕾舞团舞出中国革命”、为人民解放事业被展现于芭蕾舞台而由衷感动。无声的艺术形式反而更胜一筹。

中方主动问我们“想去哪些地方”，以此为契机，我们的首次访华演出意外地成为辗转北京、重庆、武汉、上海等地长达 59 天的巡回演出。在武汉，我们在农业生产合作社（人民公社）打谷场的土地上面起舞。在上海，文化广场剧场坐满了一万三千名观众，松山芭蕾舞团第一次面对如此规模的观众，雷鸣般的掌声恍若隔世。

1972 年 7 月 11 日，中日友好协会副秘书长孙平化先生率领由 208 人组成的上海舞剧团访日。松山芭蕾舞团也受命参与接待，为上海舞剧团访日取得全面成功竭尽全力。7 月 14 日，由松山芭蕾舞团首创、中国方面再次创作的芭蕾舞剧《白毛女》在日生剧场上演，同时孙平化团长与大平

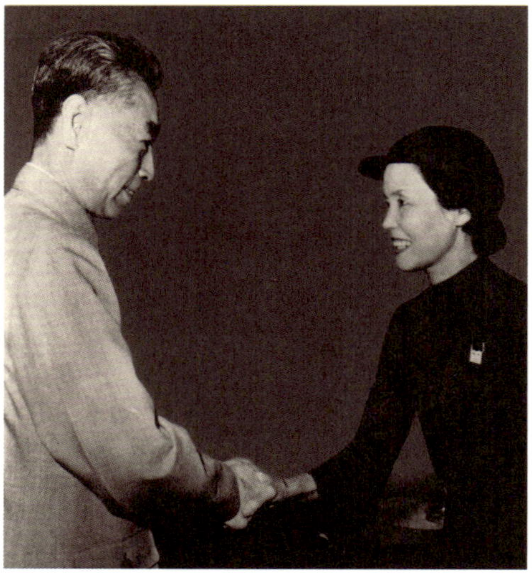

松山树子与周总理握手

1964 年身着祇园祭服饰与毛主席握手的松山树子

正芳外相关于日中邦交正常化的首次正式谈判也顺利进行。当年 9 月田中角荣首相访问北京。日中两国首脑正式会谈、紧紧握手，终于结束了“国交断绝”的历史，这些是上海舞剧团回国仅仅 1 个月后的事情。

日中友好事业的基础是由科学、宗教等各领域的交流构成的，但人们往往没有留意，两国芭蕾舞的艺术交流会成为日中恢复邦交的切入点。中美对话是以中国邀请美国乒乓球代表团访华为契机，民间交流成为中美改善国家关系的媒介。之后中日对话的契机则源于芭蕾舞交流，艺术使日本与中国走到一起，完全可以说芭蕾舞艺术是中日改善国家关系的媒介。

如果说 20 世纪 70 年代中美关系的缓和始于“乒乓外交”，那么中日外交堪称始于“芭蕾外交”，松山芭蕾舞团得以亲历这一历史时刻，感到无比荣幸。松山芭蕾舞团的访华演出截止 2011 年，已达 13 次。

50 年代到 70 年代开始与中国交流时期，中国国家领导人中有许多开国元勋，如毛泽东主席、周恩来总理、刘少奇、朱德、陈毅、贺龙、彭真、李先念、郭沫若、廖承志等各位先生……当时与这些前辈进行过交流的日本人，无一不被他们“无与伦比的人格魅力”所打动，特别是周恩来总理，既是伟大的政治家，又是通晓音乐和舞蹈的伟大艺术家。

自 1958 年松山芭蕾舞团首次访华演出至 1972 年两国邦交正常化期间，中国领导人高度称赞松山芭蕾舞团的表演具有高超的艺术性，一直给予我们大力支持。清水正夫曾说“中国国家领导人们执掌政事的同时，又令人感到他们还是由衷热爱音乐舞蹈的人，在艺术面前，没有中国人和日本人之分”。

尽管如此，持续进行访华演出仍非易事，演职人员的差旅费、演出用具的运输费等都要自筹。特别是演出用具量大，运送至中国演出地点需要巨额资金，但我们从未依赖过任何日本的政治团体，同时中国的领导人最大限度地给我们以帮助。他们超越政治派别的高姿态令我们由衷钦佩，且受益匪浅。

1964年9月，松山芭蕾舞团访华演出，根据演出行程，原计划先去哈尔滨，再从南京到上海。在哈尔滨演出期间，突然接到中国外交部速回北京的紧急通知，说是毛主席将接见全团。10月1日，清水正夫应邀登上天安门城楼，第一次见到毛主席。

11月3日，松山芭蕾舞团在北京人民大会堂三楼小礼堂为毛泽东主席等中国党和国家领导人专场演出，幕间休息时，毛主席接见了清水正夫和松山树子。清水正夫曾回忆到，松山树子提到上海舞蹈学校继松山芭蕾舞团之后将《白毛女》改编成了芭蕾舞剧时，毛主席多次对我们说道“你们是老前辈”，还说艺术要尊重传统，但贵在创新，艺术应面向大众。

由于中国各界人士的大力支持，1955年松山树子首次访华之后，从1958年松山芭蕾舞团第一次访华演出以来，13次访华演出均取得圆满成功，清水正夫也在半个世纪的时间里访华百余次。

中日两国人民相互拥抱、携手，全身心面向无限远大的未来，为创造地球上充满关怀的、具有挑战性的美好世界与强大的美好世界，以及用和平之心境，构筑安心、安定、安全有活力的人类新时代，为此而共同奋斗，这也是我们合力书写的光辉历史。

正因为如此，2004年，松山芭蕾舞团的创始人清水正夫与松山树子获得了中国政府颁发的、具有深远意义的“文化交流贡献奖”，表彰他们自1952年起通过艺术文化对中日友好交流做出的贡献。对于这份荣誉，清水正夫、松山树子、以及松山芭蕾舞团全体人员无不心怀感激与感动。

这次获奖，成为清水哲太郎、森下洋子、以及松山芭蕾舞团全体团员继清水正夫、松山树子开创的事业以来，与中国各界进行进一步交流的新起点。我们深深感到，这次获奖正是中国人民对于清水正夫、松山树子深厚情谊的回应，也是对后来者的激励。

2008年5月，中国国家主席胡锦涛亲临松山芭蕾舞团，我们感到非常荣幸，他高度称赞清水正夫、松山树子长期以来为日中友好交流事业倾注的心血。大约一个月后，清水正夫先生溘然长逝，胡锦涛主席亲致唁电，这份深情令我们感激不尽。

去年5月，松山芭蕾舞团再获中国政府“日中友好贡献奖”，温家宝总理亲自向松山芭蕾舞团清水哲太郎总代表、森下洋子理事长兼团长颁奖，并殷切嘱咐说，中国大多数老百姓都期待观看松山芭蕾舞团的《白毛女》。这一嘱托激励我们自2010年至2011年，就大型历史叙事诗芭蕾舞剧新《白毛女》进行三次修改并最终完成了创作。

2010年9月18日，在第79个“九·一八”事变纪念日之际，我们在东京推出新《白毛女》试演，演出结束后的招待会上，中华人民共和国驻日本特命全权大使程永华阁下表示，将邀请我们参加2011年10月中国举办的第12届亚洲艺术节，给了我们极大的惊喜。

我们无不泪眼相庆。之后，2011年1月20日，中华人民共和国文化部部长蔡武阁下访问东京期间会见我们，正式向我们发出参加2011年亚洲艺术节的邀请，传达出中国国务院文化部对松山芭蕾舞团新《白毛女》的期待之情。

2011年10月，在中国对外文化集团公司的周密安排下，我们在上海、北京、重庆向中国普通百姓奉献出大型历史叙事诗芭蕾舞剧新《白毛女》，许多人流着感动的泪水将我们团团围住。

这次访华演出中，松山芭蕾舞团踏着那些为中日友好事业付出毕生精力的众多先人和前辈的足迹，怀着对中国开国元勋们的满腔崇敬，对中国人民的爱与感恩以及谢罪之心，向广大中国观众呈上了自己的作品，希望中国人民读懂我们的作品，而我们也将对中日友好交流的进一步发展竭尽全力。我们衷心感谢中国人民的热情支持，更希望继续得到他们的鞭策。

这次访华演出结束后，作为中日友好事业的后来者，我们对中国伟大的开国元勋们、广大人民、人类的先驱者们、以及松山芭蕾舞团的前辈们为人类、为人民勇于挑战、不畏风险的精神更加由衷感到敬佩。

松山芭蕾舞团与中国的友好交流事业将永远传承下去，在当前团员新老交替之际，我们将带领团员进一步解读日中文化交流的历史，回顾友好基石的构筑历程，强化两国先人及前辈倾毕生心血结成的友好纽带，继续开展松山芭蕾舞团第14次、15次访华演出，通过不断积累，为促进文化艺术领域日中，乃至亚洲和世界的友好交流事业做出贡献。

松山バレエ団　中日友好の絆

愛と感謝と謝罪の気持ちを込めて

中国の偉大な悠久の歴史の流れの中、人々の1人1人の力の集結により、人類史に新しい文明価値文化時代をうちたてようとして、想像を絶する無限の犠牲を基とした、歓喜の涙の上に、中華人民共和国という創造作品が、とてつもなく苦しくも偉大な人間努力によって1949年、創建、成立致しました。

それからわずか2，3年たった日本の東京で、中国建国を感激と興奮の高揚で、涙して喜んでいた2人の日本人がいました。その日本人2人は中華人民共和国が建てられた今こそ、中国の皆様に自分達のなけなしの全てを出し切っても、負を背負った日本人として、中国の人々への「心からの贈り物」をしたいと、狂おしいほどもだえていたのです。

その2人こそ松山バレエ団創立者、清水正夫、松山樹子です。

1952年、清水正夫と松山樹子は東京で、中国の映画『白毛女』に初めて出会いました。中国民族の、自国と全世界を解放するのだ！という意志に共振し、2人は感動、感動のあまり、涙なしに観ることはできませんでした。そして是非これをバレエ化して、中国の人々への日本人からの「心からの贈り物」にしたら、どんなに素晴らしいだろうと考え、構想を練り、衣裳、小道具を作り、作曲家に曲を頼み、演出振付を考えました。

多くの日本人が、中国の庶民への懺悔を表現出来ずにいることへの苦しさを引き受け、清水正夫と松山樹子は、日本のファシズムの極醜の負を背負う覚悟を決意し、日本人が、いまだ人間としての恥と負をはらせずにいることへの猛省をこめて、1955年人類史上初の古典バレエ『白毛女』を創り上げました。そして、1955年、東京の日比谷公会堂で、この地球上に初めてバレエ『白毛女』という作品が出現しました。

もともと河北省の物語だった『白毛女』が、1943年に延安でオペラ化され、1950年には長春で映画『白毛女』が封切られ、その誕生の歴史の中に日本人の手になるバレエ『白毛女』が加わりました。

清水正夫と松山樹子は、この『白毛女』の

白毛女

物語の中に人間の本質、揺ぎ無い価値を見出し、バレエ化しましたが、この物語から生み出された様々な人間活動が、その後、こんなにも長きにわたって中国の方々の精神との邂逅を通じて素晴らしい価値を私共へ、そして社会へと与えてくれ、2人の生涯の、そして松山バレエ団にとって根底をなす永遠の原点となりました。

しかしこの『白毛女』との出会いは、松山バレエ団にとどまらず、人類にとって、一生涯というより永遠の前進性を促す宝を与えられたことに他ならず、後に続くものにとって、これに勝る幸せはありません。

1952年2月12日に松山バレエ団は、東京日比谷公会堂でバレエ『白毛女』を初めて披露し、世界中でこの中国のバレエ劇を公演する唯一の外国バレエ団となりました。清水正夫によれば、その日は非常に寒かったにも関わらず、ものすごい数の来場者だったそうです。その中の多くは大学生と労働者の人々で、拍手が鳴り止まず、初演の舞台のカーテンコールが途絶えず、観衆も出演者も涙を流した、ということです。

世間には、中国の農民の革命的な物語をバレエ化するなんて……との反対の声もありましたが、貧しく弱い者の解放をテーマにした『白毛女』の初演は、バレエファンのみならず初めてバレエを見るという若い観客も集りました。日比谷公会堂は熱気に包まれ、カーテンコールでは割れるような拍手が響き渡ったと、清水正夫は当時を振り返っておりました。

同年5月、フィンランドの首都ヘルシンキで世界平和大会が開かれ、ここに松山バレエ団から松山樹子が参加。中国からは郭沫若先生が代表として参加していらっしゃり、「中国を訪問したい」という日本代表団の希望を快諾、中国に招待して下さいました。この時、国慶節の宴会が北京飯店で開かれ、周総理以下国家の指導者たちが勢ぞろいした席に松山も臨みました。周総理は「ここに3人の白毛女がいます」とセンス溢れるユーモアでオペラ『白毛女』の王昆先生、映画『白毛女』の田華先生に松山を加え「3人の白毛女」をご来賓の方々に紹介して下さいました。その後2003年10月14日に、中日平和友好条約締結25周年を祝うため、清水正夫が松山バレエ団を率いて、12回目の訪中公演を行い、残念なことに、松山樹子は参加できませんでしたが、歓迎レセプションで、松山バレエ団は、田華先生や王昆先生、そして、歌劇の「喜児」のもう一人の役者である郭蘭英先生にもお会いすることができました。

中国では当時、「百家斉放・百家争鳴」が始まった時期で、周総理はこのようにして自国の文芸発展に力を注いでいらっしゃり、『白毛女』をもって、いずれ皆さんでいらっしゃいと松山に声をかけて下さったのです。

3年後に実現した1958年の第一回訪中公演では、天津港から北京へは列車で移動。中国戯劇家協会主席の田漢先生、中国人民対外友好協会副会長の楊氏、舞踊家協会副主席の載愛蓮先生などが出迎えて下さいました。

中国では1954年に北京舞踏学校でクラシック・バレエが始まったばかりであり、果たして日本の創作バレエが受け入れられるかは未知数でした。

中国の方の中には「『白毛女』のようなものがバレエになるのか、考えられない」という声や、日本人の中には「バレエにはセリフがないから、ドラマが伝わらないのではないか」などの意見がありました。ところが幕が上がり舞台が進行すると、中国のお客様は「日本からきたバレエ団が自分たちの革命を踊っている」と、人民の解放がバレエになったことに目を瞠って感動してくださいました。言葉がないのもかえってよかったのかもしれません。

中国側が「次はどこに行きたいですか？」と訪ねて下さったことをきっかけに、わたしたちの訪中公演は思いもかけず、北京、重慶、武漢、上海を回る59日間の長旅となりました。武漢では農業生産合作車（人民公社）の脱穀所の土の庭で踊りました。上海の文化広場劇場では1万3000人を動員、松山バレエ団もあんな大勢の人々を前にして踊るのは初めてのことで、その拍手たるやこの世のものとは思えない壮観さでした。

1972年7月11日には、中日友好協会副秘書長の孫平化先生が団長となって率いる中国上海舞劇団が総勢208人で訪日。松山バレエ団も日本での接待係をおおせつかり、公演がさまざまな方面でつつがなく大成功裡に終了できますよう、精一杯心を込め、全力でお迎え致しました。同月14日、日生劇場で、松山バレエ団の創作の後中国で創られた『白毛女』を上演する一方で、孫平化団長と大平正芳外相が日中国交正常化に向けた初の公式折衝を着々と進め、その後9月、田中角栄首相が北京を訪問。日中首脳会談に臨み、日本と中国が堅い握手を交わし、ついに「国交断絶」に終止符が打たれたわけですが、それは上海舞劇団が帰国してわずか1カ月後のことでした。

日中友好の礎は科学、宗教など各方面によっても築かれましたが、バレエを通しての芸術交流が日中国交回復の糸口になった一面は案外知られていません。中国はアメリカと話し合おうという時に、米卓球団を北京に招待することで、米中関係改善への民間レベルでの糸口をつかみました。次に日本と話し合おうという時に、バレエが日中間を取り持ち、芸術を通して日本と中国が歩み寄ったのは、まさにバレエという芸術がきっかけといっても過言ではないと思います。

もし20世紀70年代の中米関係の緩和が「卓球外交」に始まったとするなら、中日外交は「バレエ外交」に始まったと言えるかもしれません。そして、松山バレエ団もその歴史的場面に立ち合せて頂けましたことは本当に幸運であったと思います。

松山バレエ団の訪中公演は回を重ね本年2011年には第13回訪中公演を行なわせて頂きました。

中国との交流を始めさせて頂いた当時、1950年代から1970年代、中国首脳には偉大なる建国の父達がいらっしゃいました。毛沢東主席、周恩来総理、劉小奇、朱徳、陳毅、賀竜、彭真、李先念、郭沫若、寥承志の各先生方……。当時、この偉大な先人方と交流した日本人は誰もが「人間的にこれほどの魅力を備えた方はいない」と心を打たれ、特に周総理は偉大な政治家でありながら、音楽や踊りの解る偉大な芸術家という一面も持っていらっしゃいました。

1958年、第1回の訪中公演から国交回復の72年まで、常に松山バレエ団を支え、その芸術性の高さを称えて下さったのがその中国の指導者の方々でした。清水正夫は、"中国首脳の方々は国の政治を司る一方で、心から音楽や踊りを愛した仲間のようにも見え、芸術の前には中国人、日本人の区別すら感じなかった"と語っておりました。

とはいえ、訪中公演を続けるのは容易ではありませんでした。現地までの旅費や荷物の輸送費など全て自費で賄わなければなりません。荷物も多く、現地までたどり着くだけでもまずは金銭面で大変でした。私達はどこの政治団体にも属さず踏ん張りました。そして、中国の指導者の方たちが一生懸命応援して下さいました。派閥などを乗り越え根本原理で行動する。時の中国指導者の方々のご姿勢に心からの共感を覚え、学ばせて頂きました。

1964年9月、松山バレエ団が中国を訪れ、公演スケジュールに従って、先ずハルピン、それから南京と上海に赴くことを計画しましたが、ハルピン滞在中に、速やかに北京に戻るよう、突然中国外交部から通知がまいりました。毛主席が私共に接見して下さるとのことで、10月1日に、清水正夫がお招きに応えて天安門楼上に登り、初めて毛主席にお会いしました。

11月3日には、人民大会堂の三階ホールで、松山バレエ団が、毛沢東主席はじめ共産党や国家の指導層のために公演を行い、休憩時間中、毛主席は、清水正夫、松山樹子と接見しました。松山樹子は、松山バレエ団に続いて上海舞踊学校も『白毛女』をバレエに改変したため、毛主席が我々に「あなた方は大先輩です」と何度もおっしゃっていらしっゃり、芸術が伝統を尊重するとともに、新機軸の創出も重視すべきこと

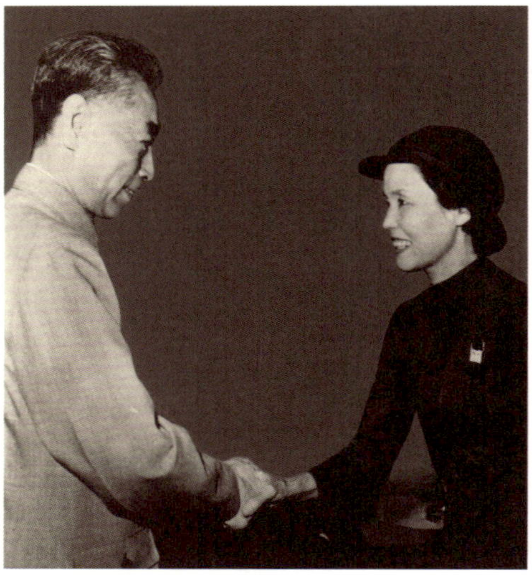

周総理と握手する松山樹子

1964年祇園祭の衣裳で毛主席と握手する松山樹子

や、芸術が大衆に向くべきことなど語りかけて下さった、と清水正夫が後述しておりました。

こうして中国の皆々様のおかげで、1955年の松山樹子の訪中以来、1958年を第一回として、計13回に渡る中国公演を成功させることができ、清水正夫は、半世紀の間に中国の国境を100回以上も越えることとなります。

中国と日本人が互いに抱擁し合い、手を携え、目と心を果てしない無限の未来に向け、地球上にやさしい思いやりに満ちた美しい強いチャレンジングな素晴らしい時代を創造し、人類達が

平和で安心、安定、安全な生産的な地球を創る事業を広めることに行動してきた歴史でございます。

それに対し、2004年、創立者清水正夫と松山樹子が、1952年以来の芸術文化を通じての日中友好交流に対して意義深い"文化交流貢献賞"を受賞させて頂きました。この栄誉に清水正夫、松山樹子、そして松山バレエ団一同、心からの感激と感動を覚えました。

この受賞をきっかけに清水正夫、松山樹子に続く私ども清水哲太郎、森下洋子、そして団員たちと中国の皆々様との新たな交流の土台が生まれ、その後加速度的に深まってゆくこととなります。これも清水正夫と松山樹子の熱い思

いに中国の皆様がお応え下さり、お導き下さったことに他ならないと強く感じております。

2008年5月には胡錦濤国家主席が松山バレエ団を光栄にもご訪問下さり、清水正夫、松山樹子が長きにわたり身命を注いで築いてまいりました日中友好の歴史を称えて下さいました。その約一月後、清水正夫が他界した折には胡錦濤国家主席より弔電を頂き、その深いご配慮に感謝と感動をおぼえました。

また、昨年の5月には松山バレエ団として“日中友好貢献賞”を頂き、温家宝総理が表彰状を松山バレエ団総代表清水哲太郎、松山バレエ団理事長・団長森下洋子に自ら授与され、松山バレエ団の『白毛女』を待ち望む中国の多くの庶民・大衆の皆様の思いをお話下さるという栄に浴し、必ずその熱い声にお応えしたいと、2010年から2011年の本年度にかけ、大型歴史叙事詩芭蕾舞劇　新『白毛女』松山芭蕾舞団第三次改訂演出を創ってまいったわけでございます。

2010年9月18日、七十九回目の“9·18”のその日に、東京にて新『白毛女』の試演会をさせて頂いた終演後のレセプションにて、中華人民共和国駐日本国特命全権大使程永華閣下より、2011年10月に第12回アジア芸術祭に招聘します、という素晴らしいお話がございました。

私共関係者一同涙を流して喜び合いました。またその後、2011年1月20日、中華人民共和国文化部部長蔡武閣下と東京で、心のこもった会見をして頂き、正式に2011アジア芸術祭にご招待というお話を頂き、国務院文化部の、対松山バレエ団新『白毛女』への並々ならぬ意志が伝わってまいりました。

そして2011年10月、上海·北京·重慶にて、中国対外文化集団公司のきめ細かいプロデューシングの配慮のもとこの大型歴史叙事詩芭蕾舞劇　新『白毛女』松山芭蕾舞団第三次改訂演出の舞台を中国の人民・庶民・大衆の方々にご覧頂くことができ、多くの方が感動の涙で私たちを包み込んで下さいました。

この訪中公演に際し松山バレエ団では、中日友好に命がけの情熱を注いだ多くの先人、先輩の皆様の末席に連なり、建国の父、母への尊敬と、中国の皆様への愛と感謝と謝罪の気持ちを込めてこの作品をお届けし、その気持ちを少しでも、中国の皆様に受け止めて頂き、更なる日中友好交流の進化発展の一助となれれば、との思いで臨んで参りました。皆様より頂きました温かい御支援たいへんありがたく、更なる御教示、叱咤激励を頂きたく存じております。

そして、この度の公演を終え、中日友好の後継者たる私共の中に、中国の偉大な建国の父母たち、人民たち、人類の先人達、そして松山バレエ団の先輩達の、人間の為、人類の為、挑戦者、冒険者たろうとする姿への敬意と賞賛の念が湧きあがり、改めて心の底から称えるものであります。

松山バレエ団と中国との友好交流は永遠に継続してゆくものです。世代交代の進む今、もう一度、日中文化交流の歴史を紐解き、友好の礎を振り返り、両国の先人先輩たちが心血を注いで築いて下さったこの友好の絆を更に強固にし、松山バレエ団訪中公演も第１４回、第１５回と積み重ねて文化芸術を通じた日中、そしてアジア、世界の友好交流促進に貢献してゆきたいと存じます。

Matsuyama Ballet—Link of China-Japan Friendship

With Love, Gratitude and Apologies

In the long and great history of China, Chinese people suffered countless unimaginable hardships and sacrifices to create the cultural era of brand new civilization value in human history. The founding of People's Republic of China in 1949 brought a new life to the Chinese nation after the adversaries and heroic efforts and filled its people with tears of joy.

Just two or three years after that, in Tokyo, Japan, two Japanese citizens were so moved and excited in tears with the founding of new China. In order to present a "heartfelt gift" for the new China, they were willing to dedicate whatever they had, regardless of the heavy burdens and ran around for this purpose. They were the founders of the Matsuyama Ballet, the couple of Masao Shimizu and Mikiko Matsuyama.

In 1952, when they first watched the Chinese movie, The White-Haired Girl in Tokyo, Masao Shimizu and Mikiko Matsuyama were stuck by the Chinese people for their strong will to liberate their country and the whole world. They were deeply moved and tears kept streaming down on their faces. They decided to make it a ballet work as "a gift from the heart" to Chinese people. During the process of creation, they modified the script again and again to achieve its best. They also tailored costumes and made props in person. Moreover, they invited well-known artists to compose and operate the matters related to the show.

When they found out that a large number of Japanese had no way to express their repentance to Chinese civilians, Masao Shimizu and Mikiko Matsuyama determined to take the lead in doing so. Feeling the deep shame caused by the extreme evils on the Chinese people brought by Japanese fascism, and reflecting on the fact that the Japanese had never admitted the evils from the perspective of humanity, in 1955 they finished the earliest version of the ballet The White-Haired Girl in history. In the same year, the ballet The White-Haired Girl was put on the stage of Tokyo Hibiya Public Hall for the first time.

The story of The White-Haired Girl was first told in Hebei Province, China, and it was revised into an opera in Yanan in 1943, and a movie in Changchun in 1950. In 1955, the version of the story created by Japanese, the ballet The White-Haired Girl, came into being.

With the clearly stated human nature and values depicted in the story at the core, Masao Shimizu and Mikiko Matsuyama created the ballet White-Haired Girl. Through the various movements of the characters on the stage, they achieved the spiritual resonance with the Chinese people and promoted the values to serve individuals, community and the whole society, which became the eternal origin of the career of the couple and the spirit of the Matsuyama Ballet.

The "meeting" of Masao Shimizu and Mikiko Matsuyama and The White-Haired Girl served as the eternal drive for both the Matsuyama Ballet and the whole human beings. As their successors, we feel extremely happy.

On Feb. 12, 1952, the ballet The White-Haired Girl

debuted at the Tokyo Hibiya Public Hall and the Matsuyama Ballet became the only foreign troupe to play this Chinese story. Masao Shimizu recalled that though it was very cold that day, the audience was enthusiastic and fervent and all the seats were occupied. Most of the audience were students and workers. Applause went on endlessly and the ballet dancers took curtains calls again and again. Both the audience and the performers were in tears.

Someone in the world even succeeded in making a story of Chinese farmers' revolution into a ballet! As to this, there were so many opposing voices. However, the performance of The White-Haired Girl on the liberation of the poor and the weak attracted not only the ballet fans but also the young audience for whom this was the first time to appreciate ballet. In the Tokyo Hibiya Public Hall, the atmosphere was warm and the applauses were deafening. It was a recurring scene in Masao Shimizu's mind.

In May 1952, the World Peace Conference was held in Helsinki, the capital city of Finland. On behalf of the Matsuyama Ballet, Mikiko Matsuyama attended the conference and met Mr. Guo Moruo, a representative from China. Mr. Guo readily agreed with her expectation of Japanese delegation's visiting to China, and made the invitation. The National Day Reception of China of the year was held in Beijing Hotel. The participants included Premier Zhou and other Chinese state leaders. And Mikiko Matsuyama was invited to attend the Reception. Premier Zhou introduced the three artists who played as the heroine in The White-Haired Girl, Ms. Wang Kun in opera, Ms. Tian Hua in movie and Ms. Mikiko Matsuyama in ballet. He announced humorously, "Ladies and Gentlemen, today, we have three 'white-haired girls' here." On Oct. 14, 2003, to celebrate the 25th anniversary of the signing of the Treaty of Peace and Friendship between Japan and the People's Republic of China, led by Shimizu Masao, the Matsuyama Ballet visited Beijing to give their 12th performance in China. At the welcoming banquet, the Matsuyama Ballet met Ms. Tian Hua, Ms. Wang Kun, and Ms. Guo Lanying, who also played the role of the opera The White-Haired Girl, "Xi'er". Unfortunately, Mikiko Matsuyama failed to attend this time.

At that time, China carried out the artistic policy of "Letting a hundred flowers bloom, a hundred schools of thought contend". Premier Zhou dedicated himself to the development of Chinese literary and arts and he invited Mikiko Matsuyama to perform the ballet The White-Haired Girl in due time.

Three years later, Premier's invitation was fulfilled. In 1958, the Matsuyama Ballet visited China for the first time. They arrived at Tianjin Port by ship and then left for Beijing by train. And at the Beijing Station, the Matsuyama Ballet was welcomed by Mr. Tian Han, president of the China Theatre Association, Mr. Yang Ji, vice-president of the Chinese People's Association for Friendship with Foreign Countries (CPAFFC) and Ms. Dai Ailian, vice-president of the Chinese Dancers Association.

The Beijing Dancing Academy was set up in 1954 and the classical ballet education just started. In this case, we were not sure if Chinese audience would embrace the original Japanese ballet.

In China, some people said it was beyond imagination to make the story of The White-Haired Girl a ballet, while some Japanese worried "whether a ballet without lines could accurately convey the story". However, as the curtain was pulled open and the story unfolded, the Chinese audience was deeply moved by the people's liberation cause showed by the Japanese ballet on the stage. The silent art was even better at depicting the Chinese revolution.

The Chinese side actively asked us where we "would

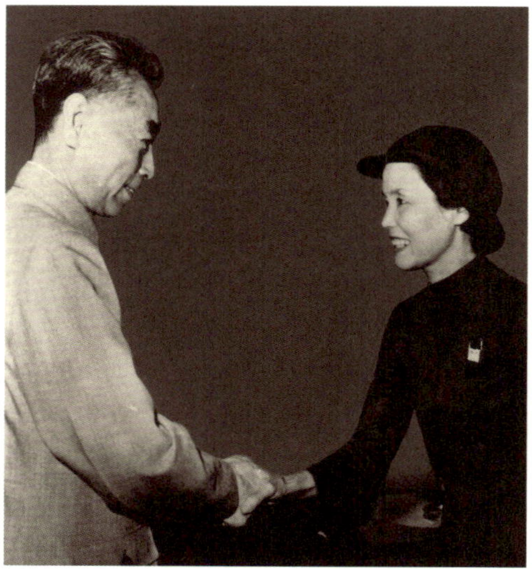

Mikiko Matsuyama shook hands with Premier Zhou

In 1964, Mikiko Matsuyama in Sensoji Shrine costume shook hands with Chairman Mao.

like to visit". Therefore, our first performance in China became a performance tour lasting for 59 days, which started from Beijing, via Chongqing and Wuhan, to Shanghai. In Wuhan, we performed on the threshing ground of Agricultural Producers' Co-operatives (People's Commune). In Shanghai, there were more than 13,000 viewers in the theatre of Shanghai Cultural Square. Facing such a large audience for the first time, the ballet group was overwhelmed by the deafening applause.

On July 11, 1972, led by Mr. Sun Pinghua, Deputy Secretary General of Sino-Japanese Friendship Association, the Shanghai Dance Troupe consisting of 208 members paid a visit to Japan. The Matsuyama Ballet attended the reception and spared no efforts to help in the success of the troupe's visit. On July 14, originally created by the Matsuyama Ballet and recreated by Chinese, the ballet The White-Haired Girl was performed at the Nissei Theater. Meanwhile, the group leader, Mr. Sun Pinghua, had the first formal negotiation successfully with Masayoshi Ohira on the normalization of the China-Japan diplomatic relations. In Sep. 1972, Prime Minister Tanaka visited Beijing. The heads of the two countries had formal talks and shook hands firmly, thus ending the history of "breakdown of diplomatic relations", all of which happened only one month after the return of the Shanghai Dance Troupe.

Japan-China friendship is based on the communication in several fields, such as science and religion, which people frequently failed to notice. The artistic ballet exchange between the two countries worked as the starting point of the rapprochement between Japan and China. China got an opportunity to talk with America by inviting the American table tennis delegation. So, non-governmental exchanges had become the media to improve relations between countries. Later, the opportunity for China-Japan talks came from ballet exchanges. Art brought Japan and China together. In this sense, the art of ballet was the media that improved China-Japan relations.

If we say that the Sino-US relations began to ease owing to the "Ping-Pong diplomacy" in the 1970s, the Sino-Japanese diplomacy started from "Ballet diplomacy". The Matsuyama Ballet felt much honored to have the opportunity to witness the historic moment. The Matsuyama Ballet had performed in China for 13 times by the end of 2011.

During the exchange period with China between 1950s and 1970s, the Japanese were impressed by the "unparalleled charisma" of Chinese state leaders, many of whom were founding fathers of the new China, including Chairman Mao Zedong, Premier Zhou Enlai, Mr. Liu Shaoqi, Mr.

Zhu De, Mr. Chen Yi, Mr. He Long, Mr. Peng Zhen, Mr. Li Xiannian, Mr. Guo Moruo, Liao Chengzhi, etc. Above all, Premier Zhou Enlai was both a great statesman and a great artist with rich knowledge of music and dance.

During the period from the first visit of the Matsuyama Ballet to China in 1958 to 1972 when the diplomatic relations between the two countries became normalized, it was the Chinese state leaders with abundant artistic knowledge that gave the Matsuyama Ballet the strongest support. Masao Shimizu once said, "While China's state leaders are in charge of political affairs, they enjoy music and dance sincerely. There are no boundaries between China and Japan in the field of art."

Nevertheless, visiting China continuously was still not easy. We had to raise money for travel expenses of the cast and crew, transport fees for the performance equipment, etc. In particular, the vast amount of performance equipment took an enormous amount of money to deliver them to the performance locations in China. However, we never relied on any Japanese political group. Meanwhile, Chinese leaders gave us strong help, which allowed us to take actions based on the original intention beyond political factions. The lofty stance of Chinese leaders at that time filled us with admiration and benefited us a lot.

In Sep. 1964, Matsuyama Ballet visited China and their performance was planned to start from Harbin to Nanjing and Shanghai. During the performance in Harbin, they received an urgent notice from the Ministry of Foreign Affairs asking them to go to Beijing immediately and telling them that Chairman Mao would meet the whole group. On Oct. 1, Masao Shimizu mounted the Tian'anmen Gate Tower as invited, where he met Chairman Mao for the first time.

On Nov. 3, in the auditorium on the third floor of the Great Hall of the People, Matsuyama Ballet gave a special performance to Chairman Mao Zedong and other Chinese party and state leaders. During the intermission, Chairman Mao met Masao Shimizu and Mikiko Matsuyama. According to Masao Shimizu's recall, when Mikiko Matsuyama mentioned that the Shanghai Dance School adapted a new version of the ballet The White-Haired Girl after Matsuyama Ballet, Chairman Mao repeatedly said, "You are the seniors". He also noted that on the one hand, artists should respect the tradition, and on the other hand, innovation should be valued, and the art was expected to entertain the public.

Thanks to the substantial support of personages of all circles, since Mikiko Matsuyama's first visit in 1955, the Matsuyama Ballet, which was founded in 1958, has successfully performed in China 13 times. Masao Shimizu has visited China more than one hundred times in half a century.

Looking forward to a bright future with full confidence, Chinese and Japanese people hugged each other, walked hand in hand and worked together to create a beautiful, powerful world with love and, with a peaceful state of mind, a new era with security, safety, stability and vigor. Striving for this common goal was also the process of making glorious history together.

Because of this, in recognition of their contribution to Sino-Japanese friendship exchange through the art and culture since 1952, in 2004, the founders of Matsuyama Ballet, Masao Shimizu and Mikiko Matsuyama, won the "Cultural Exchange Contribution Award" granted by the Chinese government, which was of profound significance. As to the honor, Masao Shimizu, Mikiko Matsuyama, as well as all the staff working with Matsuyama Ballet were grateful and touched.

The award became a new start for Tetsutaro Shimizu, Yoko Morishita, as well as all staff from Matsuyama Ballet to have further exchanges with Chinese communities after Masao Shimizu and Mikiko Matsuyama had started the career. We deeply sensed that this award was the response of the Chinese people to the profound friendship and benevolence of Masao Shimizu and Mikiko Matsuyama and was also the incentive for successors.

In May 2008, Chinese President Hu Jintao visited the Matsuyama Ballet, which brought us supreme glory. The long-term dedication of Masao Shimizu and Mikiko Matsuyama to the friendly exchanges between Japan and China had been praised by Hu. Masao Shimizu passed away a few months later and President Hu Jintao extended the condolence in person. As to this, we would never forget.

Last year, Matsuyama Ballet won another "Japan-China Friendship Award" from Chinese government in May. Premier Wen Jiabao presented in person the prize to Tetsutaro Shimizu, the Matsuyama Ballet's general representative, and Yoko Morishita, the president and group leader, and expressed his eager expectation that the majority of Chinese people were looking forward to watch The White-Haired Girl performed by Matsuyama Ballet. The expectation inspired us to modify the new ballet of historical narrative poem The White-Haired Girl three times from 2010 to 2011 and eventually completed the work.

On September 18, 2010, the 79th anniversary for the Mukden Incident, we launched a new audition of The White-Haired Girl in Tokyo. At the reception after the show, Mr. Cheng Yonghua, the Extraordinary and Plenipotentiary Ambassador from the People's Republic of China Embassy in Japan, indicated to invite us to the 12th Asia Arts Festival which would be held by China in Oct. 2011. It was such a big surprise that we were all wild with joy.

Later, on Jan. 20, 2011, the minister of the Ministry of Culture, Mr. Cai Wu, met us during his visit to Tokyo, and made an official invitation to us to attend the 2011 Asia Arts Festival, which conveyed the expectation of the Ministry of Culture of the State Council for the new The White-Haired Girl to be performed by Matsuyama Ballet.

In Oct. 2011, under the detailed arrangements by the China Arts and Entertainment Group (CAEG), we performed the new ballet of historical narrative poem The White-Haired Girl in Shanghai, Beijing and Chongqing for ordinary people, many of whom surrounded us with tears.

During this performance in China, the Matsuyama Ballet followed the footsteps of the predecessors who devoted their lifetime to China-Japan friendly relations. Filled with admiration to the Chinese founding fathers and together with love, gratitude and apologies to the Chinese people, we presented our work to the vast Chinese audience, hoping they could understand our work. And we would also make every effort for further Sino-Japanese friendly exchanges. We were grateful to the passionate support of the Chinese people and we were also looking forward to their inspiration in the future.

After this performance in China, as the successors working for China-Japan friendly relations, we sincerely admire Chinese great founding fathers, the Chinese people, the human pioneers, and the seniors of the Matsuyama Ballet for their courage and fearless spirit.

The friendly exchanges between the Matsuyama Ballet and China will be passed on forever. With the succession of the old Ballet staff to the new Ballet staff, we will lead the new Ballet staff to further understand the history of Japan-China cultural exchanges, review the process of the friendship footstone, strengthen the links of friendship built by predecessors of the two countries, and continue to perform in China for the 14th and 15th time. Through continuous accumulation, we will contribute to the cause of promoting friendly exchanges between China and Japan, even Asia and the whole world in culture and arts.

让-雅克·阿亚贡

法国

阿亚贡先生于2002年5月至2004年4月任法国文化部长。在任期间，恰逢我国在法举办中国文化年,阿拉贡部长对中国文化年非常重视，并为中方项目的落实提供了强有力的支持。

2003年10月，中国文化年在法国开幕，阿拉贡部长和法国外交部长一起陪同中国国务委员陈至立、文化部长孙家正出席了中国文化年开幕新闻发布会，为《走进中国——当代中国生活艺术展》《东方既白——20世纪中国绘画展》开幕剪彩并出席中国文化年开幕酒会。

2004年1月，国家主席胡锦涛访问法国，此时正是中国文化年的第二个重点时间段，且又恰逢中国传统的新春佳节和中法建交40周年，阿亚贡部长除出席胡主席访法的活动外，还和孙家正部长共同出席了我国在凡尔赛宫举办的《康熙时期艺术展》开幕式，两位部长发表了热情洋溢的讲话并为活动剪彩。

1946年10月2日 出生于梅斯；

专业文凭：现代史硕士

荣誉： 荣誉骑士勋章、法国荣誉勋位

1973年-1976年 在希拉克故乡任中学教师；

1976年-1977年 文化部建筑研究中心研究员；

1977年-1978年 国立高等美院外事、展览处处长；

1981年-1982年 国立高等美院文化科技活动处处长；

1982年-1985年 蓬皮杜文化艺术中心现代博物馆行政负责人；

1985年-1988年 巴黎市文化局副局长；

1988年-1990年 巴黎市文化活动事务总干事；

1990年-1992年 戴高乐诞辰100周年纪念活动总协调人；

1992年-1993年 巴黎市影像资料馆馆长；

1993年-1995年 巴黎市文化局局长；

1995年-1996年 法国-埃及文化年总协调人；大城市文化局长协会主席；

1996年-1999年 2000年庆典活动主席；

1999年-2002年 法国蓬皮杜文化艺术中心主席；

2002年-2004年 文化通讯部长；

2004年-2007年6月 法国电视5台台长；

2007年6月至今 法国凡尔赛宫主席。

Jean–Jacques AILLAGON

M. AILLAGON a été ministre de la Culture de la France de mai 2002 à avril 2004. Lorsqu'il était encore en fonction, j'étais justement en France pour organiser l'Année de la Chine. M. AILLAGON a accordé une grande importance à l'Année de la Chine et a apporté un fort soutien en vue de favoriser la mise en œuvre du projet chinois.

L'Année de la Chine a été inaugurée en octobre 2003 en France. Chen Zhili, conseillère d'État chinoise et Sun Jiazheng, ministre de la Culture, en compagnie du ministre AILLAGON et du ministre des Affaires étrangères de la France, ont assisté à la conférence de presse organisée à l'occasion de l'inauguration de l'Année de la Chine. Ils ont coupé le ruban rouge des expositions « La Chine vue de près – Exposition sur l'art de vivre de la Chine contemporaine » et « Orient ensoleillé – Exposition de peintures chinoises du XXe siècle », et ont assisté au cocktail d'ouverture de l'Année de la Chine.

En janvier 2004, le président chinois Hu Jingtao a effectué une visite officielle en France. Cette période a marqué la deuxième phase cruciale de l'Année de la Chine et a coïncidé avec la fête traditionnelle du Nouvel An chinois et le quarantième anniversaire de l'établissement des relations diplomatiques entre la Chine et la France. Le ministre AILLAGON, en plus d'avoir été présent pendant la visite du Président Hu, a assisté conjointement avec le ministre Sun Jiazheng à la cérémonie d'ouverture de l'« Exposition sur les arts sous le règne de Kangxi » la chine organisée au château de Versailles. Les deux ministres ont prononcé chacun un discours chaleureux et enthousiaste et ont ensuite coupé le ruban rouge en l'honneur de cet événement.

Date et lieu de naissance : le 2 octobre 1946 à Metz
Formation : maîtrise d'histoire moderne
Décorations : Commandeur de la Légion d'honneur, Officier de l'ordre national du Mérite

1973–1976: professeur de lycée dans la ville natale de Jacques Chirac;
1976–1977: chargé de recherche au Centre d'études et de recherches architecturales du ministère de la Culture;
1977–1978: chef du service des Relations extérieures et des Expositions à l'École nationale supérieure des beaux-arts;
1981–1982: sous-chef de l'Action culturelle et scientifique de l'École nationale supérieure des beaux-arts;
1982–1985: administrateur du Musée national d'art moderne au Centre Georges-Pompidou;
1985–1988: adjoint au directeur des Affaires culturelles de la Ville de Paris;
1988–1990: délégué général aux Manifestations culturelles de la Ville de Paris;
1990–1992: coordinateur général de la célébration du Centenaire de la naissance du général de Gaulle;
1992–1993: directeur général de la Vidéothèque de Paris;
1993–1995: directeur des Affaires culturelles de la Ville de Paris;
1995–1996: commissaire général de l'Année France–Égypte; président de l'Association des directeurs des Affaires culturelles des grandes villes de France;
1996–1999: président de l'organisation de la célébration de l'entrée dans le troisième millénaire;
1999–2002: président du Centre national d'art et de culture Georges–Pompidou;
2002–2004: ministre de la Culture et de la Communication;
2004–juin 2007: président de la chaîne de télévision française TV5 Monde.
Juin 2007–présent: président de I' Etablissement public du musée et du domaine national de Versaille.

Jean-Jacques Aillagon

Mr. Jean-Jacques Aillagon served as the Minister of Culture and Communication from 2002 to 2004. His term in office coincided with the Chinese Cultural Year held in France. Minister Aillagon attached great importance to the Chinese Cultural Year and provided the implementation of Chinese projects with strong support.

In October 2003, the Chinese Cultural Year opened in France and Minister Aillagon, along with the French Minister of Foreign Affairs, accompanied Chinese State Councilor Chen Zhili and Minister of Culture Sun Jiazheng to attend the opening ceremony of the Chinese Cultural Year. They held the ribbon-cutting ceremony for "A Journey to China: Contemporary Chinese Life Art" and "Oriental Morning: Chinese painting in the 20th Century" and the reception of Chinese Cultural Year.

In January 2004, Chinese President Hu Jintao paid a visit to France. It was the second key period of the Chinese Cultural Year and coincided with the traditional Chinese New Year and the 40th anniversary of the establishment of diplomatic relations between China and France. In addition to the activities held during President Hu's visit, Minister Aillagon also attended the opening ceremony of the "Kangxi Art Exhibition" held at Versailles along with Minister Sun Jiazheng. The two ministers delivered an ardent speech and cut the ribbon for the event.

Date and birthplace: October 2, 1946 in Metz, France

Education: Master of Modern History

Honors: National Order of Commander of the Legion of Honor, National Order of Merit

1973-1976: Middle school teacher at Corrèze, hometown of Jacques Chirac

1976-1977: Researcher at the Architectural Studies and Research Centre of Ministry of Culture

1977-1978: Head of the External Relations and Exhibitions Department at the École nationale supérieure des Beaux-Arts

1981-1982: Assistant Director of the École nationale supérieure des Beaux-Arts (Distinguished National School of Fine Arts)
1982-1985: Trustee of the National Museum of Modern Art at the Georges Pompidou Centre
1985-1988: Deputy Director of Cultural Affairs of the City of Paris, and Director of the Cultural Information Office
1988-1990: Head of the City of Paris' Cultural Events Department
1990-1992: Coordinator of the celebrations marking the centenary of General de Gaulle's birth
1992-1993: Managing Director of the Paris Vidéothèque (video library)
1993-1995: Director of City of Paris' Cultural Affairs
1995-1996: In overall charge of organizing "France-Egypt Year" (1997–1998); Elected Chairman of the Association of Cultural Affairs Directors of France's major cities
1996-1999: Chairman of Mission 2000 in France
1999-2002: Chairman of the Georges Pompidou National Centre of Art and Culture
2002-June 2007: Minister for Culture and Communication
June 2007-Present: President of the Château de Versailles.

关于中国的美丽回忆与心愿

让-雅克·阿亚贡　前法国文化通讯部部长

在任职文化传播部长期间，我有幸见证了中法文化年的实施过程。这一活动是由江泽民主席和希拉克总统共同倡议提出的。我很荣幸，为了准备这一规模空前的文化盛典，我和我的中国同仁在北京和上海做了很多卓有成效工作。中方在接待过程中体现了友好、热情和坚定的决心。正是因为双方对彼此充分信任，中法文化年框架下众多气势磅礴、精彩绝伦的活动才得以举办，并成为文化年难以磨灭的亮点。即使到了今天，我们每一个人仍为文化年活动所取得的成功感到欣慰。

众所周知，在法国举办中国文化年期间，2004年1月在凡尔赛宫举办的“康熙时期艺术展”是重头戏之一。在展览开幕时，我并不知道未来我将有幸担任宏伟的“博物馆城堡”——凡尔赛宫博物馆的领导者。与紫禁城和颐和园一样，凡尔赛宫也是伟大君王在统治期间用宏大的建筑工程标榜自己丰功伟业的见证。2007年6月，我被任命为凡尔赛国家博物馆主席，于是自然而然地回忆起之前凡尔赛和北京之间首次友好合作的经历。

也是因为同样的原因，我对于另外一个关于“至尊皇位”的展览记忆犹新。这个展览将分处不同时代、分属不同文明的君主宝座集中在一起，其中也包括中国皇帝的龙椅。这一大胆设想最终美梦成真，要感谢故宫博物院同仁们的诚意和中国驻法国大使和他所领导的使馆各个部门对这一项目的特别关注。

得益于此，乾隆皇帝的龙椅才能在凡尔赛宫展出。康熙皇帝从1662年到1722年统治中国，正值路易十四国王从1643年至1715年在位，而乾隆皇帝与路易十五和路易十六也是在同一时期执掌王权，凡尔赛宫还珍藏有一幅乾隆的画像。我想，这几位伟大的君王也会对后世我们这两个皇家宫殿博物馆之间的精诚合作予以赞赏。

中国和法国一样，都拥有悠久而灿烂的文化。这种相似性让两国关系密切，两国之间的交往也不断发展。2003年10月，在中国举办的图书沙龙上，当我向中国作家和出版界人士颁发文学艺术骑士徽章时，我许下了这样的心愿：我希望，2003年掀起的中法之间的文化高潮不仅不会就此停止，还会持续，还会加强。

Une belle mémoire et un souhait en Chine

Jean-Jacques Aillagon　Ancien Ministre de la Culture

C'est comme ministre de la culture et de la communication que j'eus l'honneur de veiller à la mise en œuvre des années culturelles croisées sino-françaises qui avaient été souhaitées par les Présidents Jiang Zemin et Jacques Chirac. La préparation de ces événements hors du commun me donna le plaisir d'accomplir une fructueuse mission à Pékin et à Shanghai pour y travailler avec mes homologues chinois. Leur accueil fut amical, enthousiaste et décisif. L'ambition et la qualité des projets qui marquèrent tant l'année de la Chine en France que celle de la France en Chine, profitèrent largement du climat de confiance que nous sûmes ainsi établir. Chacun, aujourd'hui encore, se félicite du succès de ces manifestations.

On le sait, l'un des événements phares de l'année de la Chine en France fut l'exposition Kang Xi qui se tint au château de Versailles, à partir de janvier 2004. En l'inaugurant, je ne savais pas encore que j'aurai, un jour, le bonheur de diriger ce grand « musée-château » qui, à l'instar de la Cité Interdite ou du Palais d'Eté, manifeste la volonté des plus grands monarques de marquer leurs règnes par la réalisation de grands projets architecturaux. Quand je fus nommé Président de l'Etablissement public du château, du musée et du domaine national de Versailles, en juin 2007, je me souvins naturellement de ce que fut cette première rencontre d'amitié entre Versailles et Pékin. C'est la raison pour laquelle il me tint tout particulièrement à cœur que l'exposition « Trônes en majesté » qui se proposait de rassembler des trônes de toutes les époques et de toutes les civilisations, accueille également un trône impérial chinois. Ce rêve fut rendu possible grâce à la cordialité des collègues de la Cité Interdite et de l'attention toute particulière que l'Ambassadeur de la République Populaire de Chine en France, et ses équipes, portèrent au projet. C'est ainsi que le trône de Quiang Long vint à Versailles. Je pense que l'Empereur Kang Xi, qui régna de 1654 à 1722 alors que Louis XIV régna de 1643 à 1715 et que l'Empereur Quiang Long, dont le château de Versailles possède un portrait et qui est le contemporain à la fois de Louis XV et le Louis XVI, auraient approuvé cette collaboration entre ceux qui, désormais, ont la garde des palais qui furent leurs.

La Chine, est un pays de grande et antique culture, la France l'est aussi. Voilà bien une raison supplémentaire pour ces deux pays, de se sentir des affinités et de développer leurs échanges. Je forme le vœu que l'élan engagé en 2003 ne s'arrête pas et même s'intensifie. C'est bien l'espoir que je cultivai en octobre 2003, au moment du salon du Livre, dont la Chine était l'invitée, en remettant à des écrivains chinois et à des professionnels de l'édition, les insignes de Chevalier des Arts et des Lettres.

Beautiful Memories and Wishes about China

Jean-Jacques Aillagon Ex-Minister of Ministry of Culture and Communication

When I was the minister of Ministry of Culture and Communication, I was privileged to witness the implementation of China-France Culture Year. The program was jointly put forward by President Jiang Zemin and President Jacques Chirac. I was honored to be responsible for such a cultural spectacle, for which my colleagues and I had done a lot of productive work in Beijing and Shanghai. China received us with open arms, enthusiasm and unwavering determination. It was the full trust we showed to each other that facilitated all the spectacular and brilliant activities under the framework of China-France Culture Year. They have become a bright spot of the culture year and will stay forever. Even today, every one of us still feel pleased with the achievements obtained from those activities.

In January, 2004, the "Exhibition of Treasures of Emperor Kangxi" was held in Chateau de Versailles. As you know, it was one of highlights in the Year of Chinese culture in France. At the opening ceremony of the exhibition, I had no idea I'd have the privilege to become the leader of Palace of Versailles known as the grand Museum Castle. Like the Forbidden City and the Summer Palace, the Palace of Versailles, as a splendid building, also bore witness to the momentous feat of the Great King during his reign. In June 2007, I was appointed as President of the Palace of Versailles. Naturally, I recalled the first friendly cooperation between Versailles and Beijing.

For the same reason, I can also recall another exhibition themed on The Revered Thrones. The exhibition brought together the thrones of emperors of different dynasties and civilizations, including the Emperor's chair. The bold idea finally turned into reality. I shall extend my gratitude to the sincerity of the colleagues of the Palace Museum. My gratitude also goes to the Chinese ambassador in France and the departments under his leadership who paid special attention to the program.

Thanks to their efforts, the chair of Emperor Qianlong was able to be exhibited in the Palace of Versailles. China was under the reign of Emperor Kangxi from 1662 to 1722, pretty close to that of Louis XIV from 1643 to 1715. Likewise, during the reign of Emperor Kangxi, Louis XV and Louis XVI ruled as the King of France successively. A portrait of Emperor Qianlong is still cherished in the Palace of Versailles. Personally speaking, they'd have appreciated the sincere cooperation between the two royal palace museums were those great kings still alive.

Both China and France have long-standing and splendid cultures. This similarity has brought about and been developing a close relationship between the two countries. In October 2003 when I was awarding the Order of Arts and Letters to Chinese writers and publishers in the book salon held by China, I made a wish: Cultural exchanges between China and France, which was in full swing in 2003, will continue and strengthen.

迈克尔·M. 凯撒

美国

迈克尔·M. 凯撒是肯尼迪表演艺术中心的总裁。他扩展了国家表演艺术中心的教育活动及艺术节目，并监督实施了艺术中心大部分剧场的重大改造活动。作为总裁，凯撒先生负责肯尼迪表演艺术中心的众多戏剧季、爵士乐季、室内乐季、舞蹈季及其下属机构——国家交响乐团以及华盛顿国家歌剧院的艺术质量和财务健康。

因其在众多机构，包括伦敦皇家歌剧院、美国芭蕾舞剧院、阿尔文·艾利美国舞蹈剧院以及堪萨斯城市芭蕾舞团的工作成果，迈克尔被称作“经营扭转之王”，并以其专业的艺术管理技能赢得了国际声誉。他为全世界的艺术表演组织提供建议，与将近 70 个国家的艺术领军人物一起工作。2001 年加入肯尼迪中心后，迈克尔创立了肯尼迪中心艺术管理学院，在收到迪克 & 贝琪·德沃斯 2250 万美元的捐助后，该学院被更名为肯尼迪中心德沃斯艺术管理学院，该学院旨在培养当代及下一代的艺术领军人物。学院设有各种各样的活动及项目，包括为艺术管理者创办的在线教育论坛 artsmanager.org。在这个论坛上，专业人士及该领域的学生可以分享经验、寻求职位及张贴招聘信息。2009 年，他推出“危机中的艺术：肯尼迪中心在行动”的项目，开启 50 个州的巡回之旅，在全美传播他在艺术领域的专业知识。

Michael M. Kaiser

Michael M. Kaiser is the president of the John F. Kennedy Center for the Performing Arts. He has expanded the educational and artistic programming for the nation's center for the performing arts and has overseen a major renovation effort of most of the Center's theaters. As Kennedy Center president, Mr. Kaiser is responsible for the artistic and financial health of the Center's extensive theater, jazz, chamber music, and dance seasons as well as its affiliates the National Symphony Orchestra VSA, and Washington National Opera.

Dubbed "the Turnaround King" for his work at numerous institutions, including the Royal Opera House (London), American Ballet Theatre, Alvin Ailey American Dance Theater, and the Kansas City Ballet, Michael has earned international renown for his expertise in arts management. He advises performing arts organizations around the world, working with arts leaders in nearly 70 countries. Upon joining the Kennedy Center in 2001, Michael created the Kennedy Center Arts Management Institute, renamed the DeVos Institute of Arts Management at the Kennedy Center after a $22.5 million commitment from Dick and Betsy DeVos, which aims to train the current and next generation of arts leaders. The Institute features a variety of initiatives and programs, including an online education forum for arts administrators at artsmanager.org, where professionals and students in the field can share experiences, seek employment, and post opportunities. He founded Arts in Crisis: A Kennedy Center Initiative in February 2009, and embarked on a 50-state tour to spread his arts expertise across the United States.

日本中国文化交流协会

为了促进日中友好和文化交流，中岛健藏(法语学者)、千田是也(导演)、井上靖(作家)、团伊玖磨(作曲家)等人于1956年3月23日在东京发起成立了民间团体日本中国文化交流协会。其会员则由文学、戏剧、美术、书法、音乐、舞蹈、电影、摄影、学术等日本文化界的个人以及来自出版、印刷、媒体、宗教、体育、自治体、经济界等的团体、法人构成。

创立以来，为促进日中文化各领域的交流，以代表团的互访为主，开展了相互举办舞台公演，电影欣赏会，音乐会，文物、美术、书法等各种展览会、学术讨论会等活动。通过这些活动，为形成有利于促进日中邦交正常化和日中和平友好条約签订的社会舆论做出了贡献。本协会一直致力于通过日中两国的文化交流，来进一步促进日中友好和相互之间的了解。

上述活动博得好评，荣获了以下六项奖项：

一、朝日奖　1973年(昭和48年)朝日新闻社

二、国际交流奖励奖　1985年(昭和60年)国际交流基金

三、中日文化奖　1987年(昭和62年)中日新闻社

四、井上靖文化奖　1997年(平成9年)井上靖纪念文化财团

五、文化交流贡献奖　2007年(平成19年)中华人民共和国文化部

六、中日友好贡献奖　2010年(平成22年)中国人民对外友好协会、中国日本友好协会

历任会长有中岛健藏、井上靖、团伊玖磨、辻井乔。发行月刊杂志《日中文化交流》。

日中文化交流協会

日本中国文化交流協会は、1956年3月23日、中島健蔵(仏文学者)、千田是也(演出家)、井上靖(作家)、團伊玖磨(作曲家)らが中心となり、日中両国間の友好と文化交流を促進するための民間団体として東京で創立された。会員は文学、演劇、美術、書道、音楽、舞踊、映画、写真、学術など、日本全国の文化各界の個人、出版、印刷、報道、宗教、スポーツ、自治体、経済界などの団体・法人で構成されている。

創立以来、文化各専門分野の交流のための代表団の相互往来を中心に、舞台公演、映画会、音楽会、文物・美術・書道など各種展覧会、学術討論会の相互開催等の活動を展開している。その活動を通じ、日中国交正常化の実現や日中平和友好条約締結に向けての国民世論の形成に寄与した。日中両国の文化交流を通じて、友好、相互理解をいっそう促進するため、活動を続けている。

その活動が評価され、下記の六賞を受賞した。

◎朝日賞　1973年(昭和48年)　朝日新聞社
◎国際交流奨励賞　1985年(昭和60年)
国際交流基金
◎中日文化賞　1987年(昭和62年)
中日新聞社
◎井上靖文化賞　1997年(平成9年)
井上靖記念文化財団
◎文化交流貢献賞　2007年(平成19年)
中華人民共和国文化部
◎中日友好貢献賞　2010年(平成22年)

中国人民対外友好協会、中国日本友好協会歴代の会長は、中島健蔵、井上靖、團伊玖磨、辻井 喬。

月刊誌「日中文化交流」を発行している。

Japan-China Cultural Exchange Association

In order to promote Japan-China friendship and cultural exchanges, Nakajima Kenzo (French language scholar), Senda Koreya (director), Yasushi Inoue (writer) and Dan Ikuma (composer) founded Japan-China Cultural Exchange Association, a non-governmental organization, on March 23, 1956 in Tokyo.

The members of the association include individuals from the fields of literature, drama, fine arts, calligraphy, music, dancing, films, photography and academia, as well as the organizations and business entities from the areas of publishing, printing, media, religions, sports, self-government bodies and economic circles.

Since its foundation, it has organized various activities including stage performances, film shows, concerts, exhibitions of heritage, art and calligraphy, and academic seminars through interactive hosting to push forward Japan-China cultural exchanges in various professional fields. The activities have made great contribution to forming a normal Japan-China diplomatic relationship and a favorable public opinion to sign the Treaty of Peace and Friendship between Japan and the People's Republic of China. The association has further promoted the Japan-China friendship and mutual understanding through the constant Japan-China cultural exchanges.

In view that the above activities have won praise, the Association has won the following six awards:

1. The Asahi Prize in 1973 (Showa 48), Asahi Shimbun
2. International Exchange Award Prize in 1985 (Showa 60), International Exchange Foundation
3. Chunichi Culture Award in 1987 (Showa 62), Chunichi Shimbun
4. Yasushi Inoue Culture Award in 1997 (Heisei 9), Yasushi Inoue Memorial Cultural Foundation
5. Cultural Exchange Contribution Award in 2007 (Heisei 19), Ministry of Culture of PRC
6. Japan-China Friendship Award in 2010 (Heisei 22), Chinese People's Association for Friendship with Foreign Countries, China-Japan Friendship Association

Former presidents were Nakajima Kenzo, Yasushi Inoue, Dan Ikuma, and Tsujii Takashi.

The Association issues the monthly magazine Japan-China Cultural Exchange.

文化交流是心灵的沟通

日本中国文化交流协会

1997 年，日本中国文化交流协会的团伊玖磨会长获得“文化交流贡献奖”，白土吾夫代表理事和本协会分别于 2002 年和 2007 年获得“文化交流贡献奖”。

同一个团体三次获得“文化交流贡献奖”，是很少见的，这使我们感到非常荣幸，对我们来说是巨大的鼓舞，在此衷心地表示感谢。

日中文化交流协会创立于 1956 年，距今已有 55 年的历史。成立之时正是中华人民共和国成立七周年，中国的各项事业稳步前进。在外交领域，周恩来总理出席了日内瓦会议、万隆会议，表现出重视国际合作的姿态，以崭新的形象受到世界各国的欢迎。日中两国的民间交流逐渐开展起来，期待中日邦交实现正常化的气氛也日益高涨。

1955 年，导演千田是也先生访问北京，与中方签订了《关于日中文化交流的协议》，为创立本协会奠定了基础。中方签字人有赵毅敏、阳翰笙、老舍、欧阳予倩、马思聪、刘开渠、蔡楚生、戴爱莲、陈忠经等文化翘楚。千田是也先生回国后，着手说服中岛健藏等日本文化界人士的工作，准备创立以白土吾夫先生为核心人物的协会。为推进日中两国的文化交流，作为一个民间团体的日中文化交流协会，于 1956 年 3 月 23 日在东京正式创立。

协会创立的宗旨：“推进文学、戏剧、电影、美术、音乐、书法、社会科学、自然科学、出版印刷、报道、体育等广泛领域的交流，促进两国人民的友好和文化交流。”本协会以此为目的开展活动。当时，日中两国间并无正常的邦交，当时的日本政府非但不承认中华人民共和国而且还采取敌视政策，阻碍两国友好的势力在日本国内外不断出现，所以日中两国的文化交流极其困难。若去中国访问，多次申请签证往往不予签发，有时能够获得签证但要耗费较长的时间，有时领到了签证，但又拿不到香港的过境签证，无可奈何之下，只好经由金边前往北京。有时外汇配额为零而日元又被禁止带出国内。在这种境遇下，先贤们斗智斗勇，克服困难与障碍，奇迹般地实现了众多领域的交流。

本会之所以能取得如此优异的成绩，是因为领导层和全体会员对中国怀有深厚的敬意与感情，因为在长达两千年的日中文化交流历史上，我国在文化上得到过贵国数不尽的恩惠。我们深刻反省由于日本的侵略给中国带来的巨大损失和伤害，我们深刻认识到：由于侵华战争在中日两国间产生的隔阂我们应责无旁贷地去消除。另外，本会坚信：日中两国在相互理解的基础上构建友好关系，不仅对两国人民是必要的，而且对实现与维持世界的和平与稳定也是绝对必要的。

1971 年，本协会与日本乒乓球协会、中国乒乓球协会以及中国人民对外友好协会共同努力，使中国乒乓球队参加在名古屋举行的第 31 届世界乒乓球选拔赛大会成为可能。以此次大会为舞台，中国展开了所谓的“乒乓外交”，对实现中美关系正常化、日中邦交正常化起到了巨大作用。同年，本协会迎来了创立 15 周年，60 人规模的中国乒乓球代表团出席了我们的纪念酒会。

1972 年，我们与朝日新闻社共同邀请以孙平化为团长的中国上海歌舞团共 208 位团员，在东京、大阪等地公演了芭蕾舞剧《白毛女》《红色娘子军》等剧目，从而掀起了日中友好的高潮。初次公演那天，三木武夫、中曾根康弘等政府阁僚出席观赏，该团回国前，田中角荣首相与孙平化团长进行了非正式会谈。这种“舞剧团外交”，和前一年的“乒乓外交”一样，均快速推进了日中邦交正常化的步伐。就在此时，上海歌舞团一行 200 余人和日中文化交流协会代表团，分别乘坐日本航空与全日空的飞机，从东京直接飞往上海，实现了战后日中两国间的第一次民航直飞。

1972 年 9 月 29 日，日中实现了邦交正常化，中岛健藏会长曾说过：“我们协会的前史业已结束，从此开始进入正史。”从那时候到现在的四十年间，无论日中关系经历多少曲折，本协会在前任会长中岛健藏、井上靖、团伊玖磨等人，以及现任会长辻井乔的领导下，在各个时期都致力于组织戏剧和音乐的公演、举办文物和绘画展、召开文化讲座和学术研讨会。特别是在促进各文化团体的互访和人员交流方面，取得了丰硕的成果。

文化交流与经济、贸易不同，其成果不能用单纯的统计数字来体现。文化乍一看是柔弱的，实际上却蕴藏着强大的力量。何以见得？那是因为文化艺术与人们的内心世界有着深刻的关联。文化交流，归根到底属于人与人之间灵魂的沟通，需要长期不断的积累才能开花结果。

中国经济取得了惊人的进步，同中国开展文化交流的重要性更加突出。今年 10 月召开的中国共产党十七届六中全会，为建设文化强国而提出的文化体制改革方针，将会为促进文化交流带来新的有利条件。

日中文化交流协会在辻井乔会长的带领下，全体成员通力合作，坚定继承先辈们的遗志，与中国朋友携起手来，开阔视野展望未来，为实现符合新时代要求的文化交流而继续努力。

文化交流は心の触れ合い

日本中国文化交流協会

私たち日本中国文化交流協会では、1997年に團伊玖磨会長が、2002年に白土吾夫代表理事が、2007年に当協会がそれぞれ「文化交流貢献賞」を受賞しています。一つの団体が名誉ある「文化交流貢献賞」を三ついただくというのは稀有なことで、たいへん光栄なことであり、大きな励ましであり、心から感謝しています。

日本中国文化交流協会が創立したのは、今から55年前の1956年でした。中華人民共和国は建国後7年目を迎え順調な歩みを見せていました。外交面でも、ジュネーブ会議、バンドン会議に周恩来総理が出席し、国際連携を重視した姿勢は、世界各国から清新な印象をもって迎えられていました。日本では、中国との民間交流が少しずつ始まり、国交正常化への期待が高まりつつありました。

その前年、演出家の千田是也氏らが北京を訪問し、協会創立の根拠となった「日中文化交流に関する申し合せ」が締結されました。中国側は趙毅敏、陽翰笙、老舎、欧陽予倩、馬思聰、劉開渠、蔡楚生、戴愛蓮、陳忠経といった錚錚たるメンバーが署名しています。千田氏は帰国後、中島健蔵氏ら文化界人士に働きかけ、白土吾夫氏を中心に協会設立の準備が進められ、日中両国の文化交流を進める民間団体として1956年3月23日、東京で正式に発足しました。

協会はその創立趣旨に述べられているように「文学、演劇、映画、美術、音楽、書道、社会科学、自然科学、出版・印刷、報道、スポーツなど広い分野にわたる交流を推進し、両国人民の友好と文化交流を促進する」目的のため、活動を展開しました。当時、日中間に正常な国交はなく、時の日本政府は中華人民共和国を認めないどころか敵視政策をとっており、両国の友好を阻害する動きが国の内外に絶えず存在する中で、中国との文化交流は困難を極めました。中国に行くのに数次旅券の発給はなく、旅券を取るのに長時間かかり、旅券が取れても香港の通過ビザが取れず、やむなくプノンペン経由で北京に行くようなこともありました。外貨の割り当てゼロ、日本円の持ち出しも禁止されていました。このような状況のもとで、先人たちは智慧と勇気をもって、困難と障害を乗り越え、奇跡ともいえるほど多岐の分野にわたる交流を実現していきました。

それを可能にしたのは、協会の指導者と会員が、二千年に及ぶ日中文化交流の歴史の中で、我が国に計り知れない文化的恩恵をもたらした中国に対し深い尊敬の念と愛情を抱いていたからであり、その中国に日本が侵略し甚大な損害を与えたことを深く反省し、そのために生じた亀裂の克服こそが、自分たちの責務であるということを自覚していたからにほかなりません。また、日本と中国が相互理解の上に立った友好関係をつくりあげることが、両国の国民にとっても、世界の安定した平和の実現、維持にとっても絶対 に必要だという強い信念があったからです。

1971年、当協会は日本卓球協会、中国卓球協会、中国人民対外友好協会と協力して、名古屋で開催された第31回世界卓球選手権大会への中国チームの参加を実現させました。この大会を舞台にいわゆる“ピンポン外交”が展開され、米中関係正常化、日中国交正常化に向け大きな役割を果たしました。この年、協会は創立15周年を迎え、その記念レセプションには60名の大型中国卓球代表団が出席しました。

1972年、当協会は朝日新聞社と共に「中国上海歌舞団」(孫平化団長)総勢208名を招き、東京、大阪などでバレエの「白毛女」、「紅色娘子軍」などを公演、日中友好の気運を盛り上げました。初日には三木武夫、中曽根康弘など政府閣僚が出席、帰国前には田中角栄首相と孫平化団長との非公式会談が実現するなど、この“舞劇団外交”は、前年の“ピンポン外交”に続き日中国交正常化を急ピッチで推し進めました。戦後初めて日中直行便が飛んだのもこの時で、上海歌舞団の一行200余名と日中文化交流協会の代表団が、日航機と全日空機に分乗して東京から上海へ直接飛んでいます。

1972年9月29日、日中国交正常化が実現したとき、中島健蔵会長は「当協会の前史は終わった。これから本史が始まる」と語りました。爾来今日まで40年間、なお波乱含みの日中関係の中にあって、当協会は、歴代の会長中島健蔵、井上靖、團伊玖磨の諸氏、現会長の辻井喬氏の指導のもと、それぞれの時期に演劇、音楽の公演、文物、絵画展の開催、文化講演会、学術シンポジウムなどに取り組み、特に文化各界代表団の相互往来など人的交流に力を入れ、豊かな成果を収めることが出来ました。

文化交流は、経済や貿易と異なり、その成果を単純な統計数字で表すことは出来ません。また、文化は一見弱々しく見えますが、実は強い力を秘めています。なぜなら、文化・芸術は人々の心に深くかかわるものだからです。文化交流は究極のところ、人と人との魂の触れ合いだからです。それはまた、息の長い積み重ねによって花開き、実を結ぶものなのです。

中国の目覚ましい発展により、中国との文化交流の重要性は更に高まっています。今年 10 月に開かれた中国共産党の第 17 期六中全会で、文化強国建設のための文化体制改革の方針が打ち出されたことは、文化交流の新たな発展のため有利な条件もたらすでしょう。

日中文化交流協会は、辻井喬会長のもと、役員、会員が力を合わせ、先人たちの遺志をしっかり受け継ぎ、中国の友人と手を携え、大きな視野と展望のもとに、新しい時代にふさわしい交流を実現していくために、力の限り歩み続けていく所存です。

Cultural Exchange Is the Soul of Communication

Japan-China Cultural Exchange Association

Ikuma Dan, the former chairman, Norio Shirato, the representative director, and our Japan-China Cultural Exchange Association have been awarded the Cultural Exchange Contribution Award in 1997, 2002 and 2007 respectively.

It is very rare to see the same group win the Cultural Exchange Contribution Award tree times, which brought us great glory and encouragement. Here we would like to express our heartfelt thanks.

Japan-China Cultural Association was founded 55 years ago in 1956. At that time, the People's Republic of China stepped into its 7th year with smooth advancement. In the respect of diplomacy, Premier Zhou Enlai attended the Geneva Conference (1954) and the Bandung Conference (1955), showing China's emphasis on international cooperation. And the fresh impression of China was welcome by the other countries all over the world. Non-governmental exchanges between Japan and China started to develop, and there was a surging atmosphere concerning the expectation of the normalization of the diplomatic relations between China and Japan.

In 1955, the director Koreya Senda visited Beijing and concluded with the Chinese party the Agreement on Japan-China Cultural Exchange, which laid the foundation for the establishment of our association. The signatories from the Chinese party included Zhao Yimin, Yang Hansheng, Lao She, Ouyang Yuqian, Ma Sicong, Liu Kaiqu, Cai Chusheng, Dai Ailian, and Chen Zhongjing, all of whom were outstanding cultural leaders. When Mr. Koreya Senda came back to Japan, he set about to persuade Kenzo Nakajima and other personages in the cultural circle in Japan, and prepared for founding an association led by Mr. Norio Shirato. For the promotion of cultural exchanges between the two countries, Japan-China Cultural Exchange Association, as a civil society, was founded officially in Tokyo on March 23, 1956.

As has been described previously, the association was founded with the aim of "Pushing forward exchanges covering extensive fields relevant to literature, drama, movies, fine arts, music, calligraphy, social sciences, publishing and printings, news reports, and sports, and promoting the friendship and cultural exchange between the two countries". It conducted activities under the guidance of its aim. At that time, there was no normal diplomatic relations between Japan and China. The Japanese Government refused to acknowledge the People's Republic of China from time to time and even took hostile policies. In addition, domestic and foreign forces in Japan that impeded the friendship campaign between the two countries surged up constantly. Therefore, there were extreme difficulties for the cultural exchange with China. If a person wanted to visit China, he had to apply several times for the visa, which would usually not be issued or take a very long time. Even if he got the visa, as he failed to get the transit visa of Hong Kong sometimes, he had no alternative but to go to Beijing via

Phnom Penh. Sometimes there was no exchange quota and Japanese currency was not allowed to be taken abroad. In those cases, our predecessors showed their wisdom and courage, and overcame difficulties and obstacles, realizing exchanges in many fields miraculously.

The outstanding achievements of us owe to the strong admiration and affection toward China of the leaders and all the members. Through the 2000-year history of Japan-China cultural exchange, our country has obtained incalculable bounties bestowed by your country. As Japan's aggression brought extreme damages and harm to China, our association believes that Japan should make an in-depth reflection on the war and we should not shirk the responsibility of eliminating the estrangement between the two countries caused by Japan's invasion into China. Furthermore, we believe that a friendly relationship on the basis of mutual understanding is absolutely necessary not only for the people of the two countries but also for the realization and maintenance of world peace.

In 1971, with concerted efforts made by our association, the Japanese Table Tennis Association, the Chinese Table Tennis Association, and the Chinese People's Association for Friendship with Foreign Countries, the Chinese Table Tennis Team was able to take part in the Contest for 31st World Table Tennis Qualification Trials held in Nagoya. This contest provided a stage for China to unfold the so-called "Ping Pong Diplomacy", which has played a significant role in the normalization of U.S.-China relations and Japan-China diplomatic relations. That year also marked the 15th anniversary of the founding of our association, and a Chinese Table Tennis delegation of 60 people was present at our commemorative party.

In 1972, our association and Asahi Shimbun jointly invited the Shanghai Dance Theatre of China led by Sun Pinghua with 208 members altogether to come to Japan. The repertoire list included ballets The White-Haired Girl and The Red Detachment of Women, which brought climax for the friendship between China and Japan. The government cabinet ministers including Takeo Miki and Yasuhiro Nakasone attended and enjoyed the premiere. Before the ensemble returned to China, there was an informal talk between its head Mr. Sun Pinghua and the Prime Minister Kakuei Tanaka. The same as "Ping Pong Diplomacy" in the previous year, this "Dance Theater Diplomacy" accelerated the normalization of Japan-China diplomatic relations. About 200 members from the Shanghai Dance Theatre, as well as the delegation of Japan-China Cultural Exchange Association, took flights of Japan Airlines and All Nippon Airways respectively from Tokyo to Shanghai directly, which realized the first direct civil flight between the two countris after World War II.

On September 29, 1972, when the normalization of Japan-China diplomatic relations was realized eventually, Mr. Kenzo Nakajima, the former chairman, said, "Our association has fulfilled its tasks at the initial stage, and now it should get down to its real business." In those past 40 years from then on, regardless of the intricate relations between Japan and China, former chairmen of our association, including Kenzo Nakajima, Yasushi Inoue and Dan Ikuma, and the current chairman Takashi Tsujii have never slacked off. Under their leadership, activities have been organized in different eras, including drama and music performances, cultural relics and painting exhibitions, cultural lectures, and academic seminars. In particular, with regard to the communication like mutual visits by delegations in cultural circles, fruitful results have been achieved.

Different from economy and trade, the results of Cultural exchange cannot be fully interpreted by statistics. In addition, culture seems to be weak and tender at first glance, it contains immeasurable power actually. The reason for this is because the deep connection between culture and the inner world of human beings. Cultural exchange, after all, represents the communication between hearts, which can yield positive results only by constant accumulation.

With the remarkable development of China, the significance of cultural exchanges with China becomes highlighted. At the Sixth Plenary Session of the 17th CPC Central Committee convened in October this year, a guideline for the reform of cultural system was proposed to build a powerful cultural country, which would bring advantageous conditions to the new development of cultural exchanges.

Under the leadership of the chairman Mr. Takashi Tsujii and the whole-hearted support of the members, Japan-China Cultural Exchange Association bears in mind the unfulfilled wish of the predecessors and joins hand with Chinese friends to keep doing its utmost to promote the cultural exchanges in line with the requirements of the new era based on a broad horizon and vision into the future.

周恩来总理与访华公演的日本新剧团（前排从右起）杉村春子、岸辉子、千田是也、山本安英、村山知义等人畅谈。周总理（前排左2）
——1960年10月8日　北京中山公园

訪中公演日本新劇団の（前列右から）杉村春子、岸輝子、千田是也、山本安英、村山知義（左1）の諸氏と歓談する周恩来総理　周総理（前列左2）
—1960年10月8日　北京・中山公園

Premier Zhou Enlai talked freely with members from Japan New Troupe who visited China for public performance. The members include (front row from the right) Haruko Sugimura, Teruko Kishi, Korenari Senda, Yasue Yamamoto, Tomoyoshi Murayama, and etc. Premier Zhou (front row, second from the left)
—October 8, 1960, Beijing Zhongshan Park

周恩来总理（右1）会见日本美术家代表团中川一政团长（左2）、日本作家代表团木下顺二团长（左1），并进行亲切交谈。由林丽韫担任翻译。
——1963年7月3日　北京

周恩来総理（右1）と会見して親しく懇談する日本美術家代表団の中川一政団長（左2）と日本作家代表団の木下順二団長（左1）。通訳は林麗韞氏（右2）
—1963年7月3日　北京

Premier Zhou Enlai (first from the right) had a cordial talk with Kazumasa Nakagawa (second from the left), head of the Japanese artists delegation, and Junji Kinoshita (first from the left), head of the Japanese writers delegation. Lin Liyun acted as the interpreter.
—July 3, 1963, Beijing

10月1日，毛泽东主席与周恩来总理一起，在天安门城楼上会见中岛健藏会长，说“我们支持在日本致力于日中友好团体团结的中岛先生”。
——1970年

毛沢東主席は、周恩来総理とともに、10月1日、天安門城楼において、中島健蔵会長と会見し、「日本における日中友好団体の団結のために努力されている中島先生を支持します」と語った。
—1970年

Chairman Mao Zedong, together with Premier Zhou Enlai, met with President Kenzo Nakajima at the Tian'anmen Rostrum and said "we support Mr. Nakajima who devote himself to the unity of China-Japan friendship delegations in Japan" on Oct 1. —1970

在羽田机场迎接中国乒乓球代表团的（前排右起）中岛健藏会长、村冈久平、日本乒乓球协会会长后藤钾二、白土吾夫先生等人。
——1971年4月30日

羽田空港で中国卓球代表団を見送る(前列右から)中島健蔵会長、村岡久平、後藤鉀二日本卓球協会会長、白土吾夫の各氏。
—1971年4月30日

Chinese table tennis delegation was welcomed at the Haneda Airport by (front row from the right) President Kenzo Nakajima, Kyuhei Muraoka, Koji Goto, President of Japan Table Tennis Association, Mr. Norio Shirato, and etc.
—April 30, 1971

为纪念日中邦交正常化而举行的大相扑表演是由日本相扑协会和日中文化交流协会主办的。力士是以横纲北富士、琴樱为代表的117名相扑选手组成的豪华阵容，先后在北京和上海举行六场，场场爆满。
——1973年4月13日 上海

日中国交正常化を記念して挙行された大相撲中国場所は、日本相撲協会と日中文化交流協会が実施したものである。力士は横綱の北の富士、琴桜をはじめ総勢117名という豪華な顔ぶれで、北京と上海で6回挙行され、いずれも超満員であった。
—1973年4月13日　上海

The Oosumo Performance in honor of the normalized diplomatic relations between Japan and China was mainly sponsored by Japan Sumo Association and Japan-China Cultural Exchange Association. The star lineup was made up of 117 sumo wrestlers (rikishi) including grand champion (yokozuna) Kazuaki Kitanofuji, and Masakatsu Kotozakura. Each of the six performances held in Beijing and Shanghai successively had a full house.
—April 13, 1973, Shanghai

在北京演奏勃拉姆斯乐曲当天，回应听众掌声的指挥小泽征尔先生。听众一万八千人挤满会场。
——1978年6月16日　北京首都体育馆

北京にブラームスが流れた日、拍手に応える指揮者小澤征爾氏。会場を埋めた聴衆1万8千人。
—1978年6月16日　北京·首都体育館

Mr. Seiji Ozawa, the conductor, gave respects to the applause from the audience on the day when the Brahms music was played in Beijing. The venue was crowded with 18,000 people.
—June 16, 1978, Beijing Capital Gymnasium

访问中国革命圣地延安的日本作家代表团——井上靖团长（左2）、司马辽太郎（左1）、水上勉（右3）、庄野润三（右1）、小田切进（左3）等人和唐家璇（右2）
——1975年5月14日

中国の革命の聖地延安を訪れた日本作家代表団の井上靖団長（左2）、司馬遼太郎（左1）、水上勉（右3）、庄野潤三（右1）、小田切進（左3）の諸氏。唐家璇氏（右2）と
—1975年5月14日

The Japanese writers delegation visited Yan'an, a sacred place of the Chinese revolution—Yasushi Inoue (second from the left), head of the delegation, Ryotaro Shiba (first from the left), Tsutomu Mizukami (third from the right), Junzo Shono (first from the right), Susumu Odagiri (third from the left), and etc., along with Tang Jiaxuan (second from the right).
—May 14, 1975

在北京举办"东山魁夷画展"，日本现代画家在中国举办个人画展还属首次，民众为东山艺术的魅力所吸引。
——1978年5月26日

「東山魁夷展」を北京で開催、現代日本画家の個展が開かれるのはこれが初めてで、東山芸術は深い感動をもって迎えられた。
—1978年5月26日

"Kaii Higashiyama Painting Exhibition" held in Beijing was the first personal exhibition of a modern Japanese painter in China. The public was fascinated by the artistic charm of the painter.
—May 26, 1978

日中文化交流协会与讲谈社，为迎接中国作家代表团，在东京、京都、名古屋，召开文艺演讲会。周扬团长致辞，同席的还有欢迎委员会井上靖委员长（右2）、讲谈社服部敏幸副社长（右1）。
——1979年5月10日　东京

日中文化交流協会と講談社は、中国作家代表団を迎え、東京、京都、名古屋で文芸講演会を開いた。井上靖歓迎委員長（右2）、服部敏幸講談社副社長（右1）同席のもと、あいさつを述べる周揚団長。
—1979年5月10日　東京

Japan-China Cultural Exchange Association and Kodansha held culture and art meetings in Tokyo, Kyoto, and Nagoya to welcome the Chinese writers delegation. Zhou Yang, head of the delegation, gave speech to the audience, along with Yasushi Inoue (second from the right), head of the welcoming committee, Toshiyuki Hattori (first from the right), Vice President of Kodansha.
—May 10, 1979, Tokyo

日中文化交流协会成立55周年纪念典礼召开，中国公使韩志强（右4）发起，中国人民对外友好协会代表团陈昊苏团长（左4）、中国出版代表团宋明昌团长（右2）、辻井乔会长（左3）、黑井千次副会长兼理事长（右3）、松尾敏男副会长（左2）、篠田正浩副会长（右1）、栗原小卷副会长（左1）等参会者一起举杯。
——2011年10月18日　东京

日中文化交流協会創立55周年記念式典が開かれ、韓志強中国公使（右4）の音頭で参会者とともに杯を挙げる陳昊蘇中国人民対外友好協会代表団団長（左4）、宋明昌中国出版代表団団長（右2）、辻井喬会長（左3）、黒井千次副会長・理事長（右3）、松尾敏男（左2）、篠田正浩（右1）、栗原小巻（左1）各副会長。
—2011年10月18日　東京

Memorial ceremony for the 55th anniversary of the Japan-China Cultural Exchange Association was held. Han Zhiqiang (fourth from the right), Ambassador of China, made a toast along with Chen Haosu (fourth from the left), head of the delegation of the Chinese People's Association for Friendship with Foreign Countries, Song Mingchang (second from the right), head of the delegation of Chinese press, President Takashi Tsujii (third from the left), Vice President and Director Senji Kuroi (third from the right), Vice President Toshio Matsuo (second from the left), Vice President Masahiro Shinoda (first from the right), Vice President Komaki Kurihara (first from the left), and other participants.
—October 18, 2011, Tokyo

辻井乔会长（左）会见中国文化部蔡武部长（右），就2012年即将迎来日中邦交正常化40周年，阐述日中文化交流协会的交流事业。
——2011年9月28日　北京

蔡武文化部部長（右）と会見し、2012年に迎える日中国交正常化４０周年に向けた日中文化交流協会の交流事業を説明する辻井喬会長（左）。
—2011年9月28日　北京

President Takashi Tsujii (left) met with Cai Wu (right), Minister of the Ministry of Culture of China, and stated communication business of the Japan-China Cultural Exchange Association before the 40th anniversary of the normalization of diplomatic relations between China and Japan in 2012.
—September 28, 2011, Beijing

在为纪念日中文化交流协会成立50周年、中日邦交正常化35周年而举办的“悠久之美——中国国家博物馆名品展”开幕纪念仪式上，辻井乔会长致辞（中央），中国国家博物馆馆长吕章申（左2）、临时代办孔铉佑（左1）列席。
——2007年1月9日　东京国立博物馆平成馆

日中文化交流協会創立50周年、日中国交正常化35周年を記念して開催された「悠久の美—中国国家博物館名品展」の開会記念式典であいさつを述べる辻井喬会長（中央）、列席した吕章申中国国家博物館館長（左2）、孔鉉佑臨時代理大使（左1）ら。
—2007年1月9日　東京国立博物館平成館

President Takashi Tsujii (middle) made a speech at the opening ceremony of the exhibition “Prized Treasures of Chinese Art—from the National Museum of China” in honor of the 50th anniversary of the Japan-China Cultural Exchange Association and the 35th anniversary of normalized China-Japan diplomatic relations, Lü Zhangshen (second from the left), Curator of the National Museum of China, and Kong Xunayou (first from the left), Charge D’affaires also attended the ceremony.
—January 9, 2007, Heiseikan, Tokyo National Museum

御手洗富士夫

日本

1935 年出生于大分县。1961 年毕业于中央大学法学系、随后进入佳能相机（现佳能）公司工作。1966 年调往佳能美国、1979 年开始任此公司社长一职，并于 1989 年回国。1995 年担任佳能社长，1997 年开始兼任 CEO。2006 年 3 月担任会长、社长兼 CEO 之后，于同年 5 月开始至今，担任会长兼 CEO。

2006 年 5 月开始，担任由日本主要企业以及团体加盟的日本经济团体联合会会长，2010 年 5 月担任名誉会长。

与中国相关的：2002 年开始担任辽宁省经济顾问、2003 年开始担任广东省省长经济顾问。2007 年因担任“2007 中日文化体育交流年”执行委员长，为文化交流做出贡献，荣获中国文化部颁发的文化交流贡献奖。除此之外，还荣获珠海市荣誉市民、大连市荣誉市民、苏州市荣誉市民、清华大学名誉博士、“中日友好使者”等称号。

御手洗冨士夫

1935 年大分県生まれ。61 年中央大学法学部卒業後、キヤノンカメラ（現·キヤノン）に入社。66 年にキヤノン USA に出向、79 年から同社社長を務め 89 年に帰国。95 年キヤノン社長に就任し、97 年から CEO を兼任。2006 年 3 月会長、社長兼 CEO を経て、同年 5 月に会長兼 CEO に就任、現在に至る。

日本の主要企業や団体が加盟する日本経済団体連合会の会長を 2006 年 5 月より務め、2010 年 5 月から名誉会長。

中国関連では、2002 年より遼寧省経済顧問、2003 年より広東省省長経済顧問。2007 年には 2007「日中文化·スポーツ交流年」実行委員長として文化交流に貢献し、中国文化部より文化交流貢献賞を受賞。そのほか、珠海市名誉市民、大連市名誉市民、蘇州市名誉市民、清華大学名誉博士、中日友好使者。

Fujio Mitarai

Fujio Mitarai was born in 1935 in Oita. He graduated from the Faculty of Law of Chuo University in 1961 and then joined the Canon Camera Company. He was transferred to the Canon USA in 1966 and was appointed the president since 1979. He returned to his motherland in 1989. He was appointed the president of Canon Japan in 1995 and the CEO of the company in 1997. Then he served as the chairman, president, and CEO of the company in March 2006 and has served as the chairman and CEO since May in the same year.

He was appointed the chairman of Japan Business Federation consisting of major enterprises and organizations in Japan in May 2006 and the chairman emeritus in May 2010.

Experience related to China: He began to serve as the economic advisor of Liaoning Province in 2002 and the economic advisor for the governor of Guangdong Province in 2003. In 2007, he was given the Cultural Exchange Contribution Award by the Ministry of Culture of China for his contribution when he served as the executive chairman of the "2007 Japan-China Culture and Sports Exchange Year". In addition, he had won such titles as the Honorary Citizen of Zhuhai City, Dalian City, and Suzhou City, the Honorary Doctorate of Tsinghua University, "Envoy of Friendship between China and Japan", and so on.

心的期待 新的未来

——纪念日中邦交正常化40周年

御手洗富士夫

值此《文化交流贡献奖获得者事迹汇编》出版之际，获此机会投稿深感荣幸。

“心的期待，新的未来”是我担任日方执行委员会长一职的2007“日中文化体育交流年”活动的主题词。这是通过日中两国公开征集，最终获选的中方作品。

2006年10月，为纪念日中邦交正常化35周年，加深两国人民间的相互理解和信任、扩大民间交流，把日中关系推向更高层次，日中两国政府就将日中2007年定为“中日文化体育交流年”一事达成一致，日中决定拓展更广阔的事业。

为了推进该事业，中方组织委员会主席由当时的文化部长孙家正先生担任，当时担任日本经济团体联合会会长的我担任日方执行委员长，在主办日中两国间交流年活动的同时，支持各领域的交流项目，致力于两国的友好交往以及相互理解。

这年的活动受到高度评价。2007年11月中国文化部授予我“文化交流贡献奖”，对此本人深表荣幸。我认为，我是代表为交流年活动做出贡献的所有组织、团体和个人受奖的。

交流年活动的成功举办，收到了日本约150家企业和团体的捐款，得到了除了中国政府以及中方组织委员会之外，日本外务省、日本大使馆、日本商会、日本人会、日资企业等各方的支援和协助。正因为各位平时致力于推进民间交流和草根交流，才有了这样的成果。借此机会，我对支持交流年活动的日中两国所有人员表示衷心的感谢。

以下是“中日文化体育交流年”的大致情况，同时也请允许我简单介绍下当时的情景。

为了推进交流年活动，紧急之下于2006年12月成立了日方执行委员会。这是各界齐心协力成立的组织，并且制定了可以在全日本推进交流年活动的机制。实行委员会不仅举办主要纪念活动、交流活动，而且还认定各企业、自治体、团体等举办的交流活动，并给予支援。

日方主要在中国，中方主要在日本开展活动，总数已经高达328次。涉及电影、戏剧、文化、体育、教育、环境等多个领域，产生了跨地区、跨领域和跨越年龄层的友谊和信任，日中友好的种子已经播撒在各地。

中日文化节 于 北京（竿灯节）

中国文化部副部长于幼军（时任）颁发文化交流贡献奖

大型闭幕式晚会

另外，创作了交流年活动的主题歌，希望能长久传唱。由日本歌手中孝介和中国歌手韩雪合唱的“不需要言语（中文名：握你的手）”在日中两国举办的活动中被唱响，作为两国友好的见证，大力宣传了交流年活动。

我本身也参加过不少的活动，但是印象最深的还是实行委员会举办的“日中民间文化节在北京”和“大型闭幕式晚会”。

“日中民间文化节”由中日友好协会、北京市人民对外友好协会在 9 月份共同举办。在北京首屈一指的繁华街道王府井举办了日中民间文化节 。

特别值得一提的是举办场所。虽说是和中国共同举办，但是王府井向一国开放还属首次。

当时，中方提出要求说，出于安全性考虑，希望能将场地定为公园，而不是繁华街道。但是，经过多次反复交涉，最终获得中国政府以及北京政府批准，决定在王府井举办。在此衷心感谢当时两个政府的英明决断。

当天，10 万北京市民蜂拥至沿途观看。日方有来自德岛的阿波舞、长崎九日祭、来自冲绳的哎撒舞等 10 个团体共计 300 多人参加；中方表演了太平鼓、秧歌舞、功夫等传统节目，气氛高涨。太鼓的声音，美丽的传统服装，再配上威武的呐喊声，将气氛推向了高潮。

压轴的是秋田县的竿灯节表演。高达 12 米的竿灯一齐被顶起时，观众发出了呐喊声和欢呼声。如稻穗般摇曳的竿灯，照亮了北京的夜空。

伴随着杂子（hayasi）的吆喝声，举杆手灵活地将竹竿从手心移到额头，从额头移到肩膀，再从肩膀移到腰部。有时失去平衡仿佛要倒下来，观众紧张的不敢呼吸。然而举杆手却能在千钧一发之时又重新竖起来，将表演持续下去。这精湛的演技赢得了观众的阵阵掌声。此时，不分国籍，大家融为一体，文化节圆满结束。

作为交流年活动的总结，11 月末由日方执行委员会和中方组织委员会共同举办的“大型闭幕式晚会”也让人难以忘怀。因为中方特意将晚会安排在人民大会堂的万人大礼堂举行。

人民大会堂召开共产党大会和全国人民代表大会的场所，具有最高规格，相当于日本的国会议事堂。中方为交流年的闭幕式准备了最好的舞台。这为日中历史翻开了崭新的一页，具有划时代的意义。

当天，以年轻人为主，共有 6,000 人参加，会场内气氛热烈。日方由松任谷由实、谷村新司、Gackt、w-inds. 组合等日本代表性的歌手参加演出，中国由国家一级演员谭晶、实力派歌手孙楠、中国民族音乐第一人张也等参加演出。晚会集一年活动之大成，在华丽的舞台上拉开帷幕，深深地吸引着观众。

可能是疯狂的粉丝吧，有人挥舞着写有团体名字的扇子，更有人因为兴奋过度流出激动的眼泪。日中两国的艺术家们和喜爱音乐的年轻人的心融为一体，在庆祝交流年活动成功举办的同时，再次确认了日中友好的纽带，此场晚会更是交流年活动有始有终的完美验证。

晚会接近尾声时，身穿日本和服的中国小学生登场，向大家展示了华美的舞蹈。最终包括演员在内，所有人齐唱“萤之光”，晚会圆满落幕。

孩子们肩负着未来，是未来的希望。年幼的孩子们和两国艺术家一起挥舞双手的情景，仿佛预示着日中友好的光辉未来，我印象深刻。

之后，中国相继举办了 2008 年北京奥运会和 2010 年上海世博会，众所周知均取得了圆满成功。我认为此次交流年活动也是这两大盛会大获成功的良好契机吧。

以上介绍了 2007“日中文化体育交流年”的一些情况。最后，就今后日中两国的文化交流，结合两国的经济动向，陈述一下我的个人想法。

我认为经济活动和文化有着不可分割的关系。

例如，亚洲、欧洲和北美从遥远的古代就通过丝绸之路进行文化交流，其中就有宗教的传播。许多官员、商人、旅客相互往来，各种商品在东西方之间交易，各地人民都如视珍宝。丝绸之路真可谓是东西文化交流的桥梁。

从古代开始，人类通过交易获取新的信息和技术，吸收后进行不断改进。而且，文化本身的创造性，活跃了经济，从而孕育了更高品质的经济社会。经济和文化相互影响，形成人类历史。

日中两国作为一衣带水的邻国，有着 2000

多年的经济和文化交流史。近代以来，虽然也有过不幸的历史，但是从遣隋使、遣唐使的时代开始，两国经历了悠久的和平交流史。今后，两国也会相互影响，为东亚和世界经济文化的发展做出巨大贡献。

考虑到今后的日中交流，我认为有三大经济要素。

第一，日中两国间经济关系紧密度提高。

邦交正常化的1972年，当时日中两国的贸易总额为10亿美元左右，而在去年已经突破了3，000亿美元。论经济规模，中国位居世界第二；当今时代，世界各国已经无法抛开中国来考虑自己国家经济的发展。

今年3月，日本遭受东日本大地震，遭受非常大的损失。中国迅速开展援助活动，帮助受灾者，作为日本国民，对此表示衷心的感谢。

因为地震影响，日本东北地方的多家零部件生产厂家受灾，供应链断了，厂家相继面临减产和停产的窘境。这不仅影响了日本国内，甚至波及中国厂家，从而可以看出，日中两国经济和企业的供应链相互联系，不可分割。而且，今后两国的关系随着经济发展也会变得更加紧密。

第二，中国的中产阶级的扩大。

中国经济受到政府与民间资本积极的设备投资以及旺盛的个人消费牵引，正在飞速发展。消费市场从沿海延伸到内陆，财富充裕的中产阶级日趋增加。

随着发展，两国之间开始了和生活更加息息相关的文化交流。日本的食品和日用品、服务等因为品质优良广受欢迎，日本的游戏、动画片、漫画、音乐、服装等，作为“酷日本”（是日本政府向海外推销国际公认的日本文化软实力，所制定的宣传与政策。）在年轻人之间形成了共同语言。

同时，中国的电影，从超越好莱坞的精品大作，到艺术佳作，不仅仅吸引了日本人民，更吸引了全世界人民，也使中国的饮食文化被全世界广泛接受。

第三，中国兴起的研发据点。

中国实现了从世界工厂到世界市场的转化，向世界展示了作为创新舞台的魅力。中国政府认为科学技术的振兴是经济发展不可或缺的，全力强化研究开发，研发投资金额高达世界第二位，论文数量、专利申请数也急剧增加。人类的发展，科学技术的进步是不可或缺的，中国作为技术大国，将会发挥重要的作用。

希望今后日中两国，对于环保、节能等双方共同面临的问题进行共同研究，继续增加学术领域交流的机会。我无比期望日中两国研究人员相互切磋，可以诞生伟大的研究成果。

如上所述，我认为日中两国，今后会建立更加紧密的经济关系，提高相互依存度。随之而来，两国人民的交流机会也会更加广泛更加多样化。

事实上，日中两国的人员往来在不断增加。

1972年全年总数不足1万人，而去年总数却高达514万人，往来人数正在急剧增长。这相当于平均1天就有1.4万人在来往。近来，得益于卫星广播和发达的网络，两国的信息可以更容易、更快速得获取。

即使工具再便利，为了理解对方国家的文化，我认为从多个角度学习相应背景的思想、历史和生活习惯也是非常重要的。

2007年3月，交流年开始之际，在和温家宝总理会见的时候，温总理这样说道。“中日之间有两个大锁。其一是经济，其二是连接人们心灵的文化。中日两国间的经济关系正在顺利发展，但文化交流需要更长远的心与心的交流”。为了实现心与心的交流，面对面的沟通是最好的。

明年（2012年）是日中邦交正常化40周年，是值得纪念的一年。日中两国间将会举办各种各样的纪念活动，将有更多的相遇、接触，应该可以加深心与心的交流吧。我一定会竭力协助。

我真心祝愿，今后日中两国人民能够用心交流，两国的友好纽带会更加坚固，与此同时，对日中两国的未来也充满期待。

期待を未来へつなげよう。

日中国交正常化40周年に向けて

御手洗冨士夫

この度は、「文化交流貢献賞受賞者の実績集成」の出版に際し、寄稿の機会をいただき誠に光栄に存じます。

表題の「期待を未来へつなげよう。（心的期待、新的未来。）」は、私が日本側実行委員長を務めました2007「日中文化・スポーツ交流年」のキャッチフレーズです。中国の方の作品で、日中両国で広く一般に公募され選ばれました。

2006年10月、日中両国政府は、日中国交正常化35周年にあたる2007年を「日中文化・スポーツ交流年」とすることで合意し、両国民の相互理解と信頼関係を深め、日中関係をより高度な次元に高めていくために、幅広い事業を展開することを決定しました。

この事業を推進するために、中国側組織委員会主席には孫家正文化部長（当時）、日本側実行委員長には経団連会長（当時）の私がそれぞれ就任し、日中両国間における交流年事業を主催するとともに、さまざまな分野における交流年活動を支援し、両国の友好親善と相互理解に努めました。

この1年間の活動をご評価いただき、2007年11月、私は中国文化部より「文化交流貢献賞」を受賞するという栄誉に浴することができました。私はこの受賞は、交流年事業に携わったすべての組織や団体、個人を代表していただいたものであると思っています。

交流年事業は、日本の約150の企業や団体の募金によって実現し、実施にあたっては、中国政府および中国側組織委員会のほか、外務省、日本国大使館、日本商会、日本人会、日系企業など、さまざまな方々からご支援、ご協力をいただきました。これは、地道に民間交流や草の根交流を進めている方々の常日頃の活動があっての賜物です。この場をお借りして、交流年を支えていただいた日中両国のすべての方々に対しまして、改めて心より御礼申し上げます。

以下、日中文化・スポーツ交流年のあらましとともに、当時の思い出について簡単にご紹介したいと思います。

交流年事業の実行に向けて日本側実行委員会が立ち上がったのは、暮れも押し迫った2006

年 12 月のことでした。各界が一致協力した組織とし、オールジャパンで交流年を進める体制を整えました。実行委員会は、主要記念事業、交流事業を主催するとともに、各企業や自治体、団体などが主催する交流活動を認定してこれを支援しました。

日本側は主に中国で、中国側は主に日本で事業を展開し、その総数は 328 にものぼりました。ジャンルも映画、演劇、文化、スポーツ、教育、環境と多岐にわたり、地域や分野、また世代を超えて幾つもの友情と信頼が生まれ、たくさんの日中友好の種が蒔かれたことと思います。

また、長く歌い継がれることを期待して、交流年のテーマソングを制作しました。日本人の中孝介さんと中国の韓雪さんのデュエットによる「言葉はいらない」は、日中両国で開催されるイベントなどで歌われ、両国の友好の証として交流年事業を大いにＰＲしました。

私自身、幾つものイベントに参加しましたが、特に印象深いのは、実行委員会が主催した「日中のお祭り in 北京」と「グランドフィナーレ・コンサート」です。

「日中のお祭り」は、中国日本友好協会、北京市人民対外友好協会との共催で 9 月に開催しました。北京随一の繁華街である王府井で、日中のお祭りを繰り広げるというものでした。

日中のお祭り in 北京（竿燈祭り）

于幼軍中国文化部副部長（当時）より
文化交流貢献賞を受賞

グランドフィナーレ・コンサート

特筆すべきはその場所です。中国のお祭りとの共催が前提とはいえ、王府井を一国に開放するのは初めてのことでした。

当初、中国側からは、セキュリティ面から、繁華街ではなく公園での開催を要望されました。しかし、粘り強く交渉を重ねた結果、最終的には中国政府および北京市政府の許可が下り、王府井での開催に漕ぎ付けました。この時の両政府の英断には本当に感謝しています。

当日は、10万人の北京市民が沿道につめかけました。日本からは徳島の阿波おどり、長崎くんち、沖縄のエイサーなど、各地のお祭り10団体300人以上が参加し、中国側は太平鼓やヤンコ踊り、カンフーなどの伝統舞踊が登場し、大いに盛り上げました。太鼓の音、美しい伝統衣装、それに威勢のよい掛け声が合わさって、いつしか祭りは最高潮に達しました。

圧巻は秋田の竿燈祭りです。高さ12メートルにもおよぶ竿燈が一斉に立ち上がると、観客からは大きなどよめきと歓声が上がりました。稲穂のように揺らめく竿燈が、北京の夜空を照らし出します。

お囃子の掛け声とともに、差し手は手のひらから額へ、額から肩へ、肩から腰へと、竹竿を器用に移し変えていきます。時にはバランスを失って倒れそうになり、観客は息をのみます。しかし差し手も心得たもの、間一髪で立て直し、再び演技に戻ります。観客もその妙技に惜しみない拍手をおくっていました。そこには国境を越えた一体感があり、お祭りは大成功のうちに終了しました。

交流年の締めくくりとして、11月末に日本側実行委員会と中国側組織委員会の共催で行った「グランドフィナーレ・コンサート」も忘れられません。というのも、中国側の配慮により、特別に人民大会堂・万人礼堂で挙行することが許されたからです。

人民大会堂は共産党大会や全国人民代表大会が開催される最高のステイタスを持つ場所で、日本で言えば国会議事堂にあたります。中国側は交流年の締めくくりに最高の舞台を用意してくれました。日中の歴史に新たな1ページを刻む、本当に画期的な出来事であったと思います。

当日は、若者を中心に6,000人が参加し、会場は大変な熱気に包まれました。日本からは松任谷由美さん、谷村新司さん、Gacktさん、w-inds.さんといった日本を代表する歌手の方々が出演し、中国からは国家一級アーティストの譚晶さん、実力派歌手の孫楠さん、中国民族音楽の第一人者の張也さんらが参加しました。そして、1年間の活動の集大成として華やかなステージを繰り広げ、聴衆を魅了しました。

熱狂的なファンなのでしょうか、グループ

の名前が入ったうちわを振る姿や、興奮のあまり泣き出してしまう子もいました。日本と中国のアーティスト、そして音楽を愛する若者たちの心が一体となって交流年事業の成功を祝うとともに、日中の友好の絆を再確認する、まさに交流年の有終の美を飾るにふさわしいコンサートとなりました。

フィナーレには、日本の着物に身を包んだ中国の小学生が登場し、華やかな踊りを見せてくれました。最後は出演者も加わって全員で「蛍の光」を熱唱し、コンサートは大団円を迎えました。

子どもは未来の担い手であり、将来への希望です。幼い子どもたちが、両国のアーティストと一緒になって手を振るその光景は、まるで日中友好の輝かしい未来を象徴するかのようで、私の心に強く残っています。

その後、中国では2008年に北京五輪、2010年には上海万博が開催され、周知のとおり大成功を収めました。この交流年の活動は両イベントにつながる良いきっかけになったのではないかと考えています。

以上、2007「日中文化・スポーツ交流年」の活動について述べてきましたが、最後に、今後の日中の文化交流について、両国の経済動向と合わせて少し考えてみたいと思います。

私は、経済活動と文化は不可分の関係にあると考えています。

例えば、アジアやヨーロッパ、北アフリカでは、悠久の太古よりシルクロードを通じて文化交流が行われ、宗教が伝来したと言われています。多くの官吏や商人、旅人が往来し、さまざまな商品が東西に運ばれ、各地で珍重されました。まさにシルクロードは東西文化の懸け橋でした。

太古より人類は、交易を通じて新しい情報や技術を取り入れ、それを吸収して、独自に進化させ、発展してきました。そしてまた、その文化の持つ創造性により、経済を活発化させて、より質の高い経済社会を育んできました。経済と文化は相互に影響し合いながら、人類の歴史を形成してきたのです。

日本と中国も、一衣帯水の隣国同士として、2000年以上の長きにわたって経済と文化の交流を図ってきました。近代以降、不幸な歴史もありましたが、古くは遣隋使、遣唐使の時代から、両国は長らく平和裏に交流を重ねてきました。今後もともに影響し合いながら、東アジアと世界の経済と文化の発展に大きく貢献していくことでしょう。

私は、今後の日中の交流を考えるにあたっては、3つの大きな経済的要素があるととらえています。

第一は、日中間の経済関係の緊密性の高ま

りです。

国交が正常化した1972年当時、日中両国の貿易総額は10億ドル程度でしたが、昨年は3,000億ドルを突破しました。中国は世界第二位の経済規模となり、世界中の国々が、中国との関係を抜きにして自国の経済が考えられない時代が到来しています。

今年3月、日本は東日本大震災に見舞われ甚大な損害を被りました。中国には救援活動や被災者支援にいち早くご協力いただき、日本国民として心より感謝申し上げます。

震災により東北地方の部品メーカーが数多く被災し、サプライチェーンが寸断され、減産や生産停止に追い込まれるメーカーが相次ぎました。それは国内だけでなく中国のメーカーにもおよびましたが、これはとりもなおさず、日中の経済や企業が、サプライチェーンとして相互につながっていることを示すものでした。そして、両国の関係は、今後も経済発展とともにますます緊密になっていくことでしょう。

第二は、中国の中産階級の増大です。

中国経済は、官民による積極的な設備投資と旺盛な個人消費が牽引して、急速に成長しています。消費市場は沿岸部から内陸部へと拡大し、財政的に余裕のある中産階級が増加の一途をたどっています。

それにつれて、より生活に密着した文化が両国間を行き交うようになってきています。日本の食料品や日用品、サービスなどは、その質の高さから人気を博し、日本のゲームやアニメ、漫画、音楽、ファッションなどは、「クールジャパン」として、若者たちの一種の共通言語となりつつあります。

同時に、中国の映画は、ハリウッド映画をしのぐ超大作から、芸術的な佳作まで、日本のみならず世界の人々を魅了し、中国の食文化は世界中に受け入れられています。

第三は、研究開発拠点としての中国の台頭です。

世界の工場から世界の市場へと進化を遂げた中国は、イノベーションの舞台としても存在感を示しつつあります。中国政府は、科学技術の振興を経済の発展の要と位置付け、研究開発の強化に力を注いでおり、研究開発投資額はすでに世界第二位で、論文数、特許出願件数ともに急増しています。人類の発展において科学技術の進歩は不可欠であり、中国も技術大国のひとつとして、重要な役割を果たしていくことでしょう。

日中両国としても、環境・省エネルギー問題など、双方が直面する課題について共同研究などを進め、学術レベルの交流の機会を増やしていくことが求められます。日中両国の研究者が切磋琢磨し、偉大な成果が生み出されるようになることを願ってやみません。

以上述べてきましたように、日本と中国は、今後より緊密な経済関係を構築し、相互依存性を高めていくと思われます。それにつれて、両国民の交流機会も、より広範囲で多層的なものとなっていくでしょう。

実際、日中間の人の往来も増加しています。1972年は年間のべ1万人に達しませんでしたが、昨年はのべ約514万人を数えるまでに急成長しています。これは1日平均1万4,000人もの人々が行き来しているということです。また昨今では、衛星放送やインターネットの発達により、両国の情報が容易に、しかも素早く入手できるようになりました。

しかし、いかにツールが便利になったとしても、その国の文化を理解するためには、従来と同じく、その背景にある思想や歴史、生活習慣などを、複合的な視点で学ぶことが大切だと思います。

2007年3月、交流年スタート時に温家宝総理と会見した際に、温総理はこう話されました。「日中間には二つの大きな鎖があります。一つは経済であり、もう一つは人の心と心をつなぐ文化です。日中間の経済関係は順調に拡大していますが、文化交流はより息の長い心と心の交流が必要です」と。心と心の交流を図るには、フェイス・トゥ・フェイスのコミュニケーションが一番です。

来年2012年は、日中国交正常化40周年という記念すべき年にあたります。日中両国において、多方面にわたってさまざまな記念イベントが行われ、数多くの出会いがあり、触れ合いがあり、心と心の交流が深められることでしょう。私も大いに協力させていただく所存です。

今後も日中両国民の心の交流が図られ、両国の友好の絆がさらに深まるとともに、日中両国の未来が期待に満ち溢れたものとなるよう、心より願っています。

Sincere Wish for a New Future

—For Commemorating the 40th Anniversary of the Normalization of Sino-Japanese Diplomatic Relations

Fujio Mitarai

On the occasion of the publishing of Collection of Fruits of People Winning Cultural Exchange Contribution Award, I am honored to have the opportunity to be one of the contributors.

The title "Sincere Wish for a New Future" is the theme of the "2007 Japan-China Culture and Sports Exchange Year", during which I served as the Chairman of Japanese Executive Committee. This work is finally selected by the Chinese side through the public solicitation in the two countries.

The governments of China and Japan agreed to expand the great cause by making the year 2007 "Japan-China Culture and Sports Exchange Year" to commemorate the 35th anniversary of the normalization of Sino-Japanese diplomatic relations, deepen the mutual understanding and trust of the people from the two countries, expand non-governmental communication, and push the Sino-Japanese relations to a higher level.

In order to promote the cause, Sun Jiazheng, the Minister of China's Ministry of Culture was appointed the chairman of the Chinese Executive Committee, and I, as the chairman of Japan Business Federation, was appointed the chairman of the Japanese Executive Committee. While organizing the activities for the "Culture and Sports Exchange Year", we supported each other for communication activities in different fields and dedicated ourselves to the friendly exchange and mutual understanding of the two countries.

The events in the year were highly appreciated. In November 2007, I was given the Cultural Exchange Contribution Award by the Ministry of Culture of China, for which I am deeply honored. I think I got the award because of the contribution of all organizations, groups, and individuals to the "Japan-China Culture and Sports Exchange Year".

The activities were organized successfully and received the donation from about 150 enterprises and groups and the support from Chinese government, Chinese Organizing Committee, Ministry of Foreign Affairs of Japan, Embassy of Japan in China, Japanese Chamber of Commerce and Industry, Japanese Association, and Japanese companies, and other parties. It is the efforts of everyone to promote non-government and grassroots exchanges that resulted in such great achievements. I would like to take this opportunity to express heartfelt thanks to everyone supporting the activities from the two countries.

Here is a brief introduction to the "Japan-China Culture and Sports Exchange Year" and the activities organized.

The Japanese Executive Committee was founded in December 2006 for promoting the activities. With the joint efforts of all parties, we established the mechanism for promoting the activities all round Japan. The committee not only organized commemoration and exchange activities but also provided support for the exchange activities organized by enterprises, autonomous bodies, and groups.

The Japanese side mainly organized activities in China, while the Chinese side mainly organized activities in Japan. In total 328 activities were organized, covering film, opera, culture, sports, education, environment, and other fields. The friendship and trust beyond region, field, and age were created and the seeds for the friendship between China and Japan were spread in the two countries.

In addition, the theme song for the "Japan-China Culture and Sports Exchange Year" was created for spreading in the public. The song titled Holding Your Hand was sung together by Japanese singer Kousuke Atari and Chinese singer Han Xue in activities organized by the two countries. As the proof of the friendship between the two countries, it greatly promoted the activities for the "Culture and Sports Exchange Year".

I have personally participated in many activities. The most impressive ones include the "Sino-Japanese Folk Culture Festival in Beijing" and the "Large Scale Closing Ceremony".

Sino-Japanese Folk Culture Festival was organized jointly by China-Japan Friendship Association and Beijing People's Association for Friendship with Foreign Countries in September. It was held in Wangfujing Street, one of the busiest streets in Beijing.

It is worthwhile to mention the venue. Although it was organized jointly by China and Japan, it was the first time for a foreign country to organize large scale activities at Wangfujing.

At that time, the China side hoped to organize the activities in parks not the busy street for security reasons. Nevertheless, we finally got the approval of Chinese Government and Beijing Municipal Government after repeated negotiations to hold the activities at Wangfujing. Here, I would like to express my sincere gratitude to the two governments for the wise decision.

100,000 Beijing residents flocked to the area on that day.

China-Japan Culture Festival in Beijing (Akita Kanto Festival)

Yu Youjun, the then Vice Minister of the Ministry of Culture of PRC, presented the Awards of Cultural Exchange Contribution

Extraordinary closing ceremony

Over 300 people from 10 groups including the Awa Dance from Tokushima Prefecture, the Nine-Day Memorial of Nagasaki, and the Eisa Dance of Okinawa of Japan participated in the activities. The China side performed such traditional programs as Taiping Drum Dance, Yangko Dance, Kungfu, and so on. The drumbeat, the beautiful traditional costumes, and the mighty songs pushed the atmosphere to a climax.

The last program was the Akita Kanto Matsuri show. When the Kanto of 12 meters high was erected, the audience shouted and cheered immediately. The Kanto swaying like the ears of rice lit up the night sky of Beijing.

In the chanting of hayasi, the holder moved the Kanto skillfully from the palm to the forehead, from forehead to the shoulder, and then from shoulder to the waist. Sometimes it seemed that it lost balance and was about to fall down. The audiences were so nervous that they would hold their breath. However, the holder could make it stand up again at the critical movement and continue the performance. The excellent performance had won the applauses of the audiences. At this moment, all participants were brought together regardless of their nationality and the culture festival came to a successful end.

As the conclusion of all the activities, the "Large Scale Closing Ceremony" organized jointly by the Japanese Executive Committee and the Chinese Organizing Committee in late November was also an unforgettable experience to me. The China side deliberately arranged the celebration at the Great Auditorium for Ten-thousand People of the Great Hall of the People.

The Great Hall of the People is the place for convening the National Congress of the Communist Party of China and the National People's Congress. It is the conference hall of the highest level in China, like the National Diet of Japan. China prepared the best stage for the closing ceremony of the "Japan-China Culture and Sports Year". It opened up a new page of the history of China and Japan which is of epoch-making significance.

There are 6,000 people, mostly young, attended the ceremony with warm atmosphere. Representative Japanese singers including Matsutoya Yumi, Tanimura Shinji, Gackt, and W-inds and Chinese artists such as Tan Jing, national first-class performer, Sun Nan, the excellent singer, and Zhang Ye, the leading artist of Chinese folk music participated in the performance. Gathering the essence of the activities in the year, the celebration on the magnificent stage was deeply attractive to the audience.

Some people, perhaps the crazy fans, waved the fan with the name of their favorite group, and some others were so excited that they can't help crying. The artists from the two countries and music loving young people gathered in the hall to celebrate the successful organization of "Iapan-China Culture and Sports Exchange Year" and confirm the friendly ties between the two countries. The ceremony was the perfect proof for the successful organization of the "Iapan-China Culture and Sports Exchange Year" in the whole process.

At the end of the ceremony, Chinese primary school students in kimono showed beautiful dance to the audience. Finally, all performers sang Hotaru no Hikari to mark the successful ending of the ceremony.

Shouldering the future of the world, Children are the hope of future. It seems that the scene when children were waving their hands together with artists from two countries just indicates the bright future for the friendship between China and Japan. The moment impressed me deeply.

As we all know, China successfully hosted the Beijing Olympics in 2008 and the Shanghai World Expo in 2010. I think the activities of "Japan-China Culture and Sports Exchange Year" also provided great opportunities for the two grand events.

This is a brief introduction to the "2007 Japan-China

Culture and Sports Exchange Year". Finally, I would like to share with you my personal opinion on the future culture exchange between China and Japan in combination with the economic trend.

I think economic activities are inseparable to culture.

For example, culture exchange among Asia, Europe, and North America, including the spread of religion, was realized via the Silk Road. Officials, merchants, and travelers communicated with each other. A diversity of goods that people considered as treasures were traded between the East and the West. We can say that the Silk Road is the bridge for culture exchange between the East and the West.

People began to acquire, absorb, and improve new information and technology through trade in ancient times. Moreover, the creativity of culture brings more vitality to economy and breeds the economic society of higher quality. The interaction between economy and culture constitutes human society.

Japan and China are close neighbors separated only by a strip of water with over 2000 years of economic and culture exchanges. Although there was a period of unfortunate history in modern times, the two countries had experienced a far longer history of peaceful exchange since Japan sent envoys to China in the Sui and Tang Dynasties. In the future, the two countries will influence each other and make greater contribution to the economic and cultural development of East Asia and the whole world.

Taking into account the Sino-Japanese exchanges in the future, I think there are three major economic factors.

Firstly, there will be closer economic ties between China and Japan.

The total trade volume between the two countries was 1 billion US dollars in 1972 when they realized the normalization of the diplomatic relations and the figure broke through 300 billion US dollars in the past year. China is ranking second in the world in terms of the economic scale. Nowadays, no country in the world could admit the development of their economy without considering China.

In March this year, Japan suffered from the Great East Japan Earthquake which caused great losses. China provided aid for the victims instantly. As a citizen of Japan, I would like to express my heartfelt gratitude for this.

The production of many parts factories in northeast of Japan was affected by the earthquake. When the supply chain was cut off, the factories were put into the predicament of reduction or even stop of production. The influence was not only in Japan but also spread to factories in China. It can be seen that the supply chain of enterprises and the economy in China and Japan are interconnected and inseparable. Moreover, the relationship between the two countries will be closer with the economic development.

Secondly, the size of middle class in China is expanding.

Driven by the active investment in equipment of governmental and non-governmental capital and the thriving personal consumption, the economy in China is developing rapidly. The consumer market is extending from the coastal area to the inland and the size of wealthy middle-class is expanding.

With the development of economy, the culture exchange in close relation to life between the countries begins to thrive. Japanese food, daily necessities, and services are welcomed for the high quality. Japanese games, cartoons, comics, music, and costumes, as part of "cool Japan" (the publicity policy of Japanese government for the promotion of international recognized culture soft power of Japan), have become the common language among young people.

Meanwhile, Chinese films, from the classic masterpieces surpassing Hollywood movies to the excellent artistic ones, not only attract the Japanese people but also fascinate people all over the world. Chinese diet culture is also widely accepted around the world.

Thirdly, research and development is emerging in China. China realized the transition from world factory to world market and showed to the world its charm as a stage of innovation. Chinese government believes that the rejuvenation of science and technology is indispensable for economic development and pays special attention to R&D. The investment in R&D ranks second in the world and the number of academic papers and application for patent is also increasing dramatically. The progress of science and technology is indispensable for the development of human beings. China, as a strong technological power, will play an important role.

I hope that the two countries can carry out joint research on the common problems in environmental protection, energy saving, and other fields, and continue to create more opportunities for academic exchange. I also hope that the researchers in the two countries can exchange with each other to make greater achievements in their research.

In conclusion, I think that Japan and China will establish closer economic relations and increase the degree of interdependence. Meanwhile, there will be more extensive and diversified communication and exchange between people in the two countries.

In fact, the people-to-people contacts between the two countries are on the rise. It was less than 10,000 in 1972, while the number increased dramatically to 5.14 million in the past year, which amounts to 14,000 for every day. Recently, information acquisition between the two countries becomes much easier and faster thanks to the satellite radio and well-developed network.

Although we have very convenient tools, I think we should learn the related background information, thoughts, history, and habits from multiple angles in order to gain deeper understanding on the culture of each other.

I met Premier Wen Jiabao in March 2007 at the beginning of the "Japan-China Culture and Sports Exchange Year". He said, "There are two locks between China and Japan. One is economy, the other is the culture that connects people's mind. The economic relations between the two countries are making good progress, yet heart to heart communication is needed for cultural exchange". It is the best to realize face to face communication for realizing the exchange of mind.

The next year (2012) will mark the 40th anniversary of the normalization of the diplomatic relations between Japan and China. It is worthwhile for commemoration. A diversity of activities will be organized in the two countries, which will provide more chances for the contacts and communication of the people to deepen the heart to heart communication. I will spare no efforts for it.

I sincerely hope that people from the two countries can realize heartfelt exchange and the friendship between the two countries will be more solid and stable. I am also full of expectation for the brilliant future of the two countries.

格林·墨菲

澳大利亚

格林·墨菲出生于澳大利亚墨尔本，曾就读于澳大利亚芭蕾舞学校，与澳大利亚芭蕾舞团、英国皇家芭蕾舞团（伦敦）以及菲利克斯·布拉斯卡芭蕾舞团（法国）合作演出。1971 年，由澳大利亚议会批准，他获得赴海外留学的机会，并于 1975 年以自由舞者的身份回国。次年，他被任命为悉尼舞蹈团（当时是新南威尔士州舞蹈团）的艺术指导，一直到 2007 年卸任。在此 31 年间，他创作了超过 50 部作品，包括 30 部长篇芭蕾舞剧。

1982 年，因其舞蹈贡献，格林被澳大利亚政府授予澳大利亚勋章。格林拥有三个名誉博士学位：1990 年获得的塔斯文学荣誉博士学位、1992 年获得的昆士兰哲学荣誉博士学位、1999 年获得的新南威尔士大学文学荣誉博士学位。1993 年，他获得悉尼歌剧院首度荣誉奖，并于 1999 年被澳大利亚国民托管组织评为“国家杰出人物”。2001 年，他凭借其回顾性作品《表演者》获得赫尔普曼最佳编舞奖；2002 年，获得著名的詹姆斯·卡修斯奖；2003 年，获得百年奖章，并被澳大利亚商业艺术基金会评为年度文化领袖；2004 年，获得伊丽莎白·默多克女爵奖；2005 年，在由澳大利亚政府和澳大利亚贸易委员会共同举办的特殊庆典上，被列入澳大利亚 50 大最迷人出口产品名录；2008 年，获得中华人民共和国文化部授予的“文化交流贡献奖”；2011 年，在纽约，凭借电影《最后的舞者》中的精彩编舞获得弗雷德和阿黛尔·阿斯泰尔卓越奖。

格林指导和编舞的众多作品包括《蜕变》《图兰朵》《莎乐美》《特洛伊城》《阿依达》（澳大利亚歌剧团）《泪之泉》（阿德莱德艺术节）、《12 之外》《胡桃夹子》《克拉拉》《天鹅湖》《火鸟》《银色玫瑰》和《罗密欧与朱丽叶》（澳大利亚芭蕾舞团）、《蒂沃利》（悉尼舞蹈团和澳大利亚芭蕾舞团联合制作）、《浩瀚》（澳大利亚两百周年纪念）、《花木兰》（悉尼舞蹈团和上海歌舞团联合制作）、《死亡银玫瑰》（慕尼黑巴伐利亚芭蕾舞团）、《水》（上海芭蕾舞团）、《四十英里—梦之河》（塔斯马尼亚州舞蹈团）、《形体》（米凯亚·巴雷什尼科夫）以及《托维尔和迪安世界旅游公司》。此外，他还参与了歌剧编排，如《威尼斯之死》（加拿大歌剧院）、《参孙和大利拉》（纽约大都会歌剧院）和电影舞蹈编排，如《最后的舞者》，以及音乐剧的舞蹈编排，如安德鲁·劳埃德·韦伯的《真爱不死》。

Graeme Murphy

Graeme Murphy was born in Melbourne and studied at The Australian Ballet School. He has danced with The Australian Ballet, Sadler's Wells Royal Ballet (London) and Ballets Félix Blaska (France). In 1971, he received an Australia Council Grant to study overseas. He returned to Australia in 1975 as a freelance choreographer. The following year, he was appointed artistic director of Sydney Dance Company (then known as The Dance Company NSW), a position he held until 2007. During his 31-year tenure, he created more than 50 works, including 30 full-length productions.

Graeme is a member of the Order Australia (1982) bestowed by the Australian Government for his Services to Dance. He holds three honorary doctorates—Hon. D Litt Tas (1990), Hon. D Phil Qld (1992) and Hon. D Litt UNSW (1999). He was honoured the Inaugural Sydney Opera House Honours (1993) and named a National Living Treasure (1999) by the National Trust of Australia. He has received a Helpmann Award (2001) for Best Choreography, Body of Work – a Retrospective; the prestigious James Cassius Award (2002); a Centenary Medal (2003); named Cultural Leader of the Year by the Australian Business Arts Foundation, receiving the Dame Elisabeth Murdoch Award (2004) and was listed among Australia's 50 Most Glamorous Exports at a special celebration hosted by the Australian Government and Austrade (2005). He received the Award for Contribution to Cultural Exchange by the Ministry of Culture, the People's Republic of China (2008) and the Fred & Adele Astaire Award for Excellence in Choreography in Film for Mao's Last Dancer (New York, 2011).

Graeme's many directing and choreographic credits include Metamorphosis, Turandot, Salome, The Trojans, Aida (Opera Australia); Ainadamar (The Adelaide Festival of Arts); Beyond Twelve, Nutcracker-The Story of Clara, Swan Lake, Firebird, The Silver Rose and Romeo & Juliet (The Australian Ballet); Tivoli (a Sydney Dance Company and The Australian Ballet co-production); VAST (The Australian Bicentennial Authority); Hua Mulan (a Sydney Dance Company and Shanghai Song and Dance Ensemble co-production); Die Silberne Rose (Bayerisches Staatsballett, Munich); Water (Shanghai Ballet); Forty Miles–A River of Dreams (Tasdance); Embodied (Mikhail Baryshnikov) and The Torvill and Dean World Tour Company. He also choreographed Death in Venice (Canadian Opera Company); Samson et Dalila (The Metropolitan Opera, New York); the movie Mao's Last Dancer and the Andrew Lloyd Webber musical Love Never Dies.

中国之舞

格林·墨菲

我的生命里似乎充满着各种受益匪浅的经历，而曾多次在中国与中国的艺术家和表演者工作的经历，毫无疑问，是我职业生涯中最大的成就。1982年，已在悉尼舞蹈团执导5年的我，作为一名青年编舞，第一次应邀访问了中国这个伟大的国度。这次机会源于中澳两国政府的一个交流计划，该计划旨在将澳大利亚优秀艺术家的艺术和创意介绍到中国。这是一次实实在在的文化交流，中国著名的艺术家随后也被邀请访问澳大利亚，参观我们的文艺机构，分享他们的艺术理念。在中国，我们有机会了解多姿多彩的中国艺术，见到众多的中国艺术家并观看他们的工作。同时，我们还应邀和新结识的朋友与艺术同行们分享知识、交流看法，这些都十分难得。尽管同期访问中国的澳大利亚艺术家均从事不同的艺术专业，但每天我们都一起访问各种各样的公司和培训机构，我们因此得以了解平常生活以外的艺术，歌唱家和音乐家观看舞蹈，编舞家聆听歌唱，这些都令我们对中国艺术的创意有了更深刻的了解。

在中国的访问历时数周，我们去了上海、北京、苏州等城市。借此机会，我亲眼目睹了这个国家和人民的美丽，开始更深入地了解中国文化历史对世界的影响，以及对艺术家和艺术形式的持续影响。我们每天的访问不仅包括顶尖艺术机构的艺术家，还包括工厂的艺术工匠和工人，这使我们对当代中国社会经济发展也有了初步了解。

有时候，我们的东道主会邀请我们进行即兴表演，演奏、歌唱，对我而言就是舞蹈。我清楚地记得在一家陶艺工厂，我为一群饶有兴趣的艺术工匠们即兴表演了一段独舞。特别值得一提的是，我们有幸在北京访问了中国中央芭蕾舞团，我观摩了教学、排练，并做了一个简短的研讨。我们还参观了几家杂技学校，这对我一个现代编舞家来说，是段非常有意思的经历。在舞蹈界，人们都熟知中国舞蹈院校高水平的训练和高超的技艺。如此近距离地观看中国中央芭蕾舞团的表演，使我有机会看到这个世界著名的舞蹈团如何将古典芭蕾与舞台艺术完善无瑕地结合在一起。我很快意识到，这段宝贵的时间促成了我的梦想——带领悉尼舞蹈团访问中国，表演这个正在成长中的舞蹈团创作的、有澳大利亚独特风格的作品。我想和一群新观众分享我们的现代舞蹈，因为他们对新的舞蹈表现形式充满了热情和好奇。我下意识地许下一个愿望，带领悉尼舞蹈团访问我此行中感触尤为深刻的三个城市——北京、上海和苏州。

结束访问回到澳大利亚后，我开始着手实现这个梦想。悉尼舞蹈团的管理层和董事会立即通过澳大利亚外交贸易部与澳大利亚政府进行商讨，不久便达成了 1985 年悉尼舞蹈团赴中国巡演的计划。众多具有远见卓识的中澳人士携手把这个梦想变成了现实。我们挑选了不同风格的舞蹈作品，以展示悉尼舞蹈团现代舞蹈在风格和音乐表现力上的多样性。当时，我刚编导了《荒野》，这部作品创作灵感来源于澳大利亚风景，特别是塔斯马尼亚州的岛屿风情。这部作品通过动作和音乐来表达澳大利亚精神，生动阐述主题思想，是典型的、非叙述性的现代舞蹈。

《荒野》一直是我编舞的代表作，包含了我许多代表性的舞蹈语言，尤其体现了合作，这也是我的工作方式，不少舞蹈演员因为这部作品一举成名。在演出过程中，观众的反响非常热烈，我们为能有机会第一次将这部作品带到中国激动不已。

这次历史性的巡演使悉尼舞蹈团成为世界上最早在中国进行巡演的西方当代或现代舞团之一。不久，其他国家的艺术团体纷纷访问中国。我相信这是 30 年前悉尼舞蹈团赴华演出的影响，对此我引以为豪。回澳大利亚时我暗自选定在上海、北京和苏州这 3 个城市进行演出，演出之后我的梦想成真了。所到之处，观众的反响令人震撼，他们给予我们高度赞赏，对我们的表演颇感兴趣。这对悉尼舞蹈团的每一位舞蹈演员来说的确是一个意义深远的时刻，这段非凡的经历让他们永生难忘。悉尼舞蹈团的每位成员都对中国民众的慷慨心存感激，并希望有机会回报他们的盛情。

墨菲剧照一

1998 年，悉尼舞蹈团又得到了赴中国巡演的机会。当时，中国发生了翻天覆地的变化，很多城市建设了技术设施更完善的新剧场。与此同时，悉尼舞蹈团也获得了一系列的荣誉，在澳洲和海外的影响有了很大的提升。每年我都为悉尼舞蹈团编排新的作品，尤其令我自豪的是，我总是尽可能多地选用澳大利亚作曲家新创作的音乐。其中一部名为《自由的激进派》的优秀作品，作曲家是迈克·阿斯基尔（Michael Askill），由包括作曲家在内的4名音乐家现场与舞蹈演员一起演出。《自由的激进派》在澳大利亚和美国的巡演取得了成功，我们为有机会接着将它带到中国而兴奋不已。这次我们在上海、苏州和广州进行了巡演。现场音乐完全为打击乐，由3名音乐家和悉尼舞蹈团的舞蹈演员共同演奏，营造出颇具动感、内容丰富的音响效果。《自由的激进派》演出时长75分钟，涉及的舞蹈包括独舞、双人舞、三人舞和四人舞，充分展示了舞蹈者的个人才华。富有动感的集体舞将演出推向了高潮，它向观众展示了现代舞蹈与极具爆发力的音乐结合在一起的强大感染力。这部作品在世界很多地方，给予了观众极大的震撼，尤其是在中国，中国观众对舞蹈的音乐和动感表现出巨大的热情，并给予高度赞赏。

舞蹈演员

随《自由的激进派》巡演回到澳大利亚后，我感到与中国观众更紧密地联系在一起，希望能带一部更大型的舞蹈再去中国。准备这样的巡演肯定需要时间，但我知道它一定能实现。2001年，机会终于来了，澳大利亚政府与中国上海国际艺术节的主办者达成共识，在中国上海国际艺术节上举办“澳大利亚周”。令我激动不已的是，悉尼舞蹈团入选赴上海演出的艺术团体，并有幸参加“澳大利亚周”开幕式演出，登上上海大剧院的舞台，这是中国乃至世界上最美丽、设施最好的剧场之一。

这次演出的是我的作品《萨洛米》，这是一部戏剧性很强的作品，囊括了悉尼舞蹈团成名的所有元素，这也是我一直想向中国观众展示的作品。作品源自圣经中希罗底王后的女儿萨洛米的故事。《萨洛米》以戏剧表演形式、通过舞蹈语言生动地阐述了萨洛米如何运用她的年轻美貌从继父希律王那里拿到了处死先知施洗者约翰的命令，因为约翰曾公开指责她并惹怒了希罗底王后。一开始，我认为讲述这样的故事对一个现代舞蹈团来说似乎非同寻常，也出乎中国观众的意料。然而，开幕式前夜在上海大剧院后台举行的第一次新闻发布会上，出席的记者和艺术评论者对这个故事的透彻了解让我非常惊讶，他们对故事本身和它的历史背景都非常清楚，并知道这是一个经典的、富有戏剧性的伦理剧。

现场音乐的加入是对舞台效果的进一步丰富。《萨洛米》采取的音乐也是由《自由的激进派》的作曲家迈克·阿斯基尔（Michael Askill）创作的。阿斯基尔先生再次与其他两位优秀的澳大利亚音乐家一起同台演奏，演绎出一种来自远古的声音与韵律，将观众带回到那个古老的年代。在上海大剧院这个开创性的演出季里，我们参加了很多关于《萨洛米》创作的讨论和讲座，并和观众进行互动。互动中，我再次对参与者对故事主题的深入了解感到惊讶，同时也为《萨洛米》在上海艺术节上产生的积极影响而高兴。《萨洛米》在上海大剧院的演出就这么轻而易举地取得了巨大成功，我也从未想到自己与中国的联系会因此而变得如此密切。悉尼舞蹈团有着巡演的传统，在上海的这次演出，观众对我们的欣赏上升到了一个新的高度，我本能地感到，《萨洛米》的成功将为身为编舞的我开启一扇扇大门，赋予我更多新的文化机会，同时也让悉尼舞蹈团成为一个重要的国际巡演艺术团体。

这次演出的成功还加深了与上海艺术节工作人员的友谊，此后，我们与他们就重返艺术节建立了定期的对话。我向中国同行表达了与中国舞蹈演员进行合作的愿望，并提出了悉尼舞蹈团与一个中国顶尖舞蹈团共同创作的大胆设想。这是两种文化和两国演员间真正的合作，虽然大家受过不同的训练、来自不同的文化背景，但是可以用共同的舞蹈语言进行交流。通过商讨，双方决定根据深受观众喜爱的花木兰的故事共同创作一个舞蹈作品，这个大胆的计划在澳大利亚政府、中国政府（交由中国上海国际艺术节负责）和上海城市舞蹈团的共同支持下得以实施。舞蹈演员来自上海歌舞团和悉尼舞蹈团，这是一个令人惊叹的艺术组合，他们携手将整个演出推向了高潮。《花木兰》定于 2005 年在中国上海国际艺术节进行首演。通过舞蹈和音乐讲述的这个有着深厚中国文化底蕴的经典故事，极大地激发了我的灵感。我和我的创意助理、妻子珍妮特·维农（Janet Vernon）一起创作，决定由中国舞蹈演员来担任故事的主角，由悉尼舞蹈团的演员扮演反面角色。我们首先在上海从众多优秀的艺术家中挑选主演。

这出合作舞剧的创作团队包括制作优美服饰的中国设计师宋立（音译）、澳大利亚布景师彼得·英格兰德（Peter England），以及长期与我合作的澳大利亚灯光师约翰·莱蒙特（John Rayment）。音乐是作品的核心，它由两位重要的作曲家共同完成，这也是一个跨文化合作的范例。迈克·阿斯基尔（Michael Askill）再次为作品谱曲，与他搭档的是中国著名作曲家陈其钢。创作伊始，我们决定把我和妻子珍妮特·维农（Janet

Vernon）在中国共同挑选的8名主要舞蹈演员带到悉尼。这样，我们就可以进行一些早期的排练，同时看到作品逐步成型。这些演员都非常勤奋和敬业，展现出不同风格的艺术技艺。这些富有才华的艺术客人也在这次文化学习的机会中，通过与悉尼舞蹈团的澳大利亚演员进行交流而受益颇丰。在我们返回上海进行主要排练之前，进行此次合作的中澳两国舞蹈演员之间早已结下了深厚友谊。随后，这些中国演员和悉尼舞蹈团的主要演员一起回到上海，共同创作并完成了这部历史舞剧。

在悉尼的早期排练中，我希望首先创作叙述部分，介绍花木兰的家庭成员，以形成故事的主干。同时，在编舞中，我也着重于花木兰与同伙的双人舞，我觉得可以由此将故事引向高潮。与上海舞蹈演员工作的这段时间，每天看着他们与悉尼舞蹈团的演员们一同工作，是我创作生涯中最富创作灵感的一段日子。我和妻子珍妮特·维农（Janet Vernon）在悉尼的工作室里可以说在创造神奇，中国舞蹈演员的付出让我们对他们的艺术才华敬佩不已。回到上海时，《花木兰》已基本成型，演员们成功创作并完成了他们要扮演的角色。为此，我们高兴不已。

最终在中国全部完成舞剧制作的经历真是非比寻常，根据上海国际艺术节要求的期限完成这样一个大型作品的确是很有压力。这部作品也成为中澳两国文化合作中的一个关键内容。所有设计师都和中国工匠们一起密切合作，以确保项目的完成。当得知这台舞剧其实是作为2005年上海国际艺术节开幕式的演出时，我们感到莫大的荣幸。演出在美丽的上海东方艺术中心进行，众多参加上海国际艺术节的观众和促成此次中澳合作的所有嘉宾一同出席观看。这台舞剧一直是我引以为豪的一个伟大创作。中国上海国际艺术节和上海城市舞蹈团一同聘请我负责这个中澳两国共同创作的大型舞蹈作品，而且是以一个以对中国民众具有重要意义的故事为背景，可见他们给了我极高的信任。我对完成后的舞剧效果感到十分骄傲，并尽力寻找机会，希望有一天能将这部

墨菲剧照二

大制作带到澳大利亚。

我渴望着有机会继续将我的最新作品介绍到中国，因为中国观众明确表达了观看悉尼舞蹈团最新创作的优秀作品的兴趣。2005年，我创作的《伟大》在悉尼歌剧院首演。舞蹈长达80分钟，根据100多年前谱写的优美钢琴乐曲创作而成。构思这部作品时，我以不同作曲者的音乐为基础，同时考虑到一个重要方面，在舞台上摆放一架大钢琴，现场演奏这些音乐。为了完成这个里程碑式的任务，我们邀请了澳大利亚钢琴大师斯科特·戴维（Scott Davie）。这对钢琴家来说是一个巨大的挑战，因为这要求他在整场演出中几乎要不停地演奏。他必须掌握舞剧中所有的音乐风格，包括精美的小步舞曲、包含布鲁斯元素的爵士乐，和在全球知名音乐厅演奏过的经典钢琴曲。

《伟大》是我对已故母亲贝蒂·墨菲（Betty Murphy）的致敬之作，她也是位钢琴家。从德彪西到胖子华勒和格什温等著名作曲家，编舞力图通过满怀挚爱精选的音乐来表达不同的心情。《伟大》将观众带上了一个从现代主义到浪漫主义，从跃动到抒情的艺术旅程。此外，舞蹈富有幽默、趣味、溺爱、骄傲，充分展示了每个舞蹈演员的天分。

得益于这部舞剧的魅力，首演后仅一年，《伟大》被邀请参加上海国际艺术节。悉尼舞蹈团应邀将整个制作团队，包括钢琴大师斯科特·戴维（Scott Davie），带到曾演出《花木兰》的上海东方艺术中心。能有机会向艺术节展示悉尼舞蹈团的最新作品，进一步体现我们作品的多样性，让我特别高兴。通过我们的多次来华演出，中国观众比世界上其他任何国家的观众都了解悉尼舞蹈团最新创作的作品。在我们来华的所有演出中，我很幸运地说，《伟大》得到了观众和上海国际艺术节领导的特别称赞。这次演出的成功和以往一样，再次加深了我与中国以及中国文化界的联系。

墨菲剧照三

得益于《伟大》的成功，上海国际艺术节期间，澳大利亚芭蕾舞团也应邀来中国，在上海大剧院表演了我新创作的三幕芭蕾舞剧《天鹅湖》。我的作品在中国拥有如此高的曝光率，以及两部作品的成功令我激动不已。我感觉中国观众对我作品的广度有了充分的了解，尤其对作品的多样化和我与澳大利亚每个顶尖古典与现代舞团的合作风格了解颇深。从很多方面来说，我认为，《花木兰》《萨洛米》《伟大》和《天鹅湖》打破了古典舞与现代舞形式上的障碍，创造出一种新的舞蹈语言与广大观众进行交流。

2007年，我和妻子珍妮特·维农（Janet Vernon）决定开启我们创作生涯中一个新的冒险，我们决定离开悉尼舞蹈团以尝试更多形式的创作。独自创作初期，我们收到中国中央芭蕾舞团艺术总监赵汝蘅女士发来的邀请，邀请我们到北京中国中央芭蕾舞团进行短期交流。我们很荣幸有机会介绍芭蕾双人舞和群舞。我们将悉尼舞蹈团的两位主要舞蹈演员阿历克萨·黑克曼（Alexa Heckmann）和西蒙·特纳（Simon Turner）带到中国，帮助我们展示我在双人舞与群舞中运用的风格，如何表达力量、微妙细节和舞蹈技巧。

2009年，上海芭蕾舞团艺术总监辛丽丽邀请我为该团进行创作，这的确是一个很大的荣幸。我挑选了水，这个对地球上全人类和环境都非常重要的资源作为创作主题。我将作品命名为《水》，希望能通过这部舞剧真正激发观众的灵感，鼓励所有人记住和尊重水对于生命和景观的价值。音乐创作上我选择了澳大利亚作曲家布莱特·迪恩（Brett Dean），他是个令人振奋的作曲家，作品充满现代气息、富有挑战意味。与上海芭蕾舞团的艺术家们在他们的工作室里工作，以及与该团首席舞蹈演员范晓枫的密切合作，令我和妻子珍妮特·维农（Janet Vernon）感到无比激动，她在《水》中展示的艺术才华使得这部作品变得格外美丽动人。

尽管我现在已离开了悉尼舞蹈团，在新的创作中接触各类舞蹈，例如芭蕾、歌剧和戏剧等更广泛的艺术领域，我一直保持与上海国际艺术节的联系，并就展示新剧目和开展新项目继续展开探讨。还有重要的一点是，我一直有一个梦想—在上海创建一个全新的、小规模的舞蹈团。这个舞蹈团将创作和表演创新性的新作品，这将立刻吸引中国乃至世界舞蹈界的目光。舞蹈演员的培训将根据中国的习惯多样化，以培养古典芭蕾、武术、中国传统舞蹈和戏剧方面的演员。舞蹈团将只吸纳人数不多的演员，但舞蹈团将发展成为重要的编舞工作室。我期望这样的舞蹈团可以受到全球青睐，哪里有新的舞蹈创作出来，他们就会受邀去表演，这将向世界展示中国对于舞蹈在21世纪的发展中发挥的作用。如果这个梦想得以实现，这将是我职业生涯中最具创新和最有创意的一个项目。

2008年，我非常荣幸地获得中国文化部授予的“文化交流贡献奖”，这是我因对中澳文化交流的贡献得到的第一个奖项。我希望在舞蹈艺术方面更多的合作可以通过它无声但神奇的力量将世界人民更密切地联系在一起，继续重视我们之间伟大的共同点和共同的人文精神，而不是我们之间的差异。

Dancing in China

Graeme Murphy

It seems to me that my life has been full of rewarding adventures but undoubtedly it has been one of the great accomplishments of my career to have worked so often in China with its artists and performers. My very first visit was in 1982 when as a young choreographer, albeit already five years into my directorship of Sydney Dance Company, I was invited to visit this magnificent country. The opportunity came as a result of an initiative by the Australian and Chinese governments which came together to create a visionary plan to enable a group of leading Australian creative artists to bring their art and ideas to China. It was a true cultural exchange on every level whereby esteemed artists from China were also invited to visit Australia to share their own artistry and observe our own creative institutions. In China, we were given privileged access to meet with and to observe a wide range of Chinese arts and artists at work, while at the same time we were invited to impart our knowledge and share our unique points of view with our new found friends and artistic colleagues. Although the group of visiting Australian artists practiced very disparate art forms, each day we remained together as we travelled to the wide variety of companies and training institutions. As a result we were able to experience and observe artists from disciplines outside of our normal lives – in one such example singers and musicians looked at dance while choreographers listened to singers at work – and this gave us all a much deeper insight into the creative spirit of China.

The visit took place over several weeks where we spent time in a number of cities including Shanghai, Beijing and Suzhou. I was able to discover firsthand the beauty of the country and its people and to begin to further understand the impact that China's cultural history has made on the world and continues to make on artists and art forms. We were taken each day to visit and observe artists not only in leading arts institutions but also to meet artisans and workers in factories, affording us a glimpse into the broad social and economic world of modern China.

On occasion, our hosts invited us to give impromptu performances in music or voice and in my case in dance. I fondly recall performing an improvised solo to a group of fascinated observers made up of artisans in a ceramics factory. In particular, we had the honour of visiting the home of the National Ballet of China in Beijing where I could observe class and rehearsal and even give a brief workshop. We also looked at some of the acrobatic schools which as a contemporary choreographer I found fascinating. In the dance world, there has always been an awareness of the high level of training and technique to be found in dance schools in China. Watching the National Ballet of China at work in such close proximity I was able to see firsthand how flawless classical ballet technique and stage artistry come together at this world-renowned company. I soon realized, during this precious time, that it had become my dream to return to China with Sydney Dance Company and to perform some of the works from our growing repertoire of unique Australian dance creations. I wanted to share our contemporary sensibility with a new audience which was clearly enthusiastic and curious about new directions and forms of expression in dance. Subconsciously I marked in my mind a wish to see the Company dance in Beijing, Shanghai and Suzhou, three cities which I had particularly enjoyed on my visit.

Upon my return to Australia I set about planning to fulfill this dream. The management and board of Sydney Dance Company immediately began discussions with the Australian Government through the Department of Foreign Affairs and Trade and before long a plan was hatched to tour to China in 1985. Many visionary people both in China and Australia joined forces to make this dream a reality. We elected to bring with us a mixture of dance works so that we could show the diversity of style and music that was part of the fabric of contemporary dance expression at Sydney Dance Company. At the time, I had only recently choreographed a work titled Wilderness which was inspired by the Australian landscape and in particular the island state of Tasmania. This work really evoked a spirit of Australia through movement and music and was a prime example of how non-narrative contemporary dance can vividly illustrate its subject matter.

Wilderness was at the time and still remains a pure example of my choreography, containing many of the hallmarks of my dance language and in particular demonstrates the style of partnering that is a part of my work and in which my dancers had become masters. During the performances the audience response was often audible and we were thrilled to have had the chance to bring this work to China for the first time.

This historic tour saw Sydney Dance Company become one of the first Western contemporary or modern dance companies in the world to tour to China. Soon after, other companies from other countries would follow but I am proud to reflect on the impact that I believe was made by Sydney Dance Company nearly thirty years ago. My dream was realized when we performed in Shanghai, Beijing and Suzhou, the three cities I had earmarked for my return. Everywhere we travelled we received an amazing response from audiences. There was an incredible sense of admiration combined with curiosity. This was indeed an enriching time for all of the dancers of Sydney Dance Company who took away memories to keep for a lifetime as a result of this extraordinary experience. Every member of the Company was entranced by the generosity of the people we met and we were all determined to return.

It was to be 1998 before the opportunity came to tour again to China with Sydney Dance Company. By this time the country had changed greatly and new and more technically equipped theatres had emerged in many cities. In turn, by this time, Sydney Dance Company had added a range of remarkable achievements to its list of credentials and had grown greatly in stature at home and abroad. Each and every year I was choreographing and producing new work for the repertoire and in particular I took great pride in commissioning new music from Australian composers as often as was possible. Outstanding among these projects was a work titled Free Radicals, set to music by Australian composer Michael Askill and performed live with the four musicians on stage alongside the dancers, including the composer Mr. Askill himself. Free Radicals had already enjoyed considerable success on tour in Australia and across the United States, so subsequently we were thrilled when the opportunity arose to bring it to China. This time we performed in Shanghai, Suzhou and Guangzhou. The music score was created entirely

for percussion instruments played live not just by three musicians but by the dancers of Sydney Dance Company, giving it a particularly dynamic impetus but nonetheless a broad variety of sounds. Free Radicals contains within its seventy-five minute structure a number of choreographic vignettes created to showcase the talents of individual dancers – everything from solos to duos, trios and quartets. The work culminates in a rhythmic section of full ensemble choreography that vividly illustrates how powerful contemporary dance can be when married to such explosive music. This work spoke volumes to the broadest possible audience in many parts of the world and in particular in China where its musicality and energy were greeted with great enthusiasm and appreciation.

After the tour of Free Radicals I returned to Australia feeling an even greater affinity with audiences in China and longed to bring one of the larger narrative works from our repertoire. Planning for such tours can take time but I knew that somehow it would happen. As it turned out, in 2001, the Australian Government had secured an involvement in the China Shanghai International Arts Festival, presenting an 'Australia Week' in association with the director of the festival. I was thrilled that Sydney Dance Company was to be included in the lineup of Australian artists selected to perform. Moreover, Sydney Dance Company was afforded the honour of performing at the opening of Australia Week and on the stage of the magnificent Shanghai Grand Theatre, simply one of the most beautiful and best equipped theatres in China and one of the finest in the world.

The drawcard for this honour was the presentation of my work Salome – certainly this was the kind of highly theatrical production that encapsulated everything that Sydney Dance Company had become known for and the kind of work that I had longed to bring. Set to the legendary biblical tale about the daughter of Queen Herodias, my production of Salome vividly dramatizes through the language of dance the way in which the character of Salome manipulates her stepfather King Herod, using her youthful and feminine charms in order to extract from him the order of the death of John the Baptist a prophet who has denounced her and offended Queen Herodias. This may at first seem an unusual narrative for a contemporary dance company to produce and even an unexpected story to present to a Chinese audience. Nonetheless, at the first press conference held backstage at the Shanghai Grand Theatre prior to the opening night, I was overwhelmed by the thorough knowledge of this tale demonstrated by the journalists and arts writers in attendance, all of whom knew the story and its historic context extremely well and understood that it was a classic morality play of a kind and a high drama to say the least.

Further enriching the staging was the inclusion again of live music. The music score for Salome was composed by Michael Askill who had of course also written Free Radicals. Once again Mr. Askill performed on stage throughout the work alongside two other outstanding Australian musicians, producing the sounds and rhythms of a score that evokes the ancient world and takes the audience back to another century. During this groundbreaking season at the Shanghai Grand Theatre, we took part in interactive discussions and gave lectures in regard to the creation of Salome, interacting with audiences. Once again I was impressed by the depth of knowledge of the subject matter and pleased about the very positive impact that my production of Salome had made at the Festival. Quite simply, the presentation of Salome at the Shanghai Grand Theatre was a triumphant success and further sealed my relationship with China in a way that I had not imagined possible. Although Sydney Dance Company already had a tour history, this was on a whole new level of appreciation of our work and I knew instinctively that the success of Salome would open doors for many new cultural opportunities for me as a choreographer and for Sydney Dance Company as an important international touring company.

Moreover, this success cemented relationships with staff and producers from the China Shanghai International Arts Festival, and thereafter talks continued on a regular basis regarding plans to return again under the auspices of the Festival. I expressed to my Chinese colleagues a desire to work with Chinese dancers and proposed a daring co-production between Sydney Dance Company and a leading Chinese company. This was conceived to be a true collaboration between two cultures and between dancers who, although stemming from quite different training and backgrounds, together spoke the universal language of dance. The talks eventuated into a decision to create a full length dance work based on the much loved story of Hua Mulan – an ambitious venture made possible under the combined auspices of the Australian government, the Chinese government through the China Shanghai International Arts Festival and the Shanghai City Dance Company. It was to culminate in the performances by the combined artistic strengths of the Shanghai Song and Dance Ensemble and Sydney Dance Company – a formidable combination of talent. Hua Mulan was to premiere at the 2005 China Shanghai International Arts Festival. I was very inspired by the project and the chance to use dance and music to tell this classic story, which has long been embedded in Chinese culture. Working alongside my Creative Associate and wife Janet Vernon, we next set out to cast the Chinese dancers who were to dance the pivotal roles of the story while we planned that Sydney Dance Company's dancers would perform the key roles of the opposing forces. We auditioned first in Shanghai, casting our principals from a fantastically talented company of artists.

The co-production boasted a creative team that included beautiful costume designs by Chinese designer Song Li, inventive sets by the Australian scenic designer Peter England and lighting by my long time collaborator from Australia, John Rayment. The music was at the very heart of the work and was contributed by two important composers, in another example of cross cultural collaboration. It was comprised of a commissioned score once again composed by Michael Askill and set alongside evocative music composed by the leading Chinese artist Chen Qigang. To begin the creative process, we arranged to bring to Sydney the eight lead dancers selected by myself and Janet Vernon whilst we were in China. This would enable us to begin the important early rehearsals that would see the work take shape. All of these dancers were remarkably diligent and committed artists who brought many varied disciplines in their armory of technical skills. Our talented guests benefited greatly from the interaction with the Australian dancers of Sydney Dance Company and from the cultural learning that the opportunity provided to them. This experience created a great bond between all of the dancers involved even before the major rehearsals subsequently began back in China. Next, each of the dancers and all of the key personnel from Sydney Dance Company travelled together back to Shanghai to build and consolidate this historic production.

During those early rehearsals In Sydney, I wanted to first work on the narrative that introduces the family of the character of Hua Mulan, forming the backbone of the story and setting the narrative. I also worked on key choreographic sections of the duos to be danced by Hua Mulan and the character of Hua Mulan's Companion and I felt that this would see the story evolve to its inevitable climax. This period of time with the dancers from Shanghai, seeing them work every day alongside the dancers of Sydney Dance Company, was one of the most inspiring periods of my creative life. Working with Janet Vernon in our Sydney-based headquarters, we created magic in those studios over that period and saw the Chinese dancers give back in ways that left us in awe of their artistry. When the time came to travel back to

Shanghai we already had much of the shape of Hua Mulan in place and the dancers had successfully created and fully realized the exceptional characters they had been cast to perform. We could not have been happier.

The experience of completing the physical production in China was extraordinary and very demanding particularly with such a large cast and working to the deadline of performance dates assigned by the China Shanghai International Arts Festival. This task became a key aspect of the cultural collaboration. All of the designers worked together with Chinese artisans to realize the project. We were advised that the production was to actually open the 2005 Festival which was indeed a great honour. Hua Mulan was to be performed at the beautiful Oriental Arts Center, attended by the Festival's broad audience and including all of the dignitaries that had worked so hard to make this collaboration between China and Australia possible. This entire enterprise was a very great undertaking of which I remain extremely proud. The faith shown in my creative work by the China Shanghai International Arts Festival and Shanghai City Dance Company who together commissioned me to take on this important task and to create such an ambitious co-production was perhaps unprecedented, also given the importance of this story to the Chinese people. I remain extremely proud of the resultant work and have tried very hard to find a way to bring this large production to Australia and hope that one day this can be possible.

I longed for the chance to continue to bring my latest works to China where the audience had clearly demonstrated its interest in seeing the best and most successful of the new productions created at Sydney Dance Company. In 2005 I had premiered GRAND at the Sydney Opera House. This was an eighty minute long work, inspired by the fantastic array of music composed for the piano over a hundred years. I conceived of a work that would be built

upon the music of a variety of composers but importantly I envisaged that the grand piano would be played live on stage at every performance. For this monumental task we enlisted the talents of the Australian virtuoso pianist Scott Davie. This was in fact a great challenge as it required that the pianist perform virtually without rest for the entire performance. He must be the master of all of the styles in the work, from the musical mood swings of delicate court minuets to the smokey blues of jazz and the grand classics as played in the great concert halls of the world.

GRAND is an homage to my late mother Betty Murphy who was herself a pianist. The choreography seeks to explore the various moods of the lovingly selected scores which range from Debussy to Fats Waller, to Gershwin and many more. GRAND takes the audience on a journey

from modernism to romance in an effective mosaic of movement and lyricism. Moreover, GRAND abounds with humour, fun and a fondness and pride in the talents of each individual dancer.

As it transpired, in 2006, only one year after its creation and premiere, GRAND was programmed to be presented at the China Shanghai International Arts Festival. Sydney Dance Company was invited to bring the complete production, together with concert pianist Scott Davie, to the Oriental Arts Center, the venue where the Company had previously presented Hua Mulan. I was extremely happy to be able to bring Sydney Dance Company's newest repertoire to the festival and to further show the diversity of our work. As a result, audiences in China were in many instances more up to date with Sydney Dance Company's creations than other world destinations. In particular, as with all of our presentations in China, I am fortunate to say that GRAND was met with great enthusiasm by the audiences and by the leaders of the China Shanghai International Arts Festival. This success like others before it seemed to cap the relationship I felt with China and its cultural community.

As it transpired, The Australian Ballet was invited to China to perform my new three act production of Swan Lake at the Shanghai Grand Theatre during this very same festival. I was thrilled by such exposure to my work in China and humbled by the artistic success both productions achieved. I felt as though the breadth of my work was now fully understood by the Chinese audience, particularly in its diversity and the way in which I have come to work with each of the leading classical and contemporary companies of Australia. In many ways I feel that works such as Hua Mulan, Salome, GRAND and Swan Lake have taken away the stylistic barriers between classical and contemporary dance forms to create a dance language that communicates to the broadest possible audience.

In 2007, Janet Vernon and I decided to begin a new adventure of creativity in our lives and as a result chose to leave Sydney Dance Company in order to make a broad variety of new creations. One of our earliest forays into a new world of opportunities was an invitation from Zhao Ruheng, Artistic Director of the National Ballet of China, to conduct a brief residency at the Company's studios in Beijing. We were honoured to be able to present workshops in contemporary pas de deux and partnering. We brought along with us two of Sydney Dance Company's lead dancers in Alexa Heckmann and Simon Turner, to assist us in demonstrating the complexities of the partnering styles inherent in my work, combining strength, subtle phrasing and technical eloquence.

Next, in 2009, I was invited by Artistic Director Xin Lili to create a commissioned work for the Shanghai Ballet which was a great privilege indeed. I chose to create a work inspired by the environment and the essential human resource of water, so vital to mankind across the entire planet. I called the work Water and aspired to make this dance creation a true inspiration for audiences and to encourage all of us to remember and respect the value of water to our lives and to the landscape. I chose to work with a score by exciting Australian composer Brett Dean whose compositions are contemporary and sometimes challenging. This was an exciting time for Janet Vernon and myself as we worked with the artists of the Shanghai Ballet in its own studios and worked closely with the Principal Dancer Fan Xiaofeng whose artistry enhanced my work so beautifully in her performances of Water.

Even though I am now no longer with Sydney Dance Company, having opened the door to a broader career of new commissions across the spectrum of dance, ballet, opera and theatre, I still maintain my ties with the China Shanghai International Arts Festival and continue to discuss the possibility of new programs and projects. Importantly, it has remained my dream to build a brand new, yet quite small company of dancers to be based in Shanghai. This new Company would come together to create and perform in innovative new work that is at once sensitive to the Chinese aesthetic yet at the same time of great interest to the world of dance at large. The training for the dancers would be varied as is the custom in China in order to produce artists who are skilled in classical ballet, martial arts, classical Chinese dance and theatre. The Company would engage only a small number of dancers but would come to be regarded as an important choreographic laboratory. I envisage that this Company would be sought after to perform wherever ground breaking new dance is presented around the world and would demonstrate the role that China can play in the evolution of dance in the 21st Century. This would be one of the most innovative and satisfying creative projects of my career should it one day come to pass.

I am deeply honoured to have been the recipient in 2008 of the first ever Award for my Contribution to Cultural Exchange between China and Australia by the Ministry of Culture of the Peoples Republic of China. I look forward to many more shared collaborations as the art of dance, with its magical ability to wordlessly bring people of the world closer, continues to emphasise our great similarities and shared humanity rather than our differences.

萨尔玛·穆巴拉克

埃及

开罗大学艺术学院法语系比较文学专业助理教授。主攻方向为文学与视觉艺术关系，学术专业领域为文学与电影关系。她曾多次发表文章，在埃及、法国、比利时和瑞士等国家参与了阿拉伯语和法语图书编写。

她曾指导大量硕士及博士学位论文。

2000 年，她在开罗大学艺术学院创办了首个电影俱乐部，并监督指导多个专题研讨会的创意性、批判性以及纪实性写作工作。

2004 年，她成为大学独立工作组创始成员之一。

2008 年 -2009 年间，她担任文化部国家对外文化联络副部长。2010 年，她以独立成员的身份加入埃及文化政策工作组。

2007 年，她获得开罗大学颁发的国际科学期刊出版奖。2009 年，她获得中华人民共和国文化部颁发的文化交流奖。

سلمى مبارك:

أستاذ مساعد في الأدب المقارن بقسم اللغة الفرنسية كلية الأداب جامعة القاهرة. تخصصت سلمى مبارك في مجال العلاقة بين الأدب والفنون البصرية، وخصيصًا العلاقة بين الأدب والسينما. وقد نشرت عدد من المقالات لها كما شاركت في كتب مشتركة باللغتين العربية والفرنسية في مصر، فرنسا، بلجيكا وسويسرا.

تشرف على عدد من طلاب الماجستير والدكتوراه.

في عام 2000 أنشأت أول نادي للسينما بكلية الأداب جامعة القاهرة وأشرفت على عدد من ورش العمل الخاصة بالكتابة الإبداعية ، النقدية والصحافية.

عام 2004 كانت من أعضاء فريق عمل إستقلال الجامعات.

عملت في وزارة الثقافة كوكيل وزارة للعلاقات الثقافية الخارجية في عام 2008 – 2009، كما انضمت إلى فريق العمل في السياسة الثقافية في مصر في عام 2010 كعضوا مستقلاً.

حصلت على جائزة النشر في المجلات العلمية الدولية الممنوحة من جامعة القاهرة عام 2007، وحصلت على الجائزة التبادل الثقافي من قبل وزارة الثقافة من جمهورية الصين الشعبية في عام 2009.

Salma Mobarak

Assistant professor of Comparative Literature at French Department of the Faculty of Arts, in Cairo University. Specialized in the field of relationship between literature and visual arts, her specific area of expertise is the relationship between literature and cinema. She published several articles and participated in collective books in both Arabic and French in Egypt, France, Belgium and Switzerland. She leads a number of magister and doctoral theses.

In 2000, she founded the first Cinema Club in the Faculty of Arts in Cairo University and supervised many workshops in creative, critical and journalistic writing.

In 2004, she was one of the founding members of the working group for the independence of universities.

She worked in the Ministry of Culture, as undersecretary of state for Foreign Cultural Relations in 2008 – 2009, and joined the group of work in cultural policy in Egypt in 2010, as an independent member.

She got the Publication Award in the international scientific journals granted by Cairo University in 2007, and the Cultural Exchange Award granted by the Ministry of culture of the PRC in 2009.

友情与梦想的故事

萨尔玛·穆巴拉克

我能了解中国文化和中国人民，是生命中的偶然。我本来同许多埃及人一样，对国外世界的想象和认知就是欧美西方世界的样子。我在学校学习的是法语，并选择在大学的法语文学系继续深造，后来成为开罗大学文学系法国文学和比较文学专业的助教。

我于 2008 年 9 月至 2009 年 11 月在埃及文化部对外文化关系总局工作，这份工作就是我所说的特殊经历。我开始文化领域的公共工作后，这些经历成为我在数个层面的宝贵财富：首先，这是我第一次从事文学研究专业以外的工作。其次，这一经历给我提供了良好的机会去了解未知的文化和人民，在大多数埃及人对外面世界的印象只限于欧洲和西方时，其他文明与文化一直绵延在东方和南方，古老的关系和重要的历史相似点把我们联系起来，却远离文化和媒体的关注。

我开始文化工作的部门——对外文化关系总局，主要负责埃及与世界各国的文化交流工作，缔结文化协议并通过各种不同的活动、项目推动协议的实施。担任此项工作期间，我首先了解到，中国是一个伟大的国度，她的经验可以给憧憬美好未来的人民以启迪。第二，我知道了埃及与中国文化交往关系的历史，这是我以前完全不了解的知识，在我工作的职权范围内，能够为建立并进一步密切两国文化关系略尽绵薄之力，我感到非常荣幸。第三，我所了解到的这些知识让我对两国未来合作的潜力形成一些看法，一些共同的因素将两国联系在了一起。

6000 年前，中华民族就生活在地球上，只有古埃及的历史和文化能够与之比肩。如果说中国今天的发展模式引发了世界上许多国家的惊叹和钦佩，那么她今天所收获的，其实正是历史的丰硕成果——19 世纪中叶以来的历史，充满了政治、社会和思想革命的历史。今天的成功脱胎于思想先于现实取得成功的模式。

中国崛起的秘诀之一就是重视教育，反对传统教育模式，谋求一种视野开阔、对科学持开放态度的模式。一方面，这是为了反对殖民主义、维护国家独立，另一方面，教育是实现民族复兴的原动力。由 30 名学生组成的第一批留学生于 1872 年被派往美国，此后，大量中国留学生被送到英国、德国、日本，他们在东西方的各个大学

中接受包括各种人文科学和自然科学在内的文化教育。

埃及和中国都有着超过5000年的历史，古埃及文明与中国文明早在数千年前就通过商道特别是著名的丝绸之路开始联系，丝绸之路不仅仅是经济贸易的联系通道，也是为两国密切交往关系搭建起桥梁的文化通道。埃及的统治者和现代国家的建立者穆罕默德·阿里帕夏（1805 ~ 1848年）开始于19世纪的科技和教育复兴成为埃及与中国发展模式诸多相似点中的一点。穆罕默德·阿里帕夏于1813年首次向欧洲派出教育代表团，前往意大利，学生人数很少，只有28名，最后一批也是人数最多的一批是在1844年，83名学生前往法国。派往国外留学的团体共9批319名学生，花费303360埃镑，这在当时埃及的国家预算中占据了庞大的份额。穆罕默德·阿里帕夏制定的文化和教育政策旨在将埃及带入一个新的时代，向海外派遣留学团体正是这一政策诸多元素中的一项。

虽然两国不同的历史使她们走上了不同的道路，但是20世纪的首次文化合作还是发生在教育领域，中国于1931年派遣首批留学生赴埃及爱资哈尔大学学习。此后，这一关系持续发展，新中国成立和1952年埃及“七月革命”后，两国文化合作得到进一步加强，随后，1956年，两国建立外交关系并于同年正式签署文化合作协议。1991年，在北京庆祝中埃友好协会成立，两国文化交往在20世纪90年代初有了新的跨越。1994年，两国签署电视合作协议。1995年9月2日，签署教育领域合作议定书。2001年，签署埃中文化合作执行计划，并研究两国在文物、特别是文物修复领域的文化合作。2002年7月，在中国首都北京的世界公园举办的“埃及文化周”取得了历史性成功，埃及被列入中国公民最佳旅游目的国名单。此后，2004年和2005年的文化周都获得了巨大的成功，成为促进两国人民文化关系的有效机制。最近的成就是中国划拨专门基金支持阿拉伯文和中文的互译活动，最重要的项目是编纂中阿词典，并计划在10年的时间内中阿文互译50到100本书，内容涵盖科学、艺术、教育等不同领域。

埃及在“1.25革命”后有诸多疑惑和探讨，中国的复兴模式占据了很大部分，中国著名的谚语“授人以鱼，不如授之以渔”是革命中在社交网站“facebook”中被转载最多的谚语之一。用以表达埃及人依靠自己、发展埃及自身能力的愿望。

现在我来谈谈自己在文化工作中规划和实施中埃文化交往项目的经历。从事文化工作期间我处理过数个文化领域外交使团和外国文化处事务，以及举办文化周活动。

与中国的关系在对外文化关系的工作计划中是独具特色的，原因如下：第一，在相对较短的时间内，文化项目频繁且种类繁多。第二，文化项目水准很高，引起巨大反响，这些项目既包括面向广大公众的文化活动和文艺表演，也包括专门针对艺术家和文化干部的培训课程。此外，中埃双方在实施这些文化项目的过程中，相互理解、情感深厚的关系成为了共同工作方法的一大特色。

在工作中，我发现中国文化部用各种办法努力与世界各国建立文化合作关系，为达到这些目的，他们强化联系并准备利用一切物质与精神潜力，所以他们的外交工作既有活力又很冷静、有能力适应各种不同的条件、井井有条且持之以恒。

我在中国成功访问后，清楚地意识到，这种致力于对外开放的政策有着巨大的合作潜力。访问中，我徜徉于中国各种古代与现代的文化和艺术之中，游览重要的古迹、访问现代文化机构，参观北京、西安、上海三个重要城市的博物馆并与这三个城市的政府官员进行了会晤。有一个讨论的话题值得一提，那就是在戏剧音乐领域开展合作，结合中国京剧艺术和埃及剧本、音乐创作一部戏剧作品。此外，就电影资料的维护领域交流经验，两国的电影产业都独具特色，电影历史比较久远，这一主题已被列入实施计划路线图。

我在上海参观"城市历史发展陈列馆"时有了一个梦想，我将以此作为我文章的结束。上海是一个迷人的容易让人产生梦想的城市，而梦想会创造奇迹。我说的奇迹，与人类超越自身与获得重生的能力有关，也跟改变未来的前景和跨越能力有关。在这个民族历史上出现的奇迹，正是我们在这座炫目的令人鼓舞的城市中看到的。上海"城市博物馆"是世界上最大的以历史和城市规划为主题的博物馆之一。它通过图片集、大型模型、多媒体展示了19世纪至20世纪初的城市发展状况。它包含了世界上最大的微缩景观，表现出上海10年后的面貌，还有与实物同等大小的模型展示一条上海古老的街区，那里有商店、咖啡馆、饭店，这是在文化的基础上，将旅游推介的目的糅合进休闲娱乐的元素。埃及的亚历山大跟上海很相像，他们都是对世界开放的沿海城市，历史上，19世纪末至20世纪初，大量欧洲人的存在对其城市发展和建筑风格都产生了影响。这些相似催生了在亚历山大建立一个"城市历史发展陈列馆"的想法，两个城市结为兄弟城市的协议为此提供框架，展馆参照中国的经验，旨在介绍亚历山大独特的绵延数千年的文化遗产、描绘当今、憧憬未来，特别是在当前历史阶段，埃及革命以后，人民获得新生，正走向充满希望的未来。

文明，在有些国家里永远不会停步，它们是历史的摇篮，就像中国与埃及，所以，我们总是能够延续希望。各国人民友好和睦、共同行动是实现理想社会的最好途径，那个世界公正美好，地球上所有的民族共同繁荣。

قصة صداقة و حلم

سلمى مبارك

جعلتني ظروف أعتقد أنها غير عادية في حياتي لتعرف على حضارة الصين وشعب الصين. شأني كشأن الكثير من المصريين تتكون صورة العالم الخارجي عندى دون أن تبتعد كثيرا عن حدود العالم الغربي سواء كان أوربيا أو أمريكيا. تعلمت اللغة الفرنسية في مدرستي واخترت أن أستكمل دراستها في الجامعة بكلية الآداب وتخصصت فيها حتى صرت أستاذا مساعدا في الأدب الفرنسي والمقارن بكلية الآداب بجامعة القاهرة.

وفي تجربة أعتبرها استثنائية انتدبت للعمل بوزارة الثقافة المصرية كرئيس للإدارة المركزية للاتفاقيات و البرامج الثقافية بقطاع العلاقات الثقافية الخارجية و ذلك في الفترة من عام 2008 سبتمبر و حتى نوفمبر عام 2009. دخلت مجال العمل العام في مجال الثقافة وشكلت هذه التجربة ثراء لي على عدة مستويات، فمن ناحية أولى كانت أول احتكاك لي بالعمل العام خارج مجال متخصص وهو البحث و تدريس الأدب.

ومن ناحية ثانية أعطتني هذه التجربة فرصة عظيمة للتعرف على ثقافات و شعوب مختلفة لم يتسنى لي معرفتها من قبل، حيث تسيطر المركزية الأوربية والغربية بشكل عام على صورة العالم الخارجي لدى عموم المصريين، بينما تظل حضارات وثقافات أخرى تمتد شرقا و جنوبا، تربطنا بها علاقات قديمة وأوجه تشابه تاريخية هامة بعيدة عن بؤر الاهتمام الثقافي والاعلامي.

يعتبر قطاع العلاقات الثقافية الخارجية - وهو الجهة التي باشرت فيها العملي الثقافي - المسؤول الأول عن أنشطة التبادل الثقافي بين مصر وكافة دول العالم من خلال عقد الاتفاقيات والبرامج الثقافية و تفعيلها عن طريق مختلف الأنشطة والفاعليات والتظاهرات. كانت الفترة التي قضيتها في هذا المنصب هى مدخلي للتعرف أولا على بلد عظيم كالصين و التجاربة المهمة الجديرة بتشكيل دروس للشعوب المتطلعة للمستقبل. تعرفت ثانيا على تاريخ حافل من العلاقات الثقافية المصرية الصينية أعترف أنه كان غائبا عني، وقدر لي أن أحظى بشرف المشاركة و لو بمقدار ضئيل في صياغة هذه العلاقات و توثيق أواصر العلاقة بين بلدينا، في حدود المهام الموكلة إلى بموجب وظيفتى. ثالثا أتاحت لي هذه المعارف تكوين رؤى عن امكانيات التعاون المستقبلى بين بلدين تربطهما العديد من العناصر المشتركة.

منذ نحو آلاف السنين تعيش على الأرض أمة صينية، لا يجاريها في طول تاريخها وأصالة حضارتها إلا الحضارة المصرية القديمة. وإذا كان نموذج التنمية الصيني يشكل مثار الاعجاب والتعجب في كثير من بلدان العالم ، فان ما يجنيه هذا البلد اليوم من خير هو نتاج تاريخ حافل بالثورات السياسية والاجتماعية والفكرية بدأت منذ منتصف القرن التاسع عشر. فنجاح اليوم هو وليد لنجاحات سابقة تحققت في عالم الأفكار قبل أن تتحقق في عالم الواقع.

واحد من أسرار النهضة الصينية هو الاهتمام بالتعليم الذي بدأ بالثورة على نموذج التعليم الكلاسيكي التقليدى والسعى لتكوين نموذج يتسم بسعة الأفق والانفتاح على العلم، وذلك لدفع الاستعمار و الحفاظ على استقلال البلاد من ناحية، ثم لتحقيق نهضة قومية يكون التعليم هو القائد لقاطرتها الأولى من ناحية أخرى. فكانت أولى الدفعات الطلابية التي أرسلت لأمريكا تتكون من ثلاثين طالبا وذلك في عام 1872، ثم تلت تلك البعثة بعثات أخرى اتجهت لكل من انجلترا وألمانيا واليابان وضمت عددا كبيرا من الطلاب الصينيين، وشملت الثقافة التي تلقوها في جامعات الغرب والشرق مختلف العلوم الانسانية و كذلك العديد من العلوم الطبيعية.

وإذا كانت بين مصر والصين مسيرة تاريخ مشترك تزيد عن الخمسة آلاف عام، حيث بدأ الاتصال بين الحضارة المصرية

القديمة وحضارات بلاد الصين عبر طرق التجارة قبل آلاف السنين وخاصة الطريق المعروف بطريق الحرير، والذي لم يكن فقط أداة اتصال تجارية واقتصادية إنما أيضا وسيلة وأداة ثقافية شيدت جسورا للعلاقات الثرية بين البلدين، فان النهضة العلمية و التعليمية التي ميزت عصر محمد على باشا (1805 – 1848) حاكم مصر ومؤسس الدولة الحديثة بها قد شكلت محطة أخرى من محطات التقارب مع نموذج النهضة الصينى، والذى بدأ كما كان الحال في مصر منذ القرن التاسع عشر. أرسل محمد على باشا أولى البعثات التعليمية إلى أوروبا في عام1813، و اتجهت إلى ايطاليا، حيث كان عدد الطلاب صغيرا لا يتعدى 28 طالبًا، إلا أن آخر تلك البعثات التي أرسلها وأكبرها من حيث العدد جاءت في عام 1844، وذهبت إلى فرنسا، و ضمت 83 طالبًا. و كان إجمالي عدد البعثات التي أرسلت إلى الخارج تسع بعثات، استفاد منها 319 طالبٌ أنفق عليهم 303,360 جنيه وهو ما يعد نصيبا ضخما من ميزانية الدولة المصرية بمقاييس تلك الفترة التاريخية. ولم تكن البعثات التعليمية سوى عنصر واحد من عناصر عديدة لسياسة ثقافية وتعليمية وضعها محمد على باشا تهدف إلى نقل مصر إلى عصر جديد.

وإذا كان تاريخ كل من الدولتين قد حدا بهما إلى سبل مختلفة أن التعاون الثقافي الأول في القرن العشرين جاء أيضا في مجال التعليم حيث توجهت أول بعثة تعليمية صينية إلى مصر للدراسة بالأزهر الشريف في عام 1931. ومنذ ذلك التاريخ تواصلت علاقات ممتدة و ثرية، فجاء تعزيز التعاون الثقافي بين البلدين بعد قيام الصين الجديدة وثورة يوليو 1952، ثم إنشاء العلاقات الدبلوماسية عام 1956 وتوقيع البلدين اتفاق التعاون الثقافي رسمياً في عام 1956. ثم كانت طفرة جديدة في التبادل الثقافي بين البلدين في بداية التسعينات، حيث تم الاحتفال عام 1991 بتشكيل جمعية الصداقة الصينية المصرية في بكين. وفي عام 1994 تم الاتفاق والتوقيع على اتفاقية لتعزيز التعاون التلفزيوني بين البلدين. وفي 2 ديسمبر عام 1995 تم التوقيع على بروتوكول تعاون في مجال التعليم. وفي 2001، تم توقيع برنامج تنفيذي للتعاون الثقافي بين مصر والصين، ودراسة تعزيز التعاون الثقافي بين البلدين في مجال الآثار وترميمها على وجه الخصوص. وفي يوليو 2002، أقيم أسبوع ثقافي مصري حقق نجاحا تاريخيا وكان ذلك في حديقة العالم بالعاصمة الصينية بكين و أدرجت مصر في قائمة أفضل المقاصد السياحية التي ينصح بها المواطن الصينى. تلت هذا الأسبوع أسابيع أخرى في 2004 و2005 حققت نجاحا هائلا وكانت أداة فعالة من أدوات تعزيز العلاقات الثقافية بين الشعبين. أما آخر هذه الانجازات فهو تخصيص الصين صندوقا لدعم حركة الترجمة بين اللغة العربية والصينية أبرز مشاريعه هو تأليف معجم للغة الصينية واللغة العربية ، إضافة لوضع خطة للترجمة بين اللغتين العربية والصينية على مدار عشر سنوات يستهدف خلالها ترجمة من 50 إلى 100كتاب تغطى أنواع مختلفة من المعارف العلمية والفنية والتربوية وغيرها.

وأخيرا عاد النموذج الصينى في النهضة يحتل مساحة واسعة في التساؤلات التي تطرحها مصر اليوم على نفسها بعد ثورة 25 يناير، فكان المثل الصيني الشهير "لا تعطني سمكة بل علمني كيف اصطادها" من الامثلة التي كثر تداولها على الشبكة الاجتماعية للتواصل على الانترنت "فيسبوك" أثناء الثورة، حيث شكل الهاما للعديد من الثوار كتعبير عن رغبة المصريين في الاعتماد على الذات وتطوير القدرات المصرية بدلا من الاعتماد على الآخر.

أنتقل الآن إلى تجربتى الشخصية في العمل الثقافي والتي باشرت فيها التخطيط والتنفيذ لعدد من الفاعليات الثقافية التبادلية بين الصين ومصر. في هذه الفترة تعاملت مع العديد من البعثات الدبلوماسية العاملة في الحقل الثقافي وكذلك المكاتب الثقافية الأجنبية و أقمنا العديد من الأسابيع الثقافية. لكن العلاقات مع الصين اتخذت بعدا متميزا في خريطة العمل الثقافي لقطاع

العلاقات الثقافية الخارجية : أولا بسبب كثافة الفاعليات التي تمت في هذه الفترة القصيرة نسبيا وتنوعها . ثانيا بسبب التميز الواضح في مستوى تلك الفاعليات وهو ما انعكس على التجاوب الشديد معها سواء كانت تظاهرات ثقافية أو عروض فنية موجهة للجمهور الواسع، أم فاعليات تستهدف فئات بعينها كالدورات التدريبية الموجهة للفنانين أو الكوادر الثقافية. يضاف إلى ذلك علاقات التفاهم والمودة العميقين التي ميزت أساليب العمل المشترك بين القائمين على تنفيذ هذه الفاعليات الثقافية على الجانبين الصيني والمصري.

وقد لا حظت من خلال عملي أن وزارة الثقافة الصينية تسعى بسبل عديدة للدخول في علاقات تعاون ثقافية مع شتى دول العالم وهى تنتهج في ذلك سياسات تعتمد على تكثيف الاتصالات والاستعداد لتسخير الكثير من الامكانيات المادية و المعنوية لتحقيق تلك الاهداف، و سبيلها في ذلك عمل دبلوماسي يتميز بالديناميكية والهدوء في آن واحد، و يتميز بالقدرة على التكيف مع الظروف المختلفة و العمل بإيقاع منتظم وبتواصل دؤوب. تتيح هذه السياسات الساعية للانفتاح بقوة على العالم الخارجى امكانية هائلة للتعاون و هو ما لمسته بشكل خاص أثناء زيارتي الناجحة للصين ووقوفي على أوجه الثقافة الصينية المتعددة وفنونها قديمها وحديثها، ومن خلال زيارات لأهم المعالم التاريخية والمؤسسات الثقافية الحديثة بالإضافة للعديد من المتاحف في ثلاث مدن هامة هى بيجين و شيان وشنغهاي، وأخيرا أثناء لقاءات مع مسؤولين رسميين في كل من المدن الثلاث. ومن الموضوعات الجديرة بالذكر التي تم بحثها ، اجراء تعاون موسيقى في مجال الأوبرا بتقديم عمل أوبرإلى ينتمى لفن "أوبرا بكين" على نص وموسيقى مصريين. بالإضافة لتبادل الخبرات في مجال صيانة أرشيف السينما حيث يمتلك كل من البلدين صناعة سينمائية مميزة وتاريخ سينمائى عريق وهى الموضوعات التي تم وضعها على خريطة الخطط التنفيذية.

أما المحطة الأخيرة التي سأتوقف عندها فهى حلم راودني

عند زيارتي ل"متحف المدينة" المقام بشنغهاي، هذه المدينة الساحرة المولدة للأحلام، وحيث تتولد الأحلام تصنع المعجزات. والمعجزة التي أتحدث عنها تتعلق بقدرة الانسان على تجاوز ذاته والميلاد من جديد، قدرته على صنع التحول والعبور لآفاق المستقبل. في هذه اللحظات من تاريخ الأمم تتجسد المعجزات وهو ما نراه في هذه المدينة المبهرة الملهمة ."متحف المدينة" بشنغهاي واحد من أكبر المتاحف المتخصصة في العالم في مجال تاريخ وتخطيط المدن. وهو يعرض لتطور المدينة منذ القرن التاسع عشر وحتى بدايات القرن الواحد والعشرين من خلال مجموعات من الصور الفوتوغرافية و المجسمات الضخمة و وسائل الملتى ميديا المتعددة. بالإضافة لاحتوائه على أكبر ماكيت من نوعه في العالم يمثل مدينة شنغهاي بعد عشر سنوات وكذلك نموذج بالحجم الطبيعي لأحد الشوارع القديمة في المدينة بما يحتويه من محال ومقاهى و مطاعم يستخدم في الترويج السياحي ويزيد من عناصر الجذب بضمه الجانب الترفيهي إلى الجانب الثقافي.

وتتقارب مدينة الأسكندرية مع مدينة شنغهاي من حيث كونهما مدينتين ساحليتين مفتوحتين عل العالم بالإضافة لتقاربهما التاريخي حيث شهدتا تواجدا مكثفا للأوربيين منذ نهايات القرن التاسع عشر وبدايات القرن العشرين مما ترك آثاره على تطور المدينتين وعلى الطراز المعماري الخاص بهما. ويمهد هذا التقارب لفكرة انشاء متحف ك"متحف المدينة" بمدينة الإسكندرية، تؤطره اتفاقية المؤاخاة القائمة بين المدينتين ويتم بالاستعانة بالخبرة الصينية ويكون هدفه تقديم مدينة الإسكندرية من حيث تراثها الحضاري المتميز والممتد لآلاف السنين وكذلك رسم صورة للحاضر وتصور للمستقبل خاصة في تلك المرحلة من تاريخ الدولة المصرية و بعد ثورة من أعظم الثورات في تاريخ الشعوب، تسعى لقيادة شعبها لميلاد جديد و تحول يستشرف مستقبل محمل بالآمال.

إن جريان الحضارة لا يتوقف أبدا في الدول التي شكلت مهدا للتاريخ وهو الحال الذى يميز الصين و مصر وهو ما يدعونا دائما لمواصلة الأمل. والتقارب بين الشعوب والعمل المشترك هما أفضل السبل لتحقيق الآمال في عالم أفضل تتحقق فيه العدالة وتنال فيه كل شعوب الأرض نصيبها من الازدهار.

A Story of Friendship and Dream

Salma Mobarak

It is unexpected in my life that I could have the chance to get to know the Chinese culture and Chinese people. Like many Egyptians, my imagination and perception of the outside world was no more than the image of the Western world. My major at school was French, and I chose to further my education in the Department of French Language and Literature at university. Later, I became teaching assistant of the French literature and comparative literature major at the Literature Department of Cairo University.

From September 2008 to November 2009, I served in the General Administration of Foreign Cultural Relations of Egyptian Ministry of Culture. This job is what I call a special experience. Since I began my public service in the cultural front, this experience has become my treasure at several levels: first of all, this is the first time for me to engage in the field outside literary studies; moreover, this experience has offered me a good opportunity to get to know unknown cultures and people. While most Egyptians' impressions of the outside world are limited to Europe and other Western countries, the continuation of other civilizations and cultures exists in the East and the South. Ancient relationships and important historical similarities have connected us, while keeping far away from contemporary culture and media.

General Administration of Foreign Cultural Relations, where I started my career, is mainly responsible for the cultural exchanges between Egypt and other countries, signing culture-related agreements, and promoting the implementation of the agreements through a variety of activities and programs. During my service there, I learned that, first of all, China is a great nation, the experience of which can inspire people who are looking forward to a better future. Second, I learned the history of cultural relations between Egypt and China, of which I had no knowledge before. I felt it a privilege to be able to contribute my share in establishing and further enhancing our bilateral cultural relations through my work. Third, the knowledge I learned has added to my view on the future potential of bilateral cooperation, as some common factors have linked the two countries together.

Chinese people have been living on the Earth since six thousand years ago, which only the history and culture of ancient Egypt can be closer to its shoulder. China's model of development, which has gained wonderment and admiration from many countries, is actually achievement of history -- the history since mid-1800s, a history full of political, social and ideological revolutions. Today's success grew out of the model that idea succeeds ahead of reality.

One of the secrets for the rise of China is the importance it attaches to education. China opposes the traditional model of education, and seeks a model of open-minded and embraces science. For one aspect, this approach was adopted to fight against colonialism and safeguard national independence. For another, education is the driving

force for realizing national rejuvenation. The first group of Chinese students consisting of 30 people was sent to the US in 1872. Since then, a large number of Chinese students were sent to the United Kingdom, Germany and Japan, where they received education in all fields of humanities and science in various universities around the world.

Both Egypt and China has a history of more than 5,000 years. The ancient Egyptian civilization and the Chinese civilization have established connection as early since thousands of years ago through commercial roads, especially the well-known Silk Road. The Silk Road was not only a road for connecting economy and trade; it was also a cultural channel to enhance bilateral ties. Muharomad Ali (1805-1848 in office), Egypt's former ruler and founder of modern state, started the scientific and educational rejuvenation in 19th century, which is one of the many similarities in terms of development model between Egypt and China. Muharomad Ali first sent an educational delegation to Italy in 1813, of which the number was small -- only 28. The last time, as well as the time with the most people, was a trip to France in 1844, with 83 students. Altogether 319 Egyptian students in 9 groups were sent to study abroad, with the expenditure of 303,360 Egyptian pounds, which took up a large share in the budget of Egypt at that time. The cultural and educational policies made by Muharomad Ali were aimed at bringing Egypt to a new era, and sending students abroad is exactly one of the elements in this policy.

Although the different histories of these two countries have driven them to different paths, the first cultural cooperation in the 20th century took place in the field of education. In 1931, China sent a group of students to Egypt for the first time to study in Azhar University. Since then, this relationship has continued to develop. Since the founding of the New China in 1949 and the "July Revolution" of Egypt in 1952, cultural cooperation between two countries has been further consolidated. In 1956, the two countries established diplomatic relation and signed an agreement on cultural cooperation officially. In 1991, the China-Egyptian Friendship Association was established in Beijing, which symbolized new leaps in cultural exchanges in early 1990s. In 1994, the two countries signed a cooperation agreement on television industry. On September 2nd, 1995, a protocol on cooperation in the field of education was signed. In 2001, we signed the China-Egyptian Cultural Cooperation Action Plan, and discussed cultural cooperation in the field of cultural relics, especially the restoration of cultural relics. In July 2002, the "Week of Egyptian Culture" held by the World Park in Beijing registered historic success, which made Egypt included in the best tourist destinations list for Chinese citizens. After that, the cultural week activities held in 2004 and 2005 both witnessed huge success, and have become an effective mechanism to promote cultural relations between two countries' peoples. The recent achievement is China's plan to allocate a special fund to support inter-translation between Arabic and Chinese. The most important program is the compilation of Chinese-Arabic dictionary. It is also planned that in 10 years, 50 to 100 books should be inter-translated between the two languages, the subjects of which include different areas such as science, art, and education.

Since Egypt's "1.25" Revolution, there have been many doubts and discussions in Egypt, among which the model of China's revival has taken a large part. The popular Chinese proverb "Rather than giving a man a fish, it is better to teach him how to fish." was one of the most reproduced sayings on "Facebook" during the revolution. That proverb was used to express the Egyptian people's desire to rely on our own to develop our capability.

Now I would like to talk about my experience on planning and implementing Sino-Egyptian cultural exchange programs in my cultural work. During my service on the cultural front, I have dealt with issues on several cultural diplomatic missions and foreign cultural offices, and held activities of cultural weeks.

Our relations with China were unique in our work plan for cultural relations with foreign countries, and the reasons as follows: first, in a relatively short period of time, a wide range of cultural programs took place frequently; second, the level of cultural programs was very high, which were positively received by the people. These programs included both cultural activities and performances for the public and training courses especially for artists and cultural officials. In addition, the mutual understanding and deep feelings toward each other between our two sides during

the programs has become an outstanding characteristic of our common working approaches.

During my work, I found that the Chinese Ministry of Culture tried a variety of ways to establish cultural cooperation with other countries. For that, they strengthened contact and were ready to use all material and spiritual potential. So their diplomatic work was both dynamic and calm, which was able to adapt to different conditions in good order and stick to it.

After my successful visit to China, I was well aware that this policy which was committed to opening-up had great potential for cooperation. During my visit, I enjoyed various ancient and modern Chinese cultures and arts, visited important historic sites, modern cultural institutions, and museums of the three important cities of Beijing, Xi'an and Shanghai, and met with governmental officials of the three cities. I think I should mention a topic we've discussed, which is our cooperation in the field of drama and music. We planned to write a drama combining the Peking Opera of China and the play script and music of Egypt. Besides, we exchanged experiences on the maintenance of film materials. Both our film industries are very unique with long histories. This topic has been listed in our roadmap of implementation plan.

A dream came to my mind when I was visiting the Exhibition Hall of City History and Development in Shanghai, with which I would like to end my essay. Shanghai is a charming city that can easily make people dream. With dreams, miracles can be created. The miracle I am referring to is related to the capacity of the mankind to transcend them and be reborn, and to the prospect and ability of changing the future. The miracle that has happened in the history of this nation is exactly what we see in this dazzling and encouraging city. The City Museum of Shanghai is among the largest ones with the theme of history and city planning in the world. Through pictures, large models and multimedia presentation, the museum has shown us the history of urban development from the 19th century to early 20th century. It contains the world's largest miniature landscape, showing the face of Shanghai after 10 years, and there is a model of an old street in Shanghai of the same size with the original, where we can see shops, cafes and restaurants. Based on culture, this approach blends the elements of leisure and entertainment into tourism promotion. Egypt's Alexandria is similar to Shanghai. Both of them are coastal cities opening to the world. From the late 19th century to the early 20th century, the existence of a large number of Europeans influences the urban development and architectural style of the cities. These similarities inspire my idea of establishing a similar exhibition hall in Alexandria. The agreement to make them brother cities has offered a framework for this proposal. Our exhibition hall will borrow the experience from China, and will be aimed at introducing the unique time-honored cultural heritage of Alexandria, depicting nowadays, and dreaming about the future. Especially in the current historical period, after the revolution in Egypt, people were given new lives, and are marching towards a future full of hope.

In some countries, the steps of civilization will never stagnate. Civilization is the cradle of history, like what has happened in China and Egypt. And that is why our hope is always there. Harmony, friendship and common action of all peoples are the best way toward an ideal society, in which the world is just and beautiful, and all peoples on the earth prosper together.

沃法·萨迪克

埃及

沃法·萨迪克（维也纳大学博士）于2004年担任开罗埃及国家博物馆馆长（直至2010年底），是首位担任此职的女性。她毕业于开罗大学，获得埃及古物学和考古学学士学位。毕业后，她加入埃及文物机构任督查，主要负责外国考古探险队在埃及的工作。不久，萨迪克博士便有了自己的专攻。多年来她一直在吉萨和卢克索开展田野考古，孜孜不倦。1978年起，她在维也纳继续学术研究，并于1983年获得博士学位，期间发表了一篇关于埃及第26王朝吉萨墓地的论文。

萨迪克博士是许多国内外学术及考古委员会和组织活跃的董事会成员，负责完成埃及国家博物馆现代化和所有埃及文物国外展览的协调工作等一系列事项。她致力于让埃及所有年轻人了解埃及文化遗产，并做了一系列工作，包括创办传统和社会参与儿童联盟(C.A.T.S.)且担任主席，在开罗大学、哈勒旺大学任教等。她是众多学术刊物的作者，这些刊物被翻译成了德语、英语以及阿拉伯语。最近，她用阿拉伯语写了第一部古埃及历史。她的权威教学出版物《埃及儿童博物馆》（德语和阿拉伯语）以及《博物馆教育与国家认同》（阿拉伯语），为埃及在全国范围内开展儿童博物馆以及教育部门的长期项目奠定了基础。

萨迪克博士在专业领域和人文领域获得了许多奖项和荣誉，如获教皇本笃十六世颁发人道主义服务奖章；获德国驻埃及大使颁发黄金白鸽和平奖章；中埃文化交流贡献奖。最近，她获得了奥地利共和国颁发的德国联邦十字勋章。

الدكتورة وفاء الصديق

أصبحت الدكتورة وفاء الصديق (دكتوراه من جامعة فيينا) المدير العام للمتحف المصري بالقاهرة من عام 2004 (حتى نهاية عام 2010) كأول سيدة تحتل هذا المنصب. بعد تخرجها من جامعة القاهرة وحصلت على بكالوريوس في المصريات وعلم الآثار، انضمت إلى هيئة الآثار المصرية مسؤولة عن بعثات الأثرية الأجنبية العاملة في مصر. بعد وقت قصير ،اتجه اهتمامها إلى مجال علم الآثار في الجيزة و الأقصر . منذ بداية عام 1978 أكملت دراستها الأكاديمية بفيينا حينما حصلت على الدكتوراه في عام 1983، خلال تلك الفترة أصدرت الأطروحة عن أهرامات الجيزة في عصر أسرة السادس والعشرين.

شاركت دكتورة الصديق كعضو في مجالس إدارية علمية كثيرة ومنظمات علمية وأثرية محلية دولية مع مسؤليات بدءًا من إكمال تحديث المتحف المصري وتنسيق جميع المعارض الآثار المصرية في الخارج. إن التزامها بإشراك الشباب في التراث المصري يشمل التأسيس وقيامها بدور رئيس اتحاد الأطفال للمشاركة التقليدية والاجتماعية (C.A.T.S) والتدريس في كل من جامعة القاهرة وحلوان . وتعد دكتورة وفاء مؤلفة للعديد من المنشورات العلمية التي ترجمت باللغة الألمانية والإنجليزية والعربية وفي الآونة الأخيرة قد ألفت أول كتاب عن تاريخ مصر القديمة باللغة العربية.

كما أن إصداراتها تربوية موثوقة،"متحف الأطفال المصري" (بالألمانية والعربية) و"متحف التعليم والهوية الوطنية" (بالعربية) هي الأساس لمشاريع طويلة المدى لمتاحف الأطفال والإدارات التعليمية في أنحاء مصر. كما حصلت د. وفاء على العديد من الجوائز والأشراف(المهنية والإنسانية) مثل: ميدالية لخدمة الإنسانية قدمها قداسة البابا بندكتس السادس عشر، حمامة الذهبية للسلام، التي قدمها السفير الألماني في مصر، جائزة التبادل الثقافي بين مصر والصين ومؤخرًا حصلت على وسام (صليب الاستحقاق) الاتحادي الألماني من جمهورية النمسا.

Wafaa El Saddik

Wafaa El Saddik (Ph.D. Vienna University) became Director General of the Egyptian Museum, Cairo, in 2004 (till end of 2010), the first female to hold this position. Upon graduation with a BA in Egyptology and Archaeology from Cairo University, she joined the Egyptian Antiquities Organization as an inspector assigned to foreign archaeological expeditions working in Egypt. Soon Dr. Saddik had her own excavation. Over the years she pursued her interest in field archaeology at Giza and Luxor. Beginning in 1978 she continued her academic studies in Vienna, earning a doctorate in 1983 with a dissertation on the Giza necropolis during Dynasty XXVI.

Dr. El Saddik is an engaged board member of numerous scholarly and archaeological committees and organizations, both national and international, with responsibilities ranging from the complete modernization of the Egyptian Museum to coordinating all exhibitions of Egyptian antiquities abroad. Her commitment to involve her young compatriots in Egypt's heritage ranges from founding and serving as president of the Children's Alliance for Traditions and Social Engagement (C.A.T.S.) to teach at both Cairo and Helwan Universities. She is the author of numerous scholarly publications in German, English, and Arabic; most recently, she authored the first history of ancient Egypt in the Arabic language. Her authoritative pedagogical publications, Kindermuseen for Ägypten (German and Arabic) and Museum Education and the National Identity (Arabic) are the foundation for long-term projects for children's museums and educational departments throughout Egypt.

Dr. El Saddik has received many Awards and Honors (professional and humanitarian), for example: Medal for humanitarian service, presented by his Holiness Pop Benedict XVI; Golden Dove of Peace, presented by the German ambassador in Egypt; Dedication Award for Cultural exchange between China and Egypt; most recently, she has received the Bundesverdienstkreuz of the Republic of Austria.

中国和她的伟大文明

沃法·萨迪克

从小我就梦想当一名记者，这样就能走遍独具魅力的国家，而第一个就是中国。每天吃饭时，“中国”都跟我们在一起，因为我们埃及人把瓷器称之为“中国”，那是最好的餐具，我的祖母和母亲都以拥有中国的餐具为荣。

随着时间的推移，我对这个美丽国度的了解越来越多——她幅员辽阔、地势复杂多变、有古老的传统习惯、居住着不同的民族、从南至北由东到西风貌迥异，于是，访问中国的梦想也就愈发强烈。父亲的书房里有许多历史和地理方面的书，我母亲鼓励我多多阅读，那简直是我最幸福的时光。我翻阅关于中国的美丽画册，海洋、河流、山川、丘陵以及各种各样的服饰。从那时一直令我震撼到现在的，是世界七大奇迹之一——中国长城，全长6700千米，历经14个世纪的风雨。在我阅读有关长城的资料时，不由得为埃及也拥有这样古老的奇迹——胡夫金字塔而感到骄傲，到中国、到长城一游的愿望也愈加强烈。对这一伟大历史建筑的关注似乎也促成了我后来投身文物特别是埃及文物研究，并产生将两种文明进行比较的想法，从北京猿人开始，然后是公元前3世纪的始皇帝到公元14世纪的明王朝。1974年，中国首位皇帝秦始皇的陵墓及墓中大批真人真马大小的兵马俑被发现，我从报纸上读到这个消息，了解中国文物的兴趣变得愈加浓厚，我极其渴望能够加入中国同仁的行列，一起进行秦始皇陵的发掘工作。此后，我开始通过纪录片和国家地理杂志热切关注中国考古发掘方面的消息，其中包括塔里木木乃伊的发现，木乃伊的年代为公元前1800到公元200年，保存非常完好，这说明中国西北部历史上曾拥有高度发达的科技水准。

一　与中国人的首次接触

那是1983年我在维也纳大学攻读博士学位的时候。那时我住在学生之家，知道有一大批从中国来的留学生，他们住在统一的一层，不与其他学生混住，但我们所有人会共用一间大厨房。我是多么希望能跟他们有所交流啊，但他们将自己封闭起来，完全不跟其他的学生打交道，我感到很伤心，但还是尊重他们的意愿。听其他同学说，这些学生被禁止同我们交谈，我对此感到非常惊讶，因为我们埃及自纳赛尔和周恩来时代起就已经跟中国保持着很亲密的关系了。在维也纳首次接触中国人后二十多年，我已经担任了开罗埃及博物馆馆长，首个中国官方代表团参观了博物馆，此次会见我感到非常开心，代表团由文化部官员组成，他们都非常和蔼。首次会面使我感到埃及和中国人民有很多共同点，他们开朗活泼、不受拘束、非常自信，因为他们都拥有伟大的文明，因而非常有必要进行对话、交流与合作。代表团赠送给我一些英文版和中文版的关于中国和中国文物的图书。我们谈到了中国的文字，曾经以为中文跟韩文、日文是很相似的，这才知道区别很大。我第一次学习了如何用这种美丽的艺术的文字书写自己的名字。

此后，有不少中国的团组来访，很大一部分成员是中国各地负责博物馆和展览的官员，这些参观访问活动使我了解了很多中国历史、文物古迹和各个不同省份博物馆的知识，我觉得很高兴。

中国总理温家宝对埃及博物馆的访问令我终生难忘。在博物馆前迎接他时，我注意到总理先生及其陪访团甚至是行程的安保官员们都相当简单低调，不事张扬，这与来此参观的绝大部分政府团恰恰相反，他们布置安保工作都很夸张，甚至要求清空博物馆的游客和工作人员，对这种要求我一定会严词拒绝，因为从世界各地来到埃及的游客，他们同样有权力参观博物馆，更何况他们中的大部分人都已经事先安排好了行程，不能够推迟或缩减对博物馆的参观。中国的官员既没有要求清空博物馆，也没有对参观活动提出任何特殊条件。

总理先生告诉我，当我们走进博物馆，看到展厅内包括阿蒙霍太普三世和王后提伊雕像在内的巨型雕像时，他为能参观这座世界知名的美丽博物馆而感到高兴。我们的参观从史前和前王朝时期文物展厅看起，中间是那尔迈国王石板浮雕，然后是金字塔时期文物，看到了佐赛尔王的精美石雕，我告诉总理先生佐赛尔王是人类历史上第一位用石料修建金字塔的人，他的梯形金字塔是世界上最古老的“摩天楼”。我看到温总理的面部表情很专注。我们的参观止于阿赫纳吞法老展厅，阿赫纳吞生活于公元前 14 世纪，他的宗教理念对古代中东地区的人类思想产生了巨大影响，我个人认为他是人类已知的最早的哲学家。阿赫纳吞法老的棺椁在展厅的中央，大部分由玻璃制成，吸引了总理和随行人员的注意，这正是一个谈谈埃及为追索被盗文物所作努力的好机会，这个棺椁就是 20 世纪 80 年代从埃及博物馆失窃后经过多年努力在德国慕尼黑发现的，德国人已经用现代方法对它进行了修复，他们用玻璃来区分古代和现代的部分，埃及已经成功将它索回，我想，这大厅中央的棺椁就是埃及努力追索文物的有力证明，我知道中国也正关注要求返还流失文物的政策。我们在童年有霍卢斯神鹰守护的法老拉美西斯二世的黑色雕像前驻足，我介绍说这是唯一一座用象形文字刻写拉美西斯二世名字的雕像。

年轻的法老图坦卡蒙墓出土的精美随葬品占据了博物馆二层的东北面，陪葬品包括储物柜、战车、家具等各种丰富的文物，特别是被视为镇馆之宝的图坦卡蒙金面具和包金、纯金的棺椁，令参观者赞叹不已。

我们来到木乃伊展厅，聊起古埃及人制作木乃伊的工艺，以及中国与埃及，特别是同一历史时期木乃伊的区别。

温总理参观博物馆令我感到非常欣喜，因为他很重视埃及文明，询问得非常细致，注重了解细节。每当看见到访的各国首脑对埃及博物馆的重视，我总是感到无比幸福。而温总理是所有人中最重视的一个，我至今仍记得他很关注金属质地的文物，特别是铜和青铜制品，询问它们的年代以及古代埃及人是怎样在如此久远的年代制作出这么精美细致的艺术品。总理先生的到访在我心里产生了巨大的影响。回家后，我把看到的温总理的一切讲给我的先生和孩子们听，他渊博的学识、谦虚的态度、一直挂在平和面容上的微笑……我也开始跟朋友们说起中国，一起关注中国的消息和电视屏幕上总理的身影。我认为他是领导人的典范，希望我们中东地区也能有一位像他那样的领导者。他带领着人口庞大的国家走向发展、进步和繁荣，使全世界都用赞叹和尊重的目光注视着中国，如果这种发展势头在各个领域都能继续下去，中国将会领先于全世界。

我同中国驻开罗文化中心关系非常密切，我接待他们全部的官方到访。有人想要了解埃及博物馆使用的文物修护方法，我们就一起去修护工厂，由埃及的文物修护人员介绍不同种类文物的修护工作及其使用的材料。还有人想要了解我们采用的文物登记系统和博物馆数据库。我们都愿意在所有与文物有关的领域交换意见。

我跟我的先生经常参加各种不同的文化、艺术活动和研讨会，特别是在开罗歌剧院和中国文化中心，有民间音乐会、靓丽的中国民族服饰展、令人炫目的舞蹈表演和包括展现中埃关系史在内的各种图片展。看到故人们的老照片是一件愉快的事情，比如哈桑·拉加布博士作为埃及驻华大使递交国书的照片。我与哈桑·拉加布博士有私交，他常常讲起他和其他埃及外交官在中国工作时候的趣事，以及关于那个美丽国度、那些纯善人民的美好回忆。

文化处也经常参加我们埃及博物馆的各种庆祝活动，包括定期展览的开幕、儿童博物馆开幕和博物馆周年庆祝活动。周年庆的闭幕演出在歌剧院举办，由盲人和弱视艺术家们演出埃及古典戏剧。

总理先生再次访问埃及时，在文化中心亲自颁奖，奖励一批为中埃文化交流做出杰出贡献的埃及官员和学者，我很荣幸成为其中的一员。接过证书的一刹那，我感动极了。我还同他谈起了上次在博物馆的参观活动。

二　我同中国文物的首次接触

很幸运，我在美国佐治亚州亚特兰大市看到了关于秦始皇的展览，当时我恰好作为埃及代表团团长在同一个城市揭幕图坦卡蒙法老文物展。我是在美国航空公司的航班报纸上了解到这次中国展览的，中埃两国展览的消息刊登在报纸的同一版，标题为“黄金法老”和“始皇帝”的两张照片也连在一起。所以，埃及展览开幕后，我最想做的就是去看中国的展览。展览准备得非常充分，详尽介绍了关于中国首位皇帝秦始皇陵寝的知识——它位于西安市，年代为公元前3世纪，于1974年3月29日被西杨村村民偶然发现。中方的博物馆馆长接待了我们，介绍了陶俑、战车及一些从墓中发掘出来的器具。我了解到，是秦始皇下令制作数量庞大的陶俑陶马，陶俑们的脸型、发型、体态、神情都各有差异。当时制作这些表情细致、服饰精美的陶俑，动用了70万名工匠。由于是彩陶制品，就需要在超过1000℃高温的巨大窑炉中烧制。可以想象这需要耗费多么巨大的人力，他们极其认真细致地工作，承受着高温窑炉的热浪。也可以想象，工匠们塑出饱含心血的精美陶俑，如果放入窑炉后意外破碎，所有努力付之东流，该是多么的伤心，但他们没有灰心继续进行新俑的制作。古代中国的信仰与古埃及相似，相信死后会在另一个世界里生活，所以那些参与秦始皇陵修建的工匠们都相信，皇帝在另一个世界里开始新生活的时候应该拥有数量庞大的军队。我们知道，这也是古埃及的观点。将秦始皇陵跟图坦卡蒙法老墓做简单比较，我们越发肯定这种想法——我们发现图坦卡蒙墓规模较小，但陪葬品包括了在另一个世界生活需要和希望拥有的全部：战车、家具、日常生活必需的器具以及侍者。埃及和中国文化不像有些古文化那样用人殉，他们相信，将念过符咒的人偶放入陵寝，可以在另一个世界获得生命并为陵墓主人工作。埃及的金字塔是为了永久纪念法老，也是为了保护法老在另一个世界不受妖魔的伤害。每当我想到修建金字塔所耗费的巨大人力物力，就会发现它们与秦始皇陵的相似。中方的博物馆馆长告诉我们，中国著名的史学家司马迁曾提到，秦始皇命人开凿一百条河并放入水银，围绕在自己的陵寝周围使之免遭破坏。在秦始皇陵的发掘过程中，确实在其周边地区找到了水银。我觉得秦始皇能够在如此古远的时代统一文字、度量衡、建立起幅员辽阔的大帝国，简直就像是神话中人物，我非常渴望能去西安市亲眼看一看这些文物。这一天终于到来，开罗中国文化中心邀请我访问中国——我梦想中的国度，真是满心幸福!

我选择在宰牲节假期去中国，这样不会耽搁我在埃及博物馆的工作进程。那一年的宰牲节假期是十二月的第二周，中国文化参赞给我介绍了将要去的地区、将要会面的官员情况。他告诉我那边气候寒冷，尤其是北京和西安，可能会达到零下七到八度。我告诉他我们曾在奥地利和德国学习，能够适应寒冷的天气，去气候寒冷的国家旅行我们都会随身携带保暖的厚衣服。我在世界地图上查看了北京和西安的纬度，发现它们跟中欧的纬度相同，所以我想那里的温度不会比我们原来去欧洲的时候更冷。我们为中国之行做着准备，我先生将大部分时间花在了与中国古代医学有关的书籍上。他当时正准备广泛研究法老时期的医学以及与其他古文明医学技术的比较，他决定在书中专门辟出一章讲中医中药。中国古代医学一直以来都吸引着我和先生的关注，他主要研究中医和中草药知识，而我作为一名文物专家则致力于多多了解古代文明知识。古代和现代的中国人对中医中药都很精通，现在世界上很多国家都有中医。为什么埃及古代医学在法老时期之后就几乎湮灭，而中国医学却能够经历各个历史时期绵延至今呢？不论是在中国还是在埃及，为什么古代医学是一门建立在精神基础上并与天文学相连的科学呢？

三　访问中国

尽管旅途遥远，但我们搭乘的飞往韩国首都首尔的航班却非常舒适。我们经常去欧美，这是第一次前往远东地区。飞机上视野清晰，可以看到我们途径的国家，我还看到了积雪覆盖的喜马拉雅山。有个小细节增加了旅途的乐趣，我们到达首尔的时候，发现手机上有班机途径的所有国家甚至包括哈萨克斯坦的欢迎信息，于是我就知道了埃及飞往中国的航线上都有哪些国家。在首尔机场稍事停留，我们登上中国航空公司前往北京的航班，机组人员的态度非常和善，北京首都机场、特别是办理入境手续的工作人员也是如此。一位身材苗条、操流利英语的女孩在机场等候我们，她告诉我们说她将全程陪同我们完成访问计划。那份访问计划准备得相当详尽。

去酒店的路上，我们看到道路整洁宽敞、交通秩序井然，无法感觉到竟是在中国这个超级人口大国。使我印象深刻的是建筑物上高高的广告牌，漂亮的中文，在红白色灯光的映照下，看起来格外舒服。我们到达已经预订的酒店，位于市中心，豪华程度超过欧洲和北美的酒店。陪同将访问行程表、与官员会见及旅游景点、博物馆参观的时间表给了我们。虽然经历了长途旅行，又有时差的影响，直到前去同中国文化部负责展览和博物馆的官员们会面前，我们还是没能入睡。他们热情接待了我们，送给我们抵御严寒的温暖的羽绒服作为礼物，实在是出乎意料。他们想的是，我们来自埃及那么一个温暖的国家，即便准备了厚厚的大衣，也很难抵御寒冷，有可能会感冒、生病，卧床不起，耽误行程。事实上，羽绒服确实抵御了严寒，我们完全没有想到会有这么冷。我们终于知道了中国人成功的秘诀，就是事无巨细，全部考虑周全，绝不允许意外发生。所以，会送给我们羽绒服，而且可以肯定的是，他们事先向使馆询问了我们身材的尺寸。这些官员同我们在埃及和中国见到的所有官员一样，和蔼且值得尊重。我们一见面就感觉非常融洽和谐。我试穿羽绒服，结果它太紧了，我们忍不住哈哈大笑。我先生的倒是刚刚合身，他们应该是先拿到了他的尺寸，至于我的羽绒服，已经是他们费了好大力气所能找到的最大尺码。中国好像没有适合我身材的衣服，但他们还是在当天找到了大小合适的羽绒服，我们的陪同晚上拿给了我。我至今都清楚记得这件温暖的事情，每当想到美丽的中国之行，我都会微微笑。会谈的内容很丰富，我们讨论了文化合作的方法和组织、交流展览的必要性，我们还谈到了一个非常重要的话题，那就是两国有必要签署保护文物的共同协议，内容为任何一国被抢被盗文物出现在另一国时，另一国必须归还，禁止倒卖。埃及已经同一些拉美国家签署了类似的协议。中国同埃及一样，是文物大国，引得许多文物贩子企图通过非法手段获取文物卖给世界各地有钱的藏家，这会对国家的历史造成威胁，因为文物脱离自然环境变成藏家家里的私人藏品，有可能造成文物所在国的历史空白。有些文物可能对某一历史时期有重要影响或者曾经改变这一时期的某些重大事件，如果这些文物因被卖到不了解它们来历和历史的个人藏家手中而消失，除了失去它们的文化艺术价值外，还会有巨大的损失。中国在这方面还有许多事情要做，我希望中国能同世界其他国家签署类似的协议，特别是西方和海湾阿拉伯国家，这些国家的藏家有收购中国文物的巨大热情。

我的行程安排是：北京紫禁城、西安秦始皇陵和博物馆、上海新博物馆。我发现长城没有包括在行程内，那是从小到大伴我成长的一个梦想，我希望可以实现它，于是我表达了希望看到长城的渴望，尽管时间紧张，工作人员还是特别安排了时间去游览长城。于是，会谈结束后，我们参观了紫禁城，随后来到了长城。那天相当冷，大概有零下七度，尽管有羽绒服，我们还是冻木了嘴唇不能说话。我今生从未感受过像我在紫禁城和长城感到的寒冷，但那里的空气非常清新、历史古迹充满魅力。

故宫博物院的负责人接待了我们，并进行讲解，也谈到紫禁城的历史，那是中国明清两代皇帝的居住地，包括多处宫殿，是最大的中国古代宫殿群，故宫博物院藏有大约一百万件稀有的历史文物艺术品。尽管天气异常寒冷，我们还是饶有兴致地游览了数个宫殿，以及紫禁城周边的绿地、公园和湖泊，还参观了天安门城楼、天安门广场和人民大会堂。我的紫禁城之行获益良多，井然的秩序使我对埃及博物馆应该采取的措施有了一些新的想法，比如一些指示牌和禁止吸烟、禁止触摸文物、禁止坐在绿地上的标志，其实埃及博物馆内外都挂有用各种语言书写的严禁事项，但是画出来的标识更实用一些，不会再有人以看不懂文字为借口违反规定了。我已经设计这些标志和垃圾箱，提交给最高文物委员会的负责人，以应用到各个博物馆和文物地区。

当我站在长城前，简直不敢相信自己。登城远眺，长城在山间蜿蜒起伏，如巨大雄壮的波涛分割着绿色平原。关于长城和它的历史，我读过很多书，看过很多纪录片，但这是一回事，当你真正站在长城上时，又是另外一回事！我们没能在长城多做停留，因为必须去赶飞往西安的飞机。

我们从北京乘飞机前往位于中国西北部的陕西省去参观秦始皇陵。在西安市，我们见到了高76米、面积350平方米的陵墓，它是一个土质的金字塔形，就好像那时的中国人来到埃及（比如商人），看到了金字塔而受到影响似的！但最有可能的是，金字塔的造型影响了很多古代文明，因为它将地与天——人的世界与神的世界联系了起来，墨西哥、危地马拉的玛雅人，文明发源于安第斯山脉特别是秘鲁、智利的印第安人及其他拉美西部国家的人民，他们的建筑都有很多金字塔的形制，但他们的金字塔用途有别于埃及金字塔和秦始皇陵，不是陵墓，而是用儿童、奴隶、战俘为人牲祭祀神灵的场所。

当我与各式陶俑面对面的时候，真是大开眼界，迄今为止已发掘出8000尊，如此庞大的数目下，每个士兵的面部表情竟然各有不同！我看了相邻的区域，专家说那里仍有许多兵马俑。我还见到了陶制的战车和马，出土数量分别为30辆、670匹。我们的陪同说，秦始皇陵是世界第八大奇迹，我完全承认，也很高兴它被列入联合国教

科文组织世界文化遗产名录。我希望能跟中国西安博物馆的同行们和文化部负责展览的官员一起努力在开罗的埃及博物馆举办一场关于秦始皇的展览，我相信会在埃及国内乃至世界范围内取得巨大成功，因为1.25革命之前，埃及博物馆每天的游客数量是1万人次。

西安的博物馆、馆藏文物和玻璃地板让我们应接不暇。用各种语言介绍博物馆的语音设备的使用和设在博物馆入口专门一角的“音频图书馆”引起了我的注意，这是我在其他国家的博物馆没有见到过的。我们不但参观了文物区，而且应邀参观了文物研究所，见到了用于研究和需要修复的各类文物和陶俑。博物馆馆长送给我一套考古工作者用的工具作为礼物，我感到非常开心，因为我从事考古领域的工作，在吉萨、萨卡拉、卢克索的文物发掘工作中积累了很多经验，正致力于发掘卡尔纳克神庙南部地区的文物。西安使我们流连忘返，但陪同提醒了我们前往上海的航班时间，当时已经快到起飞时间了，我们在最后一刻赶到机场，差点错过航班。如果不是我们的陪同处理事情极其冷静出色，我们只能滞留在机场，白白错过对那座美丽的城市——上海的宝贵访问时间。

我们眼中的上海，充满魅力、绚丽无比，到处灯火通明，公园里满是随着音乐进行锻炼的人们。我们入住的酒店与一座大公园相邻，一大早我就看到许多人在那里进行体育锻炼，我觉得这是一个好主意，埃及也应当如此，而不是像现在，体育俱乐部只为有钱的会员提供锻炼机会，而将普通百姓排除在外，尽管锻炼身体对他们而言同样重要。我们按行程参观了博物馆，受到馆长的热情接待，他送给我们精美的馆藏总目，内容包括各种纺织品、书画作品、不同材质的餐具、珍稀的瓷器、陶俑及其他珍贵中国文物。馆里现代化的展出方式和解说卡片令我赞叹，印象最深刻的要数纺织品和书画作品的照明方式，即访客走近时灯光才会亮起，离开即灭，减少了强光对文物材质和颜色的损害。很明显，中国政府的努力使得这座博物馆能与世界著名的大博物馆比肩。我来到博物馆的讲座大厅，那里正在召开一个会议，很多博物馆界的专业人士聚集于此，我恰巧赶上，有幸聆听了国际专家的一些讲座。参观结束后，我来到博物馆礼品处，这里出售的礼品品质之精良令我惊讶，我购买了一些，用以纪念这美丽的博物馆和品位不凡的礼品店。

在美丽的上海，我们逛了大型购物中心，里面国际品牌的商品琳琅满目。随后又来到著名的茶叶商店，我们以前从没见过这么多种类的茶叶，我先生了解了它们的用法尤其是医用的功效，感到非常兴奋。我们当时品尝了一种味道很特别的茶，不论何时想起，都感到齿颊留香。

我们回到了埃及，带着许多美好的回忆，关于慷慨的人民、美丽的国家、迷人的自然风光和重要的历史景观。

四　阿赫纳吞在中国

2010年到来了，与它一同到来的是上海世博会。上海博物馆代表团访问埃及，邀请埃及在世博会设展，对此我们深感荣幸，开始紧锣密鼓地讨论组织展览的细节。与此同时，埃及展览委员会也提出了同样的要求，于是我请他们与上海博物馆官员协调，一起努力、共同参与组织世博会埃及展馆的展览。我们在最高文物委员会决定往中国运送一批重要文物，其内容与规模都能体现出古埃及文明的厚重与伟大。我们了解到中国人民对此很有兴趣和热情，希望能够加强两国文化关系的纽带，同时也邀请中国人民来看看埃及和埃及的文物，埃及一直都非常渴望能够增加中国游客数量。

最重要和体积最大的文物是阿赫纳吞法老砂岩质巨大头像，还有顶端饰有哈托尔女神头像、骆驼和其他装饰物的黑色玄武岩石柱。我是埃及文物境外展览的负责人，习惯于确定文物平安抵达展览地点后才能够入睡。当我知道会有数千人参与这次规模大、面积广的展览后感到非常担忧。随展的工作人员不会讲中文，他们中甚至有人迷路，但文物还是得到了很小心的安置，我是在半夜接到电话的，被告知文物已经抵达，但同时还有一个难住他们的问题，就是阿赫纳吞像太过巨大，展出困难。我立刻选派出埃及最好的文物专家以最快速度赶往上海，他们对处理巨大的砂岩质文物有丰富经验，中国使馆协助我们尽快办理好了赴中国签证。此后数天，我日夜跟我在上海的同事们保持联系，努力用最好的方式展出文物并保证它们的安全。报告显示，展览非常成功，超过数百万的中国观众参观了埃及文物，我感到不胜欣慰。

阿赫纳吞跟其他文物一起平安回到埃及，向那些曾反对过此次展览的人们证明，他是埃及在上海世博会中的最棒的大使，那里有来自世界各国的大批游客，埃及的文物展则是最吸引他们注意的重要事情之一。阿赫纳吞又回到了埃及博物馆中原来的位置，跟他的儿子图坦卡蒙法老一起等待着中国游客的造访……

我同中国使馆特别是文化处的关系越来越密切。我最近参加的最精彩的活动就是使馆和文化中心举办的“中国饮食文化之夜”。中国文化参赞陈冬云博士举办讲座，中国大使宋爱国夫妇及一些国家驻埃及大使出席，讲座配合一些图片，很好地阐明了为什么中国的饮食是一种文化、一种哲学，非常有价值。参赞还邀请到一位厨师现场演示如何制作中国传统菜肴。我不由得想起了在中国时尝到的美食，他们的餐桌上除了不同的鱼、肉，还有各种各样的蔬菜、水果、茶，油脂与脂肪含量很低，同以高脂肪快餐而著名的西方饮食相比，中国餐百分之百有利于健康。西方的快餐食品是人们患上很多现代病的主要原因。但是很遗憾，我们中东国家并没有注意到快餐食物的危险，尤其是孩子们，已经出现了不正常肥胖

的苗头。我从这次活动中学到很多东西，由此想到一句谚语：有志者事竟成——中国人付出了努力，认真踏实地对待所有工作，因此，他们能够在所有的领域取得成功。

我和我的先生、孩子们都受到中国文化和哲学的影响，很重视中国古代教育家、哲学家孔子的理念和哲学思想，我认为他对民权的呼吁能够在那些发生人民革命的国家产生影响，他认为："不能够让人民满意的政权就是不合法的"、"人民对暴虐的、不好的政权革命是必要的"，就好像是在说我们这个时代，这个发生了"阿拉伯之春"革命的时代。孔子，你好！你会一直陪伴我们，直到人与人之间实现真正的公平公正，也许那一天真的会到来，我们呼吁的一切都会实现，世界人民联合起来，建立一个世界共和国！

الصين وحضاراتها العظيمة

وفاء الصديق

كان حلمي منذ الصغر أن أصبح صحفية لأتمكن من زيارة دول مختلفة ذات سحر خاص وكان على رأس هذه الدول الصين التي كنا نعيش معها يوميا أثناء تناولنا الطعام حيث أننا في مصر نطلق على البورسلين "صيني" وكان أفضل أنواع الأطباق والتي كانت جدتي ووالدتي تفتخران بإقتنائها هى المصنوعة في الصين.

أصبح هذا الحلم بزيارة الصين يزداد مع مرور السنوات وإتساع دائرة معرفتي عن الصين الجميلة ذاتي المساحة الشاسعة والتضاريس المتنوعة الجميلة والعادات والتقاليد العريقة والأجناس المختلفة التي تسكنها وتختلف في ملامحها من الشمال للجنوب ومن الشرق إلى الغرب. كانت أمي تشجعني على القراءة وخاصة في كتب التاريخ والجغرافيا التي كانت تملئ مكتبة أبي، وكانت أسعد أوقاتي هو عندما أتصفح كتاب أطلس كبير بصور جميلة عن مناطق الأنهار وتضاريس الجبال والتلال وأسماء البحار والملابس المختلفة لسكان هذه البلد الجميلة، أما أكثر الأشياء التي كانت دهشتني وما زالت حتى الآن فهو سور الصين العظيم، أحد عجائب الدنيا السبعة - بطوله الذي يصل إلى 6.700 كيلومترا وعمر يصل إلى أكثر من أربعة عشر قرنا وكنت عندما أقرأ في دائرة المعارف عن هذه العجائب أشعر بالفخر الشديد لأن مصر أيضا بها أقدم العجائب وهو هرم خوفو وظلت لدي رغبة ملحة لزيارة الصين وسورها العظيم ويبدو أن اهتمامي بهذا البناء التاريخى الضخم جعلني فيما بعد أتجه لدراسة الأثار وخاصة الآثار المصرية والإتجاه لعقد المقارنات بين كل من الحضارتيين، بدءا من إنسان بكين القديم ثم الإمبراطور الأول في القرن الثالث حتى أسرة مينغ في القرن الرابع عشر الميلادى. لقد إشتد الولع بى لمعرفة الكثير عن آثار الصين عندما أعلنت الصحافة عن إكتشاف مقبرة الإمبراطور الأول "كين شي هوانج في عام 1974 وإكتشاف جيش ضخم من التماثيل المصنوعة من التراكوتا والعديد من العتاد وتمنيت من كل قلبي أن أشارك الزملاء الصينيين في أعمال الحفائر التي يقومون بها. وأصبحت أتابع بشغف أخبار الاكتشافات التي كانت تتم في الصين وذلك عن طريق الأفلام التسجلية والوثائقية وأيضا ما ينشر على صفحات مجلة الناشونال جيوجرافيك ومن بينها اكتشافات مومياوات التي ترجع إلى الفترة ما بين 1800 إلى 200 ق.م والتي في حالة جيدة من الحفظ تعتبر إثراءا علميا كبيرا لتاريخ شمال غرب الصين.

1. أول لقاء مع الصينيين

عندما كنت أدرس للحصول على شهادة الدكتوراه من جامعة فيينا في عام 1983 وكنت أقيم في بيت للطلبة وهناك تعرفت على مجموعة كبيرة من الطلبة جاءوا في بعثة دراسية من الصين وكانوا جميعا يقيمون في طابق خصص لهم، ولم يختلطوا بأحد من الطلبة الآخرين رغم اشتراكنا جميعا في مطبخ كبير كان يجمعنا معهم، وكم تمنيت أن أتحدث معهم ولكنهم كانوا مغلقيين على أنفسهم ولم يختلطوا ببقية الطلبة إطلاقا وقد حزنت لذلك ولكني احترمت رغبتهم! كان الطلبة الآخرون يقولون أنهم ممنعون من الحديث معنا وأن الصين محكومة بيد من حديد، تعجبت لذلك فنحن في مصر تربطنا علاقة حميمة مع الصين منذ عصر كل من جمال عبد الناصر

وتشو أن لاي. وبعد مرور أكثر من عشرين عاما على أول لقاء لي مع صينيين في فيينا وبعد أن تقلدت منصب مدير عام المتحف المصري بالقاهرة جاء أول وفد رسمي صيني لزيارة المتحف وقد سعدت جدا بهذا اللقاء، فقد كان الوفد يضم مجموعة من مسؤلي وزارة الثقافة وكانوا على درجة كبيرة جدا من اللطف، وشعرت من أول لقاء أن هناك صفات كثيرة مشتركة بين الشعبيين وعلى رأسها خفة الروح وعدم التكلف والشعور بالثقة بالنفس لأن الشعبيين المصري والصيني أصحاب حضارات عظيمة. وكان هناك منذ اللحظة الأولى حوار مشترك وإحساس بضرورة التواصل والتعاون المشترك بيننا. وقد أهداني الوفد بعض الكتب عن الصين وآثارها باللغة الإنجليزية ولكن أيضا الصينية وتحدثنا عن الكتابة الصينية وما هو الاختلاف بينها وبين الكتابة الكورية واليابانية، حيث أن هذه الكتابات الثلاثة تبدوا متشابهة لنا وقد تعلمت لأول مرة كيف أكتب اسمي بهذه الكتابة الفنية الجميلة. تعاقبت زيارات الوفود المختلفة وخاصة المسؤوليين عن المتاحف والمعارض من أنحاء الصين وكنت دائما أسعد بهذه الزيارات التي تعلمت منها الكثير عن تاريخ الصين ومواقعها الأثرية ومتاحفها المنتشرة في مختلف المقاطعات، وجاء على قمة هذه الزيارات التي لن أنساها أبدا زيارة السيد رئيس وزراء الصين للمتحف المصري الذي استقبلته أمام المتحف وقد لفت نظري البساطة الشديدة التي يتحلى بها السيد رئيس الوزراء والوفد المرافق له حتى أن المسؤولوا عن تأمين الزيارة كانوا مريحيين للغاية على عكس معظم الزيارات الرسمية التي أتت إلى المتحف والتي كان التنظيم الأمني لها مبالغ فيه للغاية حتى أن بعضهم كان يطلب إخلاء المتحف من الزائرين والعاملين وكنت أرفض ذلك بشدة لأن السائح القادم لمصر من بلاد العالم المختلفة له نفس الحق في زيارة المتحف وخاصة أن معظمهم جاؤوا ببرنامج زيارة مسبق ولا يستطيعوا أن يؤجلوا زيارتهم للمتحف أو إختصارها. لم يطلب المسؤولون عن الزيارة إخلاء المتحف ولم يضعوا لنا شروط خاصة بالزيارة. قال لي السيد رئيس الوزراء عندما دخلنا المتحف ورأى البهو الكبير الذي يحتوى على التماثيل العملاقة مثل تمثالي الملك أمنحتب الثالث وزوجته الملكة تى، أنه سعيد بزيارة هذا المتحف الجميل ذو الشهرة العالمية الكبيرة و قد بدأنا الزيارة بمشاهدة قسم آثار عصور ما قبل التاريخ وبداية الأسرات والذي تتوسطه لوحة الملك نعرمر المعروفة بلوحة التوحيد ثم إتجهنا إلى آثار عصر الأهرامات.

و مشاهدة التمثال الرائع للملك زوسر وقد أخبرت السيد رئيس الوزراء بأن الملك زوسر هو أول من شيد بناء من الحجر على شكل هرمى في تاريخ البشرية وان هرمه المدرج في سقارة يعد أقدم ناطحة سحاب في العالم. رأيت الاهتمام الشديد على وجهه و استكملنا الجولة حتى وصلنا إلى قاعة إخناتون والذي عاش في الفترة من 1351 – 1335 قبل الميلاد وكانت لتعاليمة الدينية تأثيرا كبيرا في فكر إنسان الشرق الأوسط القديم وإنني شخصيا أعتبره أقدم فيلسوف عرفته البشرية، ولأن تابوت الملك إخناتون يتوسط القاعة ويلفت النظر لكون معظمه من البلكس جلاس فقد لفت أنظار الزائر الكبير والمرافقيين له و كانت فرصة جيدة للتحدث عن مجهودات مصر في استرداد آثارها التي سرقت منها عبر السنين وأن هذا التابوت قد عثر عليه في مدينة ميونخ الألمانية بعد سنوات طويلة من إختفائه من المتحف المصري في الثمانينيات من القرن الماضي، وقد قام الألمان بترميمه ترميما حديثا واستخدموا الزجاج للتفرقة ما بين القديم والحديث وقد نجحت مصر في استرداده وقد رأيت أن أضعه في وسط القاعة حتى يكون دليلا جيدا على سعى مصر لاسترداد آثارها وخاصة أننى عرفت أن الصين تتبع أيضا نفس سياسة المطالبة بآثارها التي نهبت منها على مرور العصور. وقفنا كثيرا أمام تمثال الملك رمسيس الثاني المصنوع من الجرانيت الأسود على هيئة طفل يحميه الصقر حورون الضخم وأوضحت أن هذا التمثال الفريد يجسم اسم رمسيس الثاني في الكتابة الهيوغليفية.

كانت مجموعة الملك الصغير توت عنخ أمون التي تشغل الجزء الشرقي والشمالي من الدور الثاني بالمتحف بآثارها المتعددة من مقاصير ضخمة وعربات حربية وأثاث جنائزي وحلي لها تأثيرا كبيرا على الزائرين وخاصة قناع

الملك توت عنخ أمون والذي يعتبر نجم المتحف وتوابيته المذهبة والذهبية.

إتجهنا إلى قاعة المومياوات الملكية وكان الحديث عن فن التحنيط عند قدماء المصريين والفرق بين المومياوات المصرية والصينية خاصة أن بعض منها يرجع إلى نفس الفترة الزمنية للمومياوات المصرية!

استمتعت بشكل كبير بزيارة السيد ون، حيث كان اهتمامه الواضح بالحضارة المصرية وأسئلته الشديدة الدقة. كان مهتما بمعرفة الكثير من التفاصيل. كان يسعدني دائما أن أرى اهتمام من يزور المتحف المصري من رؤساء الجمهوريات و الملوك بمحتويات المتحف، وقد كان اهتمام السيد ون يفوق الجميع ومازلت أتذكر اهتمامه بالقطع الآثرية المصنوعة من المعادن وخاصة النحاس والبرونز وسؤاله عن عمرها وكيف استطاع المصري القديم في ذلك الزمن البعيد تشكيلها بهذه الدقة الفائقة. تركت زيارة السيد رئيس الوزراء أثرا كبيرا في نفسي وعندما عدت إلى المنزل قصصت على زوجي وأولادي ما رأيته من رئيس الوزراء من علمه وتواضعه وابتسامه الدائمة التي تعلو وجهه الهادئة ومازلت أقص على أصدقائي في كل بلد أزورها ويأتي ذكر الصين أو نشاهد الآخبار معا و نرى السيد ون على شاشة التلفزيون، أنه بالنسبة لي مثال رائع للحاكم الذي أتمنى أن يكون لنا مثله في الشرق الأوسط، فهو يقود بلد ذات عدد هائل من السكان إلى النمو والتقدم والازدهار بشكل جعل العالم كله ينظر إلى الصين بكل تقدير واحترام وبأنها ستقود العالم إذا استمرت على هذا النوع من التقدم في كل المجالات! توثقت العلاقات بيني وبين المركز الثقافي الصيني وأصبحت أستقبل جميع الزيارات الرسمية و كان منهم من يريد التعرف على أساليب الترميم المختلفة التي يستخدمها المتحف وكنا نذهب معا إلى معمل الترميم ويقوم المرممون المصريون بشرح أعمالهم في ترميم الأنواع المختلفة من آثار والمواد التي صنعت بها وأبدى آخرون رغبتهم في التعرف على نظام تسجيل الآثار الذي نتبعه وقاعدة البيانات الخاصة بالمتحف وكنا جميعا نسعد بتبادل الآراء في المجالات الأثرية المختلفة.

واظبت انا و زوجي على حضور الندوات والانشطة الثقافية والفنية المختلفة وخاصة في دار الأوبرا المصرية وفي المركز الثقافي الصيني من حفلات موسيقية وفولكورية وعروض للفرق الشعبية الصينية المختلفة بملابسهم الزاهية الجميلة ورقصاتهم المبهرة وكذلك معارض الصور وخاصة تلك التي تتحدث عن تاريخ العلاقات المصرية الصينية و كنت أستمتع برؤية صور قديمة لإناس أعرفهم مثل صور الدكتور حسن رجب وهو يقدم أوراق اعتماده كسفير لمصر في الصين، وكنت أعرف د. رجب معرفة شخصية وكان دائما ما يقص على قصص شيقة عن أيام عمله في الصين وغيره من الدبلوماسيين المصريين الذين عملوا في الصين وعادوا إلى مصر بذكريات رائعة عن هذه البلد الجميلة وأهلها الطيبين. وكان المكتب الثقافي يشاركنا دائما في احتفالاتنا بالمتحف المصري في المناسبات المختلفة من افتتاح المعارض الدورية و افتتاح متحف الطفل وأيضا احتفالاتنا السنوية باختتام مواسم التربية المتحفية للمكفوفيين والتي كانت تقام بدار الأوبرا ويقوم المكفوفون وضعاف البصر بأداء أدوار مسرحية من الأدب المصر القديم والعزف في أوركسترا كبير كله من الفتيات الكفيفات وكنا كثيرا ما نستضيف فتيات كورال الأسكندرية وهم من الكفيفات للمشاركة بالحفل.

لقد أسعدني كثيرا اختيارى ضمن مجموعة من المسؤوليين المصريين لتسلم جائزة تقديرية يسلمها السيد رئيس الوزراء بنفسه أثناء زيارة أخرى له لمصر وذلك في المركز الثقافي، وكانت لحظات مؤثرة حينما تسلمت الجائزة منه وتبادلت الحديث معه عن زيارته للمتحف المصري.

2.أول تجربة مع آثار الصين

شاء لي الحظ أن أشاهد معرضا عن الإمبراطور الأول في مدينة أطلنطا بولاية جورجيا الأمريكية حيث كنت رئيسة لوفد مصري لافتتاح معرض الملك توت عنخ أمون في ذات المدينة وقد علمت بالمعرض الصيني أثناء جلوسي بالطائرة حيث كان هناك إعلانا في جريدة الخطوط الجوية الأمريكية عن المعرضيين في صفحة واحدة في صورتين متقابلتين تحت

عنوان الفرعون الذهبي والإمبراطور الأول ولهذا كانت أول رغباتي بعد قيامي بافتتاح المعرض المصري أن أزور المعرض الصيني الذي كان معدا إعدادا جيدا ومزودا بالمعلومات الشيقة عن ضريح الإمبراطورا لصيني الأول كين شين هوانج، من القرن الثالث قبل الميلاد في مدينة شيان والذي عثر عليه عن طريق الصدفة في 29 مارس 1974 بواسطة بعض المزارعيين في قرية شى يانج وقد استقبلتنا أمينة المتحف وشرحت لنا محتوياته المكونة من تماثيل من التراكوتا وعربة حربية وبعض الآدوات التي عثر عليها بالمقبرة وقد عرفت منها أن الإمبراطور الأول أمر أن يتم عمل جيش من الفخار\التراكوتا مكون من عدد ضخم من تماثيل الجنود والفرسان على ألا تتشابه ملامح أي جندى مع آخر! كانت المعلومات تتحدث 700.000 فنان قاموا بتشكيل هذه التماثيل التي تتميز بدقة الملامح وزخارف الملابس والتي من الواضح أنها كانت ملونة وأن عملية التشكيل في الفخار كان يتبعها حرق التماثيل في أفران ضخمة ذات حرارة عالية جدا تبلغ أكثر من ألف درجة، وقد سرحت بخيالي في هذا الكم الهائل من البشر وهم يعملون بجدية فائقة ويتحملون درجات الحرارة العالية المنبعثة من الآفران، وتخيلت أيضا فنانيين قاموا بتشكيل تماثيل رائعة ووضعوا فيها كل موهبتهم ثم وضعت التماثيل في الفرن فانكسرت وضاع كل مجهود الفنان الذي وبلا شك قد أصابة حزنا شديدا لذلك ولكنه لم ييأس وقام بعمل تماثيل جديدة، وكانت الفكرة هنا هي عقيدة الصيني القديم وإيمانه بالحياه بعد الموت وقد تشابه ذلك مع فكر المصري القديم، فكل هؤلاء الفنانون والمهندسون قاموا بالمشاركة في عمل ضريح الإمبراطور إيمانا منهم بأن الأمبراطور سوف تكون له حياة جديدة في العالم الآخر وأنه يجب أن تكون له إمبراطورية وجيش كبير في عالم ما بعد الموت، وهذا ما نراه أيضا في الفكر المصري القديم – ومقارنة بسيطة بين مقبرة الإمبراطور الأول و مقبرة الفرعون الذهبي توت عنخ أمون تؤكد لنا هذه الفكرة – حيث نجد أنه وعلى الرغم من صغر حجم مقبرة توت عنخ أمون، إلا أنها إحتوت على كل ما يتمناه ويحتاجه في العالم الآخر من عربات حربية وأثاث جنائزي وتماثيل الخدم المجيبة والمعروفة باسم الأوشابتي وغير ذلك من قطع وأدوات الحياة اليومية التي يحتاجها في العالم الآخر وأن الحضارتين المصرية والصينية لم تعرف التضحية البشرية كان في بعض الحضارات القديمة وإنما كانوا يضعون تماثيل تُقرء عليها بعض التعاويذ فتصبح نشطة في العالم الآخر وتقوم بآداء الأعمال الموكلة إليها، كذلك عندما أفكر في العدد الهائل من العمال والبنائين الذين اشتركوا في بناء الهرم الأكبر أو الأهرامات بشكل عام وذلك تخليدا لذكرى الفرعون ولضمان حياة أمنه في العالم الآخر عندما يتحد مع الألهه فإنني أرى تشابه بين ذلك وبين مقبرة الإمبراطور الأول! قصت علينا أمينة المتحف أن المؤرخ الصينى الشهير قد ذكر أن الإمبراطور الأول أمر بحفر أنهار وصل عددها إلى مائة نهر وضع بها الزئبق لتحيط بمجموعته الجنائزية وذلك لحفظها من الدمار وأنه وبالفعل قد تم العثور على نسب من الزئبق أثناء أعمال الحفائر في المنطقة المحيطة بمقبرة الإمبراطور! شعرت أن هذا الإمبراطور الذي وحد اللغة المكتوبة والمقاييس والمكاييل وكون هذه الإمبراطورية المترامية الأطراف هو شخصية أسطوريه لكل ما قام به من إنجازات خارقة في هذا الزمن البعيد وتطلعت بشدة لزيارة شيان ومشاهدة آثارها على الطبيعة، وجاء اليوم الذي أسعدني كثيرا حين تلقيت دعوة رسمية لي ولزوجي من المركز الثقافي لسفارة الصين بالقاهره لزيارة الصين – ذلك البلد الذي طالما حلمت بزيارته.

إخترت أن يكون السفر إلى الصين في عطلة عيد الأضحى حتى لاتعطل أعمال التطوير التي كنت أقوم بها بالمتحف المصري والتي كنت أفضل أن أشرف عليها بنفسي. تزامنت عطلة العيد في ذلك العام مع الأسبوع الثاني من شهر ديسمبر، وقد أمدنى المستشار الثقافي بالمعلومات الازمة والمفيدة عن المناطق التي سأزورها والمسوئوليين الذين سأقابلهم وأخبرني بأن الطقس سوف يكون شديد البرودة وخاصة في بكين وشيان وقد تصل درجات الحرارة إلى سبع أو ثمان درجات تحت الصفر، فأخبرته بأننا تعودنا على الجو البارد أثناء دراستنا في النمسا وألمانيا وكنت مقتنعة بأننا لن نتأثر بالبرد الشديد حيث لدينا ملابس ثقيلة دافئة نستعملها عند

يكون الجو أكثر برودة مما تعودنا عليه في أسفارنا السابقه وإستعددنا للسفر وأمضى زوجي معظم وقته في الإطلاع على الكتب التي لها علاقة بالطب الصيني القديم، فقد كان يعد دراسة موسعة عن الطب عند الفراعنة ومقارنة ذلك بفنون الطب عند الحضارات القديمة و قد عقد العزم على تخصيص فصل في كتابة عن الطب في الصين و العلاج بالأعشاب، فقد آثار فن الطب في الصين القديمة اهتمامنا أنا وزوجي دائما حيث أنه يبحث في علوم الطب القديم والتداوى بلأعشاب وأنا كان باحثة أثار أسعى لمعرفة الكثير عن علوم الحضارات القديمة وقد أشتهر الصينيون القدماء وأيضا في العصور الحديثة ببراعتهم في استخدام الطب البديل والعلاج بالأعشاب والنباتات الطبية، الذي أخذ عنهم وأصبح يمارس في بلاد كثيرة بأنحاء العالم وكيف أن الطب المصري القديم قد توقف تقريبا بعد عصور الفراعنة في حين استمر الطب الصيني خلال العصور التاريخية المختلفة حتى يومنا هذا وكيف أن الطب في العصور القديمة سواء في مصر أو في الصين كان يعتمد بجانب العلم إلى الروحانيات وربط ذلك بالفلك.

3. زيارة الصين

كانت الطائرة التي أقلتنا إلى سيول عاصمة كوريا الجنوبية مريحة للغاية، رغم طول المسافة وكانت هذه هى المرة الأولى التي نتجه فيها إلى الشرق الأقصى حيث كان سفرنا دائما إلى بلاد أوروبا وأمريكا- كانت الرؤيا واضحة من الطائرة وكنت أستطيع رؤية البلدان التي نحلق فوقها ورأيت جبال الهملايا بقممها المغطاة بالثلوج مما زاد من متعة السفر وقد لاحظت بعد وصولنا إلى سيول أن التليفون المحمول قد أستقبل رسائل ترحيب بالوصول من كل بلد كانت الطائرة تحلق فوقها حتى كازاخستان، فأصبح لدى فكرة عن الدول التي تقع على خط الطيران ما بين مصر والصين. بعد قضاء بعض الوقت (ترانزيت) في مطار سيول أستقلينا طائرة للخطوط الجوية الصينيه إلى بكين و كان طاقم الطائره غاية في اللطف و كذلك العاملون في مطار بكين و خاصة عند إنهاء إجراءات الدخول. وجدنا فتاة رقيقة تتحدث الإنجليزية بطلاقة في

إنتظارنا. أخبرتنا الفتاة أنها سترافقنا طوال رحلتنا لتسهيل برنامج الزيارة الذي كان معد بدقة شديدة. لاحظنا ونحن في طريقنا إلى الفندق الشوارع الفسيحة النظيفة والتنظيم المروري المدهش حتى أننا لم نشعر بالكثافة السكانية المشهورة عن الصين وأعجبت كثيرا بالتناسق الكبير في الإعلانات التي تعلوا المباني والمكتوبة جميعها بالكتابة الصينية الجميلة وإضائتها باللون الأحمر أو الأبيض في تناسق بديع مريح للعين. وصلنا إلى الفندق الفخم الذي تم حجز غرفة لنا به، وهو فندق ضخم يفوق فنادق أوروبا و أمريكا الشمالية في فخامته ويقع في وسط المدينة وأعطتنا مرافقتنا برنامج الزيارة ومواعيد المقابلات مع المسؤوليين والزيارات للمناطق السياحية والمتاحف – ورغم طول مسافة السفر وفرق الوقت الكبير، فقد استيقظنا في موعدنا للذهاب للقاء المسؤوليين عن المعارض والمتاحف بوزارة الثقافة الصينية ووجدناهم في انتظارنا واستقبلونا بترحاب كبير وقدموا لنا هدايا كانت تحتوى على مفاجئة لنا فقد كانت الهدايا عبارة عن ملابس شتوية دافئة لتحمينا من قسوة البرد الشديد. كانت فكرتهم أننا قادمون من مصر بلد الدفئ وأننا على الرغم من إحضارنا معاطف ثقيلة معنا لن نتحمل شدة البرودة التي قد تتسبب في تعطيلنا عن القيام بالزيارات التي نظموها لنا أو قد نصاب بالأنفلونزا ونمرض ونلازم الفراش، وبالفعل فقد أنقذتنا المعاطف الصينية من البرد القارس شديد القسوة الذي لم نتوقعه، وعرفنا سر نجاح الصينيين، فهم يفكرون بدقة في كل شيئ ولايتركون شيئا للمصادفة ولهذا أهدوا لنا المعاطف وبالتأكيد كانوا قد إستفسروا عن أحجامنا من السفارة. كان هؤلاء المسؤولون مثل جميع المسؤوليين الذين قابلناهم في مصر وفي الصين غاية في اللطف والكرم وشعرنا بالألفة معهم منذ الحظة الأولى وضحكنا كثيرا عندما إرتديت المعطف الخاص بى وكان ضيقا جدا، أما زوجى فقد جاء معطفه مناسبا تماما وكأنهم حصلوا على رقم مقاسة مسبقا وأما معطفي فكان أكبر مقاس وجدوه وقد بذلوا مجهودا كبيرا للحصول عليه وكان من الواضح أن المقاسات الصينية لا تعرف المقاسات الكبيرة مثل مقاسى ومع ذلك أصروا في نفس اليوم على العثور على المقاس المناسب وفي المساء جائت المرافقة بالمقاس المناسب ووجدتنى أتذكر ذلك الحدث اللطيف الأن وإبتسمت وأنا أتذكر رحلتنا الجميلة للصين. كان اللقاء مثمرا للغاية حيث تناقشنا في وسائل التعاون الثقافي المشترك وضرورة تنظيم وتبادل المعارض وأيضا تطرقنا إلى موضوع هام جدا وهوضرورة عقد إتفاقية مشتركة بين البلدين لحماية الآثار تنص على أنه إذا ظهرت أثار مهربة أو مسروقة في إحدى البلدين تخص البلد الآخر فعلى كل بلد أن تسعى لإعادتها للبلد صاحب هذه الآثار ومنع الإتجار بلآثار، وقد قمت بعقد إتفاقيات مشابهة مع بعض دول أمريكا الاتينية. فالصين مثل مصر بلد مليئ بلآثار مما يغرى كثير من تجار الآثار محاولة الحصول على قطع أثرية بطرق غير مشروعة وبيعها لهواة جمع الآثار من الإثرياء في أنحاء مختلفة من العالم مما يشكل خطرا على تاريخ البلاد، لأن خروج الآثر من بيئته الطبيعية إلى المجموعات الخاصة للهواة الذين يحتفظون بها في منازلهم قد يتسبب في حدوث فجوات تاريخية للبلاد التي خرجت منها، حيث أن هناك آثار هامة تضيف إلى حقبة تاريخية أوتغير في أحداث هذه الحقبة وإذا فقدت هذه الآثار ببيعها لأشخاص لا يعرفون مصدرها أو تاريخها فإن الخسارة تصبح كبيرة بلإضافة إلى فقدان القيمة الفنية والحضارية لها. ومازال المجال مفتوح أمام عقد مثل هذه الإتفاقية بين مصر والصين وأحبذ أن يتم توقيع مثل هذه الاتفاقيات بين الصين وبقية دول العالم وخاصة دول العالم الغربى ودول الخليج العربى حيث الرغبة الكبيرة في اقتناء قطع أثرية من الصين.

لقد تضمن البرنامج زيارة المدينة المحرمة\الممنوعة في بكين ثم السفر إلى شيان لزيارة قبر الإمبراطور الأول والمتحف ثم السفر إلى شنغهاي لزيارة المتحف الجديد، وعندما لاحظت أن البرنامج لا يحتوى على زيارة السور العظيم، أعربت عن رغبتى في رؤيته، فقد كان هوالحلم الذي لازمني منذ الصغر وتمنيت تحقيقه دائما، وعلى الرغم من ضيق الوقت إلا أن القائميين على تنظيم الزياره قاموا بتخصيص وقت لزيارته بعد زيارة المدينه المحرمه التي ذهبنا إليها بعد إجتماعنا الذي كان مفيدا جدا. كان البرد قارسا رغم المعاطف الصينيه حتى أننا لم نستطيع التحث لتجمد أفواهنا من شدة البرد

حيث كانت درجات الحراره تصل إلى سبعه تحت الصفر ولم يحدث لي في حياتي أن شعرت بقسوة البرد مثلما شعرت به في المدينة المحرمة وأيضا على السور العظيم ومع ذلك كان الهواء نقيا ومنعشا والمكان التاريخى ساحرا. إستقبلتنا مسؤولة المتحف وقامت بشرحه لنا وأيضا تاريخ المدينة المحرمة التي كانت مقر إقامة الأباطرة الصينيين القدماء من أسرتي منج وتشينج وتضم قصورهم، وهى أكبر مجموعة من القصور القديمة بالصين وقد علمنا أن القصر الإمبراطورى الرئيسى يضم حوالى مليون قطعة من التحف الفنية النادرة. ورغم برودة الجوالشديدة فإننا كنا سعداء بزيارة عدد من القصور ورأينا المساحات الخضراء الشاسعة التي تحيط بالمدينة والمتنزهات والبحيرات وشاهدنا كذلك بوابة السلام السماوى وميدان تيانانمن الكبير ومبنى البرلمان (قاعة الشعب). إستفدت كثيرا من زيارتي للمدينة المحرمة حيث النظام الشديد وإستخلصت أفكارا جديدة لتنفيذها بالمتحف المصري مثل العلامات الإرشادية وإشارات عدم الجلوس على المساحات الخضراء وعدم التدخين وعدم لمس الآثار، فعلى الرغم من وضعى تعليمات مكتوبة بالممنوعات ومعلقة داخل المتحف وخارجة بلغات مختلفة إلا أن الإشارات المرسومة أوقع ولاتدع فرصة لأحد أن يقول أنه لايعرف اللغات المكتوب بها التعليمات وقد إستأذنت في تصوير هذه العلامات وأيضا صناديق المهملات لأريها للمسؤوليين في المجلس الأعلى للآثار لتنفيذ مثلها بالمتاحف والمناطق الأثرية.

لم أصدق نفسى وأنا أقف أمام السور العظيم وأصعد فوقه وأرى إمتداده الكبير على قمم الهضاب وكأنه موجة كبيرة عالية تظهر بشموخ وهى تقطع السهول الخضراء. لقد قرأت الكثير عن السور وتاريخه وشاهدت الأفلام الوثائقية الكثيرة عنه ولكن كل هذا شيئ والوقوف فوق السور شيئ آخر. لم نستطيع أن نبقى كثيرا عند السور العظيم، فقد كانت الطائرة في انتظارنا للسفر إلى شيان وكان علينا اللحاق بها.

سافرنا بالطائرة من بكين إلى مقاطعة شنش شمال غرب الصين لمشاهدة قبر الإمبراطور كين شين هوانج في شيان رأينا الهرم الترابى الذي يبلغ إرتفاعه 76 مترا ومساحته 350 مترا وكأن الصينيون في ذلك الزمان قد جاءوا إلى مصر (كتجار مثلا!) ورأوا أهراماتها وتأثروا بها! ولكن على الأرجح أن الشكل الهرمى بشكل عام أثر في حضارات قديمة كثيرة لأنه يشكل إرتباطا ما بين الأرض والسماء – عالم البشر وعالم الآلهه، وهو ما نراه أيضا عند شعوب المايا في المكسيك وجواتيمالا والإنكا التي تكونت حضارتها على سفوح جبال الإنديز وخاصة في بيرووتشيلى وغيرهما من الدول الواقعه في غرب أمريكا الاتينيه وأستخدامهم الشكل الهرمى بكثرة وإن كان أستخدامه قد إختلف عن أهرامات مصر وهرم الإمبراطور الأول في أنها ليست مقابر وإنما بنيت لتكون معابد تقدم عليها الأضحية البشرية من أطفال وعبيد وأسرى الحروب تقربا للآلهة!

لقد إنبهرت إنبهارا شديدا عندما أصبحت وجها لوجه مع تماثيل التراكوتا المتعددة فقد لاحظت بالفعل إختلاف ملامح كل جندى في هذا العدد الضخم من التماثيل التي وصل عددها إلى 8.000 مقاتل وهو العدد الذي كشف عنه حتى الآن ورأيت المناطق المجاورة التي مازالت مليئة بهذه الجنود وخيولها -

حسب قول العلماء ورأيت أيضا عددا من العربات الحربية وقد عرفت أنه تم العثور على عدد 30 عربة حتى الأن وأيضا 670 حصانا كلها من الفخار! أعترف بأننى على إقتناع كامل لما قاله لنا مرافقنا بأن المقبرة هى العجيبة الثامنة من عجائب الدنيا وسعدت بأنها أدرجت في قائمة اليونسكو للتراث العالمى. وتمنيت أن أشترك مع زملائى الصينين المسؤلون عن متحف شيان والمسؤولون عن المعارض بوزارة الثقافة الصينية أن ننظم معرضا عن الإمبراطور الأول بالمتحف المصري بالقاهرة وأنا على ثقة كبيرة بنجاحه على المستوى المحلى والعالمي حيث كان يفد إلى المتحف المصري وقبل قيام ثورة 25 يناير عشرة الآف زائر في اليوم الواحد.

انبهرنا انبهارا شديدا بآثار شيان ومتحفها الفريد وأرضيته الزجاجية. ولفت نظرى استخدام الأجهزة السمعية لشرح المتحف باللغات المختلفة وأيضا الركن المخصص في مدخل المتحف للمكتبة السمعية وهومالم أراه في أي متحف زرته على مستوى العالم. لم نكتفي بزيارة المنطقة الأثرية بل قبلنا الدعوة لزيارة معهد الآثار ورؤية القطع الأثرية والتماثيل الفخرية التي تخضع للدراسة والترميم وقد أهدانى مدير المتحف هدية جميلة عبارة عن أدوات العمل في حقل الآثار وقد سعدت بها جدا لأنني عملت في حقل الآثار وكان لي تجارب كثيرة في عمل الحفائر الأثرية في الجيزة وسقارة والأقصر ومازال هناك منطقة أثرية أسعى لعمل حفائر بها في جنوب معابد الكرنك. نسينا أنفسنا في شيان، ولكن مرافقتنا نبهتنا إلى موعد الطائره التي ستنقلنا إلى شنغهاي وكان موعد إقلاعها قد إقترب وبالفعل كدنا ألا نلحق الطائره فقد وصلنا إلى المطار في اللحظة الأخيرة ولولا براعة المرافقة في التعامل مع الموقف بهدوء شديد لبقينا في المطار وضاع منا وقت كبير نحتاجه في زيارة المدينة الجميلة – شنغهاي.

في شنغهاي شعرنا أننا إنتقلنا إلى عالم سحرى مبهر- الأضواء في كل مكان والمتنزهات مليئه بإناس من جميع الأعمار يؤدون التدريبات الرياضيه على أنغام الموسيقى وكان الفندق الذي نقيم فيه يطل على متنزه كبير فرأيت مجموعة كبيرة في الصباح الباكر يمارسون الرياضه وقد أعجبتني الفكرة وتمنيت أن نستطيع تنفيذها في مصر حيث لاتتاح الفرصه إلا للأغنياء أعضاء النوادى الرياضيه الخاصه بعمل مثل هذه التدريبات أما بقية الشعب فهومحروم منها رغم أهميتها. كان برنامج الزيارة في شنغهاي يشتمل على زيارة المتحف وكان في إنتظارنا السيد مدير المتحف الذي رحب كثيرا بنا وأهدانا كتالوجات فاخرة عن المتحف ومجموعاته المختلفة من نسيج ومخطوطات وأوانى الطعام المصنوعة من المواد المختلفة ومجموعة من البورسلين النادر وتماثيل من التراكوتا وغير ذلك من أثار الصين الرائعة وقد أعجبت كثيرا بالمتحف وطرق العرض الحديثة وبطاقات الشرح وأكثر الأشياء التي أعجبتنى كانت إضاءة المنسوجات والمخطوطات حيث تضاء الفتارين فقط عندما نقترب منها وتطفئ بعد الإبتعاد عنها وذلك لتقليل شدة الإضاءة على هذه القطع المصنوعة من مواد عضوية للحفاظ عليها وعلى ألوانها من شدة الإضاءة. كان واضحا ما بذلته الحكومة الصينية من

مجهود ومال لجعل هذا المتحف منافسا لأكبر المتاحف العالمية المشهورة، وقد رأيت قاعة المحاضرات الضخمه بالمتحف حيث إجتمع بها عدد ضخم من المتخصصين في عالم المتاحف وذلك من خلال إنعقاد مؤتمر عن إدارة المتاحف تصادف تنظيمه في نفس وقت زيارتي للمتحف فكان لي نصيب في حضور بعض المحاضرات الهامة التي ألقاها خبراء عالميين. وبعد إنتهاء الزياره داخل المتحف شاهدت بيت الهدايا الخاص به وقد أعجبت بمستوى المعروضات المنتقاة بذوق رفيع ورقى تام وقد قمت بشراء بعض المنتجات لأتذكر هذا المتحف الجميل ومحل هداياه الراقى. فمن بجولة في المدينة الجميلة وشاهدنا المولات التجارية الضخمة والمنتجات التي تباع فيها والتي تضارع بيوت الأزياء العالمية، ثم إتجهنا إلى محل مشهور بالشاي. لم أرى في حياتى من قبل هذا التنوع الهائل من الشايات وقد كان زوجى في غاية السعادة لمشاهدة هذه الأنواع المختلفة والتعرف على إستخداماتها وخاصة الطبية منها وإستمتعنا بشرب نوع من الشاى ذو مذاق خاص مازلنا نستشعر طعمه في فمنا كلما تذكرناه! عدنا إلى مصر نحمل ذكريات جميلة عن شعب كريم وبلد جميل وطبيعة خلابة ومعالم تاريخية هامة.

4. إخناتون في الصين

جاء عام 2010 وجاء معه معرض إكسبو شنغهاي وحضر إلى مصر وفد من متحف شنغهاي يطلب إقامة معرض بمناسبة الإكسبو وقد سعدنا بهذا الطلب وبدأنا في مناقشة تفاصيل تنظيمه وفي نفس الوقت تقدمت هيئة المعارض المصريه بنفس الطلب فطلبت منهم الإتفاق مع المسؤوليين عن متحف شنغهاي لتوحيد الجهود والإشتراك معا في تنظيم المعرض في الجناح المصري بالإكسبووقررنا في لجنة المعارض بالمجلس الأعلى للآثار أن نرسل للصين قطعا هامة متنوعة في موضوعاتها وأحجامها تعبر عن عمق وعظمة الحضارة المصرية القديمة التي لاحظنا شغف الشعب الصيني بها، كان هدفنا التأكيد على أواصر العلاقات الثقافية الطيبة التي تربط بين البلدين وأيضا دعوة للشعب الصينى لزيارة مصر وآثارها فقد كنا ومازلنا نطمع في زيادة أعداد الأفواج السياحية من الصين إلى مصر. كانت أهم القطع وأكبرها حجما رأس ضخم للملك إخناتون من الحجر الرملى وعمودا من البازلت الأسود متوج برأس الإلهه حتحور ربة الأمومه والجمال ومجموعه من الحلى، ولأننى كنت المسؤله عن تنظيم المعارض الأثرية خارج مصر، فإننى كنت في العادة لا أرى النوم إلا بعد الإطمئنان على وصول القطع الأثرية سليمة إلى مكان عرضها، وقد كنت قلقة جدا هذه المرة لمعرفتى أن هناك الآلاف من المشاركيين بالمعرض الضخم ذو المساحة الشاسعة. وأن المرافقين للمعرض لا يتحدثون الصينية، وبالفعل قد ضل بعضهم الطريق ولكن الآثار أستقبلت إستقبالا جيدا ونقلت إلى مقر المعرض بعناية شديدة وجائني تليفون في منتصف الليل ليبلغنى بوصول الآثار ولكنهم يواجهون مشكلة عرض تمثال إخناتون لضخامته وفي الحال إخترت أفضل المرميين المصريين ذو الخبرة الكبيرة في التعامل مع الآثار

الضخمة خاصة التي من الحجر الرملى للسفر في أسرع وقت إلى شنغهاي وتعاونت السفارة الصينية معنا في إنهاء إجراءات الحصول على تأشيرة السفر إلى الصين وظللت عدة أيام ليلا ونهارا على إتصال بالزملاء في شنغهاي للوصول لإفضل طريقة لعرض القطع الأثرية وتأمينها وقد وصلتنى التقارير بنجاح المعرض وتوافد أعداد كبيرة من الصينين لمشاهدة آثار مصر وقد تعدى عددهم الملايين وكنت سعيدة للغاية بذلك. عاد إخناتون وبقية القطع المرافقة له بسلام وأكد لكل من كان معترضا على سفره أنه كان أفضل سفير لمصر في إكسبوشنغهاي حيث شاركت فيه أعداد كبيرة دول العالم المختلفة وكان المعرض الأثرى المصري من الآشياء الهامة التي شدت إنتباه الزائرين في إكسبو شنغهاي. عاد إخناتون إلى مكانة بالمتحف المصري في إنتظار زيارة الصينين له ولإبنة الملك الذهبى توت عنخ أمون في مصر ورأينا إقبالا سياحيا من الصين.

توثقت العلاقات أكثر وأكثر بالسفارة الصينية وخاصة المكتب الثقافي وكان من أجمل الآمسيات التي حضرتها مؤخرا هوالندوة التي أقامتها السفارة والمركز الثقافي عن ثقافة الطعام عند الصينيين وقد ألقت الأستاذة الدكتوره شين دونج يون، المستشارة الثقافية وبحضور السيد سفير الصين سونج أيقوه وزوجته وعدد من السفراء الموجودين في القاهرة محاضرة قيمة مصحوبة بالصور عن كيف أن الطعام في الصين ثقافة وفلسفة وكانت قد دعت طباخا صينيا لشرح كيفية إعداد الطعام التقليدى وسرحت بأفكارى إلى الوراء وتذكرت موائد الطعام التي دعينا إليها أثناء تواجدنا في الصين وملاحظتنا إستخدام أنواع عديدة من الخضروات والنباتات بجانب اللحوم المختلفة والأسماك، الفاكهة والشاى بأنواعه المتعددة وعدم المبالغة في استخدام الزيوت أوالدهون فكان طعاما صحيا مائة في المائة إذا ما قورن بأطعمة الدول الغربية خاصة أمريكا التي تشتهر بالأطعمة السريعة الدسمة والتي هى السبب الرئيسى في انتشار ما نطلق عليه أمراض العصر وللأسف فإن دولنا في منطقة الشرق الأوسط لم تتنبه لخطورة هذه الأغذية السريعة وخاصة على الأطفال الذين ظهرت عليهم علامات السمنة بشكل غير طبيعي! أعجبتنى الندوة وتعلمت منها الكثير وخرجت منها بنتيجة لها علاقه بالمثل المصري: من جد وجد - فقد إجتهد الصينيون وأخلصوا في جميع أعمالهم فكان نصيبهم النجاح في جميع المجالات.

لقد تأثرت أنا وزوجي وأولادى بالحضارة الصينية وفلسفتها وحظى المعلم والفيلسوف كونفيشيوس وتعاليمه وفلسفته بإهتمامنا وخاصة مناداته بسيادة الشعب، وأعتقد أن تعاليمة الآن تستطيع أن تؤثر في الدول التي ثارت شعوبها وخاصة عندما يقول: "إن سلطة الحاكم تكون غير مشروعة مالم تقترن برضى الشعب" وأن "الثوره على الحاكم الذي يستبد بالسلطة أو يسيئ إليها ضرورية" وكأنه يتحدث عن زمننا هذا، زمن ثورات الربيع في العربي! فأهلا بك يا كونفيشيوس في بلادنا حتى تسود العداله بين الناس، وربما يأتي اليوم الذي يتحقق فيه مادعيت إليه ألا وهو إتحاد شعوب العالم جميعا في جمهورية عالمية واحدة!

China and Her Great Civilization

Wafaa El Saddik

I'd been dreaming of becoming a journalist since I was a little girl. That way, I could visit every country of fascination in the world. The first country I visited was China. At every meal, "China" was together with us. We Egyptians used to call porcelains "china". They were the best tableware. My grandmother and my mother were proud of possessing Chinese tableware.

As time went on, I gained a renewed understanding of this beautiful country—she had vast land and complicated and changeable terrain. China, a country with old traditions and habits and home to different nationalities, experienced dramatic changes from south to north, and from east to west. My wish to visit China was progressively stronger. There were a lot of books on history and geography in father's study, which my mother encouraged me to read extensively. It had been absolutely my happiest time. I turned the pages of the picture books on China, on which oceans, rivers, mountains, hills and all kinds of costumes were painted. The Great Wall of China, one of the Seven Wonders of the World with a total length of 6,700km and having been through the vicissitudes of 14 centuries, conferred upon it the power to stir my heart which endures. When I read about the Great Wall, I was spontaneously proud of Egypt and Great Pyramid of Khufu, an ancient wonder. My wish to visit China and the Great Wall was getting more intense. My interest in this great historic building seemed to play a part in devoting myself to the research of cultural relics, especially those of Egypt. My thoughts turned to the comparing of the two cultures. I began from Peking Man, then moved on to the First Emperor of China, Qinshihuang of 300s B.C. and to Ming Dynasty of 1300s A.D. In 1974, the grave of the First Emperor of China, Qinshihuang, together with a tremendous amount of life size Terracotta Warriors, was unearthed. When I learned that from newspaper, my interest in understanding Chinese cultural relics was intensified. I badly yearned to join the rank of my Chinese associates and work together with them to unearth the grave of Qinshihuang. I kept a close eye on news about China on archaeological discoveries through documentaries and National Geographic Magazine, including the discovery of Tarim Mummy ranging from 1800 B.C. to 200 A.D. The Mummy was preserved intact, proved that there had been high technical level of Northwest China in history.

1. First contact with Chinese people

In 1983 I was in the University of Vienna doing my doctoral degree. I lived in the home of the students when I learned that a party of foreign students from China shared a landing instead of living together with students from other countries. We had a communal kitchen. I only wish I could communicate with them, but they kept themselves to themselves, never part of any crowd. I was upset, but I still respected their choice. I was informed that these students were prohibited from talking to us. I was taken by surprise, as Egypt had been keeping a close relationship with China since the era of Gamal Abdel Nasser and Zhou Enlai. More than 20 years had passed when I first made contact with Chinese in Vienna. I am curator of the Egyptian Museum in Cairo. When China sent its first official delegation to visit the museum, I was greatly pleased to meet the friendly delegation members, most of whom were officials of Ministry of Culture of the People's Republic of China. Our first meeting had led me to sense that the people of Egypt and China had many things in common. They were outgoing and open-minded, free and unburdened, and were sure of themselves. Both nations had great civilizations, which made the dialogues, exchanges and cooperation necessary. The delegation gave me books on China and Chinese cultural relics in both Chinese and English editions. I used to think that Chinese, Korean and Japanese were very similar, but not after we talked about Chinese characters. For the first time I learned how to write my name in Chinese—the beautiful, artistic character.

There were quite a few Chinese delegations from then on, many of which were officials responsible for museums and exhibitions all over China. I was very pleased the visits and tours had opened my eyes to a world of Chinese history, cultural relics and historical sites as well as museums in different provinces.

Chinese Premier Wen Jiabao's visit to Egyptian Museum was something I would never forget. When we greeted Wen in front of the Museum, I've noticed that Mr. Premier, the entourage and even the security officials just kept it low. On the contrary, most of the governmental delegations displayed exaggeration in security. Some of them even asked if the visitors and staff could stay out of the museum. I turned down their requests. Tourists from all over the world had as much right to visit the museum as that of the governmental delegations. Especially since most of them had planned their journeys, it was unlikely they would delay or shorten their visits to the museum. The Chinese officials didn't request to empty the museum, nor did they require anything unreasonable.

When we went into the museum, we found, among others, the giant statues of Amenhotep III and Tiy, the Great Royal Wife, in the showroom. Mr. Premier told me that he was pleased to visit this beautiful and internationally renowned museum. Our visit started from prehistoric cultural relics and those of the former dynasties in the showroom. The slab stone sculpture of King Narmer was in the middle, followed by the cultural relics of Pyramid period. When we made our way to the exquisite stone carving of King Zoser, I told Mr. Premier that King Zoser was first ever in human history to build pyramid with stone. His Trapezoidal Pyramid was the oldest "skyscraper" in the world.

There was concentration in Premier Wen's face, as I saw. Our visit was done here in the showroom of Pharaoh Akhenaten, who lived his life in the 14th century B.C. He left his mark on human thoughts in the ancient Middle East with his religious philosophy. Personally, I believed he was the earliest philosopher known to human. The coffin of Pharaoh Akhenaten lying on the center of the showroom, mostly glass, drew the attention of Premier and the entourage. It provided the wonderful opportunity to talk about the efforts Egypt made to get the stolen cultural relics back. The coffin was stolen in the 1980s from Egyptian Museum. We were always on the lookout for it before we found it in Munich, Germany. The Germans had performed an advanced retrieval program on the coffin by separating the ancient part from the modern part with glass. Egypt had got back the coffin. To me, the coffin in the center of the showroom was living proof of Egypt's efforts in getting the cultural relics back. I learned that China was following the policies in getting back lost cultural relics. The black statue of Pharaoh Ramesses II, who spent his boyhood with Guardian Eagle Horus, drew our attention. I related that it was the only statue on which the name of Ramesses II was carved with hieroglyphic.

The exquisite funerary objects unearthed from the tomb of Tutankhamun, the young Pharaoh had taken up the northeast of the second floor of the museum. They included lockers, chariots, furniture etc. The Tutankhamun gold mask, and the gold and gold-plated coffin, in particular, captivated the visitors who gasped in admiration.

We got to the Mummy showroom and talked about the skills involved in the making of the mummy by ancient Egyptians, as well as the differences between Chinese and Egyptian mummies, especially those of the same historical period.

There was something reassuring in Premier Wen's visit of the museum. He attached great importance to the civilization of Egypt, and asked questions with attention to every little detail. The attentions given to Egyptian Museum by world leaders constituted a moment of sheer joy to me, and nobody took it more seriously than Premier Wen. I remembered it to this day how he kept a close eye on the metallic cultural relics, especially those copper and bronze items. He asked about their age and how ancient Egyptians managed to make such exquisite works of art at that early age. The visit of Mr. Premier has had a major impact on me. I related my husband and children what I knew about Premier Wen, his erudition, his modesty, and the smile that always adorned his kind face... I started talking about China to my friends. Together, we focused on China and the figure of the Premier on screen. I believed that he was a model leader. I wished we could have a leader like him one day in the Middle East. Under his leadership, China, with a large population, would move towards development, progress and prosperity. The world would fix its attention on China with admiration and respect. If the momentum of development went on in every field, China would be ahead of the world.

I was very close to the Chinese Cultural Center in Cairo and I entertained all their visiting officials. When they wanted to understand how Egyptian Museum managed to retrieve the antiquities, I showed them round the retrieve workshop where the staff of cultural relics retrieve, explained to them how cultural relics of different kinds were retrieved and the materials needed. Still there were some who wanted to understand our system for cultural relics' registration and Museum database. We would be glad to exchange views within the area of antiquities.

My husband and I were often found in various culture and arts events and seminars. Cairo Opera House and Chinese Cultural Center, with folk concerts, gorgeous Chinese national costume shows, dazzling dance performances and various picture shows, including the one showing the history of Sino-Egypt relations, warranted a mention. It was pleasant to see the old photos of old friends, like the photo of Dr. Hassan Ragab, the then Egyptian Ambassador, presenting the Letter of Credence to China. Hassan Ragab and I were friends. He often talked about the amusing incidents he and other Egyptian diplomats encountered when they worked in China, and the warm memories of the beautiful country and its nice people.

The Cultural Division also frequently participated in various celebrations of the Egyptian Museum, including the opening ceremonies of regular exhibitions, children's museum and anniversaries of the Museum. The closing performance of the anniversary was held in the Opera House, during which the blind and the amblyopia artists performed classical dramas of Egypt.

When Mr. Premier visited Egypt again, he gave out prizes personally in the cultural center to Egyptian officials and scholars who had made outstanding contributions to the cultural exchanges between China and Egypt. I was flattered to be part of them. When I took over the certificate, I was deeply touched. I also talked with him on his last visit to the museum.

2. My first contact with Chinese antiquities

I was fortunate to attend the exhibition on Qinshihuang in Atlanta, Georgia, USA, when it just so happened that I was Chief of the delegation of Egypt for the unveiling of Cultural relics Exhibition of pharaoh Tutankhamun in the same city then. I had been reading the Chinese Exhibition in the flight paper of American Airlines. News of the Chinese and Egyptian exhibitions appeared in the same page, with two photos captioned "Gold Pharaoh" and "First Emperor" fitting together. So, after the opening of the Egyptian exhibition, what I wanted to do was to see the Chinese exhibition. It was so well planned, with a very detailed account of the mausoleum of China's first emperor Qinshihuang. Located in Xi'an and built in the 3rd Century B.C., it was stumbled upon by a native of Xi'yang village on March 29, 1974. We were received by the museum curator of China, who related to us the terracotta figurines, the chariots, and items unearthed from the tomb. I was given to understand that Qinshihuang gave the order to make the numerous terracotta figurines and earthenware horses. The terracotta figurines had different face shapes, hair styles and expressions. 700,000 workers were involved in making those delicate terracotta figurines with gorgeous costumes. Colored pottery had to be burnt in the kiln of 1000℃. It wouldn't be a stretch to imagine the enormous human labor involved. They worked meticulously, exposing themselves to the heat of the kiln. You could also imagine how sorry it would be to have the workers' efforts down the drain if the exquisite terracotta figurines were broken when they were burning in the kiln. They didn't lose heart; instead, they made a new one. Like ancient Egyptians, ancient Chinese believed in life after death in the netherworld. The workers involving in the building of the Mausoleum of Emperor Qinshihuang believed that their Emperor should have large troops when he started a new life in another world. We knew that ancient Egyptians thought the same way. The comparison of Mausoleum of Emperor Qinshihuang with the tomb of pharaoh Tutankhamun gave us further proof. The tomb of Tutankhamun, smaller in size though, got an amazing collection of funeral objects—chariots, furniture, daily necessities, and attendants—everything one would need or possibly ask for in the netherworld. Some ancient cultures believed in human bury. The cultures of ancient Egypt and China, on the other hand, believed that by applying mystical curses on a puppet and placing it in the Mausoleum, it would follow the dead to the netherworld, where it worked for the master of the Mausoleum. Egypt's Pyramid was built in eternal memory of the Pharaoh and to protect him against injury from devils in the netherworld. The thought of the pains people had suffered in building Pyramids reminded me of Mausoleum of Emperor Qinshihuang. The museum curator of China told us: Sima Qian, the famous Chinese historian, referred that Qinshihuang gave an order to dig a hundred ditches, into which mercury were filled to surround the Mausoleum to avoid it from destruction. Mercury was found around the Mausoleum of Emperor Qinshihuang in its unearthing. Qinshihuang set common standards for written language, weights and measures and erected the vast empire in the distant past, much like the immortal in mythology. I was eager to see all those cultural relics in Xi'an. This day had finally arrived, when Chinese Culture Center in Cairo invited me to visit China—the country I always wanted to visit. I was elated!

I chose Eid al-Adha holiday to make my journey to China, so that I wouldn't miss anything in Egyptian Museum. The Eid al-Adha holiday of the year was in the second week of December. The cultural counselor of China told me

about where I would go and who I would meet. He told me that the weather was cold, especially in Beijing and Xi'an, where the temperature would plunge to 7-8 degrees below zero. I told him that we could stand the cold with our education backgrounds in Austria and Germany. When we travelled to cold countries, we used to carry thick clothes to keep warm. I checked the latitudes of Beijing and Xi'an in the world map, which were the same as that of central Europe. I believed that the temperature wouldn't be any colder than Europe. We were getting ready for the trip to China. My husband had spent most of his time on books related to ancient Chinese medicine. He was going to make an extensive comparison between medical science in Pharaoh Period and medical technologies in other countries with ancient civilizations. He decided to dedicate a chapter in his book on TCM (Traditional Chinese Medicine). Chinese ancient medicine had been attracting the attentions of us. While he studied the knowledge of TCM and Chinese herbal medicine, I devoted myself to the knowledge of ancient civilizations as an expert on antiquities. Both ancient and modern Chinese people were proficient in TCM, with doctors of TCM practicing in many countries of the world. The ancient Egyptian medicines bite the dust after the Pharaohs period, but Chinese Medicine went through all the historical periods and still prospered. What made that happen? What made ancient medicine, both in China and Egypt, a disciple based on spirituality and connected with astronomy?

3. Visiting China

The long flight to Seoul in South Korea was comfortable. We used to travel to Europe and America, and it was the first time we went to the Far East. We had a clear vision in the plane. We saw the countries we flied past as well as the snow-capped Mt. Himalayas. A detail added to the fun of the trip. When we arrived at Seoul, we found in our phones the welcoming messages from the countries we flied past, including that of Kazakhstan. This informed me of the countries we travelled through by the flight from Egypt to China. After a brief stay in Seoul Airport, we boarded the plane of China Airlines to Beijing where we were greeted by kind aircrew. The staff of Beijing Capital International Airport, especially those in charge of entry formalities, was kind as well. A girl with slender figure and fluent English greeted us at the airport. She told us that she would accompany us all the way through our visit. She also presented us with a detailed scheduling.

On our way to the hotel, the road was clean and spacious, with orderly traffic. It was hard to imagine we were in China, a superpower with large population. I was impressed by the advertisement boards in the high buildings and the beautiful Chinese characters on them. Against the red and white light, they looked comfortable. Our hotel was in the center of the city, with extravagance outpacing those in Europe and North America. The entourage gave us the visiting schedule, including the timetable of meeting the officials and visiting tourist attractions and museums. The long journey and the time difference didn't make us sleepy, not after we met the officials of Ministry of Culture of the People's Republic of China in charge of the exhibitions and museums. They received us with open arms, meanwhile presenting us with down jackets to guard against the coldness. It was beyond our expectations. They thought that since we came from such a warm country as Egypt, our heavy coats could barely guard against the chillness. We might get cold, fall ill and have to keep ourselves in bed. Our visits would be affected. The down jackets helped to keep us warm indeed, in spite of the coldness we had never imagined. We finally came to realize the secrets of success of the Chinese people. They attended to the tiniest details lest accidents might take place. That was what made them offer us the down jackets. I was certain that they had asked the embassy for our sizes. The officials were kind and respectable, like all the officials we met in Egypt and China. When we met, we felt warm and comfortable. I tried the jacket on, but it was a bit small. We burst out laughing. My husband's jacket fitted him. They should have got his size. They went into enormous efforts in finding the largest size for me; however, it was a bit smaller still. Looks like no cloth in China could fit me. They managed to find the jacket with appropriate size on the same day and had our entourage send to me. To this day, I still remember this warm incident. I would smile whenever I thought of my travel in China. Our talk involved a variety of subjects, including the way and organizing of cultural cooperation and the necessity of exchange exhibitions. We also talked about a critical subject: It was necessary for the two countries to sign a common agreement on the protection of antiquities, which, when stolen or robbed cultural relics of one country appeared in the other, the latter shall return them. It must not resell them. Similar agreements were signed between Egypt and some Latin American countries. Like Egypt, China was a superpower abundant in cultural relics, which drew the attentions of cultural relics' deals. They attempted to obtain cultural relics by illegal means, and sell them to wealthy collectors around the world. This would pose threat to Chinese history. The privatization of cultural relics from public ownership to private collection might cause historic vacuum to the country in which the cultural relics were stored. Some cultural relics might be significant to a certain historical period; some might have changed major events of the period. If they fell into the hands of individual collectors who were ignorant of their origins and histories, great loss might incur, to say nothing of the loss of cultural and artistic values. China still had a long way to go in this respect. I hoped that similar agreements could be signed between China and other

countries, especially the West and Arab States of the Gulf, of which collectors had great enthusiasm in collecting Chinese antiquities.

My scheduling included the Forbidden City in Beijing, Mausoleum of Qinshihuang, Museum of Xi'an, and New Shanghai Museum. I didn't find the Great Wall in the schedule, which had been my dreamland since I was small, so I expressed my wish to visit the Great Wall. In spite of the tight schedule, the staff made a special arrangement for me to visit the Great Wall. After the meeting, we visited the Forbidden City and the Great Wall. It was freezing cold that day, approximately -7℃. Although we had down jackets, our lips were numb with cold, we couldn't talk. I had never experienced the chillness like the one in the Forbidden City and the Great Wall in my life. Surrounded by refreshing air, the historic sites were fascinating.

We were received by the person in charge of the Palace Museum, who doubled up as commentator. He also talked about the history of the Forbidden City, the residence of emperors of the Ming and Qing Dynasties in China that included many palaces. It was China's largest palace group. Approximately a million rare pieces of works of art were kept in the Palace Museum. In spite of the unusually cold weather, we visited the palaces, the green spaces, parks and lakes around the Forbidden City, Tiananmen Gate, Tiananmen Square and the Great Hall of the People with special interests. My journey to the Forbidden City was rewarding. The good order there enlightened me with some new ideas on the measures to be taken by the Egyptian Museum, such as the setting up indicators like No Smoking, No Touching, and No Sitting on the Grass etc. Boards on matters prohibited written in different languages were hung in and out of Egyptian Museum, but logos were more practical. That way, there would be no violation of rules in the pretext of language barrier. I had submitted the designs of signs and that of rubbish bins for the approval of the person in charge of the Supreme Council of Antiquities before they were available in museums and spots of cultural relics.

When I stood on the Great Wall, I couldn't believe myself. Looking ahead, it twisted and turned amid mountains, like powerful waves splitting the green grassland. I had read

and seen about the Great Wall and its history a lot in books and documentaries, but standing on it was another story! We didn't stay long as we had to catch up with the plane for Xi'an.

We flied from Beijing to Shaanxi Province in Northwest China where we paid a visit to the Mausoleum of Emperor Qinshihuang. In Xi'an, we saw earthen pyramid shaped tomb of 76m high and 350㎡ in size. Looked like the Chinese people (like merchants) were inspired by the Pyramid of Egypt when they came here! It was most likely that the shape of Pyramid had exerted influence on many ancient civilizations, since it connected Earth and Heaven—the mortal and the immortal world. Pyramids had widespread existence in buildings, like those of Maya peoples in Mexico and Guatemala, Indians in Peru and Chile, and people of west Latin America. Different from Egyptian pyramids and Mausoleum of Qinshihuang, the pyramids mentioned above were not tombs, but a place to pay worship to the god, with children, slaves, and prisoners of wars as sacrificial offerings.

When we came face to face with the terracotta figurines, we opened our eyes. To this date, an amazing number of figurine soldiers, 8,000 pieces, every one of which had different facial expressions, had been unearthed! When I took a look at the adjacent area, the experts said that there were a lot more figurine soldiers. I also saw 30 chariots and 670 horses unearthed. The entourage told us that Mausoleum of Qinshihuang was the eighth wonder of the world, to which I gave full credit. I was glad that it was included in the UNESCO World Cultural Heritage list. I wished to host an exhibition about Qinshihuang in Egyptian Museum in Cairo with my colleagues in Xi'an Museum of China and the officials in charge of exhibitions in Ministry of Culture of the People's Republic of China. I believed it would be a great success in both Egypt and the world at large. Before the January 25 Revolution, Egyptian Museum received 10,000 visitors daily.

Xi'an Museum, collections of cultural relics and the glass floor feasted our eyes. Voice equipment's introducing the museum in different languages and the "audio library" in a corner at the entrance of the museum caught my attention. This was something I had never seen in foreign

museums. We paid a visit to the cultural relic area and were invited to visit the Institute of Antiquities, where we saw all kinds of cultural relics and terracotta figurines. The curator of the museum gave me a set of tools used by archaeologists as a gift. I was pleased. I worked in the field of archaeology, with a lot of experiences accumulated over the unearthing processes of cultural relics in Giza, Saqqara and Luxor. I was unearthing the cultural relics in the area south of Temple of Karl Knaak. I would have stayed in Xi'an, were it not for the entourage who reminded us that the plane to Shanghai was about to take off. We barely managed to catch up with the flight. The calmness of our entourage made us avoid the embarrassment of staying in the airport and missing the precious opportunity to visit Shanghai—the beautiful metropolitan.

In our eyes, Shanghai was an ever-bright city with fascination and magnificence. The parks were packed with people who were exercising in rhythmic accompaniment with music. Our hotel was adjacent to a large park. Early in the morning I saw a lot of people out there doing physical exercise. Physical exercise was a good idea to me. In Egypt, the opportunities to exercise were available to wealthy members of fitness clubs. Ordinary people had no access to such opportunities, notwithstanding the fact that exercise was of equal importance to them. We visited the museum on schedule. We were warmly received by the curator, who presented us with the exquisite collection catalogue on which textiles, paintings and calligraphy works, tableware of different materials, rare and precious porcelain, terracotta figurine and other precious Chinese cultural relics were listed. I was amazed with the modern way of exhibition and the interpretation cards in the museum. The most impressive was the illumination of textile, paining and calligraphy works. The light was on when the visitors approach and off when they left. This would lessen the harms done by strong lights on the texture and the color of the cultural relics. Obviously, the Chinese government was making efforts to make this museum to stand on par with world famous museums. When I arrived at the lecture hall of the Museum, a conference was held there. It was a congregation of professionals in the field of museum, and I had the honor to listen to the lectures by some of the international experts. After the visit, I went to the gift shop in the museum. I was taken aback by the gifts of superior quality. I bought some gifts as keepsake of this beautiful museum and the extraordinary gift shop.

In beautiful Shanghai, we visited the large shopping centers which offer many commodities of international brands. Then we moved on to the famous tea shop. We'd never seen so many kinds of teas before. My husband was excited to learn of the usage, and in particular, the medical efficacy of them. We tasted a kind of tea with special flavor. Whenever we thought of it, the aftertaste seemed to linger.

We went back to Egypt with warm memories about the generous people, beautiful landscape, fascinating natural scenery and important historical landscape.

4. Akhenaten in China

2010 has arrived, together with Shanghai World Expo. We were honored to be invited to the Expo by the delegation of the Shanghai Museum, and the details of the organization of the exhibition were intensely discussed. At the same time, the Egyptian Exhibition Committee also made the same request, and we asked them to coordinate with the officials of Shanghai Museum. Together, we would take part in the organization of the exhibition in Egypt Pavilion of World Expo. Supreme Council of Antiquities made a decision to ship to China some important cultural relics, of which the content and scale might reflect the splendid greatness of the civilization of ancient Egypt. We learned that the Chinese people were interested and enthusiastic on strengthening the ties between the two cultures. We also issued an invitation to Chinese people to pay a visit to Egypt and its cultural relics. Egypt had long been keen to increase the number of Chinese tourists.

The most important and the largest cultural relics were the giant sandstone head statue of pharaoh Akhenaten, as well as the black basalt stone pillar on which adorned the head statue of Hathor, camels and other ornaments. I was the person in charge of the foreign exhibition of Egyptian cultural relics. I couldn't get to sleep before I knew that the cultural relics had arrived at the exhibition site safely. I was anxious when I learned that thousands of people would take part in this large-scale, extensive exhibition. Our staff didn't speak Chinese, some of them even got lost, but the safety of the cultural relics was ensured still. I got a phone call at midnight saying that the cultural relics had arrived. There was still another question: the statue of pharaoh Akhenaten was too big to exhibit. I immediately sent Egypt's best cultural relics experts to Shanghai. They were experienced in dealing with massive sandstone cultural relics. The Chinese Embassy provided assistance to us for the visa to China as soon as possible. In the days to come, I kept in touch with my colleagues in Shanghai day and night, trying to exhibit the cultural relics in the best way and ensure their safety. Report showed that the exhibition was successful, with over 1 million Chinese people visiting the Egyptian cultural relics. I was delighted.

The safe return of pharaoh Akhenaten and other cultural relics to Egypt was positive proof to those who went against the exhibition. Pharaoh Akhenaten was the best ambassador of Egypt, and Egypt's cultural relics' exhibition was one of the most important things to attract their attention in Shanghai World Expo, which had attracted a large number of tourists from all over the world. Now Akhenaten has returned to where he is in Egyptian Museum. Together with his son pharaoh Tutankhamun, they wait for the Chinese tourists.

The relationship between the Chinese Embassy, especially its Cultural Division and I became closer. One of the most wonderful events I attended recently was the lecture "The Night of Chinese Food Culture" held by the Chinese

Embassy and its Cultural Division. The lecture was held by Dr. Chen Dongyun, the Chinese Cultural Counselor. Song Aiguo, the Chinese ambassador and his wife and a few ambassadors in Egypt attended the lecture. With photographs, the lecture illustrated the value of Chinese food as a culture and philosophy. The Counselor invited a chef to give live demonstration on how to make traditional Chinese dishes. I couldn't help but think of the delicious food in China. The Chinese had fish, meat, as well as vegetables, fruit and tea at meal, with low oil and fat content. Comparing with Western diet which was well known for high fat, Chinese diet was good to health. Western food was the main cause of many modern diseases. Unfortunately, Middle East countries were not aware of the dangers of fast food. Abnormal obesity has emerged among the kids. I learned a lot from this activity, and I was reminded of a proverb: Where there is a will, there is a way. The Chinese people had made great effort, and they took all the work seriously. They could succeed in all fields.

My husband, my children and I are under the influence of Chinese culture and philosophy. We value the concept and philosophical argument of Confucius, a philosopher and educator of ancient China. I believe that his appeal for civil rights will exert influence on those countries in which people's revolutions have taken place. He believed that: "A regime is illegal unless it satisfies its people", "It is necessary for the people to overthrow oppressive and bad regimes". It is as if he is talking about our time, in which the revolution "Arab Spring" has taken place. How do you do, Confucius! You will always be with us until the true fairness and justice come true. That day may come, and everything we call for will come true. Let's bring together people and nations, for a Republic of the world!

谢赫梅

巴林

谢赫梅因其在促进艺术、文化和遗产复兴方面的努力而得到认可。她活跃于众多文化和艺术中心，致力推进全球知识分子对话与艺术表达的开展。她支持文化话语和文化理解，促进思想交流和地方对话。通过一系列的遗产和文化项目向世界宣传巴林，将其打造成文化中心。

为现在和未来的青年朋友保留当地历史，提高他们的认识，向他们普及历史遗产的重要性。

谢赫梅·宾特·穆罕默德·哈利法：巴林王国文化大臣，文化艺术保护人。

主要担任职位

文化部大臣（2010 年 7 月至今）。

文化信息部大臣（2008 年 11 月 -2010 年 7 月）

信息部文化及国家遗产助理副大臣（2002 年 5 月 -2004 年 1 月，2005 年 5 月 -2008 年 5 月）

奖项和表彰

2005 年入选《福布斯》“阿拉伯世界五十位最具影响力女性之一”。

2008 年 6 月荣获法国政府颁发的法国文学艺术骑士勋章。

2004 年荣获巴黎妇女研究中心颁发“阿拉伯杰出女性领导奖”；荣获阿拉伯国家行政管理奖（共有 10 位阿拉伯女性获奖）。

能力和卓越贡献

2008 年 12 月荣获巴林王国国王陛下颁发的“一等功”一级勋章。

2010 年摩洛哥国王穆罕默德·艾尔·萨迪陛下颁布皇家法令，授予谢赫梅贵族荣誉，表彰她在思想文化领域的卓越功勋和全球影响力。

2010 年，柯伯特委员会授予谢赫梅创造及文化遗产奖，表彰她在历史文献、文物保护与文化创新等方面发挥的主导作用。

海湾出版和信息自由协会以及阿拉伯出版和信息自由协会联合提名谢赫梅为2010年海湾地区媒体人物，表彰其在促进地区媒体业发展以及捍卫言论自由方面所做的努力。

荣获阿拉伯思想基金会颁发的社会创造力奖——黎巴嫩，贝鲁特（2010年12月）

荣获法国政府颁发的荣誉军团骑士勋章（2011年1月）

荣获科威特第八届阿拉伯媒体论坛颁发的媒体创新奖（2011年4月）

卓著成就

自2008年起一直担任文化信息部大臣，致力于提升巴林文化和遗产地位。

发展和展示国家遗产文化，与此同时为巴林制定地区及全球的推广战略。牵头“采珠业：岛屿经济的见证”项目，并且推动该项目入选世界文化遗产名录。

协调并鼓励巴林的私营部门参与国家项目，推广巴林的遗产、文化，最终增强人民的国家认同感。设计了新颖的“投资文化”项目，在私营企业、文化部文化及国家遗产部门之间建立伙伴关系。资助开发项目，其中包括：巴林堡遗址博物馆；阿拉德堡湾、巴林堡、里法堡国家博物馆和采珠业遗产途径等项目的开发，在联合国教科文组织的资助下建造了国家剧院和阿拉伯地区世界遗产中心。

从2006年开始，举办一年一度的“文化之春”巴林文化节，并落实监督监管工作。巴林文化节汇聚了国际及本土人才，期间举办很多教育和文化交流活动。巴林国家博物馆每年都会举办国际展览，引进成功经验。

建立谢赫易卜拉欣·本·穆罕默德·阿勒哈利法文化研究中心，促进文化和研究发展。谢赫梅从2002年开始担任中心董事会主席，积极推动巴林文化以及传统建筑保护工作。作为一个开放的文化交流平台与论坛，中心吸引了当代著名知识分子、作家和艺术家。他们在这里就政治、文化和科学展开热烈辩论。

作为遗产和文化事业的一部分，同时作为谢赫易卜拉欣·本·穆罕默德·阿勒哈利法中心保护传统建筑工作的一部分，对阿卜杜拉阿勒扎耶德故居进行修复和建设，并于2003年将其改造成巴林的新闻遗产。如今这里接待本土名人以及国际媒体名人，并且出版其所在领域的书籍。

2005年还建立了穆罕默德·本·法里斯音乐厅，2006年修复了易卜拉欣·阿勒·阿尔德公馆，并将其改建成诗人屋，成为文学与诗歌领域的文化活动中心。建立Iqra儿童图书馆，该图书馆于2006年向公众开放。修缮一所名为“库拉尔之家”的房屋，用于再现传统刺绣，该房屋于2007年开放。考虑到完成穆哈拉格历史中心城市复兴工作以及为公众提供更为完整繁荣的文化圣地，利用本地专业知识于2009年建立了具备传统风格的现代咖啡馆。对一所独特的珍珠商人住所进行了修复，即现在的“记忆之地——本·马塔公馆”。公馆于2009年对外开放，用于举办艺术展览并且记录巴林采珠业历史。2010年通过黑拉夫爱地雅项目还原工艺和传统艺术，并向公众教授。

出版工作教育

《阿卜杜拉·本·艾哈迈德，永不止步的战士》，阿拉伯印刷出版社，2002年。英国谢菲尔德大学政治历史文学硕士，《穆罕默德·本·哈利法，神话与平行历史》，达·阿尔加德，1996年，第二版，阿拉伯印刷出版社，2000年。《查尔斯·贝尔格雷夫：传记与日记》，阿拉伯印刷出版社，2000年。《从库法到巴林：卡麦费蒂斯，从概念到王国》，阿拉伯印刷出版社，1999年。《巴林百年教育：成长的岁月》，阿拉伯印刷出版社，1999年。《色巴扎巴和巴林王国的子民》，阿拉伯印刷出版社，1998年。《阿卜杜拉·本·穆罕默德·阿勒哈利法，巴林资深学者》，达·利雅得·纳吉布·阿拉耶斯，1993年。

الشيخة مي

المعروفة بجهودها واسعة النطاق في ترويج الفن والثقافة وإحياء التراث. والأنشطة الثقافية ومراكز الفنون التي تشجع الحوار الفكري وأشكال التعبير الفني من جميع أنحاء العالم مع يأييد الخطاب الثقافي والفهم؛ رفع الفكر والتعبير المحلي. كما سوق البحرين عالميا كمركز ثقافي من خلال مشاريع التراث والثقافة. الحفاظ على التاريخ المحلي، ورفع الوعي مع إبراز التراث لشباب اليوم والغد.

مي بنت محمد آل خليفة وزيرة الثقافة بمملكة البحرين وراعي الثقافة والفنون.

المراكز الرئيسية التي شغلتها.

وزارة الثقافة (منذ يوليو 2010 وحتى اليوم).

وزير الثقافة والإعلام (نوفمبر 2008 - يوليو 2010).

مساعد وكيل الثقافة والتراث الوطني، وزارة الإعلام (مايو 2002 - يناير 2004، مايو 2005 - مايو 2008).

الجوائز والتقدير

صنفت واحدة من أكثر 50 امرأة نفوذا في العالم العربي من قبل مجلة فوربس (2005).

تسلمت legion d'honneur (أي ما يعادل لقب فارس) في الفنون والآداب من الحكومة الفرنسية (يونيو 2008)

تسلمت جائزة "المرأة العربية المتميزة في مجال القيادة الإدارية" جائزة من مركز دراسات المرأة، باريس (2004)، كما منحت جائزة جامعة الدول العربية للشؤون الإدارية للكفاءة والتميز من بين 10 سيدات عربيات.

منحت جائزة "وسام الاستحقاق" من الدرجة الأولى ميدالية من جلالة ملك مملكة البحرين (ديسمبر 2008)

منحت نوبل الشرف لكونها شخصية دولية مرموقة في مجال الفكر والثقافة بمرسوم ملكي من صاحب الجلالة محمد السادس، ملك المغرب (2010).

أقرت من قبل لجنة جوائز كولبير للإبداع والتراث في باريس للعب دور ريادي في مجالات التوثيق التاريخي، الحفاظ على التراث والابتكار الثقافي (2010)

سميت بالشخصية الإعلامية الخليجية لعام 2010 من قبل كل من الجمعية الخليجية للصحافة وحرية الإعلام (absent fm) والجمعية العربية للصحافة وحرية الإعلام (Araprs) تقديرا للجهود الرامية إلى تعزيز قطاع الإعلام في المنطقة والدفاع عن حرية التعبير عن الرأي.

حصلت على جائزة الإبداع الاجتماعي من مؤسسة الفكر العربي - بيروت، لبنان (ديسمبر 2010)

تسلمت وسام جوقة الشرف من الحكومة الفرنسية (يناير 2011)

جائزة الإبداع الإعلامي من منتدى الإعلام العربي الثامن في الكويت - أبريل 2011.

إنجازات بارزة

وزير الثقافة والإعلام اعتبارا من عام 2008، والعمل على الارتقاء بثقافة البحرين وتراثها.

تطوير وعرض التراث والثقافة الوطنية إلى

جانب وضع استراتيجية لتسويق البحرين إقليميا وعالميا . ترأست مشروع "صيد اللؤلؤ، شهادة للاقتصاد " وتعمل من أجل القائمة الرسمية كموقع للتراث العالمي.

الانحياز ومشاركة القطاع الخاص في البحرين مع المشاريع الوطنية في تعزيز التراث والثقافة والهوية الوطنية. صممت "الاستثمار في الثقافة" وهو مشروع لبناء شراكة بين مؤسسات القطاع الخاص وقطاع الثقافة والتراث الوطني التابع للوزارة. بما في ذلك رعاية المشاريع التنموية ، ومن بين أمور أخرى، موقع المتحف في قلعة البحرين، وتطوير وإنارة قلعة عراد خليج، قلعة البحرين، قلعة الرفاع، والمتحف الوطني ومشروع مسار تراث صيد اللؤلؤ، وإنشاء المسرح الوطني والمركز الإقليمي العربي للتراث العالمي تحت رعاية اليونسكو.

و ابتداء من عام 2006 أنشأت وأشرفت على المهرجان الثقافي السنوي في البحرين، ومهرجان ربيع الثقافة، التي يتم خلالهم عرض المواهب العالمية والمحلية والتقاطعات التعليمية والثقافية . كما قدمت المعارض الناجحة والدولية التي ستعقد في متحف البحرين الوطني سنويًا.

أسست مركز الشيخ إبراهيم بن محمد آل خليفة للثقافة والبحوث وكانت رئيسا لمجلس أمنائه منذ عام 2002. عمل بنشاط لتعزيز الثقافة والهندسة المعمارية التقليدية للبحرين. ويعمل المركز باعتباره التبادل الثقافي المفتوح ومنتدى استضافة المعروفة المعاصرة للمثقفين والكتاب والفنانين في المناقشات السياسية والثقافية والعلمية.

كجزء من جهود التراث والثقافية، وكجزء من أعمال مركز الشيخ إبراهيم بن محمد آل خليفة لتعزيز العمارة البحرينية التقليدية، استعادة وأنشأت بيت عبدالله آل زايد للصحافة التراثية في البحرين في عام 2003، والذي يستضيف اليوم شخصيات وسائل الإعلام المحلية والدولية الشهيرة والقضايا الكتب في هذا المجال. كما أنشأت مؤسسة محمد بن فارس كبيت للموسيقى في 2005 واستعادة إبراهيم العريض البيت ليصبح بيت الشعر في عام 2006 وأطلقت عليه مركز للأنشطة الثقافية في مجالات الأدب والشعر.

طورت مكتبة للأطفال، اقرأ، الذي افتتح للجمهور في عام 2006. مع تجديد منزل تقليدي لاستنساخ التطريزات التقليدية المحلية، البيت Kurar، الذي افتتح في عام 2007. ونظرا لاستكمال تجديد الحضري من المركز التاريخي المحرق و لتقديم وجهة ثقافية أكثر اكتمالا ومزدهرة، وفتح المقاهي الحديثة في عام 2009 باستخدام الخبرات المحلية ضمن أجواء تقليدية واستعادة مسكن تاجر اللؤلؤ فريدة من نوعها، وذاكرة المكان، ومطر دار بن، الذي افتتح في عام 2009 لاستضافة المعارض الفنية فضلا عن توثيق تاريخ الغوص على اللؤلؤ في البحرين. استعادة الحرف والفنون التقليدية من خلال مشروع Heraf الديار في عام 2010 لتعليم الحرف والفنون التقليدية.

Shaikha Mai

Recognized for extensive efforts in promoting art, culture and the revival of heritage. Active in culture and the arts centers on the promotion of intellectual dialogue and artistic expressions from around the world. Endorsing cultural discourse and understanding; elevating thought and local expression. Marketing Bahrain globally as a cultural center through the projects for heritage and culture.

Preserving local history, raising awareness and accentuating heritage for the youth of today and tomorrow.

Mai bint Mohammed Al Khalifa, Minister of Culture of the Kingdom of Bahrain, Patron of Culture and the Arts

Principal Positions Held

Minister of Culture (July 2010 till date)

Minister of Culture and Information (November 2008 – July 2010)

Assistant Undersecretary for Culture and National Heritage, Ministry of Information (May 2002 – January 2004, May 2005 – May 2008)

Awards and Recognition

Listed as one of the 50 Most Influential Women in the Arab World by Forbes magazine (2005)

Received the legion d'honneur (equivalent to a knighthood) insignia in Arts and Literature from the Government of France (June 2008)

Received the "Distinguished Arab Woman in the field of Administrative Leadership" prize from the Center of Woman Studies, Paris (2004); among 10 Arab women awarded the Arab League prize for Administration

Competence and Excellence

Received the first class medal of "Order of Merit" from His Majesty, the King of the Kingdom of Bahrain (December 2008)

Awarded the Noble Honor for being a distinguished international personality in the field of Ideology and Culture by a royal decree from His Majesty, Muhammad Al Sadis, King of Morocco (2010)

Acknowledged by the Committee Colbert Prize for Creativity and Heritage in Paris for playing a leading role in the fields of historical documentation, heritage preservation and cultural innovation (2010)

Named Gulf Media Personality for 2010 by both the Gulf Society for the Press and Freedom of Information (absent fm) and the Arab Society for the Press and Freedom of Information (Araprs) in recognition of efforts to promote the region's media sector and defend freedom of speech and expression

Social Creativity Award from the Arab Thought Foundation – Beirut, Lebanon (December 2010)
Received the Knight of the Legion of Honour from the French Government (January 2011)
Media Innovation Award from the eighth Arab Media Forum in Kuwait—April 2011

Notable Achievements

As Minister of Culture and Information from 2008, working to elevate Bahrain's culture and heritage.
Developing and showcasing national heritage and culture alongside the creation of a strategy to market Bahrain regionally and globally. Leading the project of "Pearling, Testimony of an Island Economy" and working towards its official listing as a world heritage site.
Aligned and engaged Bahrain's private sector with national projects in the promotion of heritage, culture and ultimately national identity. Designed the innovative project of "Invest in Culture" to build a partnership between private enterprise and the Culture and National Heritage sector of the Ministry. Sponsored developmental projects including, among others, a site museum at the Bahrain Fort, the development and illumination of Arad Fort Bay, Bahrain Fort, Riffa Fort, the National Museum and the project of pearling heritage pathway, created a national theater and the Arab Regional Center for World Heritage under the auspices of UNESCO.
Beginning in 2006, established and oversaw Bahrain's annual cultural festival, the Spring of Culture, in which international and local talents gathered here, educational and cultural interchanges took place. Introduced successful and international exhibitions to be held at the Bahrain National Museum on an annual basis.
Established Shaikh Ebrahim bin Mohammed Al Khalifa Center for Culture and Research and as Chair of its Board of Trustees since 2002, worked actively to foster culture and the traditional architecture of Bahrain. The Center acts as an open cultural exchange and forum hosting well-known contemporary intellectuals, writers and artists in political, cultural and scientific debates.
As part of heritage and cultural endeavors, and as part of Shaikh Ebrahim bin Mohammed Al Khalifa Center's work to foster Bahrain's traditional architecture, restored and established the Abdullah Al Zayed House for Bahrain's Press Heritage in 2003, which today hosts famous local and international media personalities and issues books within the field. Also established the Mohammed Bin Faris House for Music in 2005 and restored the Ebrahim Al Arrayed House to become the House of Poetry in 2006 and launched it as a center

2011.10.26，巴林文化大臣谢赫梅会见中国驻巴林大使杨伟国

في 26 أكتوبر 2011، قامت الشيخة مي وزيرة الثقافة والإعلام لمملكة البحرين بلقاء المعالي السيد يانغ ويقو سفير جمهورية الصين الشعبية لدى مملكة البحرين.

On October 26, 2011, Shaikha Mai, Minister of Culture of Bahrain meeting with Yang Weiguo, Chinese Ambassador to Bahrain

2010.5.8，驻巴林大使杨伟国夫妇与谢赫梅合影

في 8 مايو 2010، أخذ صورة المعالي السيد يانغ سفير جمهورية الصين الشعبية لدى مملكة البحرين وعقيلته مع الشيخة مي.

On May 8, Yang Weiguo, Chinese Ambassador to Bahrain and his wife posing for a picture with Shaikha Mai

for cultural activities in the fields of literature and poetry. Developed a children's library, Iqra, which was opened to the public in 2006. Renovated a traditional house for the reproduction of traditional local embroidery, the Kurar House, which was opened in 2007. In view of completing the urban regeneration of the Muharraq historical center and offering a more complete and thriving cultural destination, opened a modern coffeehouse in 2009 using local expertise within a traditional setting; and restored a unique pearl merchant's residence, Memory of the Place, the Bin Matar House, which was opened in 2009 to host art exhibitions as well as documenting Bahrain's pearling history. Restored crafts and traditional arts through the project of Heraf Al Diyar in 2010 for teaching crafts and traditional arts.

Published Work Education

"Abdallah Bin Ahmad, Restless Fighter," Arabian Printing Press, 2002. M.A., Political History

Sheffield University, UK "Mohammed Bin Khalifa, Myth and Parallel History," Dar al-Jadid, 1996, Second edition, Arabian Printing Press, 2000. "Charles Belgrave: Biography and Diary," Arabian Printing Press, 2000. "From Kufah to Bahrain: Carmathites, from Concept to State," Arabian Printing Press, 1999. "One Hundred Years of Education in Bahrain: the Formative Years," Arabian Printing Press, 1999. "Sebazabad and the Men of the Bahia State," Arabian Printing Press, 1998. "Ebrahim bin Mohammed Al-Khalifa, Senior Scholar in Bahrain," Dar Riyadh Najeeb Ar-Rayes, 1993.

2011.2.8，巴林文化大臣谢赫梅会见中国文化部外联局副局长项晓炜，项副局长和中国驻巴林大使杨伟国代表中国政府向谢赫梅面交赠送巴国王哈马德的绣像

في 8 فبراير 2011، قامت الشيخة مي وزيرة الثقافة والإعلام لمملكة البحرين بلقاء السيادة شانغ شياووي نائب رئيس إدارة خارجية لوزارة الثقافة الصينية، فمنح نائب الرئيس السيد شانغ والمعالي السيد يانغ سفير الصين لدى مملكة البحرين باسم حكومة الصين صورة مطرزة للجلالة ملك البحرين حمد بن عيسى الخليفة إلى الشيخة مي.

On February 8, 2011, Shaikha Mai, Minister of Culture of Bahrain is presented with an embroidered portrait of Hamad Bin Isa Al-Khalifa, King of Bahrain, by Xiang Xiaowei, Deputy Director of Bureau of External Cultural Relations, Ministry of Culture, and Yang Weiguo, Chinese Ambassador to Bahrain on behalf of the Chinese government.

2010.2.24，驻巴林大使杨伟国代表中国文化部授予巴新闻文化大臣谢赫梅“对外文化交流贡献奖”

في 24 فبراير 2010، منح المعالي السيد يانغ ويقو سفير جمهورية الصين الشعبية لدى مملكة البحرين باسم وزارة الثقافة الصينية "جائزة المساهمة للتبادلات الثقافية إلى الخارج" للشيخة مي وزيرة الثقافة والإعلام لمملكة البحرين.

On February 24, 2010, Yang Weiguo, Chinese Ambassador to Bahrain, giving “International Cultural Exchange Contributions Award” to Shaikha Mai, Minister of Culture of Bahrain, on behalf of Ministry of Culture of PRC

2010.5.6，巴林新闻文化大臣谢赫梅在巴林首都麦纳麦出席第二届中国——阿拉伯国家新闻合作论坛开幕式

في 6 مايو 2010، حضرت الشيخة مي وزيرة الثقافة والإعلام لمملكة البحرين افتتاح الدورة الثانية لمنتدى التعاون الإعلامي بين الصين والدول العربية، والتي أقيمت في مدينة المنامة عاصمة البحرين.

On May 6, 2010, Shaikha Mai, Minister of Culture of Bahrain at the opening ceremony of the Second China-Arab States Press Cooperation Forum in Manama the Bahrain capital

苏拉蓬·萨维社拉尼

泰国

出生日期：1953 年 12 月 22 日

教育背景：清迈大学英语专业文学学士

管理学院公共管理硕士

从 1978 年开始，先后十六次参加了泰国国内及国外相关的专业培训，如国防、旅游、行政管理等。

工作履历：

1976 年 9 月就职于泰国国家旅游局

1976 年 9 月至 2003 年 6 月先后担任旅游新闻处旅游服务常务、市场发展部海外市场发展处科员、学术研究统计部科员、芭提雅办事处处长、纽约办事处处长、学术部副主任、市场发展部副主任、公共关系部主任、市场服务部主任、游景点发展部主任

2003 年 7 至 2009 年 12 月任泰国国家旅游局副局长

2010 年 1 月 1 日至 2013 年任泰国国家旅游局局长

นายสุรพล เศวตเศรนี ผู้ว่าการการท่องเที่ยวแห่งประเทศไทย

ชื่อ นามสกุล   นายสุรพล เศวตเศรนี
วันเดือนปีเกิด   วันที่ 22 ธันวาคมพ.ศ. 2496
พื้นหลังการศึกษา ปริญญาตรีศิลปศาสตรบัณฑิตสาขาวิชาเอกภาษาอังกฤษมหาวิทยาลัยเชียงใหม่
ปริญญาโทสาขาการจัดการสาธารณะสถาบันบริหาร

ตั้งแต่ปีพ.ศ. 2521 เป็นต้นไป ได้เข้าร่วมการฝึกอาชีพที่เกี่ยวข้องทั้งในประเทศไทยและต่างประเทศตั้ง 16 ครั้งตามลำดับ เช่น การป้องกันประเทศ การท่องเที่ยว การบริหารจัดการ เป็นต้น

ประสบการณ์การทำงาน

กันยายนพ.ศ. 2519

ทำงานในการท่องเที่ยวแห่งประเทศไทย

กันยายนพ.ศ. 2519 ถึงมิถุนายนพ.ศ. 2546

ได้ทำหน้าที่เป็นกรรมการประจำที่ให้บริการด้านการท่องเที่ยวในการท่องเที่ยวแห่งประเทศไทย
สมาชิกสำนักพัฒนาตลาดต่างประเทศของกระทรวงการพัฒนาตลาด
สมาชิกแผนกสถิติการวิจัยทางวิชาการ ผู้อำนวยการสำนักงานพัทยา ผู้อำนวยการสำนักงานนิวยอร์ก รองผู้อำนวยการแผนกวิชาการ รองผู้อำนวยการกระทรวงการพัฒนาตลาด ผู้อำนวยการกองประชาสัมพันธ์ ผู้อำนวยการฝ่ายบริการการตลาด ผู้อำนวยการกระทรวงการพัฒนาแหล่งท่องเที่ยวตามลำดับ

กรกฎาคมพ.ศ. 2546 ถึงธันวาคมพ.ศ. 2552

ทำงานในตำแหน่งรองผู้ว่าการการท่องเที่ยวแห่งประเทศไทย

ตั้งแต่วันที่ 1 มกราคมพ.ศ. 2553 จนถึงเดือนกันยายนพ.ศ. 2556

ทำงานในตำแหน่งผู้ว่าการการท่องเที่ยวแห่งประเทศไทย

Suraphon Svetasreni

Date of birth: December 22, 1953

Education: BA in English of Chiang Mai University

MPA of the School of Management

Since 1978, he has participated in 16 professional trainings both in and out of Thailand covering such topics as national defense, tourism, and administration.

Work experience:

September 1976 Reported to work in Tourism Authority of Thailand

September 1976 to June 2003 Filled various positions (in chronicle order): executive tourism service agent of Tourism Publicity Department, section member of Overseas Market Development Section of the Market Development Department, section member of Academic Research and Statistics Department, director of the Pattaya Office, director of New York Office, deputy chief of the Academic Department, deputy chief of the Market Development Department, chief of Public Relations Department, chief of Market Service Department, chief of Scenic Spot Development Department

July 2003 to December 2009 deputy director of Tourism Authority of Thailand

January 1, 2010 to September 2013 director of Tourism Authority of Thailand

泰中文化交流中的友谊和经历

苏拉蓬·萨维社拉尼 前泰国国家旅游局局长

2011年8月19日，中华人民共和国文化部在北京授予我“文化交流贡献奖”。此次中华人民共和国文化部为密切和加强中外长久牢固友好关系而编辑出版了《“文化交流贡献奖”获得者事迹汇编》，我本人和对推动泰中文化交流合作顺利进行的相关机构表示衷心感谢。令我最自豪和欣喜的是我能为两国友好发展做出贡献。

泰国王室、两国政府和人民重视发展中泰友好关系。长期以来，两国在商贸、旅游等领域的交往合作中，通过对文化、习俗等方面的相互学习和借鉴增进了了解，尤其是春节，更是对促进两国兄弟般友好关系的发展产生重大意义。

从2004年起，泰国国家旅游局与中国文化部、中国驻泰王国大使馆开始合作举办春节庆祝活动。2005年，春节庆祝50周年活动在曼谷耀华力街举行，其目的同时也是为庆祝中泰正式建交30周年以及庆祝泰国王后72寿辰。

2006年，中国政府在庆祝泰国国王陛下登基60周年的春节活动中赠送了大型龙灯。

2007年春节，中国政府将2.5米高的石雕狮子作为庆祝泰国国王陛下80岁生辰的礼物赠送给泰国政府。

2011年，为庆祝泰国国王陛下84寿辰以及中泰建交36周年，中国政府在兔年春节赠送了一对玉兔石雕。

二

除了在以上提到的重要时刻赠送珍贵礼物，中国文化部每年还给泰国华人兄弟姐妹带来吉祥祝福，如恭请有着一千多年历史的观音印赴泰接受供奉。

泰中同属亚洲国家，泰国是亚洲乃至全球唯一一个中国政府文化代表表每届出席“欢乐春节”的国家，且赴泰的艺术团规模庞大、远胜于其他国。此外，中国政府在全国范围内挑选节目和优秀演员来泰参加春节活动。全国范围的节目精选涉及中国各个地区，如西藏自治区、广西壮族自治区、内蒙古自治区、新疆维吾尔自治区等都曾派演员千里迢迢给泰国人民带来精彩绝伦的表演、更带来了吉祥欢乐，如歌剧、皮影戏、武术、杂技、变脸、古典舞和民族歌舞、56个民族的文化表演，以及友城间文化交流演出，如北京和曼

谷，南宁和孔敬、合艾，烟台、海南和普吉府等，令人耳目一新、印象深刻，尤其是融合两种不同文化的“从黄河流域到湄南河三角洲的亘古情谊”演出，展现了两国悠久密切的文化交流历史。

在泰举办的春节庆祝活动，还扩展到了全国各地，如清迈府、北榄坡府、素攀府、大城府、春武里府（芭提雅）、叻丕府、呵叻府、宋卡府（合艾）、普吉和董里府等华人聚居的府市。我们可以感受到，泰国是个温暖的大家庭，同时，也感受到千山万水阻隔不了泰中人民兄弟般紧密相连的情谊。更重要的是，中国艺术团分赴泰国主要旅游府市演出，这给了旅泰外国人一次中国文化艺术体验，同时也是中国旅游宣传的又一方式。

每年春节两国重要领导人都互致新春祝福，来自中国的媒体也共同分享了曼谷及各地府市庆祝春节的喜庆氛围，对促进泰国各地旅游发展发挥了积极的作用，并成为中泰两国文化交流的重要项目，时至今日，泰国国家旅游局共接待中国政府文化代表团 20—30 次以上。

三

两国的合作领域还扩展至一些精彩特别、引

人入胜的领域，如冰灯展。作为泰国南部花灯节的计划之一，泰国政府已连续多年邀请哈尔滨冰雕艺人赴泰制作丰富多彩的冰雕作品并展出。

同时，泰国国家旅游局每年都派冰雕艺人代表泰国参加在中国黑龙江省哈尔滨市举办的国际冰雪节冰雕艺术展。

时至今日，泰中正式建交 42 年，然而泰中之间亲密长久的友谊何止 42 年？ 2004 年以来，两国的文化交流更加深入，友谊更加深厚，正因如此，曼谷中国文化中心才得以顺利奠基。2010 年 11 月 11 日，中国全国人大常委会委员长吴邦国、中国文化部副部长赵少华作为中国政府代表，以及泰方代表泰国国会主席猜·切初、泰国国家旅游局官员等共同出席了曼谷中国文化中心奠基仪式；2013 年 11 月 21 日，两国总理共同为曼谷中国文化中心揭牌。这是历史性的时刻，它昭示着泰王国与中华人民共和国将继续加强文化交流与合作，增进相互了解，永远同舟共济。

มิตรภาพและประสบการณ์การแลกเปลี่ยนวัฒนธรรมไทย-สาธารณรัฐประชาชนจีน

ของ- นายสุรพล เศวตเศรนี ผู้ว่าการการท่องเที่ยวแห่งประเทศไทย

สืบเนื่องจากรางวัลอันทรงเกียรติที่รัฐบาลแห่งสาธารณรัฐประชาชนจีนโดยกระทรวงวัฒนธรรมได้พิจารณามอบรางวัล
"ผู้ทำคุณประโยชน์ด้านการแลกเปลี่ยนวัฒนธรรม" ให้กับกระผมเมื่อวันที่ ๑๙ สิงหาคม ๒๕๕๔ ณ
นครปักกิ่งนั้น ได้นำความปลาบปลื้มเป็นส่วนตัวและองค์กรซึ่งมีส่วนผลักดันความสำเร็จจากความร่วมมืออันเป็นที่ประจักษ์ในครั้งนี้
ประกอบกับในโอกาสที่กระทรวงวัฒนธรรมแห่งสาธารณรัฐประชาชนจีนได้จัดพิมพ์หนังสือ "เกียรติประวัติผู้ทำคุณประโยชน์ด้านการแลกเปลี่ยนวัฒนธรรม"
ด้วยวัตถุประสงค์และเจตนารมณ์อันดีต่อการยกย่องเชิดชู นับเป็นการสร้างสัมพันธภาพอันลึกซึ้ง และไมตรีที่ยืนยาวมั่นคงต่อกันเหนือสิ่งอื่นใด คือ
ความภาคภูมิใจและปิติยินดีที่ตนเองได้ทำคุณประโยชน์แก่สองแผ่นดิน

ความผูกพันดังกล่าว ก่อกำเนิดขึ้นอย่างเนิ่นนานนับย้อนไปในประวัติศาสตร์ เริ่มจากระดับราชวงศ์ ซึ่งมีการส่งทูตไปเจริญสัมพันธไมตรี
ต่อเนื่องมาสู่ระดับรัฐบาลต่อรัฐบาล และเชื่อมโยงสู่ระดับประชาชนพลเมืองของทั้งสองประเทศ ในการเจรจาทางการค้า แลกเปลี่ยนความร่วมมือ
การเดินทางไปมาหาสู่ อันเป็นปัจจัย ที่เอื้อต่อการท่องเที่ยวได้ศึกษาเรียนรู้ผ่านวิถีชาติพันธุ์ของเอเชีย วัฒนธรรมและประเพณี โดยเฉพาะในเทศกาลตรุษจีน
ซึ่งมีส่วนอย่างมากต่อการแลกเปลี่ยนและสร้างสรรค์ความเกลียวกลมแห่งมิตรภาพมากยิ่งขึ้น

นับแต่ปี พ.ศ.๒๕๔๗ เป็นต้นมา สำนักงานการท่องเที่ยวแห่งชาติไทยได้สร้างสรรค์กิจกรรมฉลองตรุษจีนร่วมกับกระทรวงวัฒนธรรมจีน
และสถานเอกอัครราชทูตสาธารณรัฐประชาชนจีนประจำราชอาณาจักรไทย ในปีพ.ศ.๒๕๔๘ ได้ริเริ่มจัดเทศกาลตรุษจีนในไชน่าทาวน์เยาวราช ๕๐ พรรษา
เจ้าฟ้ามหาจักรีสิรินธร สานสัมพันธไมตรี ๓๐ ปีไทย-จีน เป็นวาระแห่งการเฉลิมฉลอง ๕๐ พรรษา สมเด็จพระเทพรัตนราชสุดาฯ สยามบรมราชกุมารี และครบรอบ
๓๐ ปีของการสถาปนาความสัมพันธ์ทางการทูต

ปีถัดมา ๒๕๔๙ รัฐบาลสาธารณรัฐประชาชนจีนได้จัดส่งโคมไฟมังกรยักษ์ ร่วมในงานเทศกาลตรุษจีนซึ่งจัดเฉลิมฉลองในวโรกาสที่พระบาทสมเด็จพระเจ้าอยู่หัวฯ
ทรงครองสิริราชสมบัติครบ ๖๐ ปี

ปี ๒๕๕๐ รัฐบาลสาธารณรัฐประชาชนจีนได้จัดส่งสิงโตแกะสลักด้วยหิน ความสูง ๒.๕ เมตร
เพื่อเป็นของขวัญในโอกาสมหามงคลที่พระบาทสมเด็จพระเจ้าอยู่หัวทรงเจริญพระชนมายุครบ ๘๐ พรรษา

ล่าสุดในปี ๒๕๕๔ รัฐบาลสาธารณรัฐประชาชนจีนได้จัดส่งกระต่ายที่แกะสลักจากหยกขาวจำนวน ๑ คู่ ซึ่งเป็นปีนักษัตร
(ปีเถาะ) อันเป็นปีพระราชสมภพในพระบาทสมเด็จพระเจ้าอยู่หัว และเพื่อร่วมเฉลิมฉลองปีมหามงคลเฉลิมพระชนมพรรษาครบ ๗ รอบ ๘๔ พรรษาฯ
ควบคู่กับการเจริญสัมพันธไมตรี ๓๖ ปี ไทย-จีน อีกด้วย

-๒-

นอกจากของขวัญอันล้ำค่าจากรัฐบาลสาธารณรัฐประชาชนจีนที่ส่งมอบให้ในโอกาสสำคัญข้างต้นแล้ว
ในแต่ละปีกระทรวงวัฒนธรรมสาธารณรัฐประชาชนจีนยังได้นำความเป็นสิริมงคลมาให้แก่พี่น้องชาวไทยเชื้อสายจีน ด้วยการอัญเชิญตราประทับเจ้าแม่กวนอิม อายุกว่า
๑,๐๐๐ ปี มาร่วมจัดแสดง

ด้วยความเป็นประเทศเอเชียด้วยกันนั่นเอง ประเทศไทยเป็นประเทศเดียวที่คณะผู้แทนวัฒนธรรมของรัฐบาลจีนเข้าร่วมกิจกรรม»ความสุขในวันตรุษจีน
ซึ่งศิลปะกลุ่มไปไทยเหนือกว่าประเทศอื่นใดในภูมิภาคเอเชียหรือแม้แต่ทั่วโลก อีกทั้งได้ให้ความร่วมมือเป็นอย่างดีในการคัดสรรนำคณะนาฏศิลป์และนักแสดงที่เปี่ยม
ความสามารถจากเมืองต่าง ๆ รวมแล้วเกี่ยวกับแต่ละภูมิภาคของจีน อย่างเช่น เขตปกครองตนเองทิเบต เขตปกครองตนเองกวางสีจ้วง เขตปกครองตนเองมองโกเลีย
และเขตปกครองตนเองซินเจียงอุยกูร์ เป็นต้น ซึ่งต่างก็ได้จัดส่งนักแสดงเดินทางไกลโพ้นเพื่อมาส่งมอบความสุขให้กับพี่น้องคนไทยตามวาระต่าง ๆ

ผ่านการแสดงที่หาชมได้ยากหลากหลายรูปแบบ อาทิ อุปรากร การแสดงหุ่น มวยกังฟู กายกรรม คนเปลี่ยนหน้ากาก นาฏศิลป์ท้องถิ่นและนาฏศิลป์แบบราชสำนัก
การแสดงวัฒนธรรมจีน จาก ๕๖ ชนเผ่า ตลอดจนการแสดงแลกเปลี่ยนระหว่างเมืองคู่แฝด ประกอบด้วย นครปักกิ่งกับกรุงเทพมหานคร เมืองหนานหนิง เมือง
คู่แฝดกับขอนแก่นและหาดใหญ่ เมืองเอี้ยนไถ และเกาะไหหลำเมืองคู่แฝดกับภูเก็ต ล้วนสร้างความตื่นตาตรึงใจ เป็นที่น่าจดจำ โดยเฉพาะการแสดงผสมผสานวิถีวัฒนธรรม ๒
มิตรภาพ ชุด "สายสัมพันธ์ แนบแน่นมิลืมเลือนในอดีตที่มีจากฮวงโหสู่ลุ่มเจ้าพระยา" อันสื่อความหมายอย่างลึกซึ้งถึงสายใยที่ได้สอดประสานกันยาวนานและแน่นแฟ้น
การจัดกิจกรรมเฉลิมฉลองเทศกาลตรุษจีนในประเทศไทย ได้ขยายพื้นที่จัดงานสู่หลายๆ เมืองในทุกภูมิภาคซึ่งล้วนมีพี่น้องชาวไทยเชื้อสายจีนได้พำนักอาศัยอยู่ ได้แก่ เชียงใหม่
นครสวรรค์ สุพรรณบุรี พระนครศรีอยุธยา ชลบุรี (พัทยา) ราชบุรี นครราชสีมา สงขลา (หาดใหญ่) ภูเก็ต และตรัง ซึ่งแสดงให้เห็นได้ว่าประเทศไทยเป็นบ้านที่อบอุ่น และคนไทย-
จีนใช่อื่นไกล แต่ใกล้ชิดผูกพันดุจพี่น้อง และที่สำคัญไปกว่านั้นคณะนาฏศิลป์จากสาธารณรัฐประชาชนจีน ยังหมุนเวียนไปจัดแสดงในทุกภูมิภาคตามเมืองท่องเที่ยวหลักของไทย
ซึ่งจะเป็นการเผยแพร่ประชาสัมพันธ์ศิลปวัฒนธรรมและการท่องเที่ยวของสาธารณรัฐประชาชนจีนสู่สายตานักท่องเที่ยวชาวต่างชาติที่พำนักอยู่ในประเทศไทยให้ได้รับทราบอีกทางหนึ่ง
โดยในวันตรุษจีนของทุกปีได้มีการส่งมอบความปรารถนาดีต่อกันผ่านคำอวยพรจากบุคคลสำคัญในระดับรัฐบาล
รวมทั้งมีสื่อมวลชนจากสาธารณรัฐประชาชนจีนได้เดินทางมาสัมผัสบรรยากาศการเฉลิมฉลองเทศกาลตรุษจีนในกรุงเทพมหานครและในภูมิภาค
ซึ่งส่งผลต่อการส่งเสริมการเดินทางท่องเที่ยวได้กระจายตัวไปในหลายพื้นที่อย่างต่อเนื่อง และกลายเป็นธรรมเนียมปฏิบัติของการเดินทางเยี่ยมเยือนกัน
โดยไทยมีโอกาสให้การต้อนรับคณะผู้แทนวัฒนธรรมของรัฐบาลจีนงกระทรวงวัฒนธรรมจีนกว่า ๒๐-๓๐ ครั้ง

-๓-

ความร่วมมือดังกล่าว ขยายผลไปสู่การรังสรรค์กิจกรรมพิเศษเพื่อเป็นสีสันและดึงดูดความสนใจ ได้แก่ การแสดงโคมไฟน้ำแข็ง (Ice Dome)
โดยไทยได้เชิญช่างทำโคมไฟน้ำแข็งฝีมือดีจากเมืองฮาร์บิน มาแสดง ผลงานโคมน้ำแข็งในรูปแบบต่าง ๆ ซึ่งเป็นกิจกรรมหนึ่งในโครงการเทศกาลโคมไฟ สีสันเมืองใต้
ซึ่งจัดต่อเนื่องมากว่าหลายปี
ในแง่ของการแลกเปลี่ยนทางวัฒนธรรม
การท่องเที่ยวแห่งประเทศไทยได้มีการส่งช่างแกะสลักน้ำแข็งซึ่งเป็นตัวแทนประเทศไทยไปร่วมแกะสลักน้ำแข็งในงานเทศกาลน้ำแข็งที่เมืองฮาร์บิน มณฑลเฮ่ยหลงเจียง
สาธารณรัฐประชาชนจีน เป็นประจำทุกปีเช่นเดียวกัน
หากไม่นับ ๔๑ ปีความสัมพันธ์อย่างเป็นทางการในปัจจุบัน อาจกล่าวได้ว่าระหว่างไทยและสาธารณรัฐประชาชนจีนมีความสนิทสนมยาวนานมากกว่านั้น
ด้วยมิตรจิตมิตรใจที่มีต่อกัน และการแลกเปลี่ยนวัฒนธรรมของสองประเทศจากปี พ.ศ. ๒๕๔๗เป็นต้นมา จึงเป็นที่มาของการก่อสร้างศูนย์วัฒนธรรมสาธารณรัฐประชาชน
จีนในประเทศไทย โดยมีนายอู๋ ปังกั๋ว (Mr.Wu Bangguo) ประธานคณะกรรมการประจำสภาผู้แทนประชาชนแห่งชาติจีน และมาดามจ้าว เฉ่าหัว(Mrs. Zhao Shaohua)
เป็นผู้แทนฝ่ายรัฐบาลสาธารณรัฐประชาชนจีน พร้อมด้วยนายชัย ชิดชอบ ประธานรัฐสภาไทย เป็นผู้แทนฝ่ายไทย ตลอดจนผู้บริหารของ สำนักงานการท่องเที่ยวแห่งชาติไทย
ได้ร่วมในพิธีวางศิลาฤกษ์ เมื่อวันที่ ๑๑ พฤศจิกายน ๒๕๕๓นายกรัฐมนตรีของทั้งสองประเทศได้เปิดตัวศูนย์วัฒนธรรมจีนในเขตกรุงเทพมหานครร่วมกันเมื่อวันที่ 21 พฤศจิกายนพ.ศ.
2556 ซึ่งถือเป็นนิมิตหมายที่ดีและแสดงให้เห็นว่าประเทศไทยกับสาธารณรัฐประชาชนจีน จะยังคงสานต่อความร่วมมือในการแลกเปลี่ยนวัฒนธรรมอย่างต่อเนื่อง เพื่อส่งเสริมความเข้าใจ
การเรียนรู้ซึ่งกันที่จะก่อเกิดความสมานฉันท์อย่างยั่งยืนตลอดไป

Friendship and Experiences of Thailand-China Cultural Exchange

Suraphon Svetasreni
Director of Tourism Authority of Thailand

On August 19, 2011, I was awarded in Beijing the "Cultural Exchange Contribution Award" by Ministry of Culture of the People's Republic of China. The Aggregate Deeds of Cultural Exchange Contribution Award Winners was edited and published by the Ministry of Culture to intensify and strengthen the strong and friendly Sino-foreign long-term relationships. I shall express my heartfelt gratitude to relevant institutions for promoting the smooth progress of Thailand-China cooperation on cultural exchanges. My being able to make contributions to the development of the two countries' friendship brings pride and joy to me.

The friendly relationship between China and Thailand is cherished by the royal family of Thailand, the governments, and the people of both countries. For a long time, both countries have enhanced their understandings of each other through mutual learning in cultures and customs through exchanges and cooperation in fields including business and tourism. Spring festival, which has great significance in promoting the development of brotherly relationships between the two countries, is a special case in point.

Since the year of 2004, Tourism Authority of Thailand and Chinese Embassy in Thailand had started holding a series of activities to celebrate the Spring Festival. In 2005, the 50th anniversary to celebrate Spring Festival was held in China Town on Yaowarat Road in Bangkok. It also marked the 30th anniversary of the official establishment of Sino-Thailand relationship as well as the 72nd birthday of the Queen of Thailand.

In 2006, a large dragon lantern was presented by Chinese government during the Spring Festival celebration as a gift for the 60th anniversary of the King of Thailand's accession to the throne.

In the spring festival of 2007, a 2.5-meter-high stone lion was presented by Chinese government to Thailand government as a gift for the 80th birthday of the King of Thailand.

In the spring festival of 2011, Year of the Rabbit in Chinese Lunar Calendar, a pair of jade hare stone sculptures were presented by Chinese government to celebrate the 84th birthday of the King of Thailand and the 36th anniversary of the establishment of diplomat relationships between China and Thailand.

II

Besides presenting precious gifts in significant moments mentioned above, The Ministry of Culture of the People's Republic of China also sends blessings to overseas Chinese in Thailand every year. For instance, they sent a seal of Guanyin with over 1,000 years' history to Thailand for people to worship and consecrate.

Thailand and China are both Asian countries. Each year, Chinese government sends art troupes to Thailand for cultural exchange performances. Thailand is the only country in Asia or even the whole world that enjoys such privilege, with performances greater than those in other countries. Besides, the Chinese government selects programs and outstanding actors from all over the country for the Chinese New Year celebrations in Thailand. The acts selected come from almost all regions, such as Tibetan Autonomous Region, Guangxi Zhuang Autonomous Region, Inner Mongolia Autonomous Region, and Xinjiang Uygur Autonomous Region. Actors come all the way to Thailand to display their brilliant performances—operas, shadow plays, martial arts, acrobatics, mask-changing, classical dances, and folk songs and dances. Spectacular cultural performances cover the 56 ethnic groups, with the tidings of comfort and joy. Besides, there are cultural exchange performances between sister cities, such as Beijing and Bangkok; Nanning and Khon Kaen, Hat Yai; Yantai, Hainan Island and Phuket, all refreshing and impressive to the audience. The performance "Friendship as old as time from the Yellow River Basin to Chao Phraya River Delta," a fusion of two different cultures, in particular, displays the long history of cultural exchanges between the two countries.

The Spring Festival celebrations in Thailand have swept over the country including Chiang Mai, Nakhon Sawan, Suphanburi, Ayutthaya, Chon Buri (Pattaya), Ratchaburi, Nakhon Ratchasima, Songkhla (Hat Yai), Phuket and Trang which are home to overseas Chinese. We know that Thailand is a warm family. We can also believe that distance wouldn't be in the way of the closely linked relationship between the people of Thailand and China. More importantly, performances of Chinese Art Troupes in major tourist cities in Thailand is an experience for sojourn expatriates in Thailand to taste Chinese culture and art as well as another way to promote Chinese tourism.

Every year, high officials of both countries send New Year greetings to each other. Chinese media also provides

newscasts on Bangkok and other cities where the natives celebrate the Spring Festival. The newscasts have played a positive role in promoting the development of tourism in Thailand and have become a significant program in cultural exchange between China and Thailand. As of today, The Tourism Authority of Thailand has received the governmental delegations from the Ministry of Culture of People's Republic of China 20-30 times.

III

The cooperation of the two countries has extended to some compelling and engaging areas, such as the Ice Lantern Show. As part of the Ice Lantern Show program in Southern Thailand, the Thailand government has, for three years in a row, been inviting ice sculpture artists from Harbin to Thailand, where they make various colorful sculptures for exhibition.

Meanwhile, ice sculpture artists, on behalf of Thailand, will be sent by Tourism Authority of Thailand to take part in the exhibition of International Ice and Snow Sculpture Festival held in Harbin, Heilongjiang, China every year.

Thailand has officially established diplomatic relationships with China for 41 years, but the intimate friendship between both countries goes farther. Since 2004, cultural exchanges between the two countries have been going deeper, with our friendship reinforced. This facilitated the establishing of China Cultural Center in Bangkok. On November 11, 2010, representatives of the Chinese government and those of Thailand government attended its foundation stone laying ceremony. The Chinese representatives included Wu Bangguo, chairman of the Standing Committee of the National People's Congress and Zhao Shaohua, vice minister of Ministry of Culture of the People's Republic of China. The Thailand representatives included Mr. Chai Chidchob, president of the National Assembly of Thailand, and other officials of Tourism Authority of Thailand. It was a historical moment that heralded the continuation of cultural exchanges and cooperation, as well as the mutual understanding and concerted efforts between the Kingdom of Thailand and the People's Republic of China.

朱拉蓬

泰国

泰国公主朱拉蓬出生于1957年7月4日，系泰国九世王普密蓬三女儿。朱拉蓬1979年毕业于泰国农业大学化学系，1985年在泰国玛希顿大学获化学博士学位，其后又先后留学于德国和日本。朱拉蓬1982年与泰国空军军官威拉育结婚，婚后获泰王特别批准保留王室成员和公主身份。朱拉蓬婚后育有两女，但后来离婚。

自2001年8月起，朱拉蓬公主已先后在泰国和中国与中方共同举办了6届“中泰一家亲”大型音乐舞蹈晚会，亲自登台演出中国古筝名曲，为中泰文化交流史写下了辉煌篇章，带动了两国文化交流乃至两国关系的稳固发展。泰王室对中泰文化交流项目的积极参与对泰国社会与民众起到了良好的示范作用。

“中泰一家亲”音乐歌舞晚会带动中泰文化交流向纵深发展

2001年5月，驻泰国使馆报回泰国朱拉蓬公主喜爱古筝，并希望于2001年8月在曼谷举办“中泰一家亲”音乐会的情况，我部即做出积极响应，派出周和平副部长率政府代表团以及中国艺术团一行50人赴泰参加音乐会。在演出获得圆满成功，各界反响热烈，朱拉蓬公主兴犹未尽之际，文化部相机邀请朱拉蓬公主于2002年8月来华举办第2届“中泰一家亲”音乐会。2003年，李岚清副总理访泰时，与泰国领导人达成共识，即“中泰一家亲”应作为两国文化交流的重要品牌由两国政府轮流主办下去。2005年，应泰方邀请，我部组派艺术团赴泰参加第3届“中泰一家亲”音乐会。泰国朱拉蓬公主一行55人于2009年12月12日至26日来华访问，分别在北京、上海和广东等地举办了第4届“中泰一家亲”音乐歌舞晚会。2012年8月，第5届“中泰一家亲”音乐歌舞晚会在泰国曼谷、孔敬和合艾等地举行，杨志今副部长率代表团赴泰参加了活动。2013年12月，第6届“中泰一家亲”音乐歌舞晚会在北京、上海和杭州举办。在京访演期间，张德江委员长会见了朱拉蓬公主，刘延东副总理出席观看了演出。

泰国王室在泰国人民心目中拥有崇高的地位。王室重视对华文化关系，对公众有着示范和引导作用，其意义已超出文化交流的范畴，对双边关系的发展亦会产生深远的影响。朱拉蓬公主学习中国乐器并在两国举办“音乐会”，这在我对外文化交流史中尚无先例，也是我多年来对外文化交流工作的突破，积极做泰国王室工作，对于带动中泰双边关系以及文化交流向纵深发展具有积极的意义。

นายสุรพล เศวตเศรนี ผู้ว่าการการท่องเที่ยวแห่งประเทศไทย

สมเด็จพระเจ้าลูกเธอ ฟ้าหญิงจุฬาภรณวลัยลักษณ์ อัครราชกุมารี

สมเด็จพระเจ้าลูกเธอ ฟ้าหญิงจุฬาภรณวลัยลักษณ์ อัครราชกุมารี ประสูติเมื่อวันที่ 4 กรกฎาคมพ.ศ. 2500 เป็นพระราชธิดาองค์ที่ 3ในพระบาทสมเด็จพระปรมินทรมหาภูมิพลอดุลยเดช ทรงสำเร็จการศึกษาจากภาควิชาเคมีคณะวิทยาศาสตร์มหาวิทยาลัยเกษตรศาสตร์ต่อมาในปีพ.ศ.2522 ต่อมาทรงสำเร็จการศึกษาระดับปริญญาเอกสาขาวิชาเคมีมหาวิทยาลัยมหิดล หลังจากนั้นในปีพ.ศ.2528 ได้ทรงเข้าศึกษาต่อเพิ่มเติม ณ ประเทศญี่ปุ่นและประเทศเยอรมนีตามลำดับ ในปีพ.ศ.2525

สมเด็จพระเจ้าลูกเธอ ฟ้าหญิงจุฬาภรณวลัยลักษณ์ อัครราชกุมารีทรงอภิเษกสมรสกับนาวาอากาศตรีวีรยุทธ

หลังจากอภิเษกสมรสแล้วพระบาทสมเด็จพระปรมินทรมหาภูมิพลอดุลยเดชมหาราชทรงพระกรุณาโปรดเกล้าโปรดกระหม่อมพระราชทานพระบรมราชานุญาตเป็นกรณีพิเศษ จึงทรงพระกรุณาโปรดเกล้าโปรดกระหม่อมให้ดำรงพระอิสริยยศฐานันดรศักดิ์แห่งพระราชวงศ์สืบไป ทรงมีพระราชธิดา 2 พระองค์ แต่ภายหลังก็ทรงหย่ากัน

นับตั้งแต่เดือนสิงหาคมพ.ศ. 2544สมเด็จพระเจ้าลูกเธอ ฟ้าหญิงจุฬาภรณวลัยลักษณ์ อัครราชกุมารีได้ทรงทำการกระชับสัมพันธไมตรีระหว่างราชอาณาจักรไทยและสาธารณะรัฐประชาชนจีนโดยทรงนำศิลปวัฒนธรรมของทั้งสองประเทศ มาจัดการแสดง ประทานชื่องานว่า“สายสัมพันธ์สองแผ่นดิน”ซึ่งจัดมาถึง 6 ครั้งในสาธารณรัฐประชาชนจีนกับราชอาณาจักรไทยตามลำดับ สมเด็จพระเจ้าลูกเธอ ฟ้าหญิงจุฬาภรณวลัยลักษณ์ อัครราชกุมารียังทรงบรรเลงเครื่องดนตรีโบราณ“กู่เจิง”ในราชสำนักของจีนด้วยพระองค์เอง ได้ทรงพระราชนิพนธ์บทความที่งดงามสำหรับประวัติความเป็นมาของการแลกเปลี่ยนวัฒนธรรมระหว่างราชอาณาจักรไทยกับสาธารณะรัฐประชาชนจีน ร่วมถึงทรงส่งเสริมการแลกเปลี่ยนวัฒนธรรมระหว่างสองประเทศและการเจริญเติบโตที่มั่นคงของความสัมพันธ์ทวิภาคีระหว่างราชอาณาจักรไทยและสาธารณรัฐประชาชนจีน โดยการมีส่วนร่วมในโครงการแลกเปลี่ยนวัฒนธรรมระหว่างราชอาณาจักรไทยและสาธารณรัฐประชาชนจีนของพระราชวงศ์ไทย เพื่อเป็นแบบอย่างที่ดีต่อสังคมไทยและประชาชนชาวไทย

การแสดงดนตรีและวัฒนธรรม“สายสัมพันธ์สองแผ่นดิน”

เพื่อส่งเสริมการแลกเปลี่ยนวัฒนธรรมระหว่างไทย – จีนพัฒนาความสัมพันธ์ในระดับลึก

เมื่อเดือนพฤษภาคมพ.ศ. 2544 ตามรายงานจากเอกอัครราชทูตไทยประจำสาธารณะรัฐประชาชนจีน สมเด็จพระเจ้าลูกเธอ ฟ้าหญิงจุฬาภรณวลัยลักษณ์ อัครราชกุมารีโปรดทรงเครื่องดนตรี“กู่เจิง” และมีพระประสงค์จัดทำการแสดงดนตรีและวัฒนธรรม“สายสัมพันธ์สองแผ่นดิน”ณกรุงเทพฯในเดือนสิงหาคมพ.ศ. 2544ข้าพระพุทธเจ้าฝ่ายกระทรวงวัฒนธรรมแห่งประเทศจีนข้าพระพุทธเจ้าขอพระราชทานพระบรมราชวโรกาสกราบบทูลด้วยถวายความยินดีอย่างยิ่งต่อเจ้าฟ้าหญิงจุฬาภรณ์โ

ดยได้มอบหมายให้นายโจวเหอผิงรองรัฐมนตรีเป็นตัวแทนนำพาคณะผู้แทนรัฐบาลและกลุ่มศิลปะจีนรวมกันเป็นจำนวน 50 คนเดินทางไปยังประเทศไทยและเข้าร่วมชมการแสด
งดนตรีและวัฒนธรรมการแสดงประสบความสำเร็จลุล่วงไปด้วยดี ทุกภาคส่วนได้เสียงตอบรับค่อนข้างดี ในเดือนสิงหาคมพ.ศ. 2545 กระทรวงวัฒนธรรมแห่งประเทศจีนก
ราบบังคมทูลเชิญสมเด็จพระเจ้าลูกเธอ ฟ้าหญิงจุฬาภรณวลัยลักษณ์ อัครราชกุมารีเสด็จร่วมการแสดงดนตรีและวัฒนธรรม“สายสัมพันธ์สองแผ่นดิน” ครั้งที่ 2 ที่ประเทศจีนต
อนปีพ.ศ. 2545เดือนสิงหาคมสมเด็จพระเจ้าลูกเธอ ฟ้าหญิงจุฬาภรณวลัยลักษณ์ อัครราชกุมารีทรงเพลิดเพลินกับการแสดงมากในปี พ.ศ.2546นายหลี่หลานชิง รองนายรัฐ
มนตรีในสาธารณรัฐประชาชนจีนเดินทางมายังประเทศไทย เข้าเยี่ยมหารือร่วมกันกับผู้นำของไทย อาทิ “สายสัมพันธ์สองแผ่นดิน” ควรจะยกระดับความสำคัญกับการแลกเป
ลี่ยนวัฒนธรรมของทั้งสองประเทศให้มากขึ้นโดยมีสองประเทศผลัดกันเป็นเจ้าภาพในประเทศของตนเองในปีพ.ศ. 2548 หลังจากได้รับจดหมายเชิญจากประเทศไทยทา
งกระทรวงวัฒนธรรมแห่งประเทศจีนได้ส่งตัวแทนกลุ่มเข้าร่วมชมการแสดงดนตรีและวัฒนธรรม “สายสัมพันธ์สองแผ่นดิน”ครั้งที่3ระหว่างวันที่ 12-26 ธันวาคมพ.ศ.
2552 สมเด็จพระเจ้าลูกเธอ ฟ้าหญิงจุฬาภรณวลัยลักษณ์ อัครราชกุมารีพร้อมคณะรวมเป็นจำนวน 55 คน
เสด็จเยือนกรุงปักกิ่ง นครเซี่ยงไฮ้และมณฑลกวางตุ้ง กวางตุ้ง สาธารณรัฐประชาชนจีนตามลำดับ เพื่อทรงทำการจัดแสดงดนตรีและวัฒนธรรม
“สายสัมพันธ์สองแผ่นดิน”ครั้งที่ 4 ในเดือนสิงหาคมพ.ศ.
2555รองรัฐมนตรีนายหยางจื้อจินได้นำคณะผู้แทนเดินทางไปเข้าร่วมกิจกรรมที่ประเทศไทยชมการแสดงดนตรีและวัฒนธรรม“สายสัมพันธ์สองแผ่นดิน”ครั้งที่ 5
ได้ทำขึ้นในหลายที่ อาทิ กรุงเทพฯ จังหวัดขอนแก่น จังหวัดหาดใหญ่ และที่อื่น ๆ ในประเทศไทยตามลำดับ ในเดือนธันวาคมพ.ศ.
2556 การแสดงดนตรีและวัฒนธรรม“สายสัมพันธ์สองแผ่นดิน”ครั้งที่ 6 ได้ทำขึ้น ณ กรุงปักกิ่ง นครเซี่ยงไฮ้และเมืองหางโจว ในระหว่างการแสดงดนตรีและวัฒนธรรม
นายจางตื้อเจียงประธานคณะกรรมการได้ทำการเข้าเฝ้า สมเด็จพระเจ้าลูกเธอ ฟ้าหญิงจุฬาภรณวลัยลักษณ์ อัครราชกุมารี ร่วมถึงนายหลิวเหยียนตงรองนายกรัฐมนตร
ีสาธารณรัฐประชาชนจีนได้เข้าร่วมชมการแสดงเช่นกัน
ในสายตาของประชาชนไทย พระราชวงศ์ไทยมีสถานภาพสูงส่ง พระราชวงศ์ไทยให้ความสำคัญกับความสัมพันธ์ทางด้านวัฒนธรรมต่อประเทศสาธารณะรัฐประชาชนจีน
เพื่อเป็นแบบอย่างที่ดี รวมถึงนำประโยชน์มาสู่ชาวไทย นอกจากการแลกเปลี่ยนวัฒนธรรมของทั้งสองประเทศนั้น
ยังสามารถช่วยสร้างประโยชน์อันกว้างขวางต่อการพัฒนาความสัมพันธ์ทวิภาคีระหว่างสองประเทศ สมเด็จพระเจ้าลูกเธอ
ฟ้าหญิงจุฬาภรณวลัยลักษณ์ อัครราชกุมารีทรงศึกษาการบรรเลงเครื่องดนตรีจีน และทำการแสดงดนตรีและวัฒนธรรมในราชอาณาจักรไทยและสาธารณะรัฐประชาชนจีน
ซึ่งไม่ปรากฏในประวัติศาสตร์การแลกเปลี่ยนวัฒนธรรมระหว่างประเทศสำหรับประเทศจีน และยังเป็นหลายปีที่มีการพัฒนาความก้าวหน้าของการแลกเปลี่ยนวั
ฒนธรรมระหว่างประเทศทรงเป็นเชื้อพระวงศ์ที่ทรงงาน เพื่อขับเคลื่อนและส่งเสริมความสัมพันธ์ทวิภาคีระหว่างราชอาณาจักรไทยและสาธารณะรัฐประชาชนจีน
ร่วมถึงการพัฒนาความสัมพันธ์ในระดับลึกทางการแลกเปลี่ยนทางวัฒนธรรม

Chulabhorn

Chulabhorn, Princess of Thailand was born on July 4, 1957 and is the third and youngest daughter of King Bhumibol Adulyadej of Thailand. In 1979, Princess Chulabhorn graduated from the Department of Science at Kasetsart University. In 1985, she received her Ph.D. in Chemistry from Mahidol University, after which she studied in Germany and Japan. In 1982, Princess Chulabhorn married the Air Vice Marshal of Royal Thai Air Force, Virayudh Tishyasarin. After her marriage to Virayudh Tishyasarin, a man of lesser status, she was granted special permission by the king to retain her royal identity and rank and title. After her marriage, Princess Chulabhorn gave birth to two daughters; however, her marriage eventually ended in divorce.

Beginning in August 2001, Princess Chulabhorn has jointly held with China six "China and Thailand are Kith and Kin" large-scale music and dance shows in Thailand and China. Princess Chulabhorn personally performed Chinese classic guzheng music at the festivals, opening a brilliant new chapter for the history of Sino-Thai cultural exchanges and leading to the steady development of bilateral relations and cultural exchanges between the two countries. The Thai Royal Family has played an important role and served as a role model for Thailand and its people by actively participating in the Thai cultural exchange project.

"China and Thailand are Kith and Kin" Music and Dance Show Promotes the In-depth Development of Cultural Exchanges between China and Thailand

In May 2001, Thai embassy reported that Princess Chulabhorn had taken a liking to the Chinese instrument guzheng and hoped to host the "China and Thailand are Kith and Kin" concert in Bangkok in August 2001. Our department put out a positive response immediately and dispatched Zhou Heping, the assistant minister of government delegation, and 50 members of the Chinese Art Troupe to Thailand in order to attend the concert. The performance was a complete success, the community reacted enthusiastically, and the Ministry of Culture invited Princess Chulabhorn to host the second "China and Thailand are Kith and Kin" concert in China in August 2002. In 2003, when Vice Premier Li Lanqing visited Thailand, he reached a consensus with Thai leaders that the "China and Thailand are Kith and Kin" concert should be held as an important brand of cultural exchange between the two countries by their respective governments. In 2005, at the invitation of Thailand, our department formed and sent an art troupes to Thailand to attend the 3rd "China and Thailand are Kith and Kin" concert. From December 12 to 26, 2009, the Thai Princess Chulabhorn, accompanied by a group of 55 people, visited China and held the 4th "China and Thailand are Kith and Kin" music and dance show in Beijing, Shanghai, and Guangdong. In August 2012, the 5th "China and Thailand are Kith and Kin" music and dance show was held in places such as Bangkok, Khon Kaen, and Hat Yai, and a delegation led by Deputy Foreign Minister Yang Zhijin attended the event. In December 2013, the 6th "China and Thailand are Kith and Kin" music and dance show was held in Beijing, Shanghai, and Hangzhou. During her stay in Beijing, Princess Chulabhorn met with Chairman Zhang Dejiang while Vice Premier Liu Yandong attended the performance.

In the eyes of Thai people, the Royal Family of Thailand holds a very high status. Attaching importance to cultural relations with China has allowed the Royal Family to act as an example and role model for the public. Its meaning has gone beyond the scope of cultural exchanges and has had a profound impact on the development of bilateral relations. Princess Chulabhorn studied a Chinese musical instrument and organized "concerts" in both countries. This is unprecedented in the history of foreign cultural exchanges that I know of and is also a breakthrough in all my years of foreign cultural exchange work. The active work of the Royal Family in Thailand has a positive meaning for the further development and promotion of Sino-Thai bilateral relations and cultural exchanges.

全日本书道联盟

全日本书道联盟成立于 1951 年，是日本最大且最具影响力的书法组织，长期致力于推动中日书法界的交流与合作，是我国通过日本书法界开展文化交流的有效平台和重要团体。

全日本書道連盟の紹介

全日本書道連盟は 1951 年に設立された，日本最大で最も影響力の大きな書道団体であり、中国に好意を持っており、長期にわたって、中日書道界の交流、協力に尽力し、わが方が日本書道界を通じて展開している文化交流の効果的なプラットフォームであり、重要な団体である。

All Japan Sho Federation

Founded in 1951, the All Japan Sho Federation is the largest and most influential calligraphy organization in Japan. This Federation has been friendly to China and committed to promoting the exchanges and cooperation in calligraphy between the two nations. It is an effective platform and important group for China to carry out cultural exchanges with Japan's calligraphy circle.

全日本书道联盟

公益社团法人全日本书道联盟前身为日本书道联盟。1951 年 4 月 1 日，由当时 7 位日本近代著名汉学家和权威书法家发起成立。此后，几经改组，形成今天的“公益社团法人全日本书道联盟”（以下简称“全日本书道联盟”）。

该联盟在日本，是一个不分流派、最具亲和力和影响力的、最大的书法组织。自成立以来，致力于书法普及、鼓励和支持书法教育、推动并开展国际书法交流为中心的文化活动。该联盟对我国友好，与我国文化界、尤其是书法界关系密切，长期支持或参与日本 7 大日中友好团体开展的友好活动。1958 年，第一任理事长、近代日本书坛泰斗丰道春海，顶着巨大政治压力，率书法代表团访问中国，首开与新中国书法交流之先河。

其后，全日本书道联盟及书坛大家、巨匠，都是怀着尊崇中国文化和对中国的友好感情来华访问，举办展览，积极推动与我国的友好关系。他们为中日邦交正常化和中日和平友好条约签订而奔走，为中日友好和文化交流而努力，影响一大批人成为“以民促官”的重要力量。该联盟已故前副理事长、顾问种谷扇舟生前访华 80 多次，带领弟子遍访中国大江南北，登临大山摩崖石刻，为文化交流不停脚步。1972 年，中日邦交正常化以后“全日本书道联盟”与我国关系迎来新的历史时期。自 1973 年起，该联盟每年都派团访华，多年来邀请并接待我访日代表团数十次，历任理事长均曾多次访华，每逢重要纪念年份，都主办或互办具有影响的书法文化交流活动。2002 年，前理事长尾崎邑鹏曾率 400 多人访华办展，纪念建交 30 周年，其声势大，影响广。1975 年，时任理事长饭岛春敬召集理事会，决定为中国文化艺术事业或特定活动不定期斥资相助。当我国遭遇水灾、地震等自然灾害，更是慷慨捐献，数额有时高达 300 万日元。对于一个靠会费运作的团体而言，此举难能可贵，数额相当不菲。特别是近 20 年来，除 2011 年“3.11 东日本大地震”外，这项对华文化艺术资助善款一直延续至今。2003 年，曾捐专款资助的由文化部出版的各国文化概览丛书——《日本文化》一书付梓。

该联盟在日本联系面广、影响力大，社会基础牢固，存在条件稳定，是我国通过日本书法界开展文化交流的有效平台和重要团体。该联盟成立60多年来，为推动书法活动在内的中日文化交流事业以及中日青少年书法交流做出了重要贡献。

“全日本书道联盟”的许多加盟团体和会员认为，当前两国间的关系虽处于令人担忧的“政冷经寒”的严峻时期，但文化不能“凉”，表示要继续通过书法等各领域文化交流维护两国人民间的友好关系不断向前发展。为纪念中日邦交正常化40周年，全日本书道联盟与中国书法家协会分别在东京和北京举办了“中日书法家作品展”。今后，该联盟在“以文促信”方面值得期待。

全日本书道联盟为会员制，团体会员与个人会员遍及日本社会各层面，会员交纳会费。依据其章程，设理事会。会员大会选出理事。执行机构为理事会，推举理事长1人，副理事长3人，常务理事4人，理事22人，监事3人。每届任期4年。现任理事长为著名书法家樽本树邨。理事长为法人代表。名誉顾问4人、顾问19人。日常事务及运作由事务局负责，发行会刊。

该联盟常务理事兼事务局长、著名书法家田中节山将应邀前往北京出席颁奖仪式。

全日本書道連盟

公益社団法人全日本書道連盟の前身は日本書道連盟である。1951年4月1日、当時7人の日本近代有名な漢学者と権威ある書道家によって創立された。その後、数回の改組を経て、今の「公益社団法人全日本書道連盟」となる（以下は「全日本書道連盟」と略称）。

当連盟は日本では、流派を問わず、親和力と影響力を一番備えるとともに、最大の書道団体でもある。創立以来、連盟は書道の普及、書道教育への支持と励ましに取り組んでいて、国際的な書道交流を中心とする文化活動を推し進めたり、展開したりしている。当連盟は我が国に友好的で、我が国の文化界、とりわけ我が書道界と密接な関係を持っていて、そして長年にわたって、日本の7大日中友好団体による友好活動に支援したり、参加したりしている。1958年、初代理事長、近代日本書道界の巨匠である豊道春海は、巨大な政治圧力に直面しながら、書道代表団を率いて中国を訪問し、中華人民共和国との書道交流をスタートさせた。

その後、全日本書道連盟及び書道大家、巨匠たちは皆、中国文化への尊敬や中国への友好感情をもって中国を訪問し、展覧会を開いて、中国との友好関係を積極的に推し進めている。彼らは中日国交正常化と中日友好平和条約の締結のために奔走し、中日友好と文化交流のために努力している。彼らの影響で、多くの人は「民をもって官を促す」という重要な力となった。今は亡き当連盟の元副理事長・顧問の種谷扇舟は、生前80回余り訪中し、弟子を率いて中国各地を訪問し、各地の山での崖に刻んだ彫刻を見学し、両国の文化交流への促進に取り組んでいる。1972年、中日国交正常化以来、「全日本書道連盟」は我が国との関係は新たな歴史的な時期を迎えた。1973年より、当連盟は毎年代表団を中国へ派遣し、そして長年にわたって、何十回も我が国の訪日代表団を招待し、接待した。歴代の理事長も皆何回も訪中し、大切な記念年ごとに、当連盟は影響力のある書道文化交流活動を主催し、或いは両国でお互いに書道交流活動を開催した。2002年、中日国交正常化30周年を迎えるために、元理事長の尾崎邑鵬は400

人余りを率いて訪中し、中国で影響力が広い大型展覧会を開催した。1975年、当時の理事長であった飯島春敬は理事会を招集し、中国文化芸術事業或いは特定活動のために、不定期の資金援助をすることにした。我が国が水害、地震などの自然災害に見舞われた時に、当連盟は時には気前よく300万円もの寄付金を出した。会費で運営される団体にとって、これは実にありがたく、それに寄付金も相当高いのである。特にここ20年以来、2011年の「東日本大震災」以外、この対中文化芸術資金援助は今なお続いている。2003年、当連盟の特別支出金を出して援助した中国文化部によって出版された各国文化概覧シリーズ—『日本文化』が上梓された。

当連盟は日本において交流が広く、影響力があり、社会基盤がしっかりして、存在条件が安定で、我が国が日本書道界を通じて文化交流を展開する有効なプラットフォームと重要な団体だと言える。当連盟は成立して以来60年あまりにわたって、書道活動を含め中日文化交流事業及び中日青少年書道交流を推進するために、重要な貢献をした。

「全日本書道連盟」の多くの加盟団体とメンバーは、目下両国関係が厳しい「政冷経寒」の氷河期にあるが、文化交流が「寒く」なるべきではなく、引き続き書道など各分野の文化交流を通じて、両国人民の友好関係を維持し、さらに前へ進めようと思っている。中日国交正常化40周年を記念するために、全日本書道連盟と中国書道家協会はそれぞれ東京と北京で「中日書道家作品展」を開催した。今後、当連盟は「文化交流をもって、両国間の信頼関係を一層促進する」という面で期待される。

全日本書道連盟は会員制で、団体会員と個人会員が日本社会の各分野に及んで、連盟に会費を納める。連盟は規約により理事会を設ける。会員大会で理事が選ばれる。執行機関は理事会で、理事長1名、副理事長3名、常務理事4名、理事22名、監事3名。役員の任期は4年である。現職理事長は有名な書道家の樽本樹邨である。理事長は法人代表となる。名誉顧問4名、顧問19名。事務局が日常事務と運営を担当。会報を発行。

当連盟常務理事兼事務局長、有名な書道家の田中節山は招きに応じて北京で授賞式に出席する。

All Japan SHO Federation

The predecessor of All Japan SHO Federation, a public interest incorporated association, is Japan SHO Federation. On April 1st, 1951, it was launched and established by seven famous sinologists and authoritative calligraphers in modern Japan. Henceforth, after several times of reorganization, it becomes today's "Public Interest Incorporated Association All Japan SHO Federation" (Hereinafter referred to as "All Japan SHO Federation").

This federation is the biggest calligraphy association in Japan regardless of schools, with the most affinity, and largest influence. Since its establishment, it has been committed to popularizing calligraphy, encouraging and supporting the teaching of calligraphy, and promoting and conducting cultural activities concentrating on international calligraphy exchanges. The federation takes friendly attitude to China and keeps good relationship with the cultural circle, especially the calligraphy circle of China. It has supported and participated in the activities organized by seven Japan-China friendship groups of Japan for a long time. In 1958, Mr. Bundo Shunkai, the first Director-General, the leading authority of modern Japanese calligraphy, led a calligraphy delegation to visit China under the immense political pressure and set a precedent for the communication with calligraphy circles in new China.

Later, All Japan SHO Federation and other authorities in calligraphy circle, with friendship with China and admiration to its culture, came to visit China, held exhibitions, and actively promoted and developed friendly relationship with China. They devoted to realizing the normalization of Sino-Japanese diplomatic relations and the signing of the Treaty of Peace and Friendship between the People's Republic of China and Japan. They made efforts to the friendship and cultural exchanges of both sides and affected a large number of people into important forces of "promoting the official by the folk". Mr. Senshu Taneya, the deceased Former Vice Director-General and adviser of the federation, visited China more than 80 times during his lifetime, led his disciples to visit almost every corner of China, climbed mountains and left inscriptions on the cliffs, and spared no efforts to promoting the cultural exchanges between China and Japan. In 1972, after the normalization of diplomatic relations between China and Japan, All Japan SHO Federation entered a new historical period in terms of its relationship with China. Since 1973, they have sent delegations to visit China every year, have invited and received delegations from China dozens of times over the years, and all their successive directors-general have visited China many times. They hosted or mutually held influential calligraphy exchange activities in each important commemorative year. In 2002, the Former Director-General Mr. Yuho Ozaki led more than 400 persons to visit China and held exhibitions to commemorate the 30th anniversary of the establishment of diplomatic relations between China and Japan, in large-scale and massive impact. In 1975, the then Director-General Mr. Shunkei Iijima, convened the board of directors and decided to sponsor Chinese culture and art undertakings or specific activities from time to time. When China suffered from natural disasters such as floods or earthquakes, they generously donated us and sometimes the amount reached as high as 3 million Yen. For an association operated on membership dues, the move was very commendable and the amount was pretty huge. Especially in the recent 20 years, the funding of sponsoring Chinese culture and art continues to today, except the "Great East Japan Earthquake" on March 11, 2011. In 2003, Japanese Culture, one of the book series of brief introduction to culture of all countries, which was funded by the federation and published by the Ministry of Culture of the PRC, started to go to press.

The federation has wide connection, powerful influence, strong social foundation, and stable existence condition in Japan. It is an effective platform and important association for us to conduct cultural exchanges through calligraphy circle of Japan. For over 60 years since its establishment, the federation has made great contribution to the cultural exchanges undertakings, including calligraphy activities, and calligraphy communication for teenagers in China and Japan.

Many affiliations and members of All Japan SHO Federation hold that in spite of the grim period of "cold politics and frigid economics" that the relationship of the two countries is in now, culture cannot be "cooled". They say they will still maintain and move forward the friendly relation between the two nations through communications in calligraphy and other fields. To commemorate the 40th anniversary of the normalization of diplomatic relations between China and Japan, All Japan SHO Federation and China Calligraphers Association have respectively held the "Exhibition of Calligraphy Works of Chinese and Japanese Calligraphers" in Tokyo and Beijing. It will be worth looking forward to the "promoting trust by culture" in the future.

All Japan SHO Federation adopts membership system with group members and individual members covering all walks of Japan. According to the rules, members pay the membership dues and the federation sets up board of directors. The member meeting selects Directors. The board of directors, as the executive agency, shall elect 1 Director-General, 3 Vice Director-Generals, 4 Standing Directors, 22 Directors, and 3 Supervisors. Each term takes 4 years. The current Director-General is Mr. Jyuson Tarumoto, a renowned calligrapher. The Director-General is the legal representative. And there are also 4 honorary advisers and 19 advisers. The Affairs Bureau takes in charge of daily routine, operation, and journal publication of the federation.

Mr. Setsuzan Tanaka, the famous calligrapher, the Standing Director and the Director of the Affairs Bureau of the federation, will be invited to attend the award ceremony in Beijing.

加里罗·甘德瑞

澳大利亚

1965 年毕业于墨尔本大学艺术系，后赴美国斯坦福大学学习戏剧艺术并获硕士学位。1969 年回澳洲加入了澳中关系委员会(CACR)，1977 年 2 月，随澳中关系委员会代表团访华，积极推动中澳建交。1979 年任墨尔本 PLAY BOX 剧院院长，多次组织澳洲艺术团和艺术机构管理人员访华，承办福建木偶剧团、南京杂技团、江苏京剧团、湖南木偶剧团等团组赴澳洲访演。1983-1984 年，组织南京杂技团演员到澳洲进行教学培训项目，促成在墨尔本成立澳国家马戏学院（NICA）。

1985-1987 年任澳驻华使馆文化参赞。积极组织澳中两国文化交流活动，推动两国科学技术、医疗、农业、环保、体育和教育等方面的合作与交流。1988 年任墨尔本 PLAY BOX 剧院院长，邀请江苏京剧团来墨尔本与澳演员进行艺术交流并同台演出。

2001-2009 年任墨尔本艺术中心主席期间，邀请并接待了文化部副部长艾青春率领的国家大剧院考察团、中国剧协代表团；促成中芭《大红灯笼高高挂》、上海舞剧《野斑马》、新疆舞蹈团《丝绸之路》等在墨尔本艺术中心商演成功；邀请中国艺术家参加墨尔本国际喜剧节和墨尔本国际艺术节演出；组织澳戏剧导演 Perter Wilson 访华并与中国儿童艺术剧院合作编导《十二生肖》，得到文化部的支持。该剧在华演出成功后又在墨尔本艺术中心上演，深受观众喜爱。甘德瑞先生和夫人王子音非常热爱中国文化，2007 年成立了 PLAYKING 基金会并赞助了许多中澳文化交流项目。

2010 年，任墨尔本国际艺术节主席，应文化部邀请，率领澳洲文化机构高管访华。在为期 8 天中观看了 18 场演出，为中国演艺项目进入国际市场积极提建议，提供多方面支持。2011-2012 年澳大利亚“中国文化年”举办期间，邀请国家话剧院《恋爱中的犀牛》赴澳并在阿

德莱德、布里斯班和墨尔本三大艺术节上演出成功；协助安排中芭《牡丹亭》在墨尔本艺术中心的商演和广州战士杂技团在墨尔本的专场演出。

2012 年 6 月澳大利亚“中国文化年”圆满闭幕后，甘先生积极宣传介绍中国，提供 10 万澳元赞助并促成墨尔本国际艺术节和新西兰国际艺术节编导与四川乐山歌舞团合作，把反映汶川地震灾区抗震救灾的 8 分钟歌舞节目打造成 80 分钟的舞剧《断层线》。该项目得到了文化部外联局的支持。该剧在 2012 年墨尔本国际艺术节上成功演出后还赴新西兰巡演。2012 年 11 月，甘先生促成墨尔本艺术中心与中国国家话剧院合作创作双语音乐剧《蝴蝶》，该剧在中，澳两国巡演。

甘德瑞先生热爱中国，长期以来热心致力于中澳两国文化交流工作，并为此做出不懈努力，为组织和推动政府间及民间文化交流活动做出了突出贡献。他积极宣传中国，促进中澳两国人民之间的了解和友谊，为推动中国文化走向国际舞台架设友谊桥梁。

Carrillo Gantner

Carrillo Gantner graduated from Arts Department of University of Melbourne and got his Master's degree in Drama Art in Stanford University. In 1969, Mr. Gantner returned to Australia and joined CACR (Commission of Australia-China Relationship). In February, 1977, Mr. Gantner joined CACR's delegation in visiting China and promoted the diplomatic relationship between China and Australia. In 1979, Mr. Gantner became director of PLAY BOX Theater, and, for many times, organized art troupes and administrative staff of art institutions in Australia to visit China and undertook the group performance of Fujian Puppet Troupe, Nanjing Acrobatics Troupe, Jiangsu Peking Opera Troupe and Hu'nan Puppet Troupe in Australia. In 1983 and 1984, he organized performers in Nanjing Acrobatics Troupe for teacher training sessions in Australia and saw the establishment of National Institute of Circus Arts (NICA).

From 1985 to 1987, Mr. Gantner was cultural counselor of Australian Embassy in China. During his capacity as such, Mr. Gantner organized cultural exchange between Australia and China, promoted communication and cooperation of science, technology, health care, agriculture, environmental protection, sports and education between the two countries. In 1988, he became director of PLAY BOX Theater in Melbourne and invited performers of Jiangsu Peking Opera Troupe to talk and co-perform with Australian performers. During his presidency of Victoria State Art Center between 2001 and 2009, Mr. Gantner received the delegation of China National Center for the Performing Arts and the delegation of China Theater Association led by Ai Qingchun, Vice-minister of Culture of the PRC. Moreover, he contributed to the commercial performance of Raise the Red Lantern by National Ballet of China, Wild Zebra by a Shanghai dance troupe and Silk Roads by a Xinjiang dance troupe. He invited Chinese artists to participate in Melbourne International Comedy Festival and Melbourne International Art Festival. Moreover, he organized the visit of Australian theater director Peter Wilson to China and helped him to co-direct Little Dragon Boy with China National Theater for Children with the support of the Ministry of Culture of the PRC. After successful performance in China, the play was put on show in Melbourne Arts Center and received rave review. Mr. Gantner and his wife Wang Ziying have a passion for Chinese culture and have founded PLAYKING Foundation in 2007, which sponsored many cultural exchange programs between China and Australia.

In 2010, Mr. Gantner became president of Melbourne International Art Festival. At the invitation of the Ministry of Culture of the PRC, he and top-ranking officials of Australian cultural institutions visited China. He watched 18 performances within 8 days, proposed his thoughts for how China's entertainment projects could enter the global market and offered sponsorships. During the Year of Chinese Culture in Australia in 2011-2012, he invited the performing group of Rhinoceros in Love from National Theater of China to perform in Adelaide, Brisbane and Melbourne's three art festivals. He helped Kunqu opera Peony Pavillion by National Ballet of China to debut as a commercial show in Melbourne Arts Center as well as Guangzhou Zhanshi Acrobatics Troupe to have a special performance in Melbourne.

After the conclusion of the Year of Chinese Culture in Australia in June, 2012, Mr. Gantner devoted much of his time to popularizing China. He offered AUD 100,000 to sponsor and facilitate the cooperation between Sichuan Leshan Art Troupe and producers, directors from Melbourne International Art Festival and New Zealand International Art Festival. With joint efforts, the 8-minute dance-sing performance about earthquake rescue in Wenchuan was remade into an 80-minute dance drama called Fault Line. The project was supported by the Bureau for External Cultural Relations in the Ministry of Culture. After its debut on 2012 Melbourne International Art Festival, the drama toured New Zealand. In November, 2012, Mr. Gantner helped Melbourne Arts Center and National Theater of China to work together on the bilingual musical Butterfly, which was on national tour in China after its debut in Beijing in January, 2013. In the second half of 2013, the musical was touring Australia and was performed at Melbourne International Art Festival.

Mr. Gantner has a huge passion for China and has long been devoted to cultural communication between China and Australia. He has made extraordinary and persistent efforts to organize and facilitate public and private cultural exchange between the two countries. He is an active advocate of China who enhances mutual understanding and friendship between the two countries and who helps China's culture to go global.

大卫·J. 弗雷尔

David J. Fraher

美国

大卫·J. 弗雷尔（David J. Fraher），男，59岁，美国人，美国中西部艺术联盟总裁。

弗雷尔自1988年担任美国中西部艺术联盟总裁以来，积极参与中美两国在文化领域的交流与合作，将中国的传统文化、表演艺术和少数民族艺术带入美国，为中美官方文化交流和人员培训工作牵线搭桥，为推动中美文化交流与合作做出了突出贡献。

David J. Fraher, male, aged 59, is from American. He is the president of American Midwest Art Federation.

Since he became the president of Arts Midwest, he has avtively taken part in the exchange and cooperation between China and America in the cultural field, and brought China's traditional culture, performance art and art of the ethnic minorities into America. He has become the channel between China and America for official cultural exchange and personnel training and made significant contribution to promoting the cultural communication and cooperation between China and America.

大卫·J. 弗雷尔

近四十年来，大卫·J. 弗雷尔运用他的创造力，专注于在美国乃至全世界创建并引领艺术组织与艺术项目。在对艺术强烈的个人信仰的指引下，他的工作致力于拓展人类视野，并加深不同文化、不同国家居民之间的相互理解。

自 1983 年担任中西部艺术联盟总裁兼首席执行官以来，弗雷尔最重要的成就是招募并培养了一批训练有素、充满活力的专业人才。他们作为一个团队，坚持设计并创作各类艺术项目，这些项目体现了中西部艺术联盟对于高质量、多样性、深度人文关怀以及不断学习的承诺。每年，中西部艺术联盟的作品——包括剧院演出、舞蹈、音乐合奏；视觉艺术展览；电影和多媒体演示；文学活动以及领导力发展研讨会——给美国中西部、美国其他地区成百上千个社区的百万以上居民，以及其他世界各地的社区都带来了非凡的艺术体验。

弗雷尔任职期间，中西部艺术联盟在一系列具有关键性、战略性的美国国家计划中起到了引领性作用。这些与公立或私人艺术基金以及政府官员的合作带来了创造性的变化，诸如国家艺术基金会投入的“莎士比亚进社区”项目；“爵士大师巡回演奏”及“大阅读”项目（均由中西部艺术联盟均参与设计并代表国家艺术基金会执行）；华莱士基金会投入的州立艺术机构“扩大文化参与，加强艺术合作”（START）项目（该项目从根本上改变了艺术基金创造并衡量自身公众价值的模式），以及“东方客栈：艺术相遇的地方”项目（一个由多丽丝·杜克基金会委托并资助的项目。多丽丝·杜克基金会是一个伊斯兰艺术基金会，它尝试运用艺术作为一个切入点，来打开并拓展美国社会与当代穆斯林社会之间的对话）。

此外，在弗雷尔的带领下，中西部艺术联盟设立了一系列丰富多样、不断拓展的国际合作与文化交流项目，可以直接让美国艺术家与国际观众接触，美国观众——特别是美国乡村的观众——与世界上多种多样的文化相接触。这些成功的项目——包括大型或小型的视觉盛宴、艺术负责人与艺术家们的交流及驻演、国外演员美国巡演、以及组织美国艺术家在其他国家的巡演——都是在与其他国家的艺术家、艺术组织以及政府部门的合作下完成的。这些国家包括日本、马来西亚、印度尼西亚、巴基斯坦、埃及、摩洛哥、土耳其、以色列、智利、墨西哥、加拿大、奥地利、波兰、匈牙利、捷克共和国以及中华人民共和国。

具体就中国而言，弗雷尔于20世纪90年代末期，在主要顾问、同事以及合作伙伴的帮助下，在这个广阔国度的文化界打造了了一个纵深交错、充满活力的合作关系网络。他相信，文化交流与理解只有在个体的参与和友谊交往下，才能更好地蓬勃发展。鉴于此，在过去的15年内，弗雷尔已经前往中国40多次，其中许多时间花在上海——北京文化轴线之外的地方。

这些举措，让中西部艺术联盟成为正在发展的中美文化交流舞台上的一个重要资源。中西部艺术联盟通过各类项目，将一系列形式多样的中国艺术表演带到了美国观众身边。这些表演横跨美国各地，覆盖了超过45个社区。每一个项目均包含有长达数天的、具有教育意义的驻地演出，以确保美国观众（尤其是美国学生）有机会加深对于中国丰富多样的文化遗产的认识与理解。此外，中西部艺术联盟引入当代及传统美国视觉艺术家以及美洲原住民演员，将他们带给了超过16个社区的中国观众，演出地点从云南省的边远山村一直到北京的国家大剧院。

弗雷尔与中西部艺术联盟坚持扩大同中方的合作。他加大战略措施力度，以训练培养中国演员进入美国市场的能力；提高美国演艺产业巨头对于中国艺人的重视程度；致力于寻找新的合作机会，拓展以往演艺界成功案例，从而探索能够加大对于中国传统与现代视觉艺术者及其艺术形式的认同度的合作战略。

除担任中西部艺术联盟的领导者以外，弗雷尔目前还兼任美国“艺术村联盟”董事会成员。他同时也是“西部各州艺术联盟”“BOA出版有限公司纽约分部”“亨内平艺术中心”“美国国家艺术经纪联盟”的委员会成员。他还担任了美国国家艺术捐赠基金、皮尤慈善信托基金、多丽丝·杜克慈善基金、华莱士基金、宾夕法尼亚洲艺术委员会以及全美表演艺术经纪人协会的顾问。

2007年，大卫·弗雷尔获得“美国国家艺术经纪联盟”颁发的“盖瑞·扬”奖，承认其在公众艺术领域的领航地位。2008年，由于个人卓越的贡献，他获得了国家艺术基金会的主席勋章。2012年，大卫被选为萨尔茨堡城市代表，参与讨论全球文化事务。同样在2012年，因致力于在明尼苏达州引导更广泛、更多样化的公众群体接触艺术，他获得了由奥德威表演艺术中心颁发的“莎莉奖”艺术类奖项。

在加入中西部艺术联盟之前，弗雷尔为怀俄明州艺术委员会执行董事，并担任位于新墨西哥州圣达菲市的“西部各州艺术联盟”的项目总监。他拥有纽约州立大学布鲁克波特学院的创意写作学士学位，并在位于雅典市的俄亥俄大学攻读了为期两年的创意写作与文学方向的硕士。他还是一位有作品出版的诗人。

不外出的时候，他居住在明尼苏达州的明尼阿波利斯市，借由烹饪和园林园艺来培养创造力。他是一个疯狂的书籍爱好者，收集了包括当代美术摄影、二十世纪版画及纸上作品、域外艺术、亚洲古董以及当代艺术品方向的各类书籍。

David J. Fraher

For nearly four decades, David J. Fraher has focused his creative skill on building and leading arts organizations and programs, both throughout the United States and globally. His work has been guided by a strong personal belief in the power of the arts to expand human horizons and deepen understanding among peoples of different cultures and nations.

In his role as President and Chief Executive Officer of Arts Midwest, a position he has held since 1983, Fraher's greatest accomplishment has been to recruit and nurture a staff and board of highly skilled and motivated professionals, who, working as a team, consistently design and produce programs which reflect the organization's commitment to quality, diversity, deepened human understanding, and life-long learning. Each year Arts Midwest's projects—including performances by theater, dance, and music ensembles; visual arts exhibitions; film and media presentations; literary events; and leadership development seminars—bring extraordinary arts experiences to more than a million people living in hundreds of communities in the American Midwest, throughout the rest of our nation, and to communities across the world.

During Fraher's tenure, Arts Midwest has assumed a leadership role on a wide array of critical, strategic national initiatives. These efforts, undertaken in partnership with public and private arts funders and policy makers, have led to such groundbreaking efforts as the National Endowment for the Arts' Shakespeare in American Communities; Jazz Masters on Tour; and The Big Read programs, (each of which Arts Midwest designed and continues to manage on behalf of the NEA); the Wallace Foundation's START Program for State Arts Agencies, (which fundamentally shifted the paradigm as to how public arts funders create and measure their public value); and Caravanserai: A place where cultures meet, (an initiative commissioned and funded by the Doris Duke Foundation for Islamic Arts which seeks to open and expand the dialogue between American communities and contemporary Muslim societies using the arts as a point of entry).

In addition, Fraher has led Arts Midwest in building a diverse and expanding array of international partnerships and cultural exchange programs which directly link American artists to international audiences, and American audiences—especially those living in rural areas—to the many cultures of the world. Successful programs which have included both large and small scale visual arts touring exhibitions; exchanges and residencies for arts administrators and artists; tours by foreign performers in the U.S.; and management of performing tours by U.S. artists in other countries—have been accomplished in partnership with artists, arts organizations, and/or governments in Japan, Malaysia, Indonesia, Pakistan, Egypt, Morocco, Turkey, Israel, Chile, Mexico, Canada, Austria, Poland, Hungary, the Czech Republic, and the People's Republic of China.

In the specific case of China, beginning in the late 1990s, Fraher, in partnership with key advisors, colleagues, and partners, created a deep and vibrant network of relationships across the spectrum this vast nation's cultural community. Building upon his belief that cultural exchange and understanding flourish best in the context of direct personal engagement and friendship, Fraher has travelled to China more than 40 times over the past 15 years, with much of his time spent well beyond the Shanghai-Beijing cultural axis.

This effort has positioned Arts Midwest as a key resource in the expanding cultural exchange arena between the U.S. and China. Arts Midwest's programs have brought a wide array of Chinese performing arts ensembles to audiences in more than 45 communities across the breadth of the United States. Each of these engagements has involved multiple day educational residencies, ensuring that American audiences—and especially American students—have had the opportunity to deepen their awareness and understanding of China's rich and diverse cultural heritage. Additionally, Arts Midwest has introduced contemporary and traditional American visual artists and Native American performers to audience in more than 16 Chinese communities, ranging from remote villages in Yunnan Province to the National Center for the Performing Arts in Beijing.

Fraher and Arts Midwest continue to expand their work with China by increasing strategic efforts to train and nurture the capacity of Chinese performers to access the U.S. market; increase the visibility of Chinese artists among key leaders in the U.S. performing arts industry; and through exploring new opportunities to extend such successful efforts in the performing arts field to incorporate strategies which will increase distribution in the United States of under recognized traditional and contemporary Chinese visual artists and art forms.

In addition to his leadership roles at Arts Midwest, Fraher currently serves on the Board of Directors for the Alliance of Artists Communities. He has also served on the boards of the Western States Arts Federation, BOA Editions-NY, Hennepin Center for the Arts, and the National Assembly of State Arts Agencies. He has been an advisor to the National Endowment for the Arts, the Pew Charitable Trusts, the Doris Duke Charitable Foundation, the Wallace Foundation, the Pennsylvania Council on the Arts, and the Association of Performing Arts Presenters.

In 2007, Fraher received the National Assembly of State Arts Agencies' Gary Young Award recognizing his leadership in the public sector arts field and in 2008 he received the National Endowment for the Arts Chairman's Medal for Distinguished Service. In 2012, David was chosen to be a Salzburg Fellow participating in discussion on global cultural affairs. He was also awarded a 2012 Sally Award in Arts Access for extraordinary efforts to engage a broader and more diverse audience in the arts in Minnesota by the Ordway Center for the Performing Arts.

Prior to joining Arts Midwest, Fraher was Executive Director for the Wyoming Council on the Arts, and also served as a Program Director at Western States Arts Federation in Santa Fe, New Mexico. He has a degree in creative writing from SUNY at Brockport, New York, completed two years of graduate work in creative writing and literature at Ohio University in Athens, and is a published poet.

When not travelling, he lives in Minneapolis, Minnesota, where he nurtures his creativity through cooking and landscape gardening. He is an avid reader and has built an eclectic collection of contemporary fine arts photography, 20th-Century prints and works on paper, Outsider art, and Asian antiques and contemporary artwork.

朴兴寿

韩国

朴兴寿先生，1936 年生于韩国江原道春川市，先后就读于庆熙大学（获得学士）、芝加哥大学（获得硕士）、夏威夷大学（获得博士）。

1975 年 -1995 年，担任韩国延世大学新闻传播学科教授；

1995 年 -2001 年，担任韩国教育广播公社社长；

2002 年至今，担任韩国江原道春川市江原信息文化振兴院院长。

朴兴寿先生热爱中国文化，连续几十年致力于推动中韩两国的文化交流工作，并对中国文化事业、文化产业的建设与发展给予了资金和物质上的支持。

朴兴寿先生对《史记》《论语》《春秋》等著作有着深入的研究和深厚的理解。为深层了解中国文化，多次赴中国各地考察历史文化和风土人情，遍及中国的近 20 个省。

推动民间文化交流，促进中韩建交

早在 1975 年 -1991 年(当时中韩还未建交)，朴兴寿先生在延世大学任教期间，广泛宣传中国文化及讲述学习中国文化的重要性。在担任延世大学策划室室长期间，朴兴寿先生组织派遣该校的 200 多名学生到中国研修，学习、了解中国文化。这批研修生，现在活跃在韩国政、产、学、研各界并担任要职，成为了促进中韩两国文化交流的生力军。在担任国际学学院院长期间，朴兴寿先生访问了北京大学、复旦大学和吉林省延边大学，并与这三所大学签订了学术交流制度、学生研修交流制度、教授交流协议等。这些项目极大地推动了中韩两国的民间文化交流，增进了两国人民的理解与信任，促进了中韩建交的早日实现。

搭建桥梁、务实投入，推动中国动漫产业发展

朴兴寿先生自 2002 年担任韩国江原信息文化振兴院 院长，该院是韩国顶级动画制作、生产、发行机构，其动画作品热销欧美等地，该机构每年举办的“韩国春川国际动漫节”在国际动漫业界享有较大影响力。

朴兴寿先生连续 9 年组织韩国动画专业人士参加文化部主办的中国常州国际动漫艺术周活

动，将国际先进的动漫制作技术、动漫交易的规则与特点、国际融资与合作的知识带给国内动漫企业。

通过与江苏卡龙影视动画股份有限公司合作，朴兴寿先生邀请中国动画专业技术人员共分4批、共计64人赴韩学习动画制作技术，并承担了以上人员在韩学习期间的全部费用。同期，派遣韩国优秀的动画制作和技术人员到中国国内给与动画创意、制作等方面的技术指导；2005年，其完成了首部中韩合作的立体影片，随后与卡龙公司共同开发制作了多部动画电视系列片和立体影片，并成功实现了这几部影片的市场化，为中韩双方带来可观的收益。

自2005年以来，朴兴寿先生每年均邀请多名中国动画业界人士赴韩参加其主持运营的“春川国际动漫节”，并为中韩动画产业的交流与合作组织了多项有价值的活动，搭建了中国与韩国、乃至世界的动漫领域交流的桥梁。

推动电视节目交流与合作，影响广泛硕果丰

朴兴寿先生在韩国教育广播公社担任社长期间，促成了多项中韩电视节目交流与合作项目，包括：与中国教育电视台（CETV）的合作；与石家庄电视台的技术人员交流和技术协作；在韩国教育电视台首次开设了中国语言资格认证“HSK讲座”；授权北京电视台播出韩国教育广播公社时播的“状元榜”节目（该节目由SK集团支持资金），并给与25亿韩元的资金支持。其主持交流与合作的中韩电视节目受众广泛、影响力大，文化如水，润物无声，极大地促进了中韩两国的理解与合作。

개인약력

박홍수선생은 1936 년에 한국 강원도 춘천시에서 태어나 선후로 강희대학교 (학사), 시카고대학교 대학원 (석사), 하와이대학교 대학원 (박사) 을 나왔다 .

1975 년 ~1995 년 , 한국연세대학교 신문방송학과 교수로 지냈고

1995 년 ~2001 년 , 한국교육방송공사 사장을 맡았으며

2002 년 ~ 지금 , 한국강원도춘천시 강원정보문화진흥원 원장을 맡고 있다 .

박홍수선생은 중국문화를 좋아하고 연속 몇십년 동안 중 · 한 양국간의 문화교류사업을 힘써 추진하여 왔으며 중국문화사업과 문화산업의 건설 및 발전에 자금과 물질면에서도 아낌없이 지원을 해 왔다 .

박홍수선생은《사기》,《논어》,《춘추》등 저작에 대해 심도있는 연구를 진행하여 깊이 터득하였다 . 그는 중국문화를 한 층 더 깊게 터득하고자 여러차례 중국 각지에 가서 그 곳의 역사문화와 풍토 및 풍속을 고찰하였는 바 그가 다녀 간 곳만 하여도 이미 20 여개 성에 달한다 .

민간 문화교류를 활성화시키고 중 · 한 수교를 추진하였다

1975 년부터 1991 년까지 (중 · 한 수교전) 연세대학교에서 교수로 있을 때 그는 학생들에게 중국문화를 널리 알리고 중국문화에 대하여 배우는 중요성을 설명하였다 . 연세대학교 기획실 실장을 맡을 때 그는 본교의 200 여명 학생들을 중국에 연수생으로 파견하여 중국 문화를 배우며 익히게 하였다 . 이 연수생들이 오늘의 한국 정계, 산업계, 학수계, 연구 등 각 분야 영역에서 활약하고 더불어 요직을 맡고 있다 . 이들이 바로 중 · 한 양국의 문화교류를 추진시키는 활력소가 되고 있다 . 국제학 대학원 원장으로 있을 때 박홍수선생은 베이징대학교, 푸단대학교와 길림성 연변대학교를 일일이 방문하고 이 3 개 대학교와 학술 교류메커니즘, 학생연수 교류메커니즘, 교수교류합의서 등을 성사시켰다 . 이 프로젝트들은 중 · 한 양국의 민간 문화교류를 지극히 추진하고 양국 인민간의 이해와 믿음

을 증진시킴으로써 중・한 수교를 앞당길 수 있도록 촉진하였다.

교류의 플랫폼을 구축하고 실무에 전념하여 중국의 애니메이션산업의 발전을 촉진하였다

박흥수선생은 2002년부터 한국강원정보문화진흥원 원장을 맡고 본 진흥원은 한국의 최고급 애니메이션 제작 프로듀싱 발행 기구로 이끌어냈으며 여기서 만든 애니메이션 작품들은 유럽과 미국 등 국가에서도 불티나게 팔렸다. 게다가 본 기구 매년 주최 열리는 '한국춘천국제애니메이션 페스티벌' 은 국제애니메이션 업계에서도 꽤 큰 영향력을 끼친다.

박흥수선생은 연속 9년간이나 한국애니메이션 전문가들을 조직하여 중국 문화부에서 주최하는 중국상주국제애니메이션예술주이벤트에 참가시켜 국제 선진적인 애니메이션제작기술, 애니메이션 교류의 룰과 특점, 국제융자 및 협력에 관한 지식을 중국 애니메이션기업에 전달해 주었다.

박흥수선생은 강소카룽티비필름애니메이션미디어주식회사와 합작을 통하여 중국애니메이션 전문기술원들을 네 차례에 걸쳐 나눠 총 64명을 한국에 요청하여 애니메이션제작기술을 연수하였을 뿐만 아니라 전 인원들의 한국에서 연수 기간 모든 비용을 떠안았다. 같은 기간에 한국의 우수 애니메이션 제작인원들과 기술인원들을 중국으로 파견하여 애니메이션 창의성과 제작 등에 관한 기술적인 지도를 해주었다. 2005년에 그는 처음 중・한 공동 제작 입체영화를 완성하고 이어서 카룽회사와 공동적으로 개발한 여러 부의 애니메이션 TV 시리즈와 입체영화를 제작하며 더불어 이 작품들의 성공적인 마케팅을 이끌어내 중・한 양측에 모두 큰 수익을 안겨주었다.

2005년부터 지금까지 박흥수선생은 해마다 수많은 중국애니메이션업계의 인사들이 한국에서 그가 직접 운영하는 '춘천국제애니메이션 페스티벌' 에 참가하게 요청하였다. 이외에도 그는 중・한애니메이션산업의 교류와 협력을 위하여 여러 가지 가치있는 이벤트들을 조직함으로써 중국과 한국뿐만 아니라 더 나아가 세계와의

애니메이션 영역의 교류를 위해 플랫폼을 구축하였다.

TV 프로그램의 교류와 협력을 추진함으로 그 영향력이 넓고 성과도 크다.

박홍수선생은 한국교육방송공사 사장으로 있을 때 여러 중·한 TV 프로그램 교류와 협력의 프로젝트를 추진시켰다. 예를 들면 중국교육텔레비전 방송국 (CETV) 과 협력; 스자좡텔레비전 방송국 과 기술인원교류와 기술 협력; 한국교육 텔레비전 방송에서 처음으로 중국어자격증 'HSK 강좌' 개설; 베이징 텔레비전 방송에서 한국교육방송공사 방송하고 있는 프로그램 '장원방 (状元榜)' 의 (이 프로그램은 SK 그룹이 지원) 방영권한을 부여한다. 이외에도 25 억원 (한화) 에 달하는 자금을 지원한다. 그가 조직 교류 및 협력 관련한 중·한 TV 프로그램은 현재 시청율이 높고 그 영향력 또한 크다. '문화는 마치 물과 같이 소리없이 스며드는' 것 처럼 그는 중한문화교류를 통해 양국의 이해와 협력을 크게 추진시키고 있다.

Heung-Soo Park

Mr. Heung-Soo Park was born in Chuncheon-si, Gangwon-do of South Korea in 1936. He has successively studied in Kyung Hee University, (acquired bachelor's degree), University of Chicago (acquired master's degree) and University of Hawaii (acquired doctor's degree).

1975-1995 Served as professor of journalism and communication discipline in Yonsei University of South Korea;

1995-2001 Served as the president of Korean Educational Broadcasting System;

2002-present Serving as the president of the Gangwon Information & Culture

Promotion Academy in Chuncheon-si, Gangwon-do of South Korea.

Keen on Chinese culture, Mr. Heung-Soo Park has dedicated himself to promoting cultural exchanges between China and South Korea for decades, and provided financial and material support on the construction and development of Chinese cultural undertakings and cultural industries.

Mr. Heung-Soo Park has deep research and profound understanding on the masterpieces such as Records of the Historian, Confucian Analects, The Spring and Autumn Annals and so on. To deeply understand Chinese culture, he has been to almost 20 provinces of China to inspect historical culture and folk customs of China.

Promoting folk cultural exchanges and facilitating the establishment of diplomatic ties between China and South Korea

As early as 1975-1991 (when the diplomatic ties between China and South Korea had not been established), when Mr. Heung-Soo Park was a teacher at Yonsei University, he widely publicized Chinese culture and stated the importance of studying Chinese culture. During the period that Mr. Heung-Soo Park served as the director of the planning department at Yonsei University, he organized and dispatched more than 200 students to China to research, study and understand Chinese culture. Now these research students are all in important positions in fields of politics, production, education and research of South Korea, and become the main force in promoting cultural exchanges between China and South Korea. During the period that Mr. Heung-Soo Park was the dean of the institute of International Studies, he visited Peking University, Fudan University and Jilin Yanbian University, and signed agreements with them on academic exchange system, students training exchange system, professors exchange system and so on. These projects have greatly promoted the folk cultural exchanges between China and South Korea, enhanced the understanding and trust between people of the two countries, and promoted the early realization of the establishment of diplomatic ties between China and South Korea.

Building bridges, pragmatically devoting and promoting the development of China's animation industry

Since 2002, Mr. Heung-Soo Park has been serving as the president of the Gangwon Information & Culture Promotion Academy of South Korea, which was the top producing, manufacturing and issuing organization of animation in South Korea, with its animation works hot selling in Europe, America and other countries. The "Chuncheon International Animation Festival of South Korea" held by it each year has great influence in international animation industry.

Mr. Heung-Soo Park has organized animation professionals in South Korea to participate in activities of the Changzhou International Animation Art Week held by the Ministry of Culture of China for 9 consecutive years, bringing advanced international animation production technology, rules and characteristics of animation trade and knowledge of international financing and cooperation to the domestic animation enterprises.

Through the cooperation with Jiangsu Carloon TV & Film Animation Media Co., Ltd., Mr. Heung-Soo Park invited 64 professional technicians of animation of China, divided into 4 batches, to learn animation techniques in South Korea, and bore the full cost during the period of their studies in South Korea. In the same period, he dispatched excellent animation producing and technical staff of South Korea to China to provide technical guidance on animation creation and production; in 2005, he completed the first three-dimensional movie cooperated by China and South Korea, and after that he developed a large number of animated television series and three-dimensional movies in cooperation with Carloon and successfully achieved marketization of these movies and brought considerable benefits for both China and South Korea.

Since 2005, Mr. Heung-Soo Park has invited many experts of China's animation industry to participate in the Chuncheon International Animation Festival of South Korea hosted and operated by him. He has also organized a number of valuable activities for the communication and cooperation of animation industry between China and South Korea, and built a bridge for the communication of the animation field of China, South Korea, and the world as a whole.

Promoting communication and cooperation of TV programs, with extensive influence and abundant achievements

During the period when Mr. Heung-Soo Park served as the president of Korean Educational Broadcasting System, he facilitated several exchange and cooperation projects of TV programs between China and South Korea, including: cooperation with China Education Television (CETV); exchanges and technical cooperation with the technical staff of Shijiazhuang Television; setting up the first lecture of Hanyu Shuiping Kaoshi (HSK) in South Korea educational television; authorizing Beijing Television to broadcast the Champion List program which was lively broadcasted by South Korea Educational Broadcasting System (the program was funded by SK Group), and providing financial support of 2.5 billion South Korean won. The China-South Korea communication and cooperation television program hosted by him enjoys vast audience and great influence. Cultures, like water, moisten things in silence. All his works have greatly promoted the understanding and cooperation between China and South Korea.

戴浩石

法国

Jean-Paul Desroches

戴浩石（Jean-Paul Desroches），男，68 岁，法国人，中国文化遗产专家、前法国国立集美亚洲艺术博物馆主任馆员。

戴浩石曾在卢浮宫博物馆和集美国立亚洲博物馆中国部工作，是法国知名的中国文化遗产专家，长期活跃在中法文化交流活动中，在两国策划和组织上百起展览，为推动中法文化交流做出了突出贡献。

Jean-Paul Desroches, masculin, âgé de 68 ans, est un expert français en patrimoine culturel chinois et l'ancien directeur du Musée Guimet, Musée national français des arts asiatiques.

Jean-Paul Desroches, ayant travaillé dans le pavillon de Chine au Musée Guimet et au Musée du Louvre, est un expert célèbre dans l'héritage culturel chinois. Il est actif dans les activités d'échanges culturels sino-français depuis longtemps, organisant une centaine d'expositions dans les deux pays. Il a apporté une contribution exceptionnelle aux échanges culturels sino-français.

Dai Haoshi (Jean-Paul Desroches)

Dai Haoshi (Jean-Paul Desroches), male, aged 68, is from French. He is an expert on China's cultural heritage and the director librarian of the former French National Musée des arts asiatiques-Guimet. Dai Haoshi once worked in the Louvre Museum and the Chinese Department of the Musée des arts asiatiques-Guime. He is a renowned expert on China's cultural heritage and has been actively involved in the cultural exchange activities between China and France for a long time. He has planned and organized about one hundred exhibitions in China and France and has made outstanding contribution to promoting the cultural exchange between the two countries.

戴浩石

法国文化部文化资产总监

我说不出为何我被中国及其文明所吸引，因为在我周围并没有什么地方与这个话题相关。那是在20世纪60年代中期，戴高乐将军刚刚承认新中国不久，我决定开始学习有关中国的大学课程，于是来到巴黎注册登记进入了国立东方语言学校学习。70年代初毕业后，我希望我的教育经历能够与一项具体的工作相结合。由于当时不能到中国来，于是我开始在 卢浮宫艺术学校进行艺术史的学习培训，并在索邦大学美术学院学习。通过索邦大学美术学院丰富的文化资产，我有机会感受中国文化。我一直关心现实，所以为了更接近当代实际，我的研究是以最近的考古工作为指导方向的。

1973年春，郭沫若教授在巴黎主持揭幕了“中国艺术的瑰宝”展览，这是当时基于五十年代以来考古发掘最重要成果基础上的第一个展览。在当时这是中国在境外组织的第一个大型文化遗产活动。之后这个展览又到了伦敦，在内容调整后又在世界其他地区进行巡展。我当时有幸参与了这一盛大的活动。当然，我当时担任的是一个小角色，但在突然间，我以前所研究的一切变成了触手可及的事实，至少用眼能见到。从半坡村出土的文物到在北京发掘的元代物品，我在这样的氛围中体验了三个月。

第一个文化碰撞之后，第二个也来了，那就是我到中国去学习成为了可能，这得益于蓬皮杜总统于1973年10月到访中国时签署的协议。同年11月17日，经过三次转机，我终于到达北京，并在外国语学院十分简朴的条件下学习了一年。回到法国后，我就决定进入博物馆界。因为作为一个外国人，当时我能了解中国的渠道十分有限，而对我来说博物馆好像是能够接触到中国文明并与其保持联系最好的方法。起初，我在卢浮宫博物馆的一个服务部门工作，职能是向法国所有博物馆的研究提供技术支持。我的工作主题是远东遗产研究与保护。我当时经常出差旅行，确定并盘点分散在法国各地大小博物馆内的亚洲艺术品财产清单。这是一项激励人的工作，因为总是能有新的发现。

就是在这种背景下，1978年，我被调到中国北京和上海，为在这两地举行的法国艺术展工作。起初法国人和中国人一起工作存在困难的，

每个人都有不一样的观点。谈判拖了两年多，后来多亏了戴高乐的侄女 Geneviève de Gaulle 的决断，事情才得到解决。我和我的同事 Jacque Vilain（2011 年去世）构思了“十九世纪的法国风景和农民”这个展览。这一展览，至少在图像上，使得两个具有农耕传统的社会相遇，通过展示米勒、莫奈和梵高的画作，从而更深远的面向现代。面对艺术家们的作品，中国公众表现得热情而兴奋。这个展览与后来不久举办的“群星”展览相对应，相映生辉。

这之后我进入了集美博物馆工作，在远东部负责人的职位上工作了 35 年。我的一直关心的是开放我的部门，倾听中国的声音，以便于中国成为我们的主要合作伙伴。但是有一项基本的工作需要完成，人力有限，我花了 7 年的时间归类、造册、照相、修复库存的中国艺术品。任务显然是严峻的，但在培训方面我得到了我以前两位老师的无偿帮助。与此同时，我任教于卢浮宫艺术学校，并成为了其远东艺术专业的教授，直至 1999 年。这些教学活动也使得我得以深入中国文化，由于没有充足的时间可以支配，我决定每周二的晚上工作一夜，以便于在我授课时传授最新的科学素材。这样我能为年轻人的培养做出我的贡献。如今这些年轻人已经融入到了职业生涯中，他们或在大学里，或在博物馆中，或在与中国有直接联系的艺术界，成为了各自领域里的领军人物。

自20世纪80年代中期开始，抱着开放思路的想法，我投入到了组织临时展览的工作中。首先，1984年在与河北省博物馆协商之后，国立大皇宫美术馆举办了“中山或被遗忘的国王们”的展览。之后1987年我将这个临时展览的概念给介绍集美博物馆，这在当时还没有先例。此后我致力于每年组织一到两个临时展览，很快增加到三到四个，中心主题一般都是关于中国遗产的保护和展示。从一个博物馆的墙上开始，后来很快在法国各地进行巡展。不久就不局限于法国六边形的国土中了，很快在世界各地举办开来，在欧洲（巴塞罗那、柏林、波恩、布鲁塞尔、布达佩斯、洛桑、里斯本、马德里、摩纳哥、慕尼黑、伊斯坦布尔、罗马、塞维利亚、瓦伦西亚等），在美洲（蒙特利尔、纽约、圣保罗），在亚洲（北京、济南、南京、上海、香港、马尼拉、京都、乌兰巴托）。至今作为策划和制作人，我已经实现了一百多个展览，自1997年以来，我在故宫博物院已经做过三个展览，“天马”“清廷包装展”“明式家具展”。这些对历史的回顾给了我与中国学者们一起工作的机会，在这里我只随机列举出一些教授，如韩伟、杨伯达、冯先铭、杨新等，并写出了很多有七八种不同的语言的目录。

在考古学领域，我面对的中国文化的活动也是以基础研究为指导方向来展开的，在20世纪90年代，我开始参加水下发掘，地点在中国南海，并于1999年在马尼拉的菲律宾国立人民博物馆举办了展览。自2000年至2012年，作为法国考古队在蒙古国的领队，我监督了在蒙古Akhangai省进行的王族墓地的发掘工作，发掘了十多个墓，其中三个规模宏大，有五十多米长，属于匈奴头领们的墓，出土了千余件物品，其中包括两辆汉代漆器的马车以及在中国境外发现的最早的中国纸残片。

除了这一科学活动外，我对纪录和宣传中国的艺术家也很感兴趣，特别是那些曾经与法国有过关联的那些消失了的艺术家，如常玉、唐海文；我对赵无极的作品进行研究，与吴冠中进行对话，与朱德群在塞夫勒国立制瓷中心共同工作两年，并为他于2010年在北京美术馆举办了回顾展。通过四十多年各种活动的工作，我常想，能在中法之间建立桥梁，而最好办法是帮助促进推广中国文化。所以2011年我想促成中国国家博物馆与凯布朗利博物馆的交流，和2012年故宫与卢浮宫的交流。目前我在准备“茶酒论”的展览，来对比两种极其属于特殊群体饮料，我们两个民族已经将它们的精致细腻程度发展到了最高水平。当然，这一文化活动属于中法建立外交关系五十周年庆祝活动的一部分，将于五月到七月在北京举办，之后会去巴黎，希望这能以一个新的方式来建立我们两国文化之间的桥梁。

Jean-Paul DESROCHES

Conservateur général du Patrimoine

Je ne saurai dire pourquoi j'ai été attiré par la Chine et sa civilisation, car rien apparemment autour de moi ne m'en parlait. C'était peu après la reconnaissance du Général de Gaulle au milieu des années 1960, que j'ai décidé d'entreprendre un cursus universitaire dans cette direction et d'aller à Paris pour m'inscrire à l'Ecole Nationale des Langues Orientales. Diplômé au début des années 1970, j'ai souhaité que cette formation s'appuie sur du concret, d'où faute de pouvoir me rendre dans le pays j'ai entrepris une formation d'histoire de l'art à l'Ecole du Louvre et à l'Institut d'Art de la Sorbonne qui m'a permis d'appréhender la Chine à travers son riche patrimoine culturel. Toujours dans souci du réel, j'ai orienté mes recherches sur les travaux archéologiques récents pour être le plus près du réel contemporain.

Au printemps de 1973, était inaugurée à Paris par le professeur Guo Moruo,la première exposition « Trésors d'art chinois » sur les plus importantes découvertes archéologiques depuis les années 1950. Il s'agissait du premier grand évènement patrimonial que la Chine organisait hors de ses frontières et qui ira ensuite à Londres puis fera plus ou moins le tour du monde avec divers remaniements. J'ai eu le bonheur d'être associé à cette manifestation. Certes, dans un rôle modeste mais d'un seul coup tout ce que j'avais étudié, devenait tangible au moins avec les yeux. Et j'ai donc vécu trois mois durant dans cet atmosphère depuis les objets exhumés à Banpocun jusqu'aux reliques retrouvées sur les sites Yuan de Pékin.

A ce première choc un deuxième est venu s'ajoute, la possibilité d'étudier en Chine, grâce à un accord signé par le Président Pompidou lors de son voyage en Chine en octobre 1973. Le 17 novembre de la même année après trois escales, j'ai atterri à Pékin et étudié une année à l'Institut des Langues Etrangères, dans un climat assez austère. De retour en France, je me suis décidé à entrer dans le monde des musées car l'accès à la Chine à l'époque étant très limitée pour un étranger, le musée m'est apparu comme le meilleur moyen d'entretenir un lien vivant et palpable avec sa civilisation. J'ai débuté dans un service au Musée du Louvre qui avait comme fonction d'aider techniquement dans leurs travaux de recherche les musées partout en France. Ma mission concernait l'étude et la protection du patrimoine d'Extrême-Orient. J'ai donc beaucoup voyagé pour repérer et inventorier des oeuvres asiatiques disséminées à travers la France dans des grands comme dans des petits musées, un travail très stimulant car fait de découvertes permanentes.

C'est dans ce contexte que j'ai été appelé à œuvrer à la première exposition d'art français en Chine, à Pékin et à Shanghai en 1978. Il était difficile au départ aux Chinois et aux Français de travailler ensemble, chacun ayant des points de vue très différents. Les négociations ont traîné plus de deux ans, et c'est grâce principalement à la détermination de Geneviève de Gaulle, nièce du Général que les choses ont pu aboutir. J'ai conçu avec mon collègue Jacques Vilain décédé en 2011, le projet « Paysanset paysages de France

au 19ème ». Il permettait la rencontre, au moins en image de deux sociétés de tradition agraire et au-delà d'ouvrir sur la modernité avec des tableaux de Millet, Monet ou Van Gogh. La réaction du public chinois fut chaleureuse et enthousiaste chez les artistes. Elle entra en écho avec ce qui allait se produire peu après le mouvement « Les Etoiles » .

A compter de cette date je suis entré au musée Guimet où j'allais travailler quelque 35 ans à la tête de la section Extrême-Orient. Mon souci principal a été d'ouvrir mon département et d'entrer à l'écoute de la Chine afin qu'elle devienne notre principale partenaire. Mais auparavant, il y avait un travail de fond à accomplir avec des moyens humains très limités, ainsi j'ai passé presque 7ans à classer, inventorier, photographier, faire restaurer des oeuvres chinoises dans les réserves. Tâche en apparence austère mais combien formatrice, aidé bénévolement par deux de mes anciens professeurs. Entre temps j'enseignais à l'Ecole du Louvre dont je suis devenu titulaire de la chaire des Arts de l'Extrême-Orient jusqu'en 1999. Cet enseignement me permit également d'approfondir ma culture chinoise et comme je ne disposais pas assez de temps, j'ai alors pris la décision de travailler intellectuellement une nuit par semaine, celle du mardi pour pouvoir transmettre dans mes cours les données scientifiques les plus récentes. Ainsi j'ai pu contribuer à la formation de nombreux jeunes qui aujourd'hui sont intégrés dans la vie professionnelle, en université, dans les musées, dans le monde l'art en prise directement avec la Chine. Ce sont eux maintenant qui portent le flambeau.

A partir du milieu des années 1980, toujours avec cette idée d'ouverture, je me suis lancé dans l'organisation d'expositions temporaires, d'abord aux Galeries nationales du Grand Palais où j'ai installé l'exposition « Zhongshan ou les rois oubliés » en 1984, négociée avec la province du Hebei, puis j'ai introduit en 1987 la notion d'exposition au musée Guimet qui précédemment n'existait pas. Par la suite je vais m'attacher à organiser d'abord une ou deux expositions par an puis bientôt trois ou quatre avec toujours comme sujet central la défense et l'illustration du patrimoine chinois, dans les murs du musée mais très aussi hors les murs dans toute la France. Ces manifestations bientôt, ne vont pas se limiter à l'Hexagone, mais vont prendre place partout dans le monde, en Europe (Barcelone, Berlin, Bonn, Bruxelles, Budapest, Lausanne, Lisbonne, Madrid, Monaco, Munich, Istanbul, Rome, Séville, Valence, etc.) en Amérique (Montréal, New York, São Paulo) en Asie (Beijing, Jinan, Nanjing, Shanghai, Hong Kong, Manille, Kyoto, Oulan-Bator). Aujourd'hui, c'est environ une centaine d'expositionsen tant que commissaire que j'ai dû réaliser. J'ai pu en faire trois par exemple au musée de la Cité interdite depuis 1997 « Chevaux célestes », «L'emballage Qing », « Le mobilier Ming ». Ces rétrospectives m'ont donné l'occasion de travailler avec de grands savants chinois, je n'en citerais seulement que quelques-uns au hasard les professeurs Han Wei, Yang Boda, Feng Xianming, Yang Xin etc., d'écrire de très nombreux catalogues dans sept ou huit langues différentes.

Mon activité vis-à-vis de la culture chinoise a été aussi orientée vers la recherche fondamentale sur le terrain, dans le domaine de l'archéologie. Dans les années 1990, j'ai commencé à participer aux fouilles sous-marines en Mer de Chine dans les eaux territoriales des Philippines et installé à la suite de ces travaux le National Museum of Pilipino People en 1999 à Manille. De 2000 à 2012, en tant que directeur de la mission archéologique française en Mongolie, j'ai supervisé les fouilles de la nécropole princière de Gol Mod dans la province d'Akhangai en Mongolie où ont été exhumées des dizaines de tombes dont trois monumentales de plus de 50m de long, appartenant à des chefs Xiongnu avec plus d'un millier d'artefacts dont deux chars en laque Han et le plus ancien fragment de papier chinois retrouvé hors de Chine.

A côté de cette activité scientifique, je me suis intéressé à documenter et promouvoir les artistes chinois en particulier ceux qui avaient un lien avec la France, ainsi j'ai pu remettre en lumière des peintres disparus comme Chang Yu ou T'ang Haywen, travailler sur œuvre de Zao Wou Ki, dialoguer avec Wu Guanzhong, œuvrer pendant deux années avec Chu Teh Chun à la Manufacture nationale de céramique de Sèvres et lui organiser une rétrospective en 2010 au Musée des Beaux-Arts de Beijing. Mon souci permanent, à travers toutes ces actions très diversifiées menées pendant plus de quarante ans, a été de lancer des passerelles entre la France et la Chine et la meilleure façon de le faire a été de contribuer à promouvoir la culture chinoise. Aussi ai-je voulu rapprocher le Musée National de Chine et le Musée du Quai Branly en 2011, la Cité interdite et le Musée du Louvre en 2012 et actuellement je prépare l'exposition « Chajiulun » c'est-à-dire le rapprochement entre deux boissons fortement identitaires le thé et le vin que nos deux nations ont porté à un degré suprême de raffinement. Cette manifestation s'inscrit bien évidemment dans la célébration du cinquantième anniversaire de l'établissement des relations entre la France et la Chine et sera présentée à Beijing de mai à juillet puis à Paris, une nouvelle façon d'établir un autre pont entre nos deux cultures.

Jean-Paul Desroches

Director of Cultural Asset

I have no idea why I've been attracted by China and its civilization, as none specific discussion on this topic has ever been conducted around me. In the middle of 1960s, soon after General De Gaulle admitted the new China, I decided to get down to learning university courses on China, so I came to Paris and registered in National Institute of Oriental Languages and Civilizations for study. After graduated after the early 1970s, I was hoping that my language training could support and be connected to a specific work. As I couldn't come to China then, I took my learning and training on art history in the school of Louvre Museum, and then studied in the Art Institute of Sorbonne University. I learned more about China through its rich cultural heritages. By always pursuing the trueness, my researches were directed by the latest archaeological works so as to get closest to the contemporary reality.

The exhibition of Chinese Art Treasures hosted by Professor Guo Moruo in Paris in the spring of 1973, was the first exhibition based on the most important achievements of archaeological excavations since 1950s. At that time, it was the first large-scale event of cultural heritage that China organized beyond its border. After that, the exhibition spread to London, and then to other regions of the world after modifying the content. I was fortunate to participate in this grand event. Of course, I only played a minor role then, but suddenly, everything I had studied before became accessible facts, at least they could be seen by eyes. I lived for three months in this atmosphere, from excavation items unearthed in Banpo village to remains from excavated site of Yuan dynasty in Beijing.

After the first impact came the second one that it became possible to go to and learn in China, due to the agreement that President Pompidou signed when he visited China in October of 1973. On November 17th of the same year, I finally landed in Beijing after 3 times of transfer, and then I learned in the Institute of Foreign Languages for 1 year under pretty simple conditions. After returning to France, I decided to enter the museum circle, as for a foreign person who had very limited channels to understand China at that time, museums seemed to be the best way to keep active contact with Chinese civilization. At the beginning, I worked at a service department of Louvre Museum, whose function is to provide technical support for researches of the museum, and for all museums of France as a whole. My work theme is the research and protection of Far East heritage. I often took business trips then to confirm and compile property inventories of Asian arts scattering in museums all over France. It was an inspiring work as it always kept you in a status of discovering.

It was under this background that I was summoned to work in Beijing and Shanghai of China for the exhibition of French art. At first it was difficult for the French and Chinese to work together, as everyone took different views. And the negotiation dragged on for 2 years, and got finally resolved later, thanks to the decisiveness of Geneviève de Gaulle, the niece of De Gaulle. I designed this exhibition–French Landscape and Famers in 19th Century, together with my college Jacque Vilain (died in 2011). This exhibition, at least in images, enabled the meeting of two societies with agrarian traditions, and faced modern times through exhibiting the oil paintings of Millet, Monet and Van Gogh. Chinese public were so enthusiastic and excited in face of those artist works. And the exhibition corresponded to and resonated with the later exhibition Stars.

After this period, I went to Guimet Museum, and worked for 35 years in the leading position of Far East Department. My main consideration was to open my department and listen to the voice of China, so as to make China our main partner. Yet at that time, a basic work needed to be completed by very limited personnel, so I spent 7 years on the classifying, recording, photographing, arranging and restoring of the inventory Chinese artworks. It was obviously a complicated task, and I received free help from two of my former teachers on way of training. At the same time, I also taught in the art school of Louvre and was the official master professor for Far East till 1999. This teaching also enabled me to deepen my Chinese culture, as I was not able to manage enough time before. Then I decided to spend Tuesday night working every week, so that I could teach the latest scientific materials in my class. In this way, I made my own contribution to the cultivation of numerous young people who have now integrated into careers of universities, museums or art circles directly related with China. And now they are all leaders in their respective fields.

Since the middle of the 1980s, with the idea of opening-up, I put myself into the work of organizing temporary exhibitions. First I organized the exhibition of Zhongshan or the Forgotten Kings in National Galleries of the Grand Palais in 1984, which was negotiated with the Hebei Museum at that time. Later in 1987, I introduced the concept of temporary exhibition to Guimet Museum, which had no precedent in the past. Since then I devoted myself to the organization of one or two temporary exhibitions each year, and soon the number went to three to four. The central themes were always related to national defense, displaying Chinese heritage items on the walls of the museum. Soon these exhibitions were held throughout France. Later the organization of those grand cultural exhibition activities went beyond limitation of the hexagonal French territory, and took place around the world, in Europe (Barcelona, Berlin, Bonn, Brussels, Budapest, Lausanne, Lisbon, Madrid, Monaco, Munich, Istanbul, Rome, Seville, Valencia, etc.), in America (Montreal, New York, Sao Paulo), in Asia (Beijing, Jinan, Nanjing, Shanghai, Hong Kong, Manila, Kyoto, Ulan Bator). So far I have completed the production of more than 100 exhibitions and the work as a planner. Since 1997, I've taken 3 exhibitions in the Palace Museum: Pegasus, Exhibition of Royal Packaging in Qing Dynasty and Exhibition of Furniture of Ming Dynasty Style. These retrospections have provided me with opportunities to work with leading scholars of China, such as Han Wei, Yang Boda, Feng Xianming and Yang Xin, just naming a few randomly. We've also written many illustrated books in seven or eight different languages.

The Chinese cultural activities I've been facing are in archaeology field, which is also directed by basic research. In the 1990s, I began to participate in underwater excavation in Philippines waters of South China Sea, and organized an exhibition at the National Museum of Philippines in Manila in 1999. From 2000 to 2012, as the leader of the French archaeological team in Mongolia, I supervised the excavations of royal cemetery in Akhangai province of Mongolia. We unearthed more than ten tombs, 3 of which were in large-scale with more than 50 meters long. They were tombs of Xiongnu chieftains. And over 1,000 items were unearthed, including two sets of lacquerware carriages from Han dynasty, and the earliest fragments of Chinese paper found outside China.

In addition to this scientific activity, I am also interested in those artists who have recorded and promoted China, especially those who have had connections with France. I stress again those disappeared artists, such as Chang Yu and Tang Haiwen; I study the works of Zhao Wuji, have conversation with Wu Guanzhong, work together with Zhu Dequn for two years at Sevres National Porcelain Manufacture, and organize a retrospective exhibition at the Beijing Art Museum for him in 2010. Through 40 years of accumulation of diversified activities, what I want most is to build bridges between China and France. And the best way to achieve this is to help promote Chinese culture. So I wanted to promote the communication between National Museum of China and Quai Branly Museum in 2011, as well as the communication between the Forbidden City and Louvre Museum in 2012. Now I am preparing the exhibition of Chajiulun—the comparison of two drinks which extremely belonged to special groups. And teas and red wines are the exquisiteness which reflects that both of our two nations have improved to the highest level. This cultural activity, which obviously belongs to a part of the 50th anniversary celebration of the establishment of China-French relationship, will be held from May to July in Beijing, and then in Paris, so as to build another bridge between the cultures of our two countries in a new way.

阿纳托利·维亚特金

俄罗斯

阿纳托利·维亚特金 1946 年 5 月生于莫斯科，2015 年 8 月 25 日因车祸去世。

阿纳托利·维亚特金，男，俄罗斯人，历史学家、民族学家、人口学家、历史学副博士。

阿纳托利·维亚特金通过多年的不懈努力，于 2011 年与其父鲁道夫·维亚特金（1910.3.6-1995.10.10）共同完成了《史记》的俄语翻译出版工作，这也是《史记》全书第一个欧洲语言译本，还发表了若干篇有关《史记》的学术文章，为向包括俄罗斯在内的所有欧亚俄语地区介绍中国优秀文学作品以及中华灿烂文化发挥了重要作用。

Краткая информация об Анатолии Вяткине

Анатолий Вяткин, мужчина, 69 лет, родился 4 мая 1946 г. в Москве, погиб 25 августа 2015 в автомобильной катастрофе. Русский, историк, народовед, демограф, кандидат наук по истории.

В результате своих многолетних неустанных трудов в 2011 году Анатолий Вяткин со своим отцом Рудольфом Вяткиным (1910.03.06-1995.10.10) завершил работу над переводом и публикацией “Исторических записок”, изданная книга стала первым переводом полной версии “Исторических записок” на европейский язык.

Вяткин также опубликовал несколько научных статей, имеющих отношение к “Историческим запискам”, и сделал важный вклад в знакомство русскоязычных читателей из Евразии, и, в частности, России, с выдающимися произведенями китайской литературы и блистательной китайской культурой.

Anatoly Vyatkin

Anatoly Vyatkin, male, aged 69 (1946.5.4, Moscow-2015.8.25, by car accident), is from Russia. He is a historian, ethnologist,demographer and also a candidate doctor of historiography.

After years of unremitting efforts, Anatoly Vyatkin completed the translation of the Records of the Grand Historian (Shi Ji) from Chinese to Russian in 2011 with his father Rudolf Vyatkin (1910.3.6-1995.10.10), which became the first complete translated work of Shi Ji in European language. He has also published a number of papers on Shi Ji, which has played an important role in introducing China's great literary works as well as the splendid Chinese culture to all the Russian-speaking countries in Asia and Europe, including Russia.

阿纳托利·维亚特金事迹

1946年5月4日，阿纳托利·维亚特金生于莫斯科一著名汉学家庭。其父亲鲁道夫·维亚特金曾任苏联科学院中国学研究所副所长，对中国历史特别是中国古代史的研究造诣很深，而其汉学研究的最大成就之一是翻译《史记》。

阿纳托利·维亚特金1970年毕业于莫斯科大学东方语言学院，同年进入俄罗斯科学院东方学研究所工作，系中国古代历史研究专家，1978年获历史学副博士。自20世纪80年代后期开始协助父亲鲁道夫·维亚特金一起将司马迁的《史记》翻译成俄语，俄译本《史记》共9卷。阿纳托利·维亚特金的父亲通过30多年的不懈努力完成了部分《史记》的翻译工作，1995年其父去世时，《史记》尚有30余篇文章未翻译完。阿纳托利·维亚特金毅然接过父亲未竟的事业，以高度的责任心和严谨的研究态度全身心地投入到《史记》剩余部分的翻译工作中。1996年，阿纳托利·维亚特金翻译、加注并出版了俄文本《史记》第七卷，2002年出版了第八卷，2011年初出版了第九卷。至此，翻译《史记》这一艰巨的工作终告完成，这同时也标志着《史记》全书第一个欧洲语言译本的问世。《史记》俄译本不仅是全书翻译，而且带有详尽的注释。可以说，《史记》俄译本浸透了阿纳托利·维亚特金及其父亲两代人的全部心血。阿纳托利·维亚特金在翻译剩余3卷俄译本《史记》时，很好的继承了前几卷俄译本《史记》的行文风格及结构。同时，除了翻译工作外，2009至2012年期间，阿纳托利·维亚特金还先后发表了若干篇有关《史记》的学术文章。

阿纳托利·维亚特金为向包括俄罗斯在内的所有欧亚俄语地区介绍中国优秀文学作品以及中华灿烂文化发挥了重要作用。

Краткая информация об Анатолии Вяткине

4 мая 1946 года Анатолий Рудольфович Вяткин родился в Москве в семье знаменитого китаиста. Его отец Рудольф Вяткин занимал пост зам.директора исследовательского института китаеведения при Академии наук СССР, он обладал глубокими знаниями в области исследования китайской истории и, в частности, истории Древнего Китая, а одним из наибольших достижений его китаеведческих исследований был перевод «Исторических записок».

В 1970 году Анатолий Вяткин закончил ИСАА МГУ, и в том же году начал работу в исследовательском институте востоковедения при Российской академии наук, став специалистом по исследованию истории Древнего Китая, в 1978 году стал кандидатом исторических наук. Начиная с позднего периода 80-х годов 20-го века помогал отцу переводить «Исторические записки» Сыма Цяня на русский язык, в русскую версию «Исторических записок» вошли 9 томов. Отец Анатолия Вяткина за 30 с лишним лет неустанных стараний завершил работу по переводу части «Исторических записок», в 1995 году его отец умер, и 30 с лишним глав «Исторических записок» остались непереведенными. Анатолий Вяткин решительно продолжил незавершенное дело отца, с высокой ответственностью и серьезным исследовательским подходом полностью погрузился в работу по переводу оставшихся частей «Исторических записок». В 1996 году Анатолий Вяткин перевел, снабдил примечаниями и издал седьмой том русской версии «Исторических записок», в 2002 году издал восьмой том, в начале 2011 года издал девятый том. На этом колоссальная работа по переводу «Исторических записок» была завершена, в то же время, это ознаменовало появление первой полностью переведенной на европейский язык версии «Исторических записок». Русский перевод «Исторических записок» включает не только перевод всех книг, но и детальные примечания. Можно сказать, что русский перевод «Исторических записок» пропитан кровью Анатолия Вяткина и его отца. Когда осталось перевести лишь три тома «Исторических записок», Анатолий Вяткин надлежащим образом продолжил переводческий стиль и структуру предыдущих томов русской версии «Исторических записок». В то же время, помимо работы над переводом, в период с 2009 по 2012 гг. Анатолий Вяткин также опубликовал несколько связанных с «Историческими записками» научных работ.

Анатолий Вяткин внес важный вклад в дело знакомства всех русскоговорящих регионов Евразии, и, в том числе, России, с выдающимся литературным произведением Китая и блистательной китайской культурой.

ВЯТКИН
Всеволод
Петрович
1962г.

Anatoly Vyatkin

On May 4, 1946, Анатолий Рудольфович Вяткин was born in a well-known sinological family in Moscow. His father, Рудольф Всеволодович Вяткин, once served as deputy director of the Institute of Chinese Study of the USSR Academy of Sciences, who had deep research attainments on Chinese history, especially ancient Chinese history. And one of his greatest achievements on Chinese studies was translating the Historical Records.

Анатолий Рудольфович Вяткин graduated from the Institute of Oriental Languages of Moscow State University in 1970, and worked at the Institute of Oriental Studies of Russian Academy of Sciences at the same year. He was an expert in the research of ancient Chinese history, and became Candidate of Sciences of history in 1978. Since the late 1980s, he began to assist his father Рудольф Всеволодович Вяткин, and together they translated the Historical Records written by Sima Qian into Russian. There were 9 volumes of the Russian translated version of the Historical Records. Through thirty years' unremitting efforts, his father finished part of the translation work of the Historical Records. When his father died in 1995, there were still more than 30 articles in Historical Records left to be translated.Анатолий Рудольфович Вяткин determinedly took over his father's unfinished business, and dedicated himself into the translation work of the remaining section of the Historical Records with high sense of responsibility and rigorous research attitude. In 1996, Анатолий Рудольфович Вяткин translated, annotated, and published the seventh volume of Russian version of the Historical Records. The eighth volume was published in 2002, and the ninth volume in early 2011. At this point, the daunting task which was the translation of the Historical Records was finally completed, and this also marked that the first European language translated version of the Historical Records was available. The Russian translated version of the Historical Records was more than just a translated book, but with detailed annotations. It can be said that Russian translated version of the Historical Records soaked all efforts and hard work of the two generations, Анатолий Рудольфович Вяткин and his father. In the tranlation of the remaining 3 volumes, he well inherited the writing style and structure of the first few volumes of Russian translated version of Historical Records. Meanwhile, in addition to translation work, he also published several scholarly articles related to Historical Records during 2009–2012.

Анатолий Рудольфович Вяткин played an important role in introducing outstanding Chinese literary works and splendid Chinese culture to all Russian-speaking regions in Europe and Asia, including Russia.

CAPTAIN

马丁·罗特

德国

1955年，出生于斯图加特

1984-1987年，图宾根埃伯哈特·卡尔大学文化学硕士，图宾根大学博士学位

1991-2000年，德累斯顿德国卫生博物馆馆长

1995-2003年，德国博物馆协会主席，柏林。

1996-2001年，汉诺威2000世博会主题公园策划人

2001-2011年，德累斯顿国家艺术收藏馆总馆长

2011年9月起，英国维多利亚和阿尔伯特博物馆馆长

此外还担任国际博物馆委员会委员、德国联邦文化基金会理事会委员、德国联合国教科文组织委员会委员等。

对华友好工作事迹：

罗特教授对华友好，多年来致力于推动中德博物馆领域的交流与合作，多次访华，曾参与接待前国家主席江泽民、时任国家副主席习近平访德参观德累斯顿博物馆。2004年，应文化部邀请，他以德累斯顿国家艺术收藏馆总馆长的身份促成德国柏林国家博物馆总馆长、巴伐利亚国家绘画收藏馆总馆长、法兰克福现代美术馆馆长和斯图加特国家画廊馆长访华，为中德博物馆之间的深入交流与合作打下了良好的基础。2006年，积极促成广东美术馆的大型纪实摄影展《中国人本》在法兰克福、斯图加特、柏林、慕尼黑、德累斯顿5大博物馆展出。

2007年，推动德国柏林、慕尼黑、德累斯顿三大博物馆与中国国家博物馆和中国美术馆签署了合作协议。2008年，为配合中国奥运会，在他的倡议和推动下，德累斯顿国家艺术收藏馆举办了“中国在德累斯顿——德累斯顿在中国”活动，联合柏林、慕尼黑博物馆与中国美术馆、故宫博物院、广东美术馆分别在北京、德累斯顿、柏林举办了六个系列展览。2010年，积极参与并支持上海世博会，组织其馆所属绿穹珍宝馆的藏品在世博会场馆展出。在其积极推动下，柏林、慕尼黑、德累斯顿三大博物馆首次联合于2011年4月至2012年3月在中国国家博物馆举办了《启蒙的艺术》大型展览。

多年来，罗特教授在德国文化界经常为推动中德文化交流做工作。面对德国新闻媒体对中国的歪曲报道，2009年10月，他曾在德国《世界报》发表署名文章，介绍中国的客观情况，并从自身与中国机构合作的经验出发，希望德国人本着平等的精神与中国交往，不要总以教师爷的身份教训别人。他还与德国联邦议会议长拉默特、德国诗人格吕拜茵进行公开辩论，为中国仗义执言。

Prof. Dr. Martin Roth aus Deutschland

1955 in Stuttgart geboren

1984-1987 Kulturwissenschaft-Studium mit dem Magisterabschluss an der Eberhard-Karls-Universität Tübingen, Doktor an der Universität Tübingen

1991-2000 Direktor des Deutschen Hygiene-Museums Dresden

1995-2003 Präsident des Deutschen Museumsbundes Berlin

1996-2001 Kurator des Themenparks Expo 2000 in Hannover

2001-2011 Generaldirektor der Staatlichen Kunstsammlungen Dresden

2011-2016 Direktor des Victoria and Albert Museums in London

Ab Juli 2017 Präsident des Instituts für Auslandsbeziehungen (ifa)

Er ist zugleich Mitglied des Internationalen Museumausschusses, Vorstandsmitglied der Kulturstiftung des Bundes und Mitglied der deutschen UNESCO-Kommission.

Beitrag zur Förderung der bilateralen kulturellen Beziehungen zwischen Deutschland und China:

Prof. Dr. Martin Roth ist ein alter Freund Chinas. Seit vielen Jahren setzt er sich für den Austausch und die Zusammenarbeit zwischen deutschen und chinesischen Museen ein. Er hat China mehrmals besucht und den ehemaligen chinesischen Staatspräsidenten JIANG Zemin, den damaligen Vize-Staatspräsidenten XI Jinping in Dresden zum Museumsbesuch empfangen. 2004 wurde Dr. Roth als Generaldirektor der Staatlichen Kunstsammlungen Dresden vom Chinesischen Kulturministerium beauftragt, für eine Chinareise des Generaldirektors der Staatlichen Museen zu Berlin, des Generaldirektors der Bayerischen Staatsgemäldesammlungen, des Direktors des Museums für Moderne Kunst Frankfurt am Main und des Direktors der Staatsgalerie Stuttgart zu arbeiten. Dieser erfolgreiche Besuch hat eine wichtige Basis für die nachhaltige Zusammenarbeit zwischen deutschen und chinesischen Museen geschafft. Dank seiner tatkräftigen Unterstützung wurde die großangelegte Fotoausstellung „Humanism in China", organisiert vom Kunstmuseum Kanton, in fünf bedeutenden deutschen Museen (Frankfurt am Main, Stuttgart, Berlin, München und Dresden) präsentiert werden.

Unter Dr. Roths Koordination haben drei bedeutende Museen (Berlin, München und Dresden) im Jahre 2007 mit dem Chinesischen Nationalmuseum und dem Chinesischen Kunstmuseum einen Kooperationsvertrag abgeschlossen. Unter seiner Initiative und Bemühung wurde die Veranstaltungsreihe „China in Dresden – Dresden in China" anlässlich der Olympischen Spiele 2008 in den Staatlichen Kunstsammlungen Dresden eröffnet. Danach fanden sechs Ausstellungen in Berlin, München, Dresden, im Chinesischen Kunstmuseum, im Palastmuseum und dem Kunstmuseum Kanton statt. Bei der Expo 2010 in Shanghai wurden die Sammlungen vom Grünen Gewölbe unter Dr. Roths aktiver Teilnahme und Unterstützung in Shanghai ausgestellt. Er arbeitet sehr aktiv für die große Ausstellung „ Kunst der Aufklärung", die unter der Zusammenarbeit von drei Museen (Berlin, München sowie Dresden) und dem Chinesischen Nationalmuseum zustande gekommen ist und von April 2011 bis März 2012 im Chinesischen Nationalmuseum zu besuchen war.

Prof. Dr. Roth engagiert sich langjährig für den kulturellen Austausch zwischen Deutschland und China. Den Falschmeldungen über China in den deutschen Medien entgegen veröffentlichte er im Oktober 2009 einen Namensartikel in *Der Welt*. Darin berichtet er über seine Erfahrungen im Umgang mit chinesischen Partnern und seine Erlebnisse in China. Nach seiner Ansicht solle Deutschland China als gleichberechtigten Partner behandeln und China nicht belehren, was es tun solle. In einer öffentlichen Debatte mit dem Präsidenten des Deutschen Bundestages Lammert und dem deutschen Dichter Grünbein trat er für China ein.

Martin Roth

1955: Born in Stuttgart, Germany
1984-1987: Master of Culture and Ph.D. at Eberhart Karls University in Tübingen
1991-2000: Director of the German Hygiene Museum in Dresden
1995-2003: President of the German Museums Association
1996-2001: Planner of the theme parks of Expo 2000 in Hanover
2001-2011: Director General of the Dresden State Art Collections
2011-2016: Director of the Victoria and Albert Museum in London, England
2017.7: President of the German Council on Foreign Relations
In addition, Roth also serves as a member of the International Council of Museums, the council of the German Federal Cultural Foundation, and the council of the United Nations Educational, Scientific and Cultural Organization in Germany.
Friendly deeds towards China:
Dr. Roth is very friendly towards China. Over the years, Dr. Roth has been committed to promoting Sino-German exchanges and cooperation in the museum industry. Dr. Roth has also been involved in the reception of former Chairman Jiang Zemin and then Vice President Xi Jinping when they came to Germany to visit the Dresden Museum. In 2004, at the invitation of the Ministry of Culture, as the director general of the Dresden State Art Collections, Dr. Roth helped to bring the director of the Bavarian State Painting Collections, the director of the Museum of Modern Art (MMK), and the director of the State Gallery of Stuttgart to China, in order to establish a foundation for in-depth exchanges between Chinese and German museums. In 2006, he actively contributed to the large-scale display of the documentary photograph exhibition “Humanism in China” by the Guangdong Museum of Art in the five major museums in Frankfurt, Stuttgart, Berlin, Munich, and Dresden.
In 2007, Dr. Roth propelled the three museums in Berlin, Munich, and Dresden to sign a cooperation

agreement with the National Museum of China and the National Art Museum of China. In 2008, in line with the Olympic Games in China, Dr. Roth initiated and promoted the "China in Dresden—Dresden in China" event through the Dresden State Art Collections. The event was jointly held at museums such as the Munich Museum, the National Art Museum of China, the National Palace Museum, and the Guangdong Museum of Art for a total series of six exhibitions, throughout Beijing, Dresden, and Berlin. In 2010, Dr. Roth actively participated in and supported the Shanghai World Expo, displaying exhibits of Grünes Gewölbe (Green Vault) in the World Expo venues. With his active promotion, the three museums of Berlin, Munich, and Dresden jointly held a large-scale exhibition entitled "The Art of the Enlightenment" at the National Museum of China for the first time from April 2011 to March 2012.

Over the years, Dr. Roth often works to promote Sino-German cultural exchanges in the German cultural community. Confronted with German media's distorting reports of China, in October 2009, he published a signed article in the German newspaper Die Welt (The World). In the article, Dr. Roth introduced objectively from his own experience with Chinese institutions, China's situation. Dr. Roth hoped that the Germans could uphold a spirit of equality and carry out exchanges with China instead of always believing that they were better. He also engaged in an open debate with the German Federal Parliament Speaker Norbert Lammert and the German poet Durs Grünbein where he defended China from a sense of justice.

里耀娄

刚果(金)

Alfred Liyolo

里耀娄（Alfred Liyolo），男，74岁，刚果（金）人，著名铜雕艺术家。

里耀娄自20世纪80年代以来，多次应邀访华参展并进行艺术创作，是把大型雕塑作品留在中国的为数不多的非洲雕塑家，积极参与中刚文化艺术交流，是中非文化交流的重要见证者。

Alfred Liyolo, masculin, Né le 30 mai 1943, âgé de 74 ans, est un sculpteur kino-congolais, connu pour ses sculptures en bronze.

Depuis les années 1980s, Liyolo a visité la Chine sur invitation à plusieurs reprises pour participer aux expositions et pour la création artistique. Il est l'un des sculpteurs africains peu nombreux qui ont laissé leurs grandes sculptures en Chine. En participant activement aux échanges culturels et artistiques, il est un témoin important d'échanges culturels sino-africains.

Alfred Liyolo

Li Yaolou (Alfred Liyolo), male, aged 74, is from Congo (DRC). He is a famous bronze sculpture artist.

Since the 1980s, Li Yaolou has been invited to China many times to take part in exhibitions and create artistic pieces. He is one of the few African sculpturers who left large sculptures in China. He has taken active part in the cultural and artistic communication between China and Congo and is an important witness to the cultural exchange between China and Africa.

里耀娄

里耀娄是兼具大旅行家气质的大雕刻家；但不同的是，他并不着眼于跨越大陆和海洋，他漂洋过海是为了寻找金属材料，亲手感知这些金属，深入了解它们的特性，并最终将其铸造成艺术品。

里耀娄的创作风格正向着鲜明且蓬勃的自然主义转变。其雕刻作品，造型充满吸引力，线条简洁明了，烘托出他所生活的地区所特有的纤细风格。他的作品极具工艺美学研究价值，带有浓厚的神秘主义色彩。

对于里耀娄来说，金属材料——尤其是铜——是一种需要艺术家去深挖的材料：附着在材料表面的粗糙物质只是表象，这就好比，对于航海家来说，地平线也是只表象。透过这些表面的残渣，他能感知到，并且清楚地知道，由这些尚未定型的材料可以锻造出的无数件作品。这就是他决定要完成的作品——里耀娄从矿井深处带

1963 年，初入金沙萨美术学院求学的青年里耀娄，大学新生

1963, Maitre Liyolo à and not a l’Académie des Beaux Arts de Kinshasa, Jeune étudiant

Youth Alfred Liyolo just got into Kinshasa College of Fine Arts in 1963.

回来这些造型各异、于无声中闪烁的材料。

里耀娄出生于刚果班顿杜省，每个作品都带有非洲风格。这种忠诚并没有影响其从其他渠道获得灵感，尝试不同的风格，并同时保持其独特风格的原创性及将其作品与大家分享的强烈愿望。他不停地创造，再创造，采用现代卓越的技术手法，借助了某些传统性的姿势，最终形成了其特有的风格，毫无疑问，这也是其作品始终保持真实性的原因所在。这种真实性表现出极强的生命力，永远不会显得太过强烈，如同火焰一般完全释放并给予炽热。这让我们想起里耀娄就是用火来完成其作品的。

如同航海家一样，他以炉子当船，以乙炔焊枪作桨，将人们带到那些向往的地方，熟悉的地方。作品的成型就在我们面前发生，就像在向一个现代人讲述一个古往今来跌宕起伏的故事。这就是里耀娄的力量，有了他，铜也会跳舞。

伟大的"旅行家"里耀娄在周游世界时从周围的环境和访问中获取灵感。1987 年他第一次游历中国之后，又于 1987 年到 2013 年之间定期来中国考察。里耀娄对中国的飞速发展印象深刻，由此创造了作品《爱之花》，并在 1998 年在长春研讨会上展出，现放置在长春一个公园展览。该作品 2 米长 3 米宽，寓意为两个世界的结合。《爱之花》分为两个部分。一部分展现的是一个伸展的凝思妇女的形象，其身体分为两部分；另一部分是一座山和妇女的妹妹。但是里耀娄将她看作一朵展现了所有激情的花。事实上，他是在向中国人民展示他的艺术精神，即赋予美丽价值。这种愿望同样激发了中国人学习外国文化的热情。里耀娄几年来一直在关注中国的发展，对这个国家经历的变化及正在经历的变化印象深刻。

《爱之花》不仅是对中国文化的一些侧面的诠释，也是对跟随中国的步伐的刚果民主共和国的写照。

里耀娄于 1987 年应中国文化部邀请首次访华。1998 年参加"中国长春国际雕塑作品邀请展"，现场创作并留下了铜雕作品《爱之花》，采用了抽象风格，不拘泥形式，自由自在地跟随自己心灵感受和想象，展现了一位拉长延伸的沉思的妇女形象，作者称她是全部自己激情的化身，融合了他对美丽的中国江河的赞美，以及对拥有几千年文明史的中国人民热诚汲取其他民族文化的博大胸怀的赞叹。里耀娄对飞速发展变革，华丽转身的中国长期关注。《爱之花》的两部分也暗喻中、刚虽是两个不同文明，却可以做到在距离中和谐、自然又浑然一体，相互呼应，各有不同，相互学习，相互借鉴，也委婉表达了刚果（金）应该学习和借鉴中国发展经验和道路的思考。

2002 年，他应邀参加“中国北京国际城市雕塑艺术及研讨会”，现场创作并留下大型石雕作品《俩姊妹》；2003 年，应邀参加“中国北京国际美术双年展”，参展作品有《变化》《大世界和小世界》《公牛》《三位小姐》4 件作品。2005 年，应邀参加“第二届北京国际美术双年展”，参展作品为《等待》。2009 年，应邀参加“第四届北京国际美术双年展”。里耀娄长期热心参与中非文化交流，是把大型作品留在中国的为数不多的非洲雕塑家。这些作品也将成为中方尊重和维护不同文化多样性，推动不同文明平等对话，尊重非洲艺术，积极开展中非文化交流，重视中非文明交流互鉴的长久见证。

1982 年，里耀娄等非洲著名艺术家做客爱丽舍宫（照片前左一为玛努·迪班歌）

1982, Maitre Liyolo au Palais de l’Elysee avec ses collègues artistes (en avant plan Manu Dibango)

In 1982, Alfred Liyolo and other famous African artists as guests in Elysée Palace (The first from front left of the photo is Manu Dibango).

Alfred Liyolo

Liyolo est un grand sculpteur au tempérament de grand voyageur; Pourtant ce qui diffère, c'est que, au lieu de focaliser sur la traversée des océans et des continents, il voyage partout dans les mers pour chercher du matériel en métal, toucher personnellement ces métaux, comprendre en profondeur leurs caractéristiques et enfin les transformer en œuvres d'art.

La création de Liyolo se transforme en style naturaliste lumineux et vibrant. Ses sculptures, avec des formes attractives et des lignes simples et clairs, libèrent un style déliéappartient particulièrement à la région où il vit. Ses œuvres, avec une forte couleur du mysticisme, sont de valeurs de la recherche esthétique.

Pour Liyolo, ces matériaux métalliques, en particulier les cuivres, sont un matériau mérite d'être profondément creusé par les artistes : les substances rugueuses attachées sur la surface sont quelques apparitions, tout comme la ligne d'horizon aux navigateurs. A travers les résidus sur les surfaces, il peut sentir et même prévoir clairement de nombreux ouvrages qui peuvent être crées de ces matériaux amorphes. Et ce sont les œuvres qu'il décide à remplir - les matériaux de différentes formes, scintillant dans le silence qu'il ramène de la profondeur des mines.

Né dans la Province de Bandundu du Congo, toutes les œuvres de Liyolo portent un style africain. Cette loyauté n'affecte pas son fort désir de s'inspirer sur des autres voies et d'essayer des autres styles tout en gardant l'originalité de son style unique et de partager ses travaux avec tout le monde. Il a créé et recrée sans cesse et forme finalement son propre style unique en s'adoptant d'excellentes techniques modernes et en prêtant des certaines postures traditionnelles. Sans aucun doute, c'est la raison pour laquelle ses œuvres restent toujours authenticité. La vitalité exprimée par cette authenticité ne sera jamais trop forte, au contraire, elle se libère complètement et flambe comme les flammes, qui nous rappelle que c'est juste les flammes que Liyolo utilise pour remplir ses œuvres.

Comme navigateurs, il conduit des gens à leurs endroits souhaitables ou familiers en utilisant des poêles comme bateaux et brûleurs acétylène comme rames. Le travail se forme juste en face de nous, comme raconter une histoire turbulente de l'antiquité à un homme moderne. C'est la puissance de Liyolo : il fait les cuivres danser.

Lors d'un voyage autour du monde, Liyolo, le grand «voyageur » obtient des inspirations dans l'environnement pendant les visites. Après son premier visite de la Chine en 1987, il prenait régulièrement des inspections en Chine de 1987 à 2013. Profondément impressionné par le développement rapide de la Chine, Liyolo a créé son œuvre *Fleur d'amour*, qui était exposé dans le séminaire de Changchun et maintenant exposée dans un parc de Changchun. Cette œuvre est de 2 mètres de long et 3 mètres de large et implique la combinaison de deux mondes. Elle est divisée en deux parties: l'une est de montrer une femme de méditation s'étendant, dont le corps se compose de deux parties; l'autre est une montagne et la petite sœur de cette femme. Liyolo prend la soeur comme une fleur de la passion de tous. En fait, il affiche son esprit artistique au peuple chinois, qui donne valeur à la beauté. Ce désir génère également la passion du peuple chinois à apprendre des cultures étrangères. Liyolo garde son attention sur le développement de la Chine depuis ces dernières années, il est impressionné profondément par les changements que la Chine a connu et que la Chine est en train de connaître.

Fleur d'amour n'est pas seulement l'interprétation des aspects latérals de la culture chinoise, il est aussi le reflet de la République démocratique du Congo suivant les marches de la Chine.

Invité par le Ministère de la Culture, Liyolo a pris sa première visite en Chine en 1987. En 1998, il s'est participé à l'Exhibition d'Invitation Internationale de Sculptures à Changchun en Chine, a créé une sculpture en bronze *Fleur d'amour*. Dans un style abstrait sans aucune limitation de formalité, il suivre librement ses sentiments et sa imagination et présente une image d'une femme en élongation et s'étendant dans la méditation. L'auteur a déclaré que la femme sur la photo était l'incarnation de toutes ses passions et a intégré son éloge de beaux paysages de Chine et son admiration pour la ferveur des chinois d'apprendre les cultures des autres nations, malgré son histoire de la civilisation des milliers d'années. Liyolo se préoccupe du développement rénovateur rapide et du changement magnifique de la Chine depuis longtemps. Les deux parties de *Fleur d'amour* impliquent aussi que la Chine et le Congo ont deux civilisations différentes, ils peuvent cependant maintenir une harmonie en distance; ils peuvent également embrasser dans son ensemble et s'apprendre l'un avec l'autre. Il exprime aussi par euphémisme son idée que Congo devrait se référer aux expériences et aux modes de développement de la Chine.

En 2002, il a été invité à participer au Colloque en art de sculpture citadine internationale à Beijing en Chine où il a créé une grande sculpture en pierre *Deux sœur*; En 2003, il a été invité à la Biennale internationale de l'art de Beijing, ses œuvres exposées à cette occasion comprendent *Changement, Grand Monde et Petit Monde, Taureau et Trois Dames*; En 2005, il a été invité à participer à la 2e Biennale internationale de l'art de Beijing avec la pièce *Attente*; en 2009, il a été invité à participer à la 4e Biennale internationale de l'art. Liyolo participe activement aux échanges de culture sino-africaine depuis longtemps, il est l'un des sculpteurs africains qui ont laissé leurs grands chefs-d'œuvre en Chine. Ces chefs-d'œuvre se servent comme témoin durable de respecter et maintenir la diversité culturelle, de promouvoir la conversation égale entre les civilisations différentes, de respecter aux arts africains, de dérouler activement la communication entre la culture chinoise et celle africaine et de prêter une attention sur l'apprentissage mutuelle et sur la communication de la civilisation chinoise et africaine.

Alfred Liyolo

Liyolo is a great sculptor with the temperament of a great traveler; yet what's distinguished about him is that, instead of focusing on crossing continents and oceans, he comes all over the seas to look for metal materials, personally touch these metals, deeply understand their characters, and finally turn them into artworks.

The creation of Liyolo is changing into bright and vibrant naturalistic style. His sculptures, attractive in design and simple and clear in lines, set off the unique slender style of the region he lives in. His works are of great aesthetic research values with strong mysticism.

To Liyolo, metal materials, especially copper, are just a material to be deeply explored by artists: the rough substances attached on the surface of the material are just appearance, just as horizons to navigators. Through the residues on the surface, he can feel and clearly know the numerous works that can be made from these amorphous materials. And those are the works he decides to complete —the materials in different shapes that he gets back from the depth of the mines, twinkling in silence.

Liyolo born in Bandundu Province of Congo, his every work carries African style. Yet this loyalty doesn't affect his strong desire to get inspiration from other channels, try different styles while keeping the originality of his unique style, and share his works with everyone else. He keeps creating and recreating and forms his own unique style by using excellent modern techniques and some traditional postures. Undoubtedly, that is the reason why his works always remain authenticity. And the vigorous vitality expressed by this authenticity will never be too strong, instead, it gets fully released and blazed like flames, which reminds us that it is just flame that Liyolo uses to complete his works.

Just like navigators, he takes people to those desirable or familiar places by using stoves as boats and acetylene burners as oars. The work is coming into shape just in front of us, like telling a story of ups and downs from ancient times to a modern man. That is the power of Liyolo: he makes copper dance.

While traveling around the world, Liyolo, the great "traveler" gets inspiration from the surroundings and visits. After his first trip across China in 1987, he made regular inspecting trips to China from 1987 to 2013. Deeply impressed by the country's rapid development, Liyolo created his work Passiflora (Love Flower), which was displayed in Changchun Seminar and is now exhibited in a park of Changchun. The work is 2 meters long and 3 meters wide, and implies the combination of two worlds. It is divided into two parts: one is to show the extending figure of a meditating woman, whose body is in two parts; the other one is a mountain and the younger sister of the woman, whom Liyolo takes as a flower of all passion. In fact, he is displaying his artistic spirit to Chinese people, which is giving value to beauty. This desire also generates the passion of Chinese people to learn foreign cultures. For several years, Liyolo has been focusing on the development of China and be deeply impressed by the changes that China has experienced and is experiencing now.

Passiflora is not only the interpretation of some of the Chinese culture's aspects, but also the reflection of the Democratic Republic of the Congo's steps to follow China. Invited by the Ministry of Culture, Liyolo took his first visit to China in 1987. In 1998, he participated in the "China Changchun International Sculpture Invitational Exhibition," and created live the bronze sculpture work Love Flower and left it there. In abstract style without any limitation of formality, he freely followed his feelings and imaginations and presented the image of an elongating and extending woman in meditation. The author stated that the woman in the picture was the incarnation of all his passions and integrated his praise of the beautiful landscapes of China and his admiration of the broad-mindedness of the Chinese people, who had a history of civilization for thousands of years, learning the cultures of other nations earnestly. Liyolo has taken long-term concerns on the rapid development and renovation and the magnificent changes of China. The two parts of Love Flower also implies that although China and Congo have two different civilizations, they can maintain harmony in distance unaffectedly; they can also embrace each other as a whole and learn from each other. In addition, he euphemistically expresses his consideration that Congo should learn from China and draw on its experiences and ways of development.

1985 年，扎伊尔前总统蒙博托将里耀娄大师的作品“祈祷和平”赠送给来访的教皇保罗二世

Le Pape Jean-Paul II reçoit des mains du Président Mobutu, l'oeuvre La Paix et Bénédiction de Maitre Liyolo, 1985

In 1985, Mobutu, former President of Zaire, presented the sculpture "*A Prayer for Peace*" of Maitre Alfred Liyolo to Pope John Paul II who was on a visit.

In 2002, he was invited to participate in the "China International City Sculpture Exhibition & Symposium (Beijing 2002)," and created on site and left the large stone sculpture work Two Sisters; in 2003, he was invited to participate in the "Beijing International Art Biennale," with four exhibits of Change, Big World and Small World, Bull, and Three Ladies; In 2005, he was invited to participate in the "2nd Beijing International Art Biennale" with the exhibit of Waiting; in 2009, he was invited to participate in the "4th Beijing International Art Biennale." Liyolo possesses long-term enthusiastic to engage in the communication between Chinese and African cultures and is one of the few African sculptors who has left his large-scale masterpieces in China. And those masterpieces will be a long-term witness to China's respect and maintenance of the diversity of different cultures, promotion of the equal conversation among different civilizations, respect to African arts, active advocation of the communication between Chinese and African cultures, and the attention on the mutual learning and communicating of Chinese and African civilizations.

1987 年，里耀娄大师在摩纳哥举办的大型个人作品展现场

Grande Exposition des oeuvres de Liyolo à Monaco, 1987

Large-scale solo exhibition of Maitre Alfred Liyolo held in Monaco in 1987

2013 年 11 月，里耀娄大师夫妇与刚果（金）马塔塔总理在庆祝他从艺生涯 50 周年活动现场

Maitre Alfred Liyolo est son épouse, lors des célébrations de ces 50 ans de carrière, en compagnie de Monsieur le Premier Ministre Matata Mponyo, Nov 2013

Maitre Alfred Liyolo, his wife, and Matata, Prime Minister of the Democratic Republic of the Congo in the celebration of the 50th anniversary of his art career in November 2013.

邓林娜

比利时

1956 年，毕业于安特卫普市威尔瑞克区音乐学院，主修钢琴

1959 年 6 月 9 日，于荷兰鲁尔蒙德市（Roermond）的沃德学院（Ward Institute）获得音乐教育证书

1960 年，毕业于安特卫普市，贝尔赫姆区（Berchem）的赫赛浦斯底尔德·弗莱依（Gesubsidieerde Vrije）师范学校，获得法语证书

1968 年起，任比中协会成员

1975 年 6 月 24 日，毕业于安特卫普市的城市语言学院，主修中文

1980 年起，任比中协会理事会成员

1982 年，创办比中协会的《今日中国》（China Vandaag）杂志

1983 年起，任比中协会董事会成员

1989 年起，任比中协会副主席

杂志《今日中国》出版人

自 2002 年 4 月 16 日起，成为布鲁塞尔“长城书店”的董事会成员兼赞助商。

自 1982 年以来，《今日中国》涵盖了一系列以文化为主的各类主题，如日常生活、考古发现、儿童专栏等。此外，你还可以读到更多有关中国的内容，如中国历史、教育、文化、经济、少数民族、社会、集邮、中国美食、旅游、农业、艺术等。因此，对于想要更多地了解中国的人来说，这本书是必不可少的。2012 年，该杂志举办了它的 30 周年庆典。

语言：荷兰语（母语），法语，初步掌握汉语，英语，德语。

Lin Tengrootenhuysen

1956, Graduated from Music Academy (Piano) Wilrijk-Antwerpen.

1959, Obtained the music certificate in Roermond, Dutch.

1960, Graduated from Gesubsidieerde Vrije Normaalschool Berchem-Antwerpen and obtained the certificate of French.

1968-present, Member of Belgium-China Association

1975, Studied Chinese in Stedelijke Leergangen voor Talen, Antwerpen

1980 – present, Member of the General Council Belgium-China Association

1982 – present, Founder of China Vandaag of the Belgium-China Association and in Flemish-language version. China Vandaag is mainly devoted to the promotion of Chinese culture, such as Chinese history, education, economy, nationalities, society, philately, the Chinese cuisine, travelling, agriculture, art, etc. It is the window to know about China. 2013 is the 30th anniversary the founding the paper in Flemish-language version.

1983-present, Member of the Board of Directors Belgium-China Association

1989-present, Vice President of the Belgium-China Association since 1989

2002-present, Member of the Board and sponsor of Library: Great Wall in Brussels

It is said that, the Belgium-China Association was going to break up for several times in 2001 and 2002. Tengrootenhuysen recalled the members of Belgium and China in the name of vice president and recommended Hans to be the president strongly, so as to complete the rebuilding of the Belgium-China Association.

为什么爱中国?

邓林娜

当我还是一个小女孩的时候，一个人来到我的班里，给我们讲述了一些关于中国的事情。有趣的是，在他讲话的最后，他问了我的名字。然后，他拿出一张非常漂亮的明信片，在上面用汉字书写了我的名字。我一直保留着那张明信片。

我和妹妹安在做幼儿园教师的时候，对中国产生了兴趣。那时候我们在周末和其他空闲的时间，开始照料一些当地中餐馆老板的小孩。

这些孩子在我的班级上课。他们的父母在中餐馆，周末也需要工作，所以他们来问我是否愿意照顾这些小孩。

现在，他们仍然每年都要带着小孩来拜访我们几次。

通过这些孩子和他们的家庭，我们对中国的兴趣逐渐增长。为了加深对这个国家的理解，我们在 1968 年加入了位于布鲁塞尔的“比中协会”。这个协会创立于 1957 年。在比中协会里，我们开始学习普通话课程。

1979 年给我们留下了非常深刻的记忆。这是我们首次作为比中协会成员踏上中国的土地，亲眼看到了我们照顾并逐渐爱上的孩子们的故乡。

这次参观让我们很着迷，并进一步点燃了我们对中国的热情。回到比利时以后，我们热切地学习起关于这个国家的更多东西，并关注这个国家所发生的一切。但是，信息很难找到。佛拉芒语（属荷兰语）的报纸杂志上几乎没有关于中国的东西，因此，我们计划创立第一家面向比利时介绍中国文化的佛拉芒语杂志。

1982 年，我们将计划付诸行动，开始收集并翻译有关中国的文章。因为缺乏信息，这项工作进行得非常困难。

除了负面消息，我们几乎在报纸上找不到其他关于中国的东西。西方媒体不会提到中国百姓的日常生活或其他信息。

尽管完全不懂出版行业的知识，1983 年 1 月，《今日中国》还是在我们兼编辑部、设计工作室以及印刷厂于一体的家里印出了第一刊，并出版发行了。

首期杂志是一个加了简单封面的十六页黑白小册子。封面故事是关于中国新年的。一张照片上，一个微笑着的农民抱着一头很大的猪，因为当时正是猪年的初始。

我们专注于文化、中国新闻、旅行故事……杂志主要送往学校和图书馆，但是我们也有很多个人读者。

三十年时间里，我们创作了五百期杂志，拍摄了成千上万的照片。

现在，杂志每年发行五期，其中大部分信息来源于每年为期一月的中国行。每一期杂志的印量为两千五百份，全部彩印，杂志容量也增加到了 48 页。

文章涵盖了中国发展过程中的热点焦点，也有来自于比中协会成员的常规性评论。

我们对于中国的爱一直在持续增长。过去三十年里，中国发生了巨大的变化，但是它的人民一直没有变，还是那么可爱。

我们鼓励别人参观中国、了解中国。

一些人还用三十年前的旧眼光来看待中国，但是那些听了建议去参观中国的人回来之后，都开始用积极的态度来评价这个国家。

一些由邓林娜和安娜组织或参与的活动：

中国政府代表团、友好协会、中国企业家、中国学生参观：工厂、学校、展览、社会机构、娱乐场所、比利时观光游、上海木偶剧院（1979）、沧州马戏表演（北京）（1980）、南京音乐团（1980）、北京周报代表团（1983）、上海画家代表团（1984）、旅行社代表团（1985）、北京友好协会代表团（1986、2001、2002）、两只熊猫及随行人员代表团（于安特卫普动物园）（1987）、长沙儿童马戏团（1990）、北京小画家与随行老师代表团（1991）、舞蹈代表团（1992）、中国教育部副部长代表团（1990）、西藏代表团（2002）、国际友协代表团（2002）、上海友协代表团（2002）、湖南友好协会代表团（2003−2005）、湖南省对外人民友好协会第四届理事会名誉委员（2003）、中国－比利时酒店学校交流代表团。

在比利时与荷兰举办的会议、展出、宣讲会、节庆活动……

我们一起参观过中国 20 多次。

我们希望认识大量中国朋友，并为《今日中国》杂志搜集到更多、更新的资料。

Why love China?

Lin Tengrootenhuysen

When I was a little girl, there was a man who came to my class to tell us about China. It was very interesting and at the end of his speech he asked my name. He take a very beautiful postcard and wrote my name in Chinese characters. I still have it.

My younger sister and I developed an interest in China as kindergarten teachers when we began looking after the children of some local Chinese restaurant owners during weekends and vacancies.

These kids where in my class but their parents were working in Chinese restaurants and had to work during weekends, so the community came to us to ask if we were willing to look after them.

They still visit us several times a year, and bring their kids here.

Through the children and their families our interest in Chinese culture grew, and to further our understanding of the country we inscribed us in 1968 as members of the Belgium China Association in Brussels that was founded in 1957. We also began taking Mandarin lessons at that Belgium China Association.

The year 1979 is still imprinted in our memories. It is when we first set foot in China, as part of a Belgium China Association, to see the hometown of the children we had been taking care of and grown to love.

This visit fascinated us, and fuelled our enthusiasm for China further. On returning to Belgium we were keen to learn more about the country and keep abreast of goings on there, but information proved hard to find. Flemish newspapers and magazines carried almost nothing about China, and so we hatched a plan to found the first Flemish-language magazine aimed at introducing Chinese culture to Belgium.

It was 1982 when we put our plan into action and began collecting and translating articles about China. The job was tough because of a lack of information.

We couldn't find anything in the newspapers about China except negative news. Western media dit not mention Chinese people's local life or information.

Despite having no knowledge about the publishing business, in January 1983 the first issue of 'China Vandaag' was printed in our home, which acted as the newsroom, design studio and print room. We continue to publish the magazine 'China Vandaag'.

The first issue was a 16-page black and white booklet with a simple binding. The cover story was about Chinese New Year and there was a photograph of a smiling farmer holding a large pig because it was the beginning of the Year of the Pig.

We concentrated on culture, local news, travel stories… The most of the magazine were sent to schools and libraries. But we had also many individual readers.

Over 30 years we have produced more than 500 issues and taken thousands of photographs.

Today the magazine is published five times a year, with much of the information gathered during an annual month-long trip to China. In total 2.500 copies of each issue are printed in full color and the magazine has grown to more than 48 pages.

Articles talk about development hotspots in China, and there are regular comment pieces from association members.

Our love of China continues to grow. China has changed tremendously in the past 30 years, but the people there haven't changed; they are so lovely.

We encourage others to visit the country and learn for themselves about China.

Some people still see China as it was 30 years ago, but everyone who has taken advice and visited China has come back with very positive options about the country.

Some Activities organized and/or accompanied by Lin Tengrootenhuysen and An:

Chinese Government delegations, friendship associations, Chinese business men, Chinese students to:

Factories, Schools, Exhibitions,Social institutes, Amusement parcs, Tourist tours in Belgium, The Puppet Theater of Shanghai (1979), The Chinese circus of Cangzhou (Beijing) (1980), The Music Group of Nanjing (1980), Delegation Beijing Zhoubao (Beijing Information) (1983), Delegation 'Painters of Shanghai' (1984), Delegation Luxingshe (1985), Delegations Friendship Associations Beijing (1986, 2001, 2002), Delegation two panda's and their accompanists in the Antwerp zoo (1987), Children's Circus of Changsha (1990), Little child-painter and his teacher of Beijing (1991), Delegation Dance Group (1992), Delegation Chinese Vice Minister of Education (1990), Delegation Tibet (2002), Delegation Youxie International (2002), Delegation Youxie Shanghai (2002), Delegation Hunan Friendship Association (2003 - 2005), Honorary member of the Fourth Executive Committee of Hunan Provincial People's Association for Friendship with Foreign Countries (2003), Delegations of Chinese Hotel Schools to different Belgium Hotel Schools

Conferences, exhibitions, info sessions, festivals, …… in Belgium and the Netherlands Together, we visited 20 times China.

We hope to see many Chinese friends and to collect many new articles for the magazine 'China Vandaag'.

博爱幼儿园
开
幸

“文化交流贡献奖”获得者
林娜姐妹事迹介绍

35年前，林娜和妹妹安娜创办了《今日中国》杂志。林娜姐妹的职业是教师，在发现很多中国人因忙于做生意而没时间照顾子女后，热心的她们主动帮忙义务照顾社区内的中国儿童。通过与这些可爱的孩子及他们的家长相处，姐妹俩对遥远神秘的中国产生了浓厚兴趣。为了更好地了解这个国家和身边的中国朋友，林娜姐妹参加了比中协会，并开始努力学习汉语。

1979年，林娜姐妹跟随比中协会代表团，第一次踏上了中国的土地，看到了她们深爱的孩子们的家乡。这次访问深深地震撼了她们，激发了姐妹俩更多的好奇与热情。回到比利时以后，她们渴望获得更多关于中国的消息，却失望地发现这是件非常困难的事情。于是，姐妹俩萌生了一个念头——干脆创办一份专门介绍中国的弗拉芒语杂志，好让更多和自己一样热爱中国的人更好地了解中国。两姐妹在比中协会中积极投入协会的各种中比交流工作。1983年至今，姐姐林娜成为比中协会董事会成员。1989年至今，林娜成为比中协会副主席。2001年至今，安娜成为比中协会董事会成员。

1982年，两姐妹筹备出版弗语版《今日中国》，开始了关于中国文章、图片的收集、翻译和撰写工作。《今日中国》主要致力于中国文化的宣传，如中国的历史、教育、经济、民族、社会、邮票、美食、旅游、农业、艺术等，是了解中国的一扇窗口。1983年1月，《今日中国》创刊号正式问世。为了制作这期杂志，林娜和安娜付出了大量的时间和精力。没有资料，便一点一点地收集、整理、翻译、编写；不会编辑和排版，便买来电脑和软件学习；付不起印刷费，便自行打印装订……虽然创刊号为黑白打印，且装帧十分简单，但当她们看到孕育数年之久的杂志，热泪忍不住滚滚流下。

从此以后，林娜姐妹几乎将工作之余的所有时间都投注到《今日中国》上。幸运的是，她们获得了来自比中协会的支持，不少志愿者也会提供一些帮助。出版一本杂志并非易事，有太多的工作需要完成。创刊之初，信息的获取非常艰难，因此难以保证杂志定期出版。然而，姐妹俩绝不轻言放弃，因为她们知道，有一群同样热爱中国的朋友期待着通过这份杂志了解中国。这份热爱如同种子一样，在她们心中生根发芽，茁壮成长。

为了办好《今日中国》，林娜姐妹牺牲了所有业余时间，退休后更是全身心的投入；为了丰富杂志内容，她们自费“打飞的”前往中国，收集最鲜活的第一手材料……无论在怎样的困境下，姐妹俩都咬牙坚持，相携走过。风风雨雨30年，累积下500多期杂志，数十万字的稿件，上万张亲自拍摄的图片，以及她们的青春、欢笑与泪水。

如今，《今日中国》的采编和发行已经成熟。杂志形成了以林娜姐妹为核心的五人编辑团队——有人负责收集、有人负责翻译、有人负责撰写、有人负责出版、有人负责发行。《今日中国》每年出版5期，每期印刷2500份，装帧精美，信息量大，质量精良，内容除介绍中国当前的热点之外，还有大量约写或投稿的评论文章，主要以会员订购和非会员预订模式销售。林娜姐妹每年都会自费去中国采风一个多月，

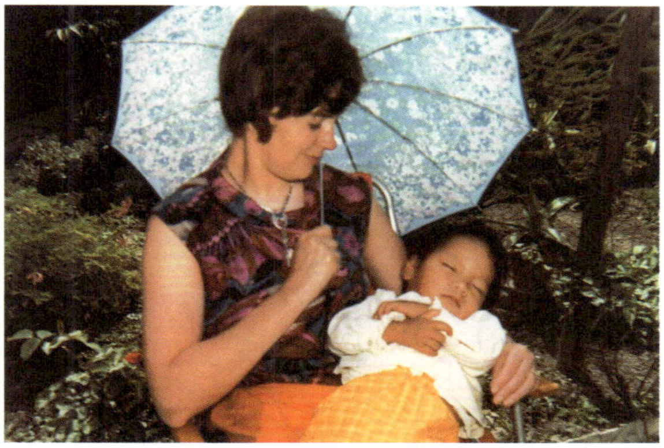

Introduction of the Lin and An Tengrootenhuysen

——Winners of the Cultural Exchange Contribution Award

35 years ago, Lin and her sister An founded the magazine China Vandaag. The sisters were both teachers. After they found that many Chinese people were too busy doing business to look after their children, they were so kind that they took the initiative to help take care of the Chinese children in the community for free. Through their contact with these lovely children and their parents, the sisters generated strong interest in the distant and mysterious China. In order to get better understandings about the country and their Chinese friends around, the sisters participated in the Belgium-China Association, and began to study Chinese very hard.

In 1979, Lin and An set foot in China for the first time with the delegation of Belgium-China Association and saw the hometown of the children they loved deeply. This visit deeply shocked them and inspired them with more curiosity and enthusiasm. After returning to Belgium, they were eager to get more news about China, but were disappointed to find it difficult. So an idea came into their minds that they wanted to launch a Flemish-language magazine aiming at introducing China so that more people who loved China like themselves could get better understandings about China. The sisters actively participated in various exchanges between Belgium and China in the Belgium-China Association. Since 1983, Lin has served as a member of the board of directors of Belgium-China Association. Since 1989, Lin has served as the vice president of the Belgium-China Association. Since 2001, An has been a Member of the Board of Belgium-China Association.

In 1982, the sisters prepared for the publication of China Vandaag in Flemish-language version, and started the collecting, translating and editing of articles and pictures about China. China Vandaag mainly focused on the propaganda of Chinese cultures such as Chinese history, education, economy, ethnic groups, society, stamps, food, tourism, agriculture, art, etc., and played as a window to understand China. In January 1983, the first issue of China Vandaag officially came out. In order to produce this magazine, Lin and An spent a great deal of time and effort. There was no material, so they collected, edited, translated, and wrote little by little; they couldn't edit and format, so they bought computers and software to learn by themselves; they could not afford the printing fees, so they printed and bound on their own... Although the first issue was in black and white print and simple binding, they could not help shedding tears when they saw the magazine they have prepared for years.

Since then, the sisters spent almost all of their spare time on China Vandaag. Fortunately, they received support from the Belgium-China Association, and many volunteers also offered some help. It was not easy to publish a magazine, as there was so much work to be done. And it was very difficult to get information at the beginning. Therefore, it was difficult to ensure the regular publication of the magazine. However, the sisters never gave up easily, because they knew that there was a group of friends, who loved China just like them, looking forward to understanding China through the magazine. This love, just like a seed, took root and grew sturdily in their hearts.

In order to make China Vandaag better, the sisters not only sacrificed all of their spare time, but even fully committed themselves after retirement; in order to enrich the content of the magazine, they flied to China at their own expense and collected the latest first-hand material... In spite of whatever difficulties, the sisters hanged in and came through together. Through 30 years of ups and downs, they accumulated more than 500 issues of the magazine, hundreds of thousands of words of manuscripts, tens of thousands of pictures taken personally, together with their youth, laughter and tears.

Today, the collection, editing and publishing of China Vandaag have been mature. There has been a five-people edition team for the magazine with the sister as the core – one for collection, one for translation, one for writing, one for publication and one for distribution. There are 5 issues of China Vandaag published each year, with 2,500 copies for each issue. The magazine is delicate in binding, massive in information, and excellent in quality. In addition to the introduction of China's current hotspots, there are also a lot of review articles invited or contributed. The magazine is mainly sold via member ordering and non-member reserving. Every year, the sisters will go to China and collect materials for one month at their own expense.

劳拉·芬卡托

意大利

劳拉·芬卡托（Laura Fincato），女，66岁，意大利人，现任威尼斯市长特别顾问，原副外长。

劳拉·芬卡托长期以来积极支持和推动中意两国文化交流，她曾担任意副外长，人脉关系广，有相当影响力，在帮助我开展对意文化交流工作中发挥了关键作用。

Laura Fincato

Luara Fincato, femminile, 66 anni, italiana, consigliere speciale del Sindaco di Venezia, l'ex Sottosegretario al Ministero degli Affari Esteri.

Da anni, la signora Fincato promuove attivamente gli scambi culturali tra la Cina e l'Italia. È stata Sottosegretario al Ministero degli Affari Esteri. Ha una grande influenza nella sua rete sociale diffusa. Ha giocato un ruolo chiave nel nostro lavoro di scambio culturale con l'Italia.

Laura Fincato

Laura Fincato, female, aged 66, is from Italy. As former foreign minister of Italy, she now serves as special advisor for the mayor of Venice.

Laura Fincato has always been active in supporting and advancing cultural exchanges between China and Italy. As former foreign minister of Italy, she has a wide interpersonal connection and great influence, with which she has played a key role in helping China carry out cultrual exchanges with Italy.

劳拉·芬卡托

现任威尼斯市长特别顾问，主管大型活动，同时主要负责米兰世博会威尼斯分会场相关工作。芬卡托女士对华友好，积极促进中意两国间文化交流活动，多次率领威尼斯市政府代表团访华，促成多项威尼斯市与中国一些省市的文化交流项目，关注中国参加威尼斯国际双年展活动，特别关注中国国家馆展场改造工程。2005 年中国正式在威尼斯国际双年展设立国家馆，威尼斯双年展中国馆原为威尼斯海军军械库油罐仓库，场地内存有大量油罐，占据大幅展场面积，且气味浓烈，严重影响场地使用与观众的观展体验。由于这些油罐作为工业文化遗产受到当地法律保护，这一问题长期对我国家馆展览造成困扰。在芬卡托女士的支持与协调下，经过不懈努力，我驻意使馆于 2012 年与当地政府就油罐的拆除转移达成一致，并在 2013 年第 55 届威尼斯双年展开展之前完成了油罐拆除转移工作。自此，中国馆展览环境得到彻底改善，使用面积大大扩展，并保留了原有的绝佳地理位置，成为威尼斯双年展所有国家馆场地中具备最高质量的场馆之一。芬卡托女士为中国国家馆改造工程做出了重要贡献。

芬卡托女士 1950 年生于意大利北部城市维琴察，1973 年以满分追加表彰的优异成绩毕业于帕多瓦大学哲学系，毕业论文题为“法兰克福学派——尤尔根·哈贝马斯的哲学”。并曾为布罗多理尼基金会在一些中学担任教师与研究院。曾为意大利社会党国内总部成员，负责教育领域。在 1975 年至 1990 年间任该党维琴察市顾问。后经议会选举在 1983 年、1987 年与 1992 年作为意大利社会党候选人被选为众议院议员，1989 年至 1992 年间任出版教育部副部长，1993 年至 1994 年间任外交部副部长。结束议会任期后，1995 年芬卡托女士被任命为“海外意大利人事务委员会”总部顾问。1996 年任意大利外交部长兰博托·迪尼的秘书长，2005 年成为维琴察市战略规划与环境局局长，2006 年回到议会，被选为金融委员会委员长，2008 年兼任维琴察市公共市政建设委员，2008 年凭借政治生涯成就于罗马获颁密涅瓦奖。作为威尼斯博览会委员会主席，芬卡托女士为 2010 年上海世博会意大利馆展览的成功举办做出了贡献，并致力于发掘威尼斯历史中与中国的联系，多次前往中国，并多次在威尼斯接待中国各省市代表团。现担任威尼斯市长特别顾问，负责大型活动。该任命包括负责 2015 米兰世博会相关项目的筹备及 2019 年欧洲文化之都活动的筹备。

Laura Fincato

È stata consigliere, delegata del Sindaco di Venezia, responsabile per gli eventi di parcolare rilievo, e presidente delegata del Comitato Expo Venezia. La signora Fincato, un'amica italiana della Cina, si impegna a promuovere gli scambi culturali fra i due paesi. Ha guidato la delegazione del Comune di Venezia in visita in Cina per diverse volte, firmando per dei progetti di scambi culturali fra Venezia e delle entità locali cinesi. La Signora Fincato ha contribuito alla partecipazione cinese alla Biennale di Venezia ed in particolare alla restrutturazione del padiglione cinese. Nel 2005, la Cina ha inaugurato ufficialmente un padiglione presso il magazzino di cisterne dell'Arsenale di Venezia. Ie cisterne presenti nella struttura occupavano uno spazio consistente ed emettevano un odore forte che è fastidioso per i visitatori. Ciononostante, Ie cisterne erano considerati patrimonio industriale e protetti dalla legge locale. La loro presenza nel padiglione cinese costituiva dunque un problema. conl'aiuto della signora Fincato, nel 2012 l'Ambasciata Cinese ha raggiunto un accordo con l'amministrazione locale per rimuovere Ie cisterne di carburante. La rimozione è stata completata nel 2012 prima dell'apertura della 55esima edizione della Biennale di Venezia, dopo della quale l'ambiente interno del padiglione cinese è migliorato decisamente con un notevole incremento dello spazio utilizzabile oltre all'ottima locazione. Grazie a tutti questi vantaggi, quello cinese diventa uno fra i più eccellenti padiglioni nazionali della Biennale di Venezia. Certamente, parte di questo successo è dovuto alla signora Fincato.

La signora Fincato è nata nel 1950 a Vicenza. Si è laureata con il punteggio di 110/110 e lode in filosofia presso l'Università di Padova. La sua tesi di laurea era intitolata Scuola di Francoforte: il pensiero di Jürgen Habermas. È stata insegnante di ruolo nei licei e ricercatrice per la Fondazione Brodolini. È stata membro della Direzione nazionale del Partito socialista italiano e responsabile del settore scuola. È stata Consigliere comunale per il PSI a Vicenza dal 1975 al 1990. È stata eletta alla Camera dei deputati per tre legislature consecutive per il PSI nel 1983, 1987 e 1992. È stata Sottosegretario alla Pubblica Istruzione dal 1989 a 1992. È stata Sottosegretario al Ministero degli Affari Esteri dal 1993 a 1994. Cessato il suo mandato parlamentare, nel 1995 è stata nominata Consigliere presso la Presidenza del Consiglio per gli Italiani all'estero. Nel 1996 è diventata Capo della segreteria del Ministro degli Affari Esteri Lamberto Dini. Nel 2005 è diventata Assessore alla pianificazione strategica e all'ambiente della giunta Cacciari a Venezia. Nel 2006 è tornata in Parlamento, eletta alla Camera dei Deputati come capogruppo della commissione Finanze. Nel 2008 ha aggiunto la delega ai Lavori Pubblici della terraferma per il Comune di Venezia. Nel 2008, a Roma, ha ricevuto il premio Minerva per la carriera politica. Come Presidente delegato del Comitato Expo Venezia ha contribuito alla presenza del padiglione dell'Italia all'Expo di Shanghai del 2010. Inoltre, ha contribuito a rinsaldare e sviluppare gli storici rapporti tra la Cina e Venezia. Ha compiuto diversi viaggi in Cina e ha ricevuto diverse delegazioni governative cinesi a Venezia. A 2015, è incaricata come consigliere comunale delegato di Venezia per gli eventi di particolare rilievo. Questo incarico comprende lo sviluppo di attività per realizzare progetti legati ai temi di MilanoExpo 2015, e un lavoro di preparazione alla candidatura di Venezia a capitale Europea della Cultura 2019.

Laura Fincato

Ms. Fincato is now the special advisor of the Mayor of Venice, mainly in charge of big event and relative works of the Venice branch of Milan World Expo. Friendly to China, she has actively promoted the cultural exchange activities between Italy and China, visited China several times heading the delegation of Venice municipal government, and promoted several cultural exchange projects between Venice and some provinces and cities of China. She has paid attention to China's participation in Venice International Art Biennale, especially the renovation project of exhibition area of China pavilion. In 2005, China officially set up national pavilion in the Venice International Biennale. China pavilion there used to be the armory and oil tank warehouse of Venice Navy, and there were plenty of oil tanks occupying large exhibition area with strong smell, thus heavily influenced the usage of exhibition site and the exhibition experience of the visitors. Yet these oil tanks had been protected by local laws as industrial heritage, making the problem a long-term bother to our exhibition pavilion. With the support and coordination of Ms. Fincato and the unremitting effort of both sides, our embassy in Italy reached an agreement with the local government on the removal and transfer of oil tanks in 2012, and finished that before the 55th Venice Biennale in 2013. Since then, the exhibition environment of China pavilion has been completely improved with the utilization greatly extended and the perfect geographical location kept, thus China pavilion became one of the highest quality site among sites of all countries in Venice Biennale. Ms. Fincato has made an important contribution in the renovation of exhibition area of China pavilion.

Ms. Fincato was born in Vicenza, a northern city of Italy, in 1950, and graduated from Department of Philosophy, University of Padua with full marks and additional commendation in 1973, and the topic of his graduation thesis is "Frankfort School: Philosophy of Jurgen Habermas." She served as teacher and researcher of some middle schools for Brandolini foundation. She was a domestic headquarter member of Italian Socialist Party, in charge of education field. From 1975-1990, she was Advisor of City of Vicenza for that party. After parliamentary elections, she was elected to be the members of the Chamber of Deputies as candidate from Italian Socialist Party in 1983, 1987 and 1992, and Vice Minister of Public Education from 1989 to1992, and Vice Minister of Foreign Affairs from 1993 to 1994. After the end of the parliamentary term, Ms. Fincato was appointed Advisor for "General Council of Italians Abroad" Headquarter in 1995. She was the General Secretary of Italian Minister of Foreign Affairs Lamberto Dini in 1996, and became Director of the Strategic Planning and Environment Bureau of Vicenza in 2005. Back to the parliament in 2006, she was elected Chairman of Finance Committee and a member of Vicenza Municipal Public Construction Committee in 2008, and received Minerva Award in Roma by the achievements of her political career in 2008. As the chairman of the Venice Expo Committee, Ms. Fincato has devoted herself to the success of Italian pavilion in Shanghai World Expo in 2010 and promoting the relationship between Venice history and China. She has been to China several times and has received delegations from various provinces and cities of China in Venice. She is now the special advisor of the Mayor of Venice in charge of big events, including the preparation of relevant projects of 2015 Milan World Expo and activities of 2019 Cultural Capital of European.

后记

关于汇编“文化交流贡献奖”获得者事迹之事，一经动议即得到了文化部领导的高度重视并给予了精心指导，成立了以文化部人事司、对外文化联络局（港澳台办公室）为主体的编委会，着手开展汇编工作。该书历经数载的资料收集整理和翻译编辑，近期终于付梓印刷出版，虽然在材料上尚未齐全，在事迹上还不详尽，在形式上未臻完善，然而最终毕竟得以问世，得以面向全中国和全世界，特别是得以馈赠众多“文化交流贡献奖”获得者，这是一件值得欣慰和高兴的事情，同时也是中华人民共和国成立以来特别是改革开放以来中国对外文化交流中的一个有力历史见证，是中外文化交流发展过程中的一件可喜可贺之事。本书的编辑出版，有五个特别感谢：

特别感谢本书中所介绍的诸位“文化交流贡献奖”获得者，没有他们的热情参与和认真撰写、积极供给稿件，就没有本书的厚度与充实，更不用说早日印刷出版了；

特别感谢中国驻外使领馆文化处（组）的文化参赞和相关工作人员，没有他们的全力配合和亲历亲为、多方联系协商，“文化交流贡献奖”获得者事迹汇编工作将举步维艰，面临难产；

特别感谢文化部外联局（港澳台办公室）的领导和相关处室工作人员，没有他们的大力支持和深入协调、严格审核把关，汇编出版工作将力不从心；

特别感谢故宫出版社的领导和相关部门工作人员，也包括直接工作于排版印刷第一线的工人们，没有他们的鼎力相助和辛勤工作、不计各种成本，本书就不可能于2017年年初顺利付印出版；

特别感谢北京查古翻译公司以杨旭东为主要负责人的诸多翻译工作业务人员，没有他们的专业支撑和统筹兼顾、保持密切协作，本书多语种的翻译转换将成巨大挑战，困难不可想象。

此外，关于本书编辑还有三点需要特别加以说明：

一是由于部分“文化交流贡献奖”获得者常年奔走活动于世界各地且没有固定联系方式，中国驻外使领馆文化处（组）虽然多方咨询查找，至今也无法取得联系，这使得本书汇编目前只能暂时结集29位国际友人和3个文化机构的事迹材料。今后编委会将进一步加强与其他“文化交流贡献奖”获得者的沟通联系，力争将他们的事迹材料与今后新评授的“文化交流贡献奖”获得者一起汇编成册，继续付梓印刷和出版。

二是本书的目录序列是依据“文化交流贡献奖”获得者奖项授予时间而做的设定编排。

三是为便于海内外广大读者特别是“文化交流贡献奖”获得者进行顺畅的阅读理解，本次汇编在参照原供稿件基础上，将“文化交流贡献奖”获得者的事迹材料分别对译转换为中文、英文和“文化交流贡献奖”获得者的本国文三种语言。

由于相关准备工作还不够充分，加之编者水平有限，本书难免存在这样或那样的错误和纰漏，恳请“文化交流贡献奖”获得者及海内外广大读者给以批评指正，编委会将在今后汇编工作中注意改进和修订。

Afterword

The motion of publishing this book was endorsed by the leaders of the Ministry of Culture, who provided valued guidance over the working process carried out by an editorial committee consisted of professionals from the Personnel Department and Bureau for External Cultural Relations of the Ministry of Culture. To our delight, after years of material sourcing, translation and editing work, the book, though not perfect in editorial or narrative details, finally meets Chinese and international readers. We are extra proud to present it as a special gift to our awardees, as it also retrospects and celebrates China's international cultural exchange since the founding of the People's Republic, especially since the reform and opening-up. Hereby, we would like to extend our special thanks to the following parties for making this book a reality.

We would like to acknowledge all the awardees for generously sharing their passion, support and stories with us, which enriches this book so much before we deliver it to our readers.

We would like to acknowledge cultural counselors and other related officials from cultural sections of Chinese embassies overseas for dedicating time and efforts to coordinating all parties to guarantee that we acquire all information and materials needed for editing and publishing this book.

We would like to acknowledge the Bureau for External Cultural Relations for their professionalism in facilitating, double-checking and supervising our working progress to ensure the credibility and authenticity of this book.

We would like to acknowledge the Forbidden City Publishing House, as well as their printing workers, typographers and other technicians whose arduous and devoted work is indispensable and vital for the publishing of this book in early 2017.

We would like to acknowledge Chagoo and the company's multilingual translation service team headed by Mr. Yang Xudong, as their expertise and collaborative spirit helped us coping with the language challenges so well that all language versions of this book could be presented in a neat and legible manner.

Something more about this book:

First, despite the strenuous efforts of cultural officials in Chinese embassies across the world to locate all the awardees, we were unable to reach every one of them for many of them had no permanent addresses or valid contact information as they traveled a great deal. Therefore, this book only contains the stories of 28 individuals and 3 cultural institutions. We will continue to reach out to other awardees in the coming years, and collect their stories to be published in the sequels of this book.

Second, in the catalogue of this book, the story titles follow a chronological order by which the awardees were given the honors.

Third, all stories in this book are presented in three languages, namely, Chinese, English and the native language of the concerned awardee to remove language barriers as much as possible for Chinese and international readers, especially the awardees to read this book.

Being fully aware that there is much room for this book to improve, we hereby would like to sincerely welcome all the criticism on the editor's errors and negligence in this book from the awardees and readers. We count on you to help us improve our work.